DOSTOÏEVSKI

HENRI TROYAT
de l'Académie française

DOSTOÏEVSKI

Nouvelle édition

FAYARD

© Librairie Arthème Fayard, 1940; 1960.
© Nouvelle édition, 1990.

« *Quant à moi, je n'ai jamais fait que pousser à l'extrême, dans ma vie, ce que vous n'osiez pousser vous-mêmes qu'à moitié.* »

DOSTOÏEVSKI.

PREMIÈRE PARTIE

CHAPITRE PREMIER

La famille

Maria fit chauffer les étuves et conseilla à son mari, Stanislas Karlovitch, de ne pas attendre pour prendre un bain de vapeur. Il lui obéit, sans se douter que ce souci d'hygiène allait lui être fatal. En sortant de la cabane de planches réservée aux ablutions seigneuriales, il fut assailli par Yan Tour, un individu à la solde de sa femme, qui le blessa d'un coup de feu. Chancelant, Stanislas Karlovitch se précipita vers la maison. Les portes en avaient été verrouillées de l'intérieur sur l'ordre de Maria. Tandis que le malheureux cognait désespérément du poing au vantail, son agresseur le rejoignit et l'acheva d'un coup de sabre. « Emportez-le au diable ! » dit la veuve à ceux qui lui présentèrent le cadavre.

On étendit le mort sur une civière. « Près de l'entrée, il y avait des flaques de sang que léchaient les chiens et les porcs [1]. »

Menacé à son tour par la mégère, son fils adoptif, Christophe Karlovitch, s'enfuit chez un voisin. Aussitôt, sans se démonter, Maria confectionna un faux testament pour s'approprier l'héritage du défunt. Christophe Karlovitch porta plainte. L'instruction reconnut l'exactitude de ses accusations et la coupable fut condamnée à mort. Mais les autorités décidèrent de surseoir à l'exécution de la sentence. Entre-temps, Maria avait contracté un second mariage.

Cette histoire, qui eût pu être l'épisode central d'un roman de

---

1. Actes édités par la commission chargée de la reconstitution des vieux états civils (tome XVIII).

Dostoïevski, est l'aventure authentique de Maria Stéfanovna Dostoïevski, ancêtre de l'écrivain, en 1606. Mais c'est un siècle plus tôt que le nom des Dostoïevski, apparaît, pour la première fois, dans les chroniques lituaniennes.

Le 6 octobre 1506, en effet, le prince de Pinsk fait présent au boyard Daniel Ivanovitch Irtichevitch de plusieurs villages, dont celui de Dostoïevo. Les descendants du boyard Irtichevitch prendront le nom de Dostoïevski. Un Fédor Dostoïevski fut le familier du fameux prince Kourbsky dont la poésie russe a célébré l'histoire, et qui, fuyant la colère du tsar Ivan le Terrible, se réfugia en Lituanie, d'où il lui adressa des missives admirables de verve haineuse et de dignité. Vers la même époque, un Raphaël Ivanovitch Dostoïevski fut inculpé d'escroquerie et de détournement des deniers publics. D'autres Dostoïevski seront juges, prêtres, capitaines. Un Akindy Dostoïevski fut en odeur de sainteté à la laure de Kiev. Un Stephan Dostoïevski put s'échapper des prisons turques en 1624 et suspendit des chaînes d'argent devant l'icône de la Vierge, à Lvov. Un Shashny Dostoïevski et son fils participèrent au meurtre d'un staroste militaire en 1634. Un Philippe Dostoïevski répondit, en 1649, d'incursions sanglantes et de pillages organisés sur les terres de ses voisins. Voleurs, meurtriers, magistrats, visionnaires, gens de chicane, cette ascendance, où le mal et le bien se marient à chaque génération, semble préfigurer l'œuvre même de Dostoïevski.

Cependant, dès le milieu du XVIIe siècle, une branche de la famille se fixa en Ukraine, résista farouchement aux influences catholiques polonaises, et ses représentants passèrent, pour la plupart, dans les rangs du clergé orthodoxe. Moines ou prêtres, leur existence nous est à peine connue. Déchus de leur splendeur, privés de leurs domaines, attachés au service de Dieu, ils paraissaient voués à la probité modeste et à l'oubli. Tant il est vrai que la vertu décourage l'Histoire.

Le père de Mikhaïl Andréïévitch Dostoïevski était prêtre, à l'exemple de ses aïeux, et ne concevait pas qu'une autre vocation pût flatter l'imagination de son fils. Ce fut un grand scandale lorsque le jeune homme, alors âgé de quinze ans, prétendit se consacrer à la médecine. Secrètement soutenu par sa mère, il quitta la maison familiale et s'établit à Moscou.

Il ne connaissait personne dans cette ville. Il avait peu d'argent, encore moins d'expérience. Cependant, il se mit à l'étude avec énergie, fut reçu à l'École médico-chirurgicale, soigna des blessés pendant la campagne de 1812 et sortit enfin avec le rang de major dans l'armée.

Les régiments succédèrent aux régiments, les garnisons aux garnisons, les grades aux grades et, le 24 mars 1821, Mikhaïl Andréïévitch fut nommé médecin traitant à l'hôpital des pauvres. De médiocres distinctions honorifiques jalonnèrent cette carrière commencée dans un sursaut de révolte et poursuivie dans la quiétude d'une charge administrative. Une croix de Saint-Wladimir de quatrième classe, une croix de Sainte-Anne de troisième, puis de deuxième classe, un *tchin* modeste d'assesseur furent les chiches récompenses de son effort. Entre-temps, le major s'était fait inscrire dans le livre de la noblesse héréditaire de Moscou.

En 1819, Mikhaïl Andréïévitch avait épousé Marie Fédorovna Nétchaïev, fille d'un négociant, qui lui apportait une dot estimable, un amour sincère et un bon sens ménager à toute épreuve.

Elle était sensible, douce, effacée, avec un beau visage un peu las. Un pastel de Popov la représente vêtue et coiffée à la mode de 1820; des bandeaux soyeux encadrent sa figure courte, aux grands yeux rêveurs et aux lèvres qui ne sourient pas. Le même peintre avait exécuté le portrait de Mikhaïl Andréïévitch Dostoïevski. Une face paysanne, aux sourcils relevés vers les tempes, à la bouche forte, au menton épais. Des pattes soigneusement effilées lui descendaient à mi-joue. Le col raide, brodé d'or, de son uniforme lui remontait jusqu'aux mâchoires. Et il avait un regard fixe et gelé d'oiseau.

Ses débuts pénibles, sa réussite médiocre avaient aigri le caractère de Mikhaïl Andréïévitch. Il était dur envers lui-même et envers les autres. Mais, dans sa sévérité même, il manquait de grandeur. Hargneux, soupçonneux, tatillon, il jouait au despote en chambre. Il était l'homme des emplois du temps bien ordonnés, des préséances familiales gravement respectées, de la discipline domestique et de la bigoterie. Le maître après Dieu. Toutefois, ce chefaillon souffrait d'une sentimentalité excessive. De brusques accès de tristesse le secouaient parfois, et il s'en ouvrait à sa femme :

« Un ennui mortel. Je ne sais plus où me fourrer. Dieu sait quelles idées me hantent en plein jour et en rêve! »

Elle s'effrayait de le voir aussi chagrin, et il jouissait en gourmet de cet affolement candide.

« Mon cœur se serre, lui écrit-elle pendant une brève séparation, lorsque je t'imagine aussi triste. Je t'en supplie, mon ange, mon Dieu, soigne-toi, du moins pour mon amour ; rappelle-toi que, loin de toi, je te déifie, et que je t'aime plus que mon existence, toi mon seul ami. »

Ainsi la malheureuse essayait-elle de rendre à ce tyranneau bien-aimé un peu de son assurance insupportable. Et il se laissait faire, détendu, apitoyé, grognon. Mais, la crise passée, il remontait sur son piédestal dérisoire.

En fait, ce personnage n'était pas foncièrement méchant. Il n'était *même pas* méchant. Il aimait sa femme pour l'adoration qu'il suscitait en elle. Il n'infligeait pas de châtiments corporels à ses enfants, bien qu'ils les eussent préférés à ses terribles colères blanches. Il se retint de boire du vivant de Marie Fédorovna, et, lorsqu'il s'abandonna totalement à l'ivrognerie, il eut, du moins, l'excuse d'être veuf et désespéré. Quant à son avarice proverbiale, certains biographes tentèrent de la justifier par la médiocrité de ses ressources et la lenteur de son avancement. Son traitement de cent roubles en assignats était certes modeste ; mais la dot de sa femme, les revenus de la clientèle privée, l'aide probable que lui apportèrent des parents assez riches, tels que les Koumanine, lui permettaient aisément de joindre les deux bouts. Il semble exagéré de parler de misère à l'égard de Mikhaïl Andréïévitch, puisqu'il était logé aux frais de l'État, disposait de sept domestiques attachés à l'hôpital, et de quatre chevaux particuliers.

En 1831, il acheta même une propriété à 150 verstes de Moscou, dans le gouvernement de Toula. Elle se composait de 500 « dessiatines » de terre, et des villages de Darovoïé et de Tchéremachny qui comptaient près de cent « âmes ».

Cependant, le nouveau gentilhomme rural ne cesse de se plaindre dans les lettres qu'il adresse à sa femme, alors qu'elle est à la campagne avec les enfants :

« J'ai tout reçu, excepté deux flacons de liqueur qui, au dire de Grigory, se sont brisés. Je me demande, ma bien-aimée, s'ils se sont brisés tout seuls et si on ne les a pas d'abord vidés et brisés ensuite... »

Et encore : « A la maison, tout est calme, bien que Vassilissa ait éveillé mes soupçons à plusieurs reprises ; mais je ne la quitte plus des yeux, à présent. Écris-moi, ma bien-aimée, pour me dire combien il te reste de bouteilles et de fioles de liqueur dans le placard. »

Dans d'autres lettres, il prie sa femme de lui donner le compte détaillé de l'argenterie, sans omettre les pièces dépareillées :

« Tu m'écris que je dois avoir *six cuillères à soupe*, et je n'en vois que cinq. Tu m'écris aussi qu'il y a une cuillère cassée dans la *chiffonnière*; je ne l'ai pas découverte, ne te tromperais-tu pas ? »

Il la somme de lui envoyer d'urgence la liste exacte de ses robes et de ses bonnets. Ainsi, à travers la correspondance des deux époux, ces précisions mesquines d'usurier alternent avec les débordements lyriques de la passion conjugale.

A Moscou, les Dostoïevski habitaient dans une dépendance de l'hôpital Marie[1]. La façade de l'hôpital, majestueusement ornée de colonnes doriques et défendue par une grille aux pilastres surmontés de lions, donnait sur la Bojédomka, ou « rue des Maisons de Dieu ». Et, de fait, les abords de la Bojédomka ne comprenaient que des établissements d'assistance et d'éducation : orphelinats, asiles de mendiants, Instituts Alexandre et Sainte-Catherine pour jeunes filles nobles. Un refuge de lésine administrative, de laideur modeste, de pauvreté secourue. Le quartier réservé de la misère et de l'ennui.

La maison des Dostoïevski était un petit hôtel d'un étage, bâti dans un style Empire approximatif, et entouré d'un jardin. Derrière la grille de ce jardin, commençait le parc intérieur de l'hôpital Marie, avec ses bâtiments-casernes, ses tilleuls et son église privée. Tout un monde mystérieux et pitoyable où il était interdit aux enfants de pénétrer.

Le logement des Dostoïevski se composait de deux pièces et d'une entrée. Une cloison de fortune coupait le vestibule. La turne ainsi délimitée servait de chambre aux fils Dostoïevski. Elle n'avait pas de fenêtres et ses murs étaient badigeonnés d'une peinture à la colle gris foncé. Plus loin, une grande chambre peinte en jaune canari. Enfin, le salon bleu cobalt. Une autre pièce fut adjointe, plus tard, à cet appartement. L'ameublement était simple et pratique. Dans le salon, deux tables de jeu, une table pour les repas et une douzaine de chaises tapissées de cuir vert. Dans la chambre, les lits des parents, un lavabo et deux immenses coffres, pleins à craquer de linge.

Les plafonds étaient hauts, les meubles, de dimensions res-

---
1. L'hôpital des pauvres.

pectables ; les sièges, simplement rembourrés de crin, conservaient comme de la cire l'empreinte des derrières qui s'y étaient posés.

Ce fut dans ce logement que le deuxième fils du major passa toute son enfance. Il était né le 30 octobre 1821. Le 4 novembre, il fut baptisé à l'église Pierre-et-Paul de l'hôpital des pauvres. On lui donna le prénom de Fédor qui était celui de son grand-père maternel.

Les jours succédaient aux jours avec une saine monotonie. Un programme rigoureux, l'absence à peu près totale de distractions annihilaient jusqu'à la notion du temps dans cette famille, qui, somme toute, s'estimait heureuse.

On se levait à six heures du matin. A huit heures, le père quittait la maison pour accomplir la tournée du pavillon auquel il était attaché. Les domestiques profitaient de son départ pour ranger l'appartement et chauffer les poêles. Il revenait à neuf heures et ressortait aussitôt pour visiter ses malades en ville. On déjeunait à midi. Après le déjeuner, le docteur s'enfermait dans le salon et somnolait pendant une heure et demie ou deux heures, sur le vieux canapé de cuir. Les jours d'été, l'un des enfants devait se tenir au côté de Mikhaïl Andréïévitch et chasser les mouches de son visage avec une branche de tilleul. Si un insecte trompait la vigilance de la sentinelle et réveillait le dormeur en se posant sur son nez, c'étaient des cris et des réprimandes à vous couper l'appétit pour la soirée. « Malheur à celui qui laissait passer une mouche », écrira André Dostoïevski dans ses *Souvenirs*. Toute la tribu, au reste, s'appliquait à protéger cette sieste patriarcale. Dans la chambre voisine, la famille, rassemblée autour de la table ronde, parlait bas, étouffait ses rires, tressaillait au moindre grognement du maître assoupi.

Le murmure clandestin de ces réunions a bercé l'enfance de Dostoïevski. Marie Fédorovna aimait à raconter mille souvenirs étranges sur ses parents. Son père avait fui Moscou lors de l'entrée des Français dans la ville en 1812. En traversant une rivière, la voiture qui le transportait s'était enfoncée dans l'eau. Et il avait été impossible, par la suite, de décoller l'un de l'autre les billets de banque serrés dans les bagages. La voix de Marie Fédorovna était douce, ses yeux tendres et mystérieux. Il faisait bon vivre lorsque le major était endormi.

Mais, aux récits de leur mère, les enfants préféraient encore les contes de fées de la « niania », Aliona Frolovna.

Cette Aliona Frolovna tenait une place d'importance dans la maison. C'était une femme énorme, gonflée de mauvaise graisse, et dont le ventre, au dire d'André Dostoïevski, touchait exactement les genoux. Elle était vêtue très proprement, et toujours coiffée d'un bonnet de tulle blanc. Son appétit ne connaissait pas de bornes. Et, cependant, ce confortable mastodonte s'en allait de la poitrine. Ce qui amusait fort le docteur.

« Tu m'écris que la femme de quarante-cinq *pouds* a dépéri, et que, d'autre part, vous avez eu bien du mal pour décharger et charger l'équipage ; j'en conclus qu'il n'y a pas de désastre sans quelque profit, car j'imagine qu'elle a perdu au moins vingt *pouds* (*sic*). En conséquence, cette diminution de poids sera fort appréciée par les chevaux et par la voiture. »

Mikhaïl Andréïévitch aimait à plaisanter les manies de la pauvre femme. Aliona Frolovna en comptait un grand nombre. Ainsi affirmait-elle que le Bon Dieu exigeait de tout chrétien qu'il mangeât une bouchée de pain entre chaque bouchée de viande, de poisson ou de légume. Seul le gruau pouvait, d'après elle, s'avaler sans « accompagnement ». « Croque un morceau de pain d'abord, mon petit, et ensuite prends la nourriture dans ta bouche. C'est le Bon Dieu qui le veut ainsi ! »

Son unique faiblesse était de priser du tabac. Un marchand crasseux venait la voir à date fixe. Le major proclamait qu'ils étaient fiancés. « Fi, le ciel vous pardonne ! C'est le Seigneur qui est mon fiancé et non pas un marchand de tabac quelconque ! » s'indignait la malheureuse.

La nuit, il lui arrivait de pousser des hurlements de bête. Les enfants se réveillaient, glacés d'épouvante. Le major sautait à bas de son lit et la secouait jusqu'à ce qu'elle revînt à elle : « Je te préviens, disait-il, que, si tu beugles encore, j'ordonnerai qu'on te saigne de trois livres. »

En fait on la saignait presque chaque jour, sans résultat.

Le docteur lui conseillait aussi de manger un peu moins aux repas. Mais elle prétendait qu'il lui suffisait de s'endormir l'estomac vide pour rêver de tziganes, ce qui était éminemment désagréable. Et, de guerre lasse, Mikhaïl Andréïévitch lui cédait le pas. En vérité, Aliona Frolovna était la seule qui sût tenir tête à ce césarion domestique. Plus d'une fois même, elle protégea les enfants contre ses colères. Elle était « citoyenne de Moscou », et s'en montrait fière. Elle tutoyait les petits. Elle ne disait pas « barine » en s'adressant à son maître, mais l'appelait par son nom : « Mikhaïl Andréïévitch », comme si elle n'eût pas été une servante. Enfin, elle conservait les clefs de la cave et du garde-manger, et c'était là une distinction honorifique incontestable.

La famille Dostoïevski prenait le thé à quatre heures, et la soirée s'écoulait autour de la table ronde qu'éclairaient deux chandelles de suif, les bougies de cire étant réservées aux repas d'anniversaire. Ces réunions autour de la table ronde comportaient obligatoirement une séance de lecture à haute voix. Le père, la mère, et plus tard les enfants, lisaient à tour de rôle l'*Histoire de la Russie* de Karamzine, les *Odes* de Derjavine, les *Poèmes* de Joukowsky, le roman *La Pauvre Lisa*, ou des vers de Pouchkine. Mikhaïl Andréïévitch Dostoïevski était assez cultivé pour un homme de sa condition. Et il exigeait – c'est une justice à lui rendre – que ses fils fussent élevés dans le respect des lettres et des arts.

Le dîner était fixé à neuf heures précises. Aussitôt sortis de table, les enfants embrassaient leurs parents, s'agenouillaient devant les images saintes pour la prière du soir et regagnaient leur chambre sans fenêtre, noire, silencieuse, où les meubles, soudain redoutables, leur tendaient les embûches de leurs accoudoirs hargneux, de leurs sièges vivants, de leurs litières magiques... Fédor avait peur de l'ombre, et son frère Michel n'était pas beaucoup plus courageux que lui. Mais ils s'endormaient bientôt, le regard fixé sur la petite flamme de l'icône, qui palpitait comme une aile contre le mur.

Les distractions étaient rares, chez les Dostoïevski. Deux fois par an, les nourrices des enfants (Marie Fédorovna n'avait nourri que son fils Michel) venaient du fond de leur village rendre visite à leurs anciens nourrissons. « Loukéria est là », annonçait Aliona Frolovna à sa maîtresse. Et Loukéria entrait dans le salon, la tête enrubannée et les pieds chaussés de sandales d'écorce. Dès le seuil, elle faisait le signe de la croix, saluait gravement et distribuait aux enfants les galettes campagnardes qu'elle avait apportées dans un mouchoir aux couleurs vives. Puis, elle s'en retournait à la cuisine.

Mais, vers le soir, elle se glissait dans la pièce où l'attendaient les petits. Elle s'asseyait à côté d'eux. Et, dans l'obscurité propice aux miracles, elle leur racontait à mi-voix les aventures d'Ivan le tzarévitch, ou de Barbe-Bleue, ou de l'Oiseau de feu, ou d'Aliocha Popovitch. Elle parlait la vieille langue paysanne, savoureuse, lente, en appuyant bien sur les syllabes en « o ». Les enfants l'écoutaient, effrayés et ravis :

« Le boyard s'était arrêté à la croisée des chemins... » Une fois seuls, ils discutaient âprement les mérites comparés de leurs nourrices. Était-ce celle de Varenka ou de Fédor qui savait les plus belles histoires ?

Les parents de Fédor Dostoïevski recevaient peu de monde. Le major était d'un abord assez sauvage et n'aimait pas se coucher tard. Par sa volonté, la famille vivait repliée sur elle-même. Le théâtre ? Il y emmena ses enfants deux ou trois fois, par extraordinaire. Après la représentation de *Jako ou le Singe du Brésil*, Fédor s'appliqua pendant des semaines à imiter l'acteur qui tenait le rôle du singe. Et *Les Brigands* de Schiller, interprétés par Matchalov, lui firent « perdre le sommeil ». Les promenades ? Elles étaient patriarcales et ennuyeuses, comme il se doit. Les jours d'été, à heure fixe, toute la famille se rendait au pré Marie, proche de l'hôpital. En passant devant la sentinelle de l'Institut Alexandre, on laissait tomber une pièce de monnaie aux pieds du factionnaire qui la ramassait subrepticement. Tout en marchant, le père avait, avec sa progéniture, des conversations élevées et utiles : arithmétique, géométrie... Il était interdit de courir dans l'herbe, parce qu'un garçon comme il faut ne pouvait, au dire de Mikhaïl Andréiévitch, s'abaisser à galoper comme un dératé. Il était défendu de se lier avec des « enfants inconnus ». De même, étaient proscrites les distractions innocentes de la balle au chasseur et de la paume, tout juste bonnes pour le vulgaire.

Les dimanches et jours de fête, on allait à l'église pour les vêpres. Les soirs de liesse, on jouait aux rois. Et, pour l'anniversaire de leur père, les mioches écrivaient des compliments en français sur un papier de luxe qu'on nouait ensuite avec une faveur. Plus tard, ils lui récitèrent même des poésies qu'ils avaient apprises par cœur à cette occasion : Pouchkine, Joukowsky, et – inexplicablement – des fragments de *La Henriade* !

Au cœur de ce petit clan, Fédor Mikhaïlovitch Dostoïevski grandissait, coupé de tout contact avec le monde extérieur, privé d'amis, d'expérience, de liberté. Cette jeunesse en vase clos, ce développement artificiel de la sensibilité devaient le marquer pour l'existence. « Nous sommes tous déshabitués de la vie », dit un de ses héros. Dostoïevski n'a jamais pu s'y habituer lui-même.

Il ne faut pas en conclure, pourtant, que Fédor Mikhaïlovitch fut un enfant triste et sage. Sa naïveté vulnérable ne l'empêchait pas d'être turbulent, irascible, espiègle, autoritaire à ses heures. S'il jouait aux cartes avec ses parents, il s'arrangeait pour tricher, à la grande confusion du major. Les promenades en voiture le précipitaient dans un état de fièvre inquiétant. Le moindre amusement l'exaltait. Ayant vu un coureur dans une baraque foraine, il se mit à trotter dans le jardin, un mouchoir aux dents, les coudes au corps, jusqu'à l'épuisement. « Je ne m'étonne pas, mon ami, des méfaits de Fédor, car, de lui, on pourra toujours en redouter de semblables », écrit Marie Fédorovna à son mari. Et le major a, pour gronder son fils, des paroles véritablement prophétiques : « Ah! Fédia, calme-toi; cela tournera mal!... Tu finiras sous la casquette rouge. » Cette casquette rouge, dont on coiffait les simples soldats, Fédor Mikhaïlovitch devait effectivement la porter, une fois libéré du bagne.

Une grille séparait le petit jardin des Dostoïevski du vaste parc de l'hôpital. Malgré la défense du docteur, Fédor aimait à lier connaissance avec les malades qui prenaient l'air, vêtus de robes de chambre en drap beige et coiffés de bonnets de coton. Cette humanité souffreteuse et laide ne lui répugnait pas, l'attendrissait, l'attirait même. Oui, le petit bourgeois solitaire recherchait la compagnie de ces gens vaincus, timides, misérables, rejetés par un monde dont il ne savait rien. De quels pauvres drames, de quelles humbles malchances étaient-ils les pitoyables déchets? Et comment se faisait-il qu'ils ne lui fussent pas étrangers, malgré la différence de leurs âges et de leurs positions sociales? Lorsque le major surprenait Fédor en conversation avec un pensionnaire de l'hospice, il le grondait avec une rigueur accrue. L'aîné de ses fils, Michel, était calme, un peu trop rêveur peut-être, mais somme toute docile; le plus jeune, André, lui donnait toute satisfaction. Mais Fédor! « C'est un vrai feu! » disaient ses parents. Et pour apaiser la turbulence maladive du garnement, le docteur lui expliquait par le menu combien ils étaient pauvres, combien il leur serait difficile de se « faire une situation », combien il leur fallait modérer leurs espoirs. Un aussi noir tableau de l'avenir terrifiait les enfants. Nul doute que ce fut par ses prêches maussades que Mikhaïl Andréïévitch développa, chez son fils, cette peur de toute société, cette susceptibilité excessive, ces doutes fulgurants, dont il devait souffrir jusqu'à sa mort. « Prenez exemple sur moi », disait-il. S'il avait su combien son fils redoutait de lui ressembler! N'est-ce pas par réaction contre l'avarice paternelle qu'il fut aussi généreux, par réaction contre sa sévérité qu'il fit preuve d'une telle indulgence? Il se prouvait ainsi qu'il n'avait rien de commun avec son père. Ce père, il semble avoir éprouvé envers lui des sentiments troubles et contradictoires. Il le redoutait, il le détestait par moments, il avait même pour lui une sorte de répugnance physique. « Qui de nous n'a souhaité la mort de son père? » s'écrie Ivan Karamazov. Mais, des retours de pitié le secouaient parfois. Il s'indignait de s'être à ce point éloigné de l'auteur de ses jours. « Combien je plains mon père! Quel caractère étrange! » écrira-t-il à son frère Michel. Et la mort du docteur le frappera d'autant plus qu'il sera moins sûr de l'avoir aimé.

CHAPITRE II

Darovoïé

En 1831, l'acquisition du domaine de Darovoïé bouleversa l'existence terne de la famille. Dès les premiers jours du printemps, Marie Fédorovna se rendait à la campagne avec les petits. Le major, que ses obligations retenaient à la ville, ne venait les y rejoindre qu'au mois de juillet et ne prolongeait guère ses visites au-delà de quarante-huit heures. De véritables vacances!

Le voyage, qui durait deux ou trois jours, était un enchantement. Le serf Simon Chiroky arrivait du village avec les chevaux de labour de la propriété. On chargeait la vieille berline de malles et de paquets. Fédia s'installait sur le siège, à côté du conducteur. Et l'équipage partait au petit trot, traversait la ville, s'engageait sur les routes tailladées d'ornières sèches, croûteuses.

Des champs de seigle, un jeune bouleau aux feuilles d'argent frileux, une isba coiffée de chaume, avec son perron de bois découpé, la silhouette d'un gamin en chemise et pieds nus, qui lève le bras et crie quelque chose. Les bornes défilent. Une odeur de poussière, de crottin, de drap mité, passe, tantôt à droite, tantôt à gauche de la voiture. Les sabots du cheval font un bruit de langue claquant contre le palais. Les roues grincent, les clochettes tintent. Fédia[1] supplie Simon de lui confier les guides.

– Est-ce bien ainsi?

---

1. Diminutif de Fédor.

Au premier arrêt, il saute à bas du siège, court inspecter le pays, trempe ses souliers dans l'herbe humide et remonte enfin, ivre de grand air, impatient, ravi. Le fouet claque. Et de nouveau l'équipage s'ébranle.

La maison de Darovoïé était un petit pavillon minable de trois pièces, aux murs de lattes crépies à la chaux et au toit de paille. Des tilleuls centenaires le coiffaient de leur ombre. Une courte prairie s'étendait au-delà de leurs troncs jusqu'à une forêt de bouleaux coupée de ravins.

Les sous-bois étaient sinistres, à la tombée de la nuit. On racontait qu'ils étaient infestés de loups et de vipères, ce qui excitait fort l'imagination des enfants. Fédor, surtout, aimait s'y aventurer en cachette. C'est pourquoi ce coin de terre fut appelé : « forêt de Fédia ».

Le domaine comprenait aussi un potager. Plus tard, les parents de Dostoïevski firent creuser un étang à proximité de leur demeure. Mikhaïl Andréïévitch expédia de Moscou un tonneau de carassins vivants qui furent lâchés dans la pièce d'eau. Après quoi, le prêtre fit le tour du bassin, et une procession le suivait, portant des icônes et des bannières saintes.

Aujourd'hui, la futaie a été abattue, on a planté des choux dans le fond desséché de l'étang, et une maison neuve, proprette et anonyme a remplacé le pavillon des Dostoïevski. Mais les villages de Darovoïé et de Tchéremachny ont conservé leur aspect séculaire : hameaux minuscules, de vingt toits de chaume, lavés par la pluie, rôtis par le soleil. Des moujiks ignares, paresseux, misérables, célèbres pour leur habileté à voler les chevaux. Une existence primitive. Un recul dans la masse du temps.

Marie Fédorovna Dostoïevski passait tout l'été à Darovoïé. Elle s'occupait de la basse-cour, du potager, des cultures de blé, d'avoine, de pommes de terre, de lin. Elle écrivait à son mari :

« Les serfs sont tous en bonne santé, excepté ceux de la famille de Fédor, qui ont été à deux doigts de la mort ; mais à présent, Dieu merci ! ils vont mieux. Trois d'entre eux seulement s'abstiennent encore de labourer. Le bétail, grâce au ciel, se porte bien. »

Et encore :

« Dieu m'a donné un serf et une serve. Nikita a eu un fils, Igor, et Fiédote, une fille, Loukéria. La truie a mis bas une portée de cinq gorets, la cane couve tout doucement ses œufs, quant aux oies, elles ne donnent rien... »

Pendant que la mère vaque aux soins du ménage, et surveille

avec une égale attention la santé de ses paysans et de ses bêtes, les enfants Dostoïevski jouissent en affamés de leur liberté nouvelle. Les jeux s'organisent dans ce petit domaine indigent, qui leur semble un pays de festoiements et de miracles. Et quels jeux! Le jeu des sauvages d'abord, inventé par Fédia. Les garçons construisent une hutte sous les tilleuls, se déshabillent, se peinturlurent le corps et se coiffent de chapeaux ornés de feuilles et de plumes d'oie. Puis, armés d'arcs et de flèches, ils simulent une attaque sur la forêt de bouleaux où se sont retranchés les gamins et les filles du village. Les prisonniers sont emmenés à la hutte, et on ne les relâche que contre rançon. Un autre jeu, inventé par Fédia, était celui de Robinson. Plus tard, les enfants imaginèrent de se baigner dans la pièce d'eau.

Les jeunes citadins étaient très aimés de leurs serfs. Fédor surtout, qui passait des journées entières aux champs, à regarder travailler les moujiks barbus, sales, aux yeux puérils, aux lourdes mains calleuses. Il les harcelait de questions. Il demandait à conduire le cheval attelé à la herse ou à la charrue, à manier la faux. Un jour, à la moisson, apercevant une paysanne qui avait renversé sa cruche et qui se lamentait parce que son bébé avait soif et risquait une insolation, il fit une verste et demie à pied pour lui rapporter un peu d'eau du village.

Ces humbles paysans, ces travailleurs obtus l'attiraient au même titre que les malades de l'hôpital Marie. Il se sentait de plain-pied avec eux. Toute gêne, tout amour-propre s'évanouissaient à leur contact. Il découvrait avec ravissement ce peuple russe, simple, naïf, innombrable, pour qui, toute sa vie, il conservera un amour passionné. C'était à eux qu'il revenait lorsqu'il voulait retremper sa foi dans la mission sainte de la Russie. Non pas aux fonctionnaires galonnés, non pas à l'aristocratie affinée, mais à eux, à ces visages souillés, à ces dos courbés, à ces regards tendres qui ne comprenaient pas.

Au bagne même, solitaire, désespéré, c'est à leur souvenir qu'il demandera le premier réconfort.

« Je me rappelai ce mois d'août, à la campagne. Il faisait un temps sec et clair, mais un peu froid, car il y avait du vent. L'été touchait à sa fin et, bientôt, il allait falloir reprendre le chemin de Moscou, m'ennuyer encore tout un hiver à étudier le français; aussi me sentais-je le cœur gros à l'idée de quitter la campagne... »

Il s'enfonce dans les taillis. Il coupe à droite, à gauche, des baguettes de coudrier pour fouetter les grenouilles. La forêt est, autour de lui, silencieuse. Des lézards roux, piqués de taches noires, filent dans un éclair entre les gros cailloux du sentier. Des hannetons pendent aux feuilles basses. L'air sent le champignon, les troncs écorchés, l'herbe pourrie. Tout à coup, un cri terrible : « Au loup ! »

L'enfant s'enfuit en hurlant, traverse les fourrés, arrive dans une clairière où un moujik est en train de labourer.

« C'était notre paysan, Mareï... Un homme d'une cinquantaine d'années, robuste, assez grand, avec une barbe rousse touffue et mélangée de poils gris. Je le connaissais, bien que je ne lui eusse jamais adressé la parole. Entendant mon exclamation, il avait arrêté sa jument et, comme j'arrivais près de lui et m'agrippais d'une main à sa charrue, et, de l'autre, à sa manche, il vit mon effroi. " Au loup ! " répétai-je en haletant.

« Il releva la tête et, involontairement, regarda autour de lui. Un moment, il me crut presque :

– Où est le loup ?

– On a crié... quelqu'un a crié : " Au loup ! " balbutiai-je.

– Allons, allons, il n'y a pas de loup, tu as rêvé. Que viendrait faire le loup par ici ? murmura-t-il pour me rassurer.

« Mais, tout tremblant, je me cramponnais encore plus fort à sa blouse et je pense que ma pâleur devait être extrême.

– Ah ! Comme tu as eu peur, aïe, aïe ! fit-il en hochant la tête, allons c'est fini, mon petiot. Voyez, comme il est brave !

« Il tendit la main, et, soudain, me caressa la joue :

– Allons, c'est fini, allons, le Christ soit avec toi : fais un signe de croix.

« Mais je ne me signai pas. Mes lèvres étaient crispées aux commissures. Il s'en aperçut et posa son gros doigt à l'ongle noir, souillé de terre, sur mes lèvres convulsées...

« Et voici que, tout à coup, vingt ans plus tard, en Sibérie, je me souvenais de cette rencontre dans ses moindres détails. Je revoyais le tendre sourire maternel du pauvre paysan, notre serf. Je me rappelais ses signes de croix, son hochement de tête : " Comme tu as eu peur, mon petiot ! " Et surtout ce gros doigt souillé de terre, avec lequel, doucement et presque timidement, il avait effleuré ma bouche.

« Et, soudain, m'éloignant de mon grabat et jetant un coup d'œil alentour, je sentis que je pourrais considérer ces malheureux d'une autre façon, et que, brusquement, comme par enchantement, toute haine et toute colère venaient de s'évanouir dans mon cœur. »

A chaque nouvelle épreuve, à chaque nouvel assaut de ses doutes religieux, il se précipitera vers le paysan, il implorera sa présence immuable, sa force simple, tranquille, et l'autre lui répondra : « Allons ! Allons, il n'y a pas de loup... Je ne te laisserai pas prendre par le loup... Que le Christ soit avec toi. »

Le paysan Mareï a vécu, en fait, à Darovoïé. C'était un moujik, grand connaisseur de chevaux, dont Marie Fédorovna faisait cas, au point de lui pardonner ses écarts de langage. De même, c'est à Darovoïé que Dostoïevski a connu la fille Smerdiashaïa des *Frères Karamazov*. Elle s'appelait Agafia Timoféevna, passait pour idiote, se promenait toute l'année en chemise et dormait dans le cimetière. Le village de Tchéremachny se retrouve, au reste, dans le même roman. Quant à Aliona Frolovna, Dostoïevski a immortalisé son nom dans *Les Possédés*.

Brave Aliona Frolovna ! Elle méritait cette récompense. Un jour, à Moscou – Dostoïevski était alors âgé de neuf ans –, la porte du salon s'ouvrit et Grigory apparut sur le seuil. Il arrivait tout droit du village. « Et voici qu'au lieu de l'intendant cossu, vêtu à l'allemande, nous vîmes un homme en vieille blouse et en chaussures de toile.

– Qu'y a-t-il ? s'écria mon père effrayé.

– Le domaine a brûlé, répondit Grigory d'une voix rauque. »

L'incendie avait détruit les isbas, les granges, les récoltes, le bétail. Le père Arkhippe avait même péri dans les flammes. On s'imagina d'abord que la ruine était complète. La famille tomba à genoux. Marie Fédorovna sanglotait. Alors, la niania Aliona Frolovna s'approcha d'elle et lui toucha l'épaule : « S'il vous faut de l'argent, prenez le mien. » Elle avait économisé cinq cents roubles. Les dégâts furent heureusement réparés sans le secours de la servante. Mais ce souvenir, non plus que celui de Mareï, ne lâcha pas Fédor Mikhaïlovitch de toute son existence.

« Ne jugez pas le peuple russe d'après les infamies qu'il lui arrive de commettre si souvent, écrit-il, mais pour les choses grandes et sacrées, vers lesquelles, du fond de son ignorance, il ne cesse de soupirer... Il émane de lui une lumière qui nous éclaire le chemin. »

CHAPITRE III

Premières leçons, premier deuil

L'instruction des enfants Dostoïevski commença de bonne heure. Ce fut Marie Fédorovna qui se chargea d'inculquer à son fils Fédor les rudiments de l'abécédaire. Elle le lui apprit suivant l'ancienne mode, en donnant à chaque lettre son appellation slavonne : « az, bouqui, védé... » Le petit Fédor, alors âgé de quatre ans, perdait la tête sous ce déferlement de syllabes étranges.

Ses premières lectures furent les *Cent Quatre Histoires de l'Ancien et du Nouveau Testament*. Les minables lithographies du bouquin représentaient la création du monde, Adam et Ève au Paradis, le déluge...

En 1870, Dostoïevski, alors âgé de quarante-neuf ans, dénicha un volume identique à celui dont il s'était servi dans son enfance, et le conserva dans sa bibliothèque comme une relique de choix.

Lorsque les enfants surent lire les récits de *l'Ancien et du Nouveau Testament*, Mikhaïl Andréïévitch fit venir à domicile un diacre érudit qui leur enseigna l'Histoire sainte. C'était un professsseur de l'Institut Catherine, dont l'éloquence charmait toute la famille. Marie Fédorovna délaissait fréquemment ses besognes ménagères pour l'écouter raconter aux petits, assis autour de la table de jeux, les poings aux joues, l'œil fiévreux, la naissance, le calvaire et la mort du Christ.

Un autre professeur fut appelé bientôt pour compléter l'éducation des jeunes Dostoïevski par quelques notions de français. Il était français d'origine, s'appelait Souchard, mais avait sollicité de l'empereur l'autorisation de renverser et de russifier son nom, afin de s'appeler désormais Drachoussov. Plus tard, ce fut chez ce Drachoussov, alias Souchard, que les enfants furent placés en demi-pension.

Drachoussov, petit bonhomme potelé, ignare, aux intonations grasseyantes, se chargeait des leçons de français, ses deux fils des leçons de mathématiques et d'études slaves, et sa femme... de tout le reste.

Mais, dans ce modeste établissement, personne ne savait le latin. Ce fut le père de Dostoïevski qui prit sur lui de l'apprendre à ses fils. Chaque soir, le major réunissait sa progéniture et le supplice commençait.

Mikhaïl Andréïévitch était un professeur redoutable. Ses instincts de pion s'épanouissaient en présence de ses élèves. Non seulement il leur interdisait de s'asseoir pendant la leçon qui durait plus d'une heure, mais si l'un d'eux, pris de fatigue, s'accoudait à un meuble, il était aussitôt réprimandé avec une voix de tonnerre. Ils demeuraient donc là, immobiles, transis de frousse, perclus de lassitude, déclinant, conjuguant à tort et à travers :

— Mensa, mensae... amo, amas, amat...

A la moindre erreur, c'étaient des cris, des coups de poing sur la table, la grammaire de Bantychev refermée, les papiers rejetés, la porte claquée sur un pas lourd s'éloignant. Mais il faut reconnaître que Mikhaïl Andréïévitch ne mettait pas ses élèves à genoux, et ne les consignait pas au piquet, dans un coin de la chambre.

Les parents de Dostoïevski ne consentirent jamais à envoyer leurs fils au gymnase, où les châtiments corporels étaient de règle. Nombre de familles, pour les mêmes raisons, préféraient confier leurs enfants à des pensions privées. Ce fut celle de Tchermak, vénérable et coûteuse, qui reçut, en 1834, les deux frères Michel et Fédor Dostoïevski.

Tchermak était un brave homme de pédagogue, méticuleux, honnête, médiocrement instruit, mais qui avait su s'entourer d'un personnel d'élite. L'atmosphère de l'école était patriarcale et bonasse. Les internes dînaient à la même table que la tribu Tchermak. C'était Mme Tchermak qui soignait les blessures légères des élèves. Lorsqu'un de ses pensionnaires avait mérité quelque encouragement, Tchermak le convoquait dans son bureau et lui remettait gravement un bonbon. Et les garçons des classes supérieures acceptaient cette récompense avec la même componction ravie que les bambins des classes préparatoires.

Tous les samedis, Michel et Fédor revenaient en famille. Un dîner de fête les attendait, agrémenté de leurs plats favoris. Mais, avant même de toucher à la nourriture, ils se lançaient dans le récit détaillé de leur nouvelle existence : notes obtenues, devoirs à préparer, espiègleries de leurs camarades. Le major, qui n'eût pas excusé une impolitesse à son égard, s'amusait fort à l'évocation de ces fredaines scolaires. Goûtait-il à les entendre la joie maligne d'une revanche sur le monde ? Aspergeait-il de son mépris ces universitaires trop faibles pour commander le respect à la marmaille ?

« Ah ! petits polissons ! Ah ! petits bandits ! Ah ! petites crapules ! » marmonnait-il avec une satisfaction évidente.

Après le dîner, les enfants se plongeaient dans leurs livres. Ils lisaient avec fièvre tout ce qui leur tombait sous la main. Leur nourriture intellectuelle se limita d'abord aux publications mensuelles du *Cabinet de Lecture*, minces volumes dont la couverture changeait de couleur à chaque livraison. Mais Fédor se passionnait également pour *Waverley*, pour *Quentin Durward* et pour les récits de voyage. Il rêvait de départs pour Venise ou pour Constantinople, de mollesses orientales, de conquêtes hasardeuses et de nobles dévouements. Walter Scott, Dickens, George Sand, Hugo s'avalaient pêle-mêle et se digéraient tant bien que mal entre deux cours d'arithmétique ou de grammaire.

Michel poussait la perversité jusqu'à rimer en cachette. Tous deux apprenaient par cœur les poèmes de Pouchkine et de Joukowsky. Ils les récitaient ensuite à leur mère, qui, étendue sur un canapé, amaigrie, minée par la tuberculose, arbitrait en souriant le débat.

Pouchkine était alors un contemporain, un jeune, et sa renommée n'égalait pas celle de Joukowsky. Aussi était-ce à ce dernier que Marie Fédorovna accordait généralement la préférence. Et Fédor s'indignait à la pensée qu'on pût comparer le *Comte de Habsbourg* à l'admirable et cruelle *Mort d'Olègue*

Un jour, le fils d'un des rares amis de la famille, Vania Oumnov, apprit à Fédor une satire littéraire intitulée *La Maison des fous*, de Voeïkov. Fédor récita le morceau à son père qui le jugea inconvenant, parce qu'il « contenait des moqueries contre des écrivains connus et tout spécialement contre Joukowsky ».

Ce Vania Oumnov était le seul garçon de leur âge que Fédor et Michel Dostoïevski fussent autorisés à recevoir. Au reste, le major n'était pas l'unique responsable de la solitude où se cantonnaient ses enfants. Fédor eût bien aimé se créer des camarades parmi les élèves de Tchermak. Cependant un amour-propre excessif, une méfiance aigrie, une timidité maladive éloignaient de lui ses condisciples. Il brûlait de se dévouer, de se confier au premier venu, mais, dès l'abord, il se recroquevillait sur lui-même. Il avait peur de vivre. Qu'y avait-il de commun entre ces garnements joyeux et simples, et lui dont une mélancolie soigneusement entretenue assombrissait l'existence? Qu'y avait-il de commun entre ses aspirations romantiques, ses vagues désirs de gloire, ses admirations littéraires et les jeux grossiers de ses compagnons? Leurs plaisanteries vulgaires le révoltaient. Peut-être la connaissance d'une jeune fille aurait-elle pu le guérir de sa timidité hargneuse? Mais le docteur surveillait jalousement la conduite de ses fils. Jusqu'à l'âge de seize ans, ils ne reçurent aucun argent de poche. Bien mieux, les retours à la pension Tchermak s'accomplissaient dans l'équipage de l'hôpital, afin que les gaillards n'eussent pas la tentation de flâner en ville. Quant aux loisirs du dimanche et des fêtes, Mikhaïl Andréïévitch avait décidé que Fédor et Michel les emploieraient à faire travailler leurs plus jeunes frères, André et Nicolas, et leurs petites sœurs.

Cependant, la grave maladie de Marie Fédorovna Dostoïevski s'aggravait avec le temps. Dès l'hiver 1836, la malheureuse s'alita pour ne plus se relever. Toutefois, au mois de mai de la même année, son mari, tenaillé par une méfiance bouffonne, l'accusait encore de l'avoir trompé.

« Mon ami, lui écrit-elle, je me demande si tu n'es pas à nouveau déchiré par ces doutes sur ma fidélité qui sont aussi terribles pour toi que pour moi-même. S'il en est ainsi, je te jure, mon ami, sur Dieu, sur le ciel, sur la terre, que je n'ai jamais trahi et ne trahirai jamais le serment sacré que je t'ai fait devant l'autel. »

Il ne fallut rien de moins que l'épuisement total de la pauvre femme pour calmer la jalousie de son époux.

La faiblesse de Marie Fédorovna était telle qu'elle ne pouvait plus se peigner. Et, comme elle jugeait « inconvenant » de livrer sa coiffure à des mains étrangères, elle se fit couper les cheveux presque à ras. Dans le pavillon de l'hôpital Marie, les visites apitoyées des parents et des connaissances se succédaient à un rythme accéléré. De nombreux médecins s'empressèrent de venir au secours de leur confrère. Mais le mal était incurable.

PREMIÈRES LEÇONS, PREMIER DEUIL

La mère de Dostoïevski mourut le 27 février 1837, après avoir béni ses enfants, son mari, et donné ses derniers conseils à toute la maisonnée. Elle était âgée de trente-sept ans.

Cette perte ébranla terriblement la famille. Fédor et Michel était atterrés. Le major, fou de tristesse, se cognait la tête contre les murs. Il fit élever à sa femme une stèle funéraire en marbre, avec cette phrase de Karamzine gravée sur l'une des faces : « Repose, chère cendre, jusqu'au réveil joyeux. »

Un mois plus tôt, le poète Pouchkine avait été tué en duel par le baron d'Anthès. La nouvelle de cet événement ne parvint aux jeunes Dostoïevski qu'après la mort de Marie Fédorovna. Ils en furent profondément affectés. Fédor affirmait qu'il eût porté le deuil du poète s'il n'avait eu à porter déjà le deuil de sa mère. Ce sentiment n'a rien d'excessif lorsqu'on songe à l'espèce de stupéfaction désolée qui accueillit, dans tout le pays, la nouvelle de la catastrophe. Le public lettré sentait confusément que la fin de Pouchkine annonçait une ère nouvelle et redoutable. Ce n'était pas seulement un homme de génie qui s'éteignait en pleine force ; une idée, un état de fait disparaissaient avec lui. « Mon Dieu ! La Russie sans Pouchkine, comme c'est étrange... Ma vie, ma suprême jouissance sont mortes avec lui ! Le très grand n'est plus », écrit Gogol.

Lermontov, alors cornette aux hussards de la garde, compose sa *Mort du Poète* qui lui vaut d'être exilé au Caucase. Chacun y va de son quatrain désolé :

« Le poète n'est plus. Le destin s'est accompli.

« Le Parnasse national est désert.

« Pouchkine est mort... »

Ces méchants vers d'un auteur inconnu alimentent le désespoir de Fédor et de Michel Dostoïevski.

Entre-temps, la vie à la maison devient intenable. Le veuf prend son travail en dégoût et ne songe plus qu'à se terrer dans sa propriété de Darovoïé. Il décide d'envoyer ses fils aînés à l'École du Génie militaire, à Saint-Pétersbourg. Le projet lui semble excellent, puisque à la fin de leurs études les élèves diplômés peuvent devenir officiers dans un régiment de la garde impériale, ou ingénieurs, à leur choix. Mais le départ pour la capitale est retardé par une brusque maladie de Fédor. Il souffre d'une extinction de voix. Les remèdes les plus variés demeurent inefficaces. Un spécialiste conseille de tenter le voyage par beau temps. L'expérience réussira. Pourtant, toute sa vie, Dostoïevski parlera sur un registre très bas, étrange, « artificiel », qui gênera ses interlocuteurs.

La séparation fut solennelle. Ivan Barchev, l'aumônier de l'hôpital, célébra la prière des voyageurs. La famille réduite s'assit, suivant la coutume, autour de la table, se releva, se signa ; enfin, le père et ses deux fils montèrent dans la voiture de louage qui les attendait.

Le voyage dura près d'une semaine. Les chevaux avançaient au pas. Il fallait attendre trois heures à chaque relais. On se restaurait dans des hôtelleries de village. On allait visiter les écuries, où des valets harnachaient les bêtes de rechange. On repartait enfin, à une allure d'enterrement, par une route lisse, entre des champs plats, souillés çà et là de forêts noires et de pâles marécages.

Le paysage uniforme fatiguait l'attention. Le major était sinistre. Les enfants se grisaient de mille espoirs confus. Une nouvelle vie commençait pour eux. Ils allaient servir « le beau et le grand », selon une formule qui leur était chère. Ils apprendraient les mathématiques, certes, puisqu'il le fallait, mais la poésie illuminerait leur existence secrète.

Michel griffonne des vers à raison de trois poèmes en vingt-quatre heures. Fédor échafaude des romans de cape et d'épée, dont les palais de Venise forment la toile de fond. Ils se récitent d'une voix émue les œuvres récentes de Pouchkine. A peine débarqués à Saint-Pétersbourg, ils se rendront en pèlerinage sur le lieu du duel. Ensuite, ils iront visiter l'ancienne demeure de Pouchkine, et la chambre où il a poussé le dernier soupir. Ensuite...

Mais un incident tranche le cours de leur rêverie. A un relais du gouvernement de Tver, les Dostoïevski attendaient qu'on eût changé leurs chevaux lorsqu'ils virent une troïka, lancée à toute allure, s'arrêter, tremblante et soufflante, devant eux. Un courrier ministériel en descendit. Tricorne à plumes, habit à basques étroites, face rubiconde. Il avala son verre de vodka pendant qu'on lui amenait un attelage frais. Puis il remonta dans l'équipage. Cependant la voiture n'avait pas plus tôt démarré, que le courrier se dressait de toute sa taille et assenait une grêle de coups de poing sur la nuque du cocher. Le malheureux bascula en avant et se mit à fouetter les chevaux de toutes ses forces. Plus on le frappait, plus il frappait lui-même... « Cette image écœurante est restée gravée dans mon souvenir pour toute ma vie », note Dostoïevski dans le *Journal d'un Écrivain*. Il voit dans la scène du courrier l'explication de cet abaissement animal que certains reprochent au paysan russe. Qu'on s'arrête de commander, de crier, de cogner, et il redressera l'échine et il redeviendra l'homme doux et réfléchi qu'il n'aurait jamais dû cesser d'être.

Dans *Crime et Châtiment*, Raskolnikov rêve d'une rosse qui succombe sous les coups de Mikolka, la brute : « La jument sous le choc, vacille, s'affaisse ; elle cherche encore à tirer, mais, à un autre coup de levier sur le dos, elle s'effondre sur le sol, comme si on lui avait tranché les quatre membres. »

Dans le *Journal d'un Écrivain*, Dostoïevski parle d'un poème de Nékrassov, *Les Doux Yeux* : un moujik frappe de son fouet les yeux de son cheval : « Tu ne peux pas tirer, tu tireras quand même. Meurs, mais tire. »

Dostoïevski est obsédé par l'idée de la souffrance. Tout crime est expliqué, racheté, magnifié par la souffrance. Elle est notre grande excuse d'exister. Son père, assis près de lui, a été cruellement éprouvé par le destin, et cette détresse justifie la sévérité dont il fait preuve à l'égard de ses enfants. Chacun rejette sur le voisin le poids de son désespoir, de sa haine, de sa peur. Rien ne commence en nous. Rien ne finit en nous. Nous sommes tous pris dans le même réseau nerveux, et il suffit que l'un de nous fasse un geste pour que ses proches en ressentent le tiraillement douloureux.

« Fédor Mikhaïlovitch se souvenait volontiers de son enfance heureuse et paisible », affirme Anna Grigorievna Dostoïevski. Mais le docteur Yanovsky, qui fut un ami de Fédor Mikhaïlovitch, lui répond :

« Fédor Mikhaïlovitch a éprouvé justement dans son enfance de ces sentiments sombres et pénibles, qui ne passent pas avec le temps, et qui éveillent chez un homme la propension aux maladies nerveuses, et, par conséquent, à l'épilepsie, à l'hypocondrie, à la méfiance... »

Il se fait tard. Le major bâille. De chaque côté de la route, les marécages plus nombreux signalent l'approche de Saint-Pétersbourg.

CHAPITRE IV

Le Château des Ingénieurs

Les pieuses visites à la maison de Pouchkine, les promenades exaltées au bord de la Néva, la conquête « du beau et du grand » furent ajournées par la sage volonté du major.

Peu après son arrivée à Saint-Pétersbourg, il plaça Fédor et Michel en pension chez Coronade Philippovitch Kostomarov.

Cet officier au nom de tonnerre se chargeait de préparer les jeunes gens à l'examen d'admission de l'École. Il était d'une taille impressionnante, et ses fortes moustaches noires comme son regard glacé terrifièrent les nouveaux venus. Mais, dès les premières paroles, on devinait quelle douceur exquise, quelle gentillesse féminine se dérobaient sous cet abord soldatesque.

Le docteur, pleinement rassuré sur le sort de ses fils, repartit pour Moscou.

Quant aux deux frères, un peu émus par la solitude studieuse qui s'ouvrait devant eux, ils se mirent au travail avec acharnement.

« Nos affaires suivent leur train, écrit Michel à son père. Tantôt nous étudions la géométrie, l'algèbre et traçons des plans de fortifications, redoutes et bastions; tantôt nous dessinons des profils de montagnes à la plume. Coronade Philippovitch est très content de nous. Il se montre envers nous d'une amabilité exceptionnelle : il nous a acheté des instruments pour trente roubles et des couleurs pour douze roubles. »

Et aussi :

« Notre instructeur compte sur nous plus que sur les huit autres élèves qui suivent ses cours. »

Le jour de l'épreuve arrive enfin. Fédor est reçu. Michel est déclaré inapte pour raisons de santé. Et la Direction l'envoie suivre des cours à Revel, où l'École possède une annexe.

La joie de porter un uniforme et d'être traité de « conducteur » ne put balancer le désespoir qu'éprouvait Fédor à l'idée de cette séparation. Une amitié chaleureuse unissait les deux frères. Qui pouvait remplacer, aux yeux de Fédor, ce confident attentif, ce camarade affectueux, ce poète exalté qui le comprenait à mi-mot, et dont il devinait lui-même les plus secrètes pensées ?

Mais, vis-à-vis de son père, il feint l'enthousiasme :
« Enfin j'ai été reçu à l'École des Ingénieurs, enfin j'ai endossé la tenue et suis entré au service de l'État !... »
« On m'a expédié avec mon frère Michel, âgé de seize ans, à Saint-Pétersbourg, à l'École des Ingénieurs, et on a gâché ainsi notre avenir. Pour moi, ce fut une erreur », écrira-t-il plus tard.
Et c'est bien là son véritable sentiment.

Le « Château des Ingénieurs », ainsi qu'on appelait parfois l'École, avait été construit par l'empereur Paul Ier pour son usage personnel. Il était situé dans le plus beau quartier de la ville, au confluent des rivières Moïka et Fontanka, et séparé du Jardin d'Été par un pont-levis surmonté d'une tour massive. Ce fut dans cette demeure que le monarque mourut assassiné le 11 mars 1801, à minuit, sur les ordres de son confident, le comte von der Pahlen, gouverneur militaire de Saint-Pétersbourg, et avec l'acquiescement tacite de son fils Alexandre.

« Il a plu au Seigneur de rappeler à lui notre père bien-aimé, l'empereur Paul Petrovitch, mort subitement, à la suite d'une attaque d'apoplexie. »
Tel fut le manifeste qu'Alexandre publia le lendemain même du régicide.

En 1819, le château, désaffecté, déménagé, restauré, fut attribué à l'École du Génie militaire. Les salles en étaient spacieuses, hautes, claires, les murs blanchis à la chaux.

Dans les anciens appartements impériaux, on aménagea un dortoir, un réfectoire et des classes pour 126 élèves. Les jeunes pensionnaires de l'École avaient entre quatorze et dix-neuf ans. Ils formaient une corporation aux traditions solidement établies : culte de l'honnêteté, respect envers les « vétérans », protection du faible, mépris du danger, estime spéciale pour la danse.

La prestation d'un serment, lors de l'admission au Château des Ingénieurs, conférait aux « conducteurs » le sentiment de leur responsabilité.

Le programme des études était sévère : algèbre, géométrie, balistique, physique, architecture, fortification, topographie, géographie; et aussi, bien entendu, littérature, histoire, exercices militaires... On s'applique à dessiner des plans irréprochables, à soigner le dégradé des lavis, le tracé des coupes. On parle de situations d'avenir, de liaisons brillantes, d'équipages, de soirées, de parades. On fomente des révoltes contre l'oppression des « vétérans ». Puis, sur l'ordre d'un « conducteur en chef », les ennemis des deux classes s'embrassent et se jurent une amitié virile et l'oubli des offenses.

La discipline est très dure. Il s'agit de « mater » les jeunes et de les aguerrir. Pour cela, tous les moyens sont bons; mais surtout les verges.

« Il y eut des cas, au régiment de la noblesse, où, pour une simple erreur dans les exercices, les élèves étaient fouettés au point qu'on devait les emporter du manège sur un drap, à demi morts », lit-on dans les Souvenirs de l'Institut des Ponts et Chaussées [1].

C'est dans ce petit monde naïf, brutal, effervescent, que Dostoïevski pénètre tout d'un coup après une existence familiale abritée.

Fédor Mikhaïlovitch était, à cette époque, un garçon trapu, au visage rond, au nez retroussé, au teint pâle marqué de taches de rousseur. Ses cheveux châtain clair étaient coupés très court. Son front, large et haut, surplombait deux yeux gris, profondément enfouis dans l'orbite et d'une fixité gênante. Ses sourcils étaient rares, ses lèvres épaisses. L'expression de sa figure était généralement triste, absorbée, inquiète. Il portait mal l'uniforme. On le surnomma Photius, en mémoire de l'hérésiarque exalté qui fonda l'Église orthodoxe.

Le premier contact de Dostoïevski avec ses camarades fut pénible.

« Qu'ils avaient l'air bête! note-t-il dans les *Mémoires écrits dans un souterrain*. Dans notre école, l'expression des physionomies dégénérait en abrutissement. Des enfants, qui y étaient entrés beaux et sains, devenaient monstrueux au bout de quelques années. A seize ans déjà, je les considérais avec un sombre étonnement. J'étais stupéfait par la mesquinerie de leurs

---

1. Cité par Serge Persky.

réflexions, de leurs jeux, de leurs conversations, de leurs occupations. Ils ne respectaient que le succès. Tout ce qui était juste, mais humilié et persécuté, provoquait leurs railleries cruelles et infâmes. Pour eux, le titre tenait lieu d'intelligence. A seize ans, ils parlaient de bonnes petites situations lucratives. Ils étaient vicieux à en être repoussants. »

Il hait ces jeunes animaux d'être aussi simples, aussi sains, de souffrir aussi peu, de se réjouir pour si peu. Mieux encore qu'à la pension Tchermak, il goûte l'amertume sublime de son isolement.

« La vie est répugnante ici, écrit-il à son frère Michel; c'est seulement ce qui est délivré de la matérialité et du bonheur terrestre qui est beau! »

Or, c'était à cette « matérialité », à ce « bonheur terrestre » que le rappelaient les propos de ses condisciples : « arriver, monter en grade, se préparer à une carrière »... Est-ce qu'il pensait à sa carrière, lui?

« Il me semble que le monde a pris un sens négatif et que d'une haute et belle spiritualité est sortie une satire. C'est affreux!... Que l'homme est lâche!... Hamlet!... Hamlet!... »

Comme un Hamlet en herbe, sombre, désespéré, solitaire, il rôde dans les couloirs, un livre à la main, évite l'approche des maîtres, coupe court aux propos de ses compagnons. Cependant, il ne refuse pas de travailler. Bien au contraire, il s'applique à la tâche. Il ne proteste pas, lorsque le professeur Plaksine leur enseigne que Gogol est un auteur dénué de talent qui se complaît dans le cynisme et l'ordure. Il accepte tout. Il se plie à tout. Il porte sa « croix ».

« Un être qui s'habitue à tout, voilà, je pense, la meilleure définition qu'on puisse donner de l'homme », écrira-t-il dans *Souvenirs de la Maison des Morts*.

Et, de fait, il s'accoutume peu à peu à l'existence nouvelle de l'École. Il organise son isolement. « Il préférait se tenir à l'écart, écrit un de ses camarades. Était-il malheureux, ou s'imaginait-il l'être? Comment le savoir? Le maniement d'armes, les mouvements d'ensemble, les coutumes soldatesques de l'ancien temps, grossières mais franches, ne lui plurent jamais. Son orgueil maladif, sa délicatesse morale et sa faiblesse physique le confinaient dans la solitude. »

Pendant les récréations, bruyantes et brèves, il se réfugiait dans l'embrasure d'une fenêtre qui donnait sur la Fontanka. Il ouvrait un bouquin. Il lisait. Il décollait de cet univers de tracas minuscules et de hideux intérêts scolaires. Les élèves rentraient de la cour, se formaient en rangs, passaient devant lui pour se rendre au réfectoire, revenaient enfin, dans une rumeur de voix et de rires. Fédor Mikhaïlovitch n'entendait rien, ne voyait rien. Il ne rangeait ses livres qu'au roulement du tambour qui battait la retraite. Mais souvent, en pleine nuit, ainsi que le rapporte le surveillant général Saveliev, on pouvait voir Dostoïevski, assis devant sa petite table de travail, dans la « chambre ronde ». Il était nu-pieds. Une couverture lui enveloppait les épaules. Et il écrivait à la clarté d'un lumignon fiché dans un chandelier en fer-blanc.

On a retrouvé les appréciations portées sur Dostoïevski par la direction de l'École :

« L'Élève est-il appliqué ? Très appliqué.

« Quelles sont ses capacités ? Bonnes. »

Sans plus. A cette époque même, il n'est pas interdit de penser qu'il préparait son premier roman, *Les Pauvres Gens*.

La personnalité étrange de ce « conducteur », qui méprisait le maniement d'armes, les jeux, la danse et les heures sacrées du réfectoire, ne pouvait manquer d'intriguer ses camarades. Quelques élèves se rapprochèrent de lui et furent vite séduits par son enthousiasme lyrique. Il se forma – événement inconnu à l'école – un cercle de quatre ou cinq jeunes gens qui parlaient de poésie et même d'idéal.

Fédor dominait ses condisciples et guidait leurs premières lectures. Certains lui durent la révélation du *Manteau* de Gogol, des romans de Dickens, des œuvres de Walter Scott.

Prétextant quelque malaise, ces conspirateurs « du beau et du grand » se réunissaient dans le dortoir, et Dostoïevski déclamait des vers, ou de la prose, avec sa voix de poitrine, sourde, essoufflée. Puis il s'interrompait pour commenter le morceau. A la moindre objection, le ton se haussait, les arguments pleuvaient comme des coups de trique. Souvent, les gamins de la salle voisine voyaient le contradicteur détaler devant eux à toutes jambes. Et Dostoïevski courait derrière lui, un livre à la main, pour essayer encore de le convaincre.

« Quand nos devoirs étaient finis et que nous bavardions simplement entre nous, écrit un de ses condisciples, Fédor Mikhaïlovitch Dostoïevski entrait dans la pièce et gagnait aussitôt notre attention par sa parole inspirée. A minuit, nous étions morts de fatigue, mais Dostoïevski, accoté à la porte, parlait toujours avec une sorte de ferveur nerveuse. Sa voix étouffée, intérieure, nous galvanisait et nous attachait à lui. »

Cependant l'ardeur lyrique de Dostoïevski le dessert dans ses fonctions militaires. Un jour qu'il est de service auprès du grand-duc Michel Pavlovitch, il oublie de faire précéder son rapport de la formule : « A Son Altesse Impériale. »

« Quels imbéciles on m'envoie ! » s'exclame le grand-duc.

La période la plus dure de l'année est, pour Dostoïevski, celle des manœuvres de Krasnoïé Sélo ou de Peterhof. Et cela d'autant plus qu'il est à peu près dénué de ressources. Qu'il fasse une chaleur torride, et il n'a pas assez d'argent pour se désaltérer. Qu'il pleuve, et il n'a pas assez d'argent pour se payer un verre de thé bouillant et des vêtements de rechange. Le père de Dostoïevski, retiré à la campagne, s'adonne à la boisson et au désespoir avec une égale veulerie. Il ne veut voir personne. Il ne veut entendre parler de rien.

« Envoyez-moi quelque chose, le plus vite possible, lui écrit Fédor, vous me tirerez d'un enfer ! Oh ! il est horrible d'être dans le besoin !... »

Et encore :

« Mon cher et bon père, ne croyez pas que votre fils en vous réclamant un secours pécuniaire vous demande le superflu... J'ai une tête. J'ai des bras. Si j'étais livré à moi-même, je ne solliciterais pas un kopeck, je m'habituerais à la misère... Mais, cher papa, rappelez-vous qu'en ce moment *" je sers "* dans l'acception complète du mot. Je dois, bon gré, mal gré, me conformer aux règles de la société où je vis... Actuellement, la vie de camp revient au moins à 40 roubles à chaque élève. (Je vous écris tout cela, parce que je parle à mon père.) Je ne compte pas dans cette somme les achats de thé et de sucre. Ce sont pourtant des choses indispensables. Quand on est trempé par la pluie, sous une tente de toile, ou qu'on revient de l'exercice, fatigué, transi de froid et qu'on n'a pas de thé, on peut tomber malade – ce qui m'est arrivé aux manœuvres, l'an passé. Néanmoins, prenant en considération votre gêne, je me passerai de thé. Je vous demanderai seulement l'indispensable : de quoi acheter deux paires de bottes ordinaires. »

Le père de Dostoïevski a des terres, un revenu fixe et un bon paquet d'assignats épargné pour la dot de ses filles. Il ne dépense presque rien dans son trou de campagne. Il ne peut que croire au bien-fondé des réclamations que lui adresse son fils.

Cependant les réponses du vieil avare sont des chefs-d'œuvre de rouerie mesquine, d'indignation tremblante, de bienveillance papelarde :

« Mon ami, sache qu'il est blâmable, et même criminel, de murmurer contre un père qui t'envoie tout ce que lui permettent ses ressources. Souviens-toi de ce que je vous écrivais à tous deux, il y a trois ans, au sujet de la moisson de blé qui a été détestable. L'année dernière encore, je t'ai informé du mauvais état de nos cultures... Après cela, vas-tu t'insurger contre ton père parce qu'il t'expédie trop peu d'argent ? Moi-même, je n'ai rien à me mettre sur le dos. Voici quatre ans que je ne me suis pas fait faire de costume, et l'ancien est complètement usé. Je n'ai pas un kopeck à moi. Mais j'attendrai. Je t'envoie 35 roubles en assignats, ce qui, au cours de Moscou, doit faire 43 roubles 75 kopecks. Dépense-les avec sagesse, car, je te le répète, je n'aurai plus la possibilité de t'en envoyer d'autres avant longtemps. »

Fédor est désespéré.
« Tu te plains de ta pauvreté, mon frère, écrit-il à Michel, le 9 août 1838. Mais je ne suis pas riche non plus. Me croiras-tu si je te dis que, pendant toutes les manœuvres, je n'ai pas eu un kopeck en poche ? En route, je suis tombé malade de froid (il pleuvait sans discontinuer et nous n'étions pas abrités), et de faim aussi, car je n'avais pas de quoi me payer une gorgée de thé chaud... Je ne sais pas si mes idées mélancoliques se dissiperont jamais... »

Et, en post-scriptum :
« J'ai un projet : devenir fou. »

Le 31 octobre de la même année, il écrit encore :
« Il est triste de vivre sans espoir, mon frère. Je regarde devant moi, et l'avenir m'effraie. Je suis plongé dans une atmosphère glaciale, polaire, où nul rayon de soleil ne brille. Il y a longtemps que je n'ai connu les assauts de l'inspiration ; en revanche, j'ai bien souvent éprouvé les sentiments du prisonnier de Chillon, dans sa cellule, après la mort de ses frères... »

Ces lamentations rhétoriques sont coupées d'allusions à ses dernières lectures : « Tu te flattes d'avoir beaucoup lu. Mais ne t'imagine pas que je t'envie. J'ai lu au moins autant que toi, à Saint-Pétersbourg. »

Et, de fait, il a lu tout Hoffmann, en russe et en allemand, presque tout Balzac (« Balzac est grand... », écrit-il), le *Faust* de Goethe et ses petits poèmes, et Victor Hugo également, sauf *Hernani* et *Cromwell*. Victor Hugo est « purement angélique ». Mais les Français ne l'estiment pas à son exacte valeur. Quant à Nisard, qui se mêle de critiquer l'auteur des *Odes et Ballades*, « il ment, bien qu'il soit un homme d'esprit ».

Schiller produit sur Dostoïevski une impression capitale : « J'avais appris Schiller par cœur, je parlais " Schiller ", je rêvais " Schiller... " »

Et Racine donc!

« Tu prétends que Racine n'a pas de poésie? Mais as-tu lu *Iphigénie*? Peux-tu dire que ce n'est pas sublime? Et *Phèdre*? Frère, tu seras le dernier des hommes, si tu maintiens que ce n'est pas la nature et la poésie les plus élevées! Et Corneille? As-tu lu *Le Cid*? Lis-le, misérable, lis-le et tombe à genoux devant Corneille. Tu l'as offensé!... »

Le destinataire de ces lettres est au moins aussi exalté que son correspondant. Michel lit et compose des vers à en perdre la tête. « Ah! papa, écrit-il au major, réjouis-toi avec moi, je crois que je ne suis pas dénué de dons poétiques. J'ai déjà écrit pas mal de petits poèmes... A présent, je commence un drame. »

La lettre débute par cette affirmation qui dut suffoquer le docteur :

« Qu'on me prenne tout, qu'on me laisse nu, mais qu'on me donne Schiller, et j'oublierai le monde! »

Les poèmes de Michel enthousiasment son frère :

« J'ai lu tes vers. Ils ont fait monter quelques larmes à mes yeux et ont bercé mon âme pour un temps. »

Et, à l'appui de son opinion, il cite les paroles admiratives de leur jeune ami Chidlovsky.

Ce Chidlovsky fut un garçon étrange.

« On le regarde, écrit Fédor, c'est un martyr. Il s'est desséché. Ses joues se sont creusées, ses yeux sont secs et ardents... »

Les Dostoïevski le rencontrèrent le jour de leur arrivée à Saint-Pétersbourg. Ils lièrent connaissance dans l'auberge où ils étaient descendus, et, lorsque Fédor et Michel apprirent que ce jeune homme, qui venait briguer un emploi au ministère des Finances, était un vrai poète et songeait à publier ses vers, leur engouement ne connut plus de bornes. Le major lui-même fut séduit par cet éphèbe éloquent, cultivé et ténébreux à la mode byronienne. Ce fut Chidlovsky qui fit visiter la capitale à ses jeunes amis, et ils allèrent ensemble en pèlerinage à la cathédrale de Kazan. Plus tard, voyageant entre Saint-Pétersbourg et Revel, il servira de courrier entre les deux frères.

« La connaissance de Chidlovsky, affirme Dostoïevski, m'a valu de nombreuses heures qui sont parmi les plus belles de mon existence... Oh! quelle âme sincère et pure! Les larmes me viennent aux yeux lorsque je remue ces souvenirs! »

En vérité, Fédor et Michel sont subjugués, obsédés par ce fonctionnaire-poète qui écrit : « Oui, je suis un volcan. Le feu est mon élément », et qui le pense.

Chidlovsky est amoureux d'une certaine Marie qui en épouse un autre. « Sans cet amour, note Dostoïevski, il ne serait pas le prêtre juste, pur, élevé de la poésie. »

Mais ce n'est pas tout. Des doutes religieux hantent le poète. Chidlovsky se croit appelé et maudit tour à tour. Il oscille entre le blasphème et la foi. La nuit, il travaille à une histoire de l'Église russe. Néanmoins, il ne peut supporter le climat de Saint-Pétersbourg. Il se retire à la campagne, chez sa mère. Dans cette solitude, une véritable fièvre mystique le saisit, et il cherche un remède à ses inquiétudes dans la règle stricte d'un monastère. En vain. Bientôt, désespérant de recouvrer la paix de son âme, il entreprend un pèlerinage à la laure de Kiev. Certain staretz, thaumaturge, lui conseille, comme plus tard Zosime à Aliocha Karamazov, de faire son salut dans le monde. Chidlovsky retourne dans sa propriété. Mais il ne quitte pas la robe de novice. Souvent, il part sur les routes, s'arrête dans une auberge, prêche l'Évangile à des paysans qui l'écoutent tête nue. Il meurt en 1872.

Nul doute que ce caractère déchiré entre l'humilité chrétienne d'un Aliocha et la négation satanique d'un Ivan Karamazov ait poursuivi Fédor Mikhaïlovitch Dostoïevski à travers toute son œuvre. Une créature « de feu et de glace ». Comme la plupart de ses héros. Comme lui-même.

L'échec à un examen retarde l'avancement de Fédor :

« Je ne suis pas admis dans la classe supérieure, écrit-il à son frère. Oh! horreur!... Encore un an, tout un an de plus à travailler! »

Il accuse un professeur d'algèbre de l'avoir injustement recalé. Ce professeur le déteste. Tout le monde le déteste. « Je voudrais écraser l'univers. »

Et, à son père, il envoie le détail de ses notes, d'où il ressort qu'une sombre malveillance a dicté la décision du jury :

« Ô Dieu!... Par quoi ai-je pu te courroucer? Pourquoi ne me dispenses-tu pas tes bienfaits, dont se serait réjoui le plus aimant des pères? Ô combien de larmes j'ai versées!... Des élèves qui répondaient moins bien que moi ont été admis par protection. »

Sa désolation est telle qu'il en tombe malade et doit garder le lit pendant plusieurs jours. Les livres, les lettres de son frère demeurent ses seules consolations. Il les attend, ces lettres, avec une impatience amoureuse, il hésite à les décacheter, il exaspère son plaisir à les porter sur lui pendant des heures.

Mais, parfois, l'enveloppe ouverte, quelle déception! Michel n'est plus le même. Michel parle de toilettes, demande à Fédor s'il a des moustaches, fait allusion à une jeune fille qui n'est pas une transparente création de son génie poétique, mais qui existe, elle s'appelle Émilie von Ditmer, et qui habite Revel. Michel songe à se marier. Bien sûr, cette décision ne l'empêche pas d'écrire! Il barbote comme un forcené dans le lyrisme. Dès son petit déjeuner, il fraternise avec le sublime. Toutefois, ce poète épris d'une personne de chair et de sang, et qui n'a même pas l'excuse d'un amour malheureux, comme Chidlovsky, est impardonnable.

Fédor, lui, ne s'éveillera que très tard à la vie sentimentale. Et de quelle misérable façon!... En attendant, il s'efforce de comprendre et de juger sainement les autres. Comme il est perdu, tout à coup! Comme il est malheureux!

« Je suis seul et ils sont tous! » note-t-il dans les *Mémoires écrits dans un souterrain*.

Cependant, un événement terrible se prépare, qui mettra le comble à son désarroi.

CHAPITRE V

La mort du Père

Après avoir conduit Michel et Fédor à Saint-Pétersbourg, Mikhaïl Andréïévitch Dostoïevski plaça ses deux fils cadets à l'école de Tchermak, et s'établit à Darovoïé pour s'occuper de ses terres. Il emmenait avec lui ses deux plus jeunes filles, Véra et Alexandra.

La solitude de Darovoïé était sinistre. Le major se mit à boire, au point d'en éprouver des vertiges et des hallucinations. La niania Aliona Frolovna raconte qu'il lui arrivait de s'entretenir à voix haute avec le fantôme de sa femme. Il faisait les demandes et les réponses, changeant de registre, employant les expressions familières de la défunte. Le soir, il se précipitait à l'improviste dans la chambre de ses filles Véra et Alexandra, et fourrageait sous le lit pour s'assurer qu'elles n'avaient pas caché un amant. Puis, il les quittait et rôdait de pièce en pièce, se lamentant sur son existence gâchée, sur son deuil injuste, sur l'ennui de vivre. Afin de tromper sa mélancolie, il prit pour maîtresse une de ses servantes, Catherine. Il songea également à épouser une riche propriétaire des environs, Alexandra Lagvenov. Mais il ne put se décider à présenter sa demande.

Les récoltes étaient médiocres. La gestion du major se révélait impuissante à prévenir le désastre. Sitôt qu'il s'agissait de débourser quelque argent pour améliorer le rendement du domaine, Mikhaïl Andréïévitch s'affolait, hésitait, renonçait enfin à la dépense. Il était devenu d'une avarice monstrueuse. Sa fille Barbe devait hériter de cette maladie.

Après la mort de son mari, et malgré la fortune considérable qu'elle avait amassée, elle renvoya ses domestiques, refusa de chauffer son appartement et se nourrit exclusivement de pain et de lait, par économie. Lorsqu'elle apprit le décès de son père, elle dit : « Un chien doit avoir une mort de chien. »

En 1893, elle fut assassinée et brûlée par des voleurs.

Mikhaïl Andréïévitch avait toujours été pédant et cruel. A Darovoïé, dans l'inaction et le désespoir, ses défauts s'épanouirent.

Ce fut sur les paysans qu'il se vengea de son humeur chagrine.

Un jour, le moujik Fédote, ne l'ayant pas vu venir, omit de le saluer. « Tu iras te faire fouetter aux écuries », ordonna le major.

Et le verdict fut exécuté séance tenante.

L'hiver, les serfs ne savaient quelle attitude prendre. Le saluaient-ils? « Canailles, hurlait le major, vous faites exprès d'ôter votre chapeau pour attraper froid et ne plus travailler! » Ne le saluaient-ils pas? Les verges étaient inévitables.

En 1839, les paysans fomentèrent un complot pour tuer le « mauvais seigneur ».

Certain matin de juin, le major convoque tous les moujiks pour charrier le fumier. Trois d'entre eux, habitant le hameau de Tchéremachny, manquent à l'appel.

« Pourquoi? demande Mikhaïl Andréïévitch.

– Ils sont malades », répond le staroste.

Le major écume et brandit son gourdin ferré :

« Je vais les guérir avec ça! »

Le cocher avait été gagné à la cause des coupables. Mais, pris de peur, il faillit avouer.

« N'y allez pas, barine, s'écria-t-il. Il pourrait vous arriver quelque chose. »

Mikhaïl Andréïévitch tape du pied :

« Tu ne veux pas que je les guérisse? Attelle les chevaux et en vitesse! »

L'autre hausse les épaules, et s'en va préparer l'équipage.

Arrivé à Tchéremachny, le docteur aperçoit ses trois « malades » en train de baguenauder entre les maisons.

« Pourquoi n'êtes-vous pas à la corvée?

– Nous sommes fatigués », dit l'un.

Le major les frappe avec son bâton. Ils s'enfuient dans une cour déserte. Lorsque le seigneur y pénètre à leur suite, l'un d'eux, Vassili Nikitkine, gaillard énorme, à la gueule de brute, lui saisit les bras par-derrière. Les deux autres ne bougent pas, engourdis.

« Alors quoi ? A-t-on juré, oui ou non ? » s'exclame Vassili.

A cet appel, les moujiks se ruent sur l'infortuné, le ligotent et l'étendent par terre.

On ne le frappe pas, par crainte des traces. On lui desserre les dents avec un couteau. On lui verse de l'alcool dans le gosier, malgré ses soubresauts et ses râles. Puis on le bâillonne pour l'étouffer. Mais le major a la vie dure. Alors, l'un des misérables lui comprime les parties génitales à pleine poigne. Le corps du supplicié se tord, se raidit, se relâche. « Il a son compte. »

On hisse le moribond dans la voiture. Le cocher, blême d'épouvante, fouette les chevaux, et l'équipage file à travers les champs calmes.

Cependant un souci de convenances religieuses tourmente les assassins. On ne laisse pas mourir un chrétien, si détestable soit-il, sans qu'il se soit d'abord confessé. Que faire ?

Les trois compères déposent le major au pied d'un chêne et repartent pour chercher le pope du village voisin.

Lorsque le prêtre arrive sur les lieux, Mikhaïl Andréïévitch respire encore, mais ne peut plus parler. Le prêtre accepte la confession muette et recueille le dernier souffle du père de Dostoïevski. « Que lui as-tu fait ? » demande-t-il ensuite au cocher. Et l'autre lui répond : « C'est une congestion. »

L'enquête ne révéla rien. Et les proches, même, s'efforcèrent d'étouffer le scandale, car, si les juges avaient reconnu l'assassinat du major, presque tous les paysans de Tchéremachny eussent été impliqués dans l'acte d'accusation et envoyés en Sibérie. Une pareille mesure eût ruiné la famille sans lui apporter la moindre satisfaction morale.

Cette mort, Fédor Mikhaïlovitch l'apprit alors qu'il était à l'École des Ingénieurs. Un mois plus tôt, il avait adressé à son père une lettre irritée pour lui réclamer de l'argent. La veille encore, peut-être, il avait maudit l'avarice et l'incompréhension du major. Au moment précis où le vieux Dostoïevski rendait le dernier soupir, le corps torturé, les yeux agrandis par l'horreur, son fils se révoltait contre lui et lui reprochait son égoïsme sénile. Le crime des moujiks rejaillissait sur Fédor Mikhaïlovitch. Fédor Mikhaïlovitch assumait, en quelque sorte, ce meurtre qu'il n'avait pas commis. Comme si une responsabilité, intelligible à lui seul, eût résorbé les responsabilités immédiates des autres. Il était coupable au-delà des lois humaines. Cette révélation l'éblouissait avec la cruauté d'une évidence. Une secousse affreuse l'ébranla, le crispa, le jeta par terre, écumant et râlant. Son premier accès d'épilepsie? Peut-être. Toujours est-il qu'il ne parlera jamais de l'événement dans sa correspondance.

Mais la commotion fut trop forte pour ne pas le marquer d'emblée. C'est dans ses livres qu'il faut rechercher l'aveu de son désarroi moral. Et dans *Les Frères Karamazov* d'abord. Smerdiakov a tué le vieux Karamazov. Mais il est moins coupable de ce meurtre que le fils aîné, Ivan Karamazov, qui l'a rêvé sans le commettre :

« Le principal assassin, c'est vous et non pas moi, bien que j'aie tué », dit Smerdiakov.

« Désirais-je donc à ce point la mort de mon père ? » demande Ivan Karamazov.

Et, dans *Les Possédés*, c'est Pierre Stépanovitch qui fait égorger la femme de Stavroguine, et c'est Stravroguine qui accepte la responsabilité de cet acte qu'il a secrètement souhaité.

« Je n'ai pas tué, dit-il cependant, j'étais même opposé à ce projet. »

Mais il suffit d'un acquiescement tacite, d'un imperceptible retrait de l'affection, et, déjà, nous voilà complices. Cette puissance étrange de la pensée sur la matière, ce dépassement de la matière par la pensée, obsèdent Dostoïevski.

Les lois étiquetées de la nature, les déductions astucieuses des sciences naturelles, les froides constructions des mathématiques se superposent pour former « un mur de pierre ».

« Bien entendu, je ne briserai pas ce mur avec mon front ; mais je ne me résignerai pas uniquement parce que c'est un mur de pierre. »

Il ne se résignera pas. Il tentera de passer outre. Et, le mur franchi, il tombera dans un domaine illogique qui est la véritable patrie de ses héros.

C'est à la suite du cadavre supplicié de Mikhaïl Andréïévitch qu'il s'engagera dans cette région étrange, qui n'est plus la réalité et qui n'est pas le néant, où les innocents selon les lois terrestres sont coupables selon d'autres lois inexprimées, où les actes ne dépendent plus de leur auteur, où les sentiments tiennent lieu de preuve, où les idées s'évaporent, où rien n'est sûr, rien n'est fixé, rien n'est jugé d'avance. Et, à chaque nouveau coup du destin, il s'éloignera davantage des évidences pour se rapprocher du mystère.

« Il y a des choses telles qu'on craint de se les révéler à soi-même... »

CHAPITRE VI

La vocation

D'examen en examen, Dostoïevski a été promu sous-lieutenant.
Il a loué d'abord un petit appartement avec son camarade Totleben, puis un appartement immense, qui lui coûte 1 200 roubles en assignats, et dont une seule pièce est meublée. Mais la tête du propriétaire lui a paru sympathique. Et cela suffit. De même, son ordonnance Simon est un trop brave homme pour qu'il lui fasse des remontrances :
« Qu'il me vole, dit-il, ce n'est pas ça qui me ruinera. »
En fait, il est continuellement à court d'argent, bien que sa solde, jointe aux envois de son beau-frère Karépine, qui est devenu le tuteur de la famille, lui assure un revenu de 5 000 roubles par an...
Son existence, à cette époque, est singulièrement agitée et nulle. Tous les matins, il se rend aux cours des officiers de l'École. Les soirs sont réservés aux sorties. Il se passionne pour les spectacles du théâtre Alexandre, pour les ballets, pour les récitals de Liszt. Mais, l'après-midi, il s'enferme dans sa chambre et travaille dans la fumée épaisse et bleue des cigarettes. Son teint est cadavérique. Les glandes de son cou sont enflées. Il tousse. Il parle mal, d'une voix enrouée, raclante. Le docteur Riesenkampf, un ami des deux frères, vient parfois lui rendre visite et lui apporte des médicaments, que Dostoïevski refuse d'absorber.
En 1840, Michel arrive à Saint-Pétersbourg, pour passer un examen. Il reste jusqu'au mois de février 1841. La veille de son

départ pour Revel, il organise une réunion amicale au cours de laquelle Fédor Mikhaïlovitch lit les deux drames qu'il a composés : *Marie Stuart* et *Boris Godounov*. Les manuscrits en ont été perdus. Mais, au dire des témoins, Schiller et Pouchkine avaient été sérieusement mis à contribution par l'auteur.

Enfin Michel quitte la capitale pour retourner à Revel, où il épousera, contre le gré de son tuteur, la jeune Émilie von Ditmer dont il a si souvent parlé dans ses lettres. Quelques mois plus tard, Dostoïevski doit recueillir son frère André, qui vient poursuivre ses études à Saint-Pétersbourg. Fédor Mikhaïlovitch n'aime pas ce garçon avachi et méticuleux.

« Il a un caractère tellement neutre que tout le monde se détourne de lui », écrit-il à Michel.

Heureusement, dès le mois de décembre 1842, André est reçu à l'École d'Architecture et Fédor Mikhaïlovitch retrouve sa chère solitude.

L'argent file. Dostoïevski dépense de grosses sommes au billard et se laisse complaisamment voler par les domestiques. Il se rend à Revel. Il sera le parrain du premier fils de Michel. Michel et sa femme sont épouvantés de sa mauvaise mine et de son dénuement. Ils lui achètent du linge et des habits. Ils prient le docteur Riesenkampf de partager le logement de Dostoïevski, afin de surveiller ses dépenses. Riesenkampf accepte.

Mais cette cohabitation n'est pas faite pour équilibrer le budget de Fédor Mikhaïlovitch. En effet, dès qu'un client d'aspect minable se présente, Dostoïevski l'entraîne dans un coin, l'interroge sur les détails de sa vie intime et lui remet une somme d'argent en récompense de sa franchise.

« Il est continuellement dans la misère, écrit Riesenkampf à Michel, tandis que son entourage vit bien. On le dépouille impitoyablement. »

Un beau jour, Dostoïevski entre chez le docteur d'un pas assuré et en portant haut la tête. Il semble heureux et assez fier de lui : « J'ai reçu mille roubles de Moscou. »

Le lendemain, il reparaît, le front bas, et demande à son ami s'il ne peut pas lui prêter cinq roubles. Il a perdu une partie de la somme au billard et s'est fait voler le reste par un tailleur qu'il a convoqué à domicile, sans avoir au préalable mis son argent sous clef.

A quelque temps de là, nullement découragé, il se lie avec un raté d'origine allemande et de profession incertaine. Il l'invite pour le dîner, pour le thé et le questionne en prenant des notes.

Le tout moyennant finance, bien entendu. Le sage Riesenkampf est désespéré. Mais un nouvel envoi de mille roubles doit tirer Fédor d'embarras. Hélas! Tout à la joie de cette bonne nouvelle, Dostoïevski a commandé un dîner chez « Dominique ». Après le dîner, il a voulu jouer une partie de dominos avec un personnage louche de l'établissement. En fait, il en joua vingt-cinq et perdit son argent jusqu'au dernier kopeck. Ces égarements se soldent par des emprunts à des taux usuraires, par la stricte limitation des menus au pain et au lait, et par le refus héroïque de fréquenter les théâtres.

Cependant Fédor Mikhaïlovitch a passé ses derniers concours et s'est vu inscrire dans le cadre du service actif, en tant qu'attaché aux bureaux de dessin du Génie.

Nous sommes en août 1843. Un mois plus tôt, le 17 juillet 1843, Balzac arrivait à Saint-Pétersbourg pour rencontrer Mme Hanska, qu'il n'avait pas revue depuis sept ans.

Cette présence dans la capitale d'un écrivain qu'il considérait, depuis longtemps, comme son maître, exalta encore l'enthousiasme de Dostoïevski pour l'auteur de *La Comédie humaine*. Séance tenante, il résolut de traduire *Eugénie Grandet*.

« J'ai traduit *Eugénie Grandet*, de Balzac, écrit-il à son frère. (O merveille, merveille!...) Et ma traduction est incomparable. On m'en donnera au moins 350 roubles en assignats. Mais, au nom des anges célestes, envoie-moi 35 roubles (le prix de la copie). Je te jure sur l'Olympe et sur le juif Iankel (personnage d'un drame que j'ai achevé) et sur quoi encore? serait-ce sur mes moustaches qui, je l'espère, finiront par pousser un jour, que la moitié de ce que je recevrai pour *Eugénie* t'appartiendra. *Dixi.* »

Entre-temps, le docteur Riesenkampf quitte Saint-Pétersbourg sans avoir inculqué à Dostoïevski les « principes de l'économie allemande ». Qu'importe! Une grande nouvelle console Dostoïevski de ce départ : *Eugénie Grandet* sera publié dans *Le Répertoire et le Panthéon*. Mais le rédacteur en chef a tronqué l'œuvre d'un tiers.

« C'est une trahison! » gémit Dostoïevski.

En fait, il avait lui-même trahi Balzac en le traduisant.

C'est avec une passion dangereuse qu'il s'était emparé d'*Eugénie Grandet*. Il n'avait pas su se borner à une adaptation honnête. Il avait enflé les sentiments, chauffé les épithètes, baigné dans une atmosphère extravagante l'humble histoire de cette provinciale. Les « souffrances » d'Eugénie Grandet deviennent sous sa plume de « profonds et terribles tourments ». Son visage qui, selon Balzac, « était bordé de lueur comme une jolie fleur éclose », se couronne chez Dostoïevski d'une « auréole céleste »... N'est-ce pas mieux ainsi? Il est content. Il conseille à son frère de traduire *Don Carlos* de Schiller. Michel s'exécute.

« J'ai reçu *Don Carlos*, lui écrit Fédor, et je m'empresse de te répondre. La traduction est bonne, par endroits même excellente, mais quelques lignes sont moins heureusement venues : cela provient de ton travail hâtif. J'ai pris la liberté de corriger certaines expressions, de fignoler la sonorité de certains vers... Je vais porter *Don Carlos* à ces imbéciles du *Répertoire* pour qu'ils en bayent d'émerveillement, à moins que je ne le donne aux *Annales de la Patrie*... Mais, sois tranquille, je ne l'abandonnerai pas pour une bouchée de pain. »

Un vaste projet le tourmente. Il envisage de publier les œuvres complètes de Schiller en trois livraisons : « En ce qui concerne l'éditeur, nous verrons plus tard, mais il est de fait qu'il vaut mieux s'éditer soi-même. »

Il accumule fiévreusement des chiffres sur des feuilles volantes : tant pour le papier, tant pour la couverture, tant pour l'impression, tant pour le brochage... Tout est prévu. Tout est calculé. Et, cependant, l'entreprise échoue. A qui la faute? Mais à son travail de fonctionnaire, parbleu! qui « l'ennuie comme un plat de patates ».

Le 30 septembre 1844, il écrit à son frère Michel :
« Je suis dans une situation infernale. Je vais t'expliquer. Je viens de démissionner parce que... parce que, je te le jure, je ne pouvais plus continuer mon service. La vie est à charge lorsqu'on perd le meilleur de son temps en d'aussi stupides besognes... Enfin, voici le plus grave : on a voulu m'envoyer en mission; mais dis-moi, je t'en prie, comment aurais-je pu me passer de Saint-Pétersbourg?... »

Cependant, il est criblé de dettes et ne sait au juste comment il gagnera sa vie.

« J'ai écrit à la maison que j'avais 1 500 roubles de dettes, car je connais leur habitude de ne m'envoyer qu'un tiers de ce que je demande. Si ces cochons de Moscovites tardent à s'exécuter, je suis perdu. »

Il a deviné juste :
« J'ai reçu de Moscou 500 roubles », écrit-il quelques mois plus tard. Mais, déjà, la somme ne suffit plus à couvrir ses

débours. Il est aux abois. Il se démène, il halète, il échafaude des projets de traductions, d'adaptations.

« Tu dis que le salut est dans mon drame. Mais la mise en scène demande du temps. Et les paiements donc ! »

Il accepterait de renoncer à son héritage moyennant le versement immédiat de 500 roubles. Il accepterait de se vouer au diable pour quelques liards. De nouveau, le lait, le pain, le thé, l'appartement glacé, la solitude.

Un jour, il rencontre au coin d'une rue son ancien camarade d'école Grigorovitch. Les deux amis tombent dans les bras l'un de l'autre. Dostoïevski raconte sa démission, ses vagues travaux, ses espoirs. Grigorovitch, en revanche, peut se flatter d'avoir réalisé ses vœux : il écrit, il publie, il est payé. Ce beau garçon élégant, à l'allure dansante, à la parole facile, éblouit Dostoïevski. Et Grigorovitch est séduit par l'exaltation farouche de son compagnon. L'un est spirituel, léger, bavard. L'autre est taciturne, tourmenté, ardent. Et, cependant, ils s'entendent à merveille dès les premiers mots. Grigorovitch entraîne Dostoïevski chez lui et lui lit *Le Joueur d'orgue de Barbarie* qu'il vient de terminer. Enthousiasme. Félicitations. Serments. Projets. Désormais, ils ne peuvent plus se passer l'un de l'autre. Ils louent un appartement qu'ils habiteront en commun. Mais les ressources des deux amis s'épuisent dès le début du mois.

Dostoïevski travaille, jour et nuit, à une œuvre dont il ne veut rien dire. Grigorovitch voit s'amonceler sur la table des feuillets noircis d'une écriture minuscule, enroulée, perlée, « assez semblable à celle d'Alexandre Dumas père ».

De temps en temps, Fédor Mikhaïlovitch, épuisé, s'arrête d'écrire, boit un verre de thé, ouvre un livre : George Sand, les *Mémoires du Diable* de Frédéric Soulié... Grigorovitch le supplie de prendre un peu d'exercice. Il consent à sortir. Mais le grand air, la lumière, le bruit de la rue lui semblent insupportables. La tête lui tourne. Il pâlit. Il s'appuie au bras de son ami qui est obligé de le ramener en fiacre à la maison.

Un matin, au cours d'une promenade, ils se heurtent à un enterrement. Le prêtre porte la croix devant une procession de bannières saintes. Derrière lui, le chœur. Plus loin, le corbillard, traîné au pas lent des chevaux. Le cercueil est ouvert. On voit le visage du mort, couleur de gomme grise. Une couronne de papier blanc, ornée d'inscriptions rituelles, lui descend sur le front. Il serre une petite icône entre ses mains de bois. Dostoïevski est saisi d'un frisson, se détourne, cherche à s'enfuir. Mais, dès les premières enjambées, il s'écroule, secoué par une attaque nerveuse. Des passants l'entourent. Ils aident Grigorovitch à le transporter dans une laiterie voisine. Et c'est à grand-peine qu'on parvient à le ranimer.

Les jours suivants, Dostoïevski est morose, abattu, hors du monde. Il parle à peine. Il mange peu. Il ne veut plus écrire.

Puis, il se remet à la tâche. A quoi travaille-t-il? Son frère Michel est le seul qui soit dans le secret. Fédor Mikhaïlovitch lui écrit, à Revel :

« J'ai un espoir. Je termine un roman dans les dimensions d'*Eugénie Grandet*. Il est assez original. Je suis déjà en train de le recopier... »

Le 24 mars 1845, il lui écrit encore : « Je suis très content de mon roman. C'est une œuvre sévère et nette. Il est vrai qu'elle comporte quelques sérieux défauts... »

Un souci méticuleux de la perfection lui interdit de le publier encore :

« En février, j'ai recommencé à élaguer, à polir, à intercaler et à supprimer. Vers la mi-mars, j'avais fini et j'étais satisfait... Je me suis juré, pour difficile que soit ma situation, de ne jamais écrire sur commande. La commande écrase et annihile tout. Je veux que chacune de mes œuvres soit stricte et belle. Vois Pouchkine, Gogol, tous deux ont une production restreinte et tous deux auront leur statue. »

Il reproche à son frère de ne pas approuver sa rage de corrections :

« Le sort des premières œuvres est d'être remaniées à l'infini. Pouchkine faisait des corrections innombrables à ses plus petites poésies. Gogol lèche ses récits pendant plus de deux ans. »

Une fois le livre achevé, il s'agit de le publier. Or, « dans une revue, il n'y a pas seulement un dictateur. Il y en a une vingtaine. Faire imprimer soi-même, c'est faire sa trouée... ».

Il prend l'avis de quelques amis experts qui lui déconseillent de s'éditer à ses propres frais.

« Qui annoncera le livre au public? Le libraire ne fera rien pour un écrivain inconnu. »

Dostoïevski, de guerre lasse, se résigne à offrir son livre aux *Annales de la Patrie*. Mais il est découragé par avance. On refusera son manuscrit. On l'accablera de critiques. On ne le comprendra pas. Lui-même n'est pas sûr de *se* comprendre.

« Si je ne place pas mon roman, écrit-il, je me jetterai peut-être dans la Néva. Que faire ? J'ai pensé à tout. Je ne survivrai pas à la mort de mon idée fixe. »

Cette « idée fixe », qu'il ne nomme jamais dans ses lettres, s'intitulera *Les Pauvres Gens*, et sera son premier roman.

Comment concilier les admirations littéraires de Dostoïevski, son amour du lyrisme, « du beau et du grand », du sonore et du pathétique, avec la modeste histoire des *Pauvres Gens* ?

D'un côté Schiller (« J'ai mal lorsque j'entends seulement prononcer le nom de Schiller ! »), Victor Hugo (« Personne n'est comparable à lui ! »), Corneille (« Seuls des anges outragés peuvent parler ainsi ! »), Racine (« Il a pillé Homère, mais de quelle admirable façon ! »), George Sand (« Quand je la lus pour la première fois, je me rappelle que j'eus la fièvre toute la nuit ! »), Walter Scott (« Comment a-t-il pu écrire en quelques semaines des œuvres aussi magnifiques que *Mannering*, par exemple ? »), Shakespeare, Pouchkine, Lamartine, Byron, avec leur cortège de nobles amours, de crimes à grand spectacle, de lamentations élégiaques, et, de l'autre, le pauvre scribe Diévouchkine, serré dans son uniforme minable, logé dans un galetas, et réchauffé par la seule tendresse d'une petite fille qui habite le même pâté de maisons.

D'un côté l'orchestre des orages passionnels et, de l'autre, la flûte solitaire de l'affection.

Par quelle mystérieuse alchimie ces apports romantiques et classiques ont-ils fourni la matière grisâtre et douce des *Pauvres Gens* ? Par quelle opération étrange, les bandits généreux, les princesses lunaires, se sont-ils ratatinés aux dimensions de ces citadins minuscules ? Par quelle prestigieuse machinerie les décors vénitiens se sont-ils fondus en ruelles obscures, en mansardes, en bouges ?

Certes, Dostoïevski admirait aussi Balzac et Gogol, ces maîtres d'un réalisme nouveau. Mais leur donnait-il le pas sur l'armée des « messieurs sublimes » ? Il ne semble pas qu'il en fut ainsi. N'a-t-il pas éprouvé le besoin de magnifier l'aventure d'Eugénie Grandet, lorsqu'il s'est chargé de la traduire ? N'a-t-il pas terminé son adaptation de Balzac par une invocation solennelle où la fille de Saumur était comparée à une statue de la Grèce antique ? Les caractères de Balzac lui paraissaient bien ternes au regard de ses propres aspirations. Et voici qu'il en imagine de plus ternes encore ! Dostoïevski aurait-il changé en quelques mois ses conceptions artistiques ? Aurait-il éprouvé le choc d'une révélation littéraire ou sentimentale ?

Imaginons l'adolescent élevé au Château des Ingénieurs. Il se grise de vers et de romans : il est « Périclès ou Marius, ou un chrétien du temps de Néron, ou un paladin dans un tournoi, ou Édouard du *Monastère* de Walter Scott ». Il se proclame l'ami du poète Chidlovsky. (« Oui, je suis un volcan, le feu est mon élément. ») Il pleure sur les élégies de son frère. Il ne connaît rien de la vie. Les murs de l'École, comme jadis ceux de l'hôpital Marie, le retranchent dans un rêve de grâce et de lumière, dont il ne songe même pas qu'il pourrait s'éveiller. Et puis, les portes s'ouvrent.

C'est Saint-Pétersbourg, avec ses rues bruyantes, ses palais trop neufs, ses bâtiments administratifs bourrés de scribes, et, sitôt qu'on laisse le quartier des élégances, ses grandes maisons-casernes où s'abrite l'humanité misérable des petits fonctionnaires, des usuriers, des artisans en chambre, des prostituées et des étudiants. Des gargotes malpropres, puant le tabac, le chiffon brûlé, l'eau de vaisselle. Des impasses qu'éclaire un réverbère monté sur un poteau à chevrons de couleur. Des magasins mal tenus, où des mégères à grande gueule attendent le client, un verre de thé à la main.

Des murs de cette ville, bâtie sur les marais, suinte une eau gluante. Un brouillard de lait écrase les toits. La neige molle glisse et grince sous le talon. Les passants se hâtent. Ils sont maussades, affairés. Ils pensent à leur bureau, à leur avancement, à leur négoce. Dostoïevski est parmi eux, tel un somnambule. Les premiers temps, il marche encore tout emmailloté de songes. Mais, peu à peu, il s'éveille à cette existence nouvelle. Il ouvre les yeux. C'est au bord de la Néva, raconte-t-il dans ses *Mirages de Saint-Pétersbourg en vers et en prose*, qu'eut lieu la révélation.

Un froid de −20°. Il faisait presque nuit. Les naseaux des chevaux de fiacre poussaient une fumée épaisse. Le fleuve était pris sous une masse blanche et brillante comme du sucre. Sur sa droite, le palais de l'Amirauté pointait sa flèche sur un ciel glacé de mauve et de jaune. Des paquets de neige dure s'accrochaient aux colonnes du Sénat et du Synode.

« Une pensée étrange bougeait en moi... Il me sembla que je comprenais à cette minute quelque chose que j'avais pressenti déjà, sans l'avoir jamais exprimé ; il me sembla que je venais de m'éveiller à un monde nouveau, étranger à moi, et dont je n'avais eu connaissance jusqu'ici que par des récits obscurs, que par des signes mystérieux. Je crois que, de cet instant, date ma véritable existence. »

Et quel est ce monde auquel il s'éveille ?

« C'étaient d'étranges, de bizarres figures, tout à fait prosaïques, qui n'avaient rien de Don Carlos ni de Posa, mais qui étaient bel et bien des conseillers honoraires, seulement des conseillers honoraires d'une espèce fantastique. »

Oui, tous ces tchinovniks au nez gelé, toutes ces filles au manchon râpé, avaient peut-être des sentiments qui ne le cédaient en rien à ceux des héros princiers. Les ronds-de-cuir, les gamines malades, les vieillards maniaques, les ivrognes, tous vivaient de leur secret, de leur passion, de leur dévouement ou de leur crime.

« Honneur et Gloire au jeune poète dont la muse aime les locataires des mansardes et des caves, et dit aux habitants des palais dorés : " Ce sont aussi des hommes, ce sont vos frères " », écrira le critique Biélinsky.

Des hommes, des frères, Dostoïevski le comprend dans une sorte de secousse heureuse. Les décors orientaux s'effondrent, les silhouettes de la grande histoire basculent à jamais dans le néant. Il ne reste plus que les pauvres gens, les humiliés, les offensés.

« Dans quelque coin sombre, un cœur de conseiller pur et noble, candide et dévoué à ses chefs, et, avec lui, une petite fille, outragée et triste. Leur histoire me déchirait l'âme. »

Dostoïevski avait trouvé sa voie.

CHAPITRE VII

« Les Pauvres Gens »

« Entre, Grigorovitch, installe-toi. J'ai achevé de recopier mon livre. Je veux te le lire. »

Dostoïevski est assis sur son canapé. Devant lui, sur une petite table, est ouvert un cahier de papier à lettres de grand format : le manuscrit des *Pauvres Gens*.

Grigorovitch est piqué par la curiosité. Il a toujours admiré Dostoïevski. Il a toujours regretté que son camarade, si cultivé, si intelligent, si sensible, n'ait encore rien écrit que des essais dramatiques sans lendemain.

« Comment se fait-il, me disais-je, que j'aie déjà composé, édité certaines petites œuvres, que je me considère déjà, en quelque sorte, comme un homme de lettres, alors que Dostoïevski n'a encore rien produit dans ce domaine ? » (*Souvenirs* de Grigorovitch.)

Et Grigorovitch nous raconte, plus loin, ce que fut cette lecture des *Pauvres Gens*. Sans doute lui aussi s'attendait-il à ce que la nouvelle œuvre fût un succédané de *Marie Stuart* et de *Boris Godounov*. Mais, dès les premières phrases, il a compris son erreur.

« C'est une histoire simple, écrira Dostoïevski dans *Humiliés et Offensés,* conforme à la réalité quotidienne. Et le héros n'est pas un grand homme, ou un personnage historique, dans le genre de Rosslavlev ou de Youri Miloslavsky. C'est un modeste fonctionnaire, un souffre-douleur, un peu nigaud même, dont l'uniforme de petite tenue manque de boutons. »

Le roman est rédigé sous forme de lettres.

Deux personnages : Diévouchkine, tchinovnik obscur, âgé, ignare, misérable, bon jusqu'à l'abnégation, jusqu'au sacrifice.

En face de sa chambre, habite une jeune femme, Varenka, qui est vaguement sa parente ; mais elle ne veut pas le recevoir chez elle, ni aller chez lui, par crainte des commérages.

Ils s'écrivent donc.

Elle est malheureuse. Et il est malheureux. Il l'entoure d'une affection paternelle, gauche, délicate, charmante. Elle essaie de poursuivre l'éducation de son vieil ami. Car elle est cultivée. Elle a lu. Elle a réfléchi. Elle parle de ses souffrances avec une intelligence paisible. Elle raconte sa vie : son enfance résignée, son brusque amour pour un étudiant tuberculeux, la mort de l'étudiant, sa tristesse.

Cette correspondance est le régal de Diévouchkine. Il n'est plus seul. Il existe pour quelqu'un. Il travaille, il se prive pour quelqu'un. C'est avec une joie tremblante qu'il vend ses vêtements, qu'il accepte des travaux de copie à domicile, qu'il emprunte de l'argent pour payer des bonbons et des fleurs à sa jeune amie. Mais la misère le guette. Son uniforme est râpé. Ses souliers n'ont plus de semelle. Et Varenka est malade. Et les voisins le soupçonnent d'entretenir avec elle des relations équivoques.

« C'est l'union d'un diable avec une enfant », dit la logeuse. Un plumitif, qui habite le même immeuble, traite Diévouchkine de Lovelace. Au bureau, l'appariteur lui manque d'égards.

« Savez-vous ce qui me tue, Varenka ? Ce n'est pas l'argent, mais tous les tracas de la vie, tous ces chuchotements, ces légers sourires, ces petits propos piquants... »

Et comment le respecterait-on, puisque ses bottes sont usées et les coudes de son uniforme troués ?

« Si un de mes chefs remarquait combien ma toilette laisse à désirer !... C'est un malheur, Varenka, un malheur, un vrai malheur !... »

Or, voici justement que « Son Excellence » le convoque pour lui reprocher une erreur de copie. Pendant que Diévouchkine se tient au garde-à-vous devant lui, un bouton de son costume saute et roule aux pieds du général. C'en est fait de sa réputation ! Il sera réprimandé, renvoyé sur l'heure. Mais « Son Excellence », apitoyée par l'aspect minable du scribe, l'interroge, lui serre la main et lui donne cent roubles pour remonter sa garde-robe.

« Je vous jure que ces cent roubles ont moins de prix à mes

yeux que la poignée de main dont Son Excellence a voulu m'honorer, moi indigne, moi un fétu de paille, un ivrogne... »

Car il s'était mis à boire, entre-temps, pour toucher le *fond* de sa détresse. A présent, il est riche. Il peut redresser l'échine.

Mais son allégresse est de courte durée. Un monsieur aisé et quelque peu vicieux demande Varenka en mariage. Elle accepte, parce qu'elle est épuisée par la maladie et les privations. Et le véritable supplice de Diévouchkine va commencer.

Varenka, si posée, si grave, s'exalte à la pensée de tous les achats qu'elle doit faire pour préparer son trousseau. Une frivolité, une insouciance fiévreuse commandent le ton de ses dernières lettres. Son futur mari lui donne de l'argent pour acheter des toilettes et des bijoux. Et Varenka, avec une cruauté candide, charge Diévouchkine de ces commissions.

« Les monogrammes des mouchoirs doivent être brodés au tambour, au tambour, entendez-vous ? Au tambour et pas à points plats... Recommandez-lui, pour l'amour de Dieu, de mettre sur la pèlerine de petits nœuds de cordonnet, et puis de garnir le collet avec de la dentelle ou un large falbala. »

Diévouchkine, anéanti par le désespoir, perd la tête dans cette forêt de chiffons, de boutons et de ganses. Cependant, avec une bonne volonté lamentable, il court à droite, à gauche, visite les modistes, les bijoutiers, les fourreurs.

« Il était question de falbalas dans votre lettre. Eh bien ! elle aussi a parlé de falbalas. Seulement, matotchka, j'ai oublié ce qu'elle m'a dit des falbalas... »

Le mariage a lieu enfin. Et, dans sa lettre d'adieu, Diévouchkine, qui s'est retenu jusque-là de se plaindre, laisse libre cours à son désespoir. Ses phrases n'ont ni queue ni tête. Il veut expliquer vite, vite, combien il aimait sa chère Varenka, et quel vide atroce son départ creusera autour de lui. Le livre s'achève sur un cri :

« Il n'est pas possible que cette lettre soit la dernière !... Comment donc, notre correspondance s'arrêterait ainsi, tout à coup ?... Mais non, je vous écrirai et vous m'écrirez aussi... Varenka, mon style se forme. Ah ! ma chère, que parlé-je de style !... Tenez, en ce moment, je ne sais pas ce que j'écris, je ne le sais pas du tout, je ne sais rien, je ne me relis pas et ne corrige pas mon style. Je ne pense qu'à vous écrire, à vous écrire le plus possible... Ma bien-aimée, ma chérie, matotchka... »

Certes, *Les Pauvres Gens* ont été inspirés par *Le Manteau* de Gogol. Ce conseiller honoraire falot, élevé dans la vénération de ses chefs et l'amour de la « copie », ce citadin grisâtre de Saint-Pétersbourg, raillé par ses collègues, abruti par les privations et qui accepte tout, qui se résigne à tout, avec une douceur évangélique, est bien le frère puîné du pauvre Akaky Akakiévitch, dont Gogol a immortalisé la figure. Mais le héros de Gogol était simplement pitoyable et grotesque. Il retenait l'attention par sa nullité. Le Makar Diévouchkine de Dostoïevski est admirable par certains côtés. Sa charité, son dévouement, la discrétion qu'il garde dans le malheur sont d'une rare élévation morale. Le ridicule ne le tue pas, mais exalte ses qualités. Sa médiocrité s'arrête aux frontières du cœur. Il souffre et le voilà sauvé de la caricature.

Autour de lui végètent des comparses, dont le plus remarquable est le père de l'étudiant phtisique Pokrovsky. Ce vieillard ivrogne, menteur, abject, a une tendresse craintive pour son fils, dont il respecte l'instruction et l'indépendance. Lui aussi est racheté de ses vices par l'affection et par l'humilité.

« A première vue, on pouvait penser qu'il se sentait honteux de sa personne, tant il semblait faire d'efforts pour se rapetisser... Le seul vestige de sentiments nobles qu'il eût conservé était son immense amour pour son fils... »

Un autre échantillon de ces *Pauvres Gens* est le locataire Gortchkov. Il est impliqué dans un procès où son honneur, son avenir, sa fortune se jouent. Le tribunal statue. Il est acquitté. Le jugement rendu, il ne tient plus en place. Il aborde les gens avec des mots étranges : « Mon honneur... l'honneur... la bonne renommée... mes enfants... »

Et, la nuit même, il meurt d'émotion, de joie.

Ainsi, dès ce premier roman, apparaissent les thèmes secondaires de Dostoïevski. Le troupeau des figurants est là, au complet. Le père déchu que ses enfants considèrent avec un mélange de pitié et de mépris, nous le retrouverons dans le Marmeladov de *Crime et Châtiment,* dans le vieux Karamazov des *Frères Karamazov,* dans le général Ivolguine « démissionnaire et malheureux » de *L'Idiot.* Les braves ivrognes hanteront tous ses livres futurs. N'a-t-il pas voulu intituler *Crime et Châtiment : Les Bons Pochards*? Le vieillard, suspendu à l'issue d'un procès et qui se saoule d'orgueil au plus profond de son abaissement, nous le reconnaissons dans Ikhméniev d'*Humiliés et Offensés.* Les richards vicieux qui lorgnent les jeunes filles « outragées par l'existence », c'est Loujine, c'est Svidrigaïlov de *Crime et Châtiment...*

Tous, presque tous, sont présents à ce premier appel. Mais leurs caractères sont à peine indiqués, mais l'auteur les essaie encore, comme l'aquarelliste ses couleurs au bas de la page blanche.

Plus tard, il s'armera de courage. Il verra plus grand. Il brossera plus large. De cette palette soigneusement préparée que constituent *Les Pauvres Gens* sortiront les tableaux de la grande époque. De ces accords hésitants naîtra la miraculeuse symphonie des *Frères Kramazov.*

Mais, pour la réalisation de ces œuvres majeures, il faut attendre que Dostoïevski s'éveille aux thèmes essentiels de son art. Car Diévouchkine et Varenka sont encore limités à eux-mêmes. Il leur manque un ciel au-dessus de la tête et une ombre aux pieds. Ils souffrent, mais leurs tourments sont moraux, sociaux, matériels, terrestres. Ils ignorent les angoisses métaphysiques. Ils vivent dans le monde du « deux fois deux font quatre ». Un personnage est absent de la distribution : Dieu. Il faudra l'épreuve de l'échafaud et de la Sibérie pour qu'il surgisse à l'arrière-plan de l'univers dostoïevskien.

Quoi qu'il en soit, Grigorovitch est bouleversé par *Les Pauvres Gens.* A plusieurs reprises, il crie son admiration et veut se lever pour serrer les mains de Fédor Mikhaïlovitch. Mais l'autre, impassible, poursuit la lecture de sa voix morne, qui fait mal. Après la dernière phrase du livre, Grigorovitch, en larmes, se jette dans les bras de l'auteur et le supplie de lui confier son manuscrit. Il le soumettra au poète Nékrassov qui songe à éditer une revue. Il l'appuiera chaleureusement. Il est sûr de la réussite.

Étrange garçon que ce Nékrassov! Son père, un ancien militaire avare et dur, le destinait à un régiment de la garde. Nékrassov se brouille avec lui pour suivre les cours libres de l'Université. Sa famille lui coupe les vivres. Le jeune homme traîne à Saint-Pétersbourg une existence misérable. Il vole du pain dans les restaurants. Il dort dans des asiles de nuit. Mais son ambition est illimitée. Avec un acharnement louable, il écrit de petits articles, des contes, des pièces de vers qui sont chichement rétribués par les journaux.

L'une de ses poésies, *En route,* enthousiasme Biélinsky. Le critique fameux encourage le débutant, le conseille, le pilote dans le milieu des lettres. L'ascension de Nékrassov est rapide. Ce poète des humbles a un esprit pratique remarquablement développé.

« Nékrassov ira loin, dit de lui le vieux journaliste. Il n'est pas comme nous... Il amassera un petit capital. »

Et, de fait, ce même Nékrassov qui écrit :

> « Je fus appelé à célébrer tes douleurs,
> Peuple à l'étonnante résignation,
> Et à jeter un rayon de conscience
> Sur la voie où te guide Dieu »,

ce même Nékrassov qui reconnaît dans sa muse une fille serve qu'on fouette jusqu'au sang, qui s'attendrit sur les bateliers de la Volga, qui pleure sur le nez rouge des moujiks, qui dénonce les petites et les grandes misères de la Russie, ce même Nékrassov se pousse assez laidement dans le monde, fréquente les salons, se lie avec l'écrivain Panaïev, s'installe chez lui, lui prend sa femme, avec qui il vivra pendant quinze ans, et obtient du mari berné qu'il commandite une revue dont ils seront codirecteurs. Le lyrisme prolétarien et le sens des affaires ne se détruisent pas chez lui, mais se complètent harmonieusement. Un jouisseur, disaient ses ennemis. Un inconscient, répondaient ses amis.

Lorsque Grigorovitch lui apporte *Les Pauvres Gens,* Nékrassov se montre sceptique. Il est occupé, distrait. Il finit par condescendre à écouter une dizaine de pages :

« Au bout de dix pages, on verra ce que ça vaut. »

Grigorovitch commence la lecture.

Dix pages, vingt pages, trente pages défilent sans interruption. Mais l'enterrement de l'étudiant phtisique arrache à Nékrassov des jurons de joie. Lorsqu'on en arrive à la lettre d'adieu, Grigorovitch ne peut retenir ses sanglots. Il renifle, il regarde Nékrassov à la dérobée. Le visage du poète est baigné de larmes. Car cet arriviste sans scrupules est encore trop jeune pour n'avoir pas l'attendrissement facile et le pleur généreux.

Grigorovitch exulte :

« Il faut aller chez Dostoïevski et lui annoncer la bonne nouvelle.

— Mais il fait nuit. Il dort sans doute...

— Qu'importe qu'il dorme ! nous le réveillerons. Cela vaudra mieux pour lui que le sommeil !

Dostoïevski ne dormait pas.

Il avait passé toute la soirée, chez un camarade, à lire *Les Ames mortes* et à en discuter pour la centième fois. Il était rentré à quatre heures du matin, par une de ces nuits blanches de Saint-Pétersbourg, claires et tièdes comme un jour de printemps.

Une fois dans sa chambre, il n'avait pu se résoudre à se coucher. Il avait ouvert la fenêtre. Il s'était assis en face de ce ciel pur, lisse, immense, d'où irradiait une lueur crémeuse.

Les maisons dorment dans un éclairage de veille. Les passants sont rares. Fédor Mikhaïlovitch n'est plus très sûr d'être planté dans un monde réel. Il est entre deux vies. Il attend le soleil qui se lèvera bientôt.

Un coup de sonnette le fait tressaillir. Il ouvre.

Grigorovitch et un inconnu sont sur le seuil. Dostoïevski pâlit, vaguement effrayé. Mais les visiteurs le serrent dans leurs bras, poussent des exclamations, secouent ses mains abandonnées. Ils ont lu le livre. Ils sont transportés d'admiration.

« C'est génial...! génial!... »

Dostoïevski, stupéfait, radieux, donne tant bien que mal la réplique.

Pendant une demi-heure, on parle de poésie, de vérité, de politique et de théâtre. On cite Gogol à tout propos. On invoque l'autorité de Biélinsky.

« Je lui porterai aujourd'hui même votre manuscrit, s'écrie Nékrassov, et vous verrez!... Ah! quel homme, quel homme!... Vous ferez sa connaissance!... A présent, couchez-vous, couchez-vous, nous partons. Vous viendrez demain. »

Ils le laissent enfin. Mais Dostoïevski ne songe plus à dormir :

« Comme si j'aurais pu dormir après cette visite », note-t-il dans le *Journal d'un Écrivain*. « Quel enthousiasme! Quel triomphe! Mais c'était leur attention qui m'était surtout précieuse. Je me rappelle nettement mes pensées : Il en est qui ont du succès, qu'on félicite, qu'on accueille chaleureusement, qu'on flatte; mais eux, ils sont venus les larmes aux yeux, à quatre heures du matin, parce que c'est plus important que le sommeil! Ah! que c'est beau!... »

Jusqu'au petit jour, Grigorovitch, étendu sur son canapé, entend Dostoïevski déambuler dans la chambre voisine.

Le lendemain, selon sa promesse, Nékrassov se présentait chez Biélinsky et déclarait solennellement :

« Un nouveau Gogol nous est né.

– Chez vous autres, répondit sévèrement le critique, les Gogol poussent comme des champignons. »

Cependant, il consent à garder le manuscrit. Il promet de le lire. Et c'est déjà un succès notable. Car, à cette époque, Biélinsky est le grand critique, écouté, redouté, incorruptible.

Cet homme débile, qui gîte dans un logement modeste, qui tousse, qui crache le sang et se sait condamné à une mort prochaine, a des emballements et des colères qui secouent l'opinion publique. Il applaudit et dénigre tour à tour, dans un jeu de volte-face rapides. Il est, comme dit Dostoïevski, « l'homme le plus pressé de la Russie ».

Oui, l'homme le plus pressé, le plus ardent : « Vissarion le forcené ». Il achève son instruction à la hâte, se passionne pour des théories qu'il n'a pas eu le temps d'assimiler, les lâche, les retrouve, souffre de toute son âme. Au début de sa carrière, il se jette à corps perdu dans l'idéalisme. L'art pour l'art, la contemplation intime, le détachement souverain vis-à-vis du monde. Mais, peu à peu, cette atmosphère raréfiée lui pèse. Il ne peut plus se contenter de la littérature. Il ne peut plus se contenter de lui-même.

« L'art m'a simplement étouffé, écrit-il à un ami. Toutefois, sous ce régime, je pouvais vivre en moi-même et je pensais que, pour un homme, il n'y avait d'autre existence que l'existence intérieure. Mais je suis sorti de moi (j'y étais à l'étroit, pourtant j'y avais chaud), je suis sorti vers l'univers nouveau de la souffrance. »

Il reprend contact avec la réalité, avec la masse. Il se donne aux problèmes sociaux. Le destin du peuple russe est inique, intolérable. Le devoir de l'écrivain est de dénoncer les misères du paysan. Un livre n'a de valeur que s'il exprime une revendication humanitaire. Un talent n'a de prix que s'il est utile.

Autour de lui, se crée le parti de l' « Occident », opposé au parti des « Slavophiles ».

Désormais, il ne jure plus que par les socialistes français et n'invoque plus que les progrès de la science. Pouchkine, même, qu'il admirait sans réserve jadis, lui paraît un versificateur de salon. Le poète n'avait-il pas écrit :

« Ta marmite t'est plus chère, parce qu'elle te sert à cuire ton repas. »

« Eh! bien sûr, s'exclamait Biélinsky, avec des éclairs dans les yeux, et en courant d'un coin de la pièce à l'autre, bien sûr, elle m'est plus chère! Ce n'est pas pour moi seulement, mais pour ma famille, mais pour les pauvres gens que j'y cuis la nourriture, et, avant de m'extasier sur les beautés de l'art, mon droit, mon devoir, est de nourrir les miens, et de me nourrir moi-même au mépris de tous les aristos, de tous les freluquets [1] ! »

Seul son attachement à Gogol paraît inébranlable. Hélas! lorsque Gogol publiera ses *Passages choisis de ma correspondance avec mes amis,* Biélinsky suffoquera d'indignation.

Cet auteur qu'il « adorait », parce que ses livres dévoilaient les tares de la société contemporaine, voici qu'il devine en lui un mystique arriéré, un slavophile encroûté, un barbare. Le critique rédigera une missive interminable et haineuse, qui, par un cheminement curieux, sera fatale à Dostoïevski.

« Oui, je vous ai aimé, écrit Biélinsky à Gogol, comme seul un homme rivé par le sang à son pays peut aimer l'espoir de ce pays, son honneur, sa gloire, l'un des grands chefs de sa conscience intérieure, de son développement et de sa marche en avant. Je ne puis vous donner la moindre idée de l'indignation que votre livre a suscitée en moi... Vous n'avez pas remarqué que la Russie voit son salut non dans le mysticisme, non dans le piétisme, mais dans le progrès de la civilisation, mais dans le mûrissement de cette dignité humaine qui fut, pendant des siècles, abaissée dans la boue et le fumier... Regardez à vos pieds, vous êtes au bord de l'abîme... »

Mais, en 1845, Gogol n'a pas encore publié sa *Correspondance* et Biélinsky l'entoure d'un culte jaloux, d'une passion maternelle.

« Un nouveau Gogol nous est né! » On se moquait de lui!

Pourtant, le lendemain, lorsque le courriériste Annenkov va rendre visite à Biélinsky, il le voit, du fond de la cour, debout devant sa fenêtre avec un gros cahier à la main. Dès qu'il aperçoit le nouveau venu, Biélinsky lui crie :

« Entrez vite... Je vous apprendrai une nouvelle... Regardez ce manuscrit, je ne peux plus m'en arracher... C'est le livre d'un jeune talent : je ne sais même pas quelle tête a l'auteur, ni quelles sont ses idées, mais le roman ouvre de tels abîmes sur la vie et les caractères du peuple russe, que personne n'a encore jamais rien rêvé de semblable. C'est le premier essai, chez nous, d'un roman social, mais comme seul un artiste peut le traiter, c'est-à-dire avec l'inconscience parfaite de ce qu'il en résultera [2]. »

Et Biélinsky, d'une voix enflée, sonore, nerveuse, lit quelques pages des *Pauvres Gens.*

---

1. *Souvenirs* de Tourgueniev.
2. Annenkov.

Le soir, c'est au tour de Nékrassov d'aller aux nouvelles. Biélinsky l'accueille par ces simples mots :
« Amenez-le... amenez-le vite... »

Ainsi, trois jours après la lecture du manuscrit à Grigorovitch, Dostoïevski est présenté au plus ardent chroniqueur de la Russie.

Tourgueniev a laissé une brève description du critique :
« Je vis un homme de taille moyenne, replet, au visage irrégulier mais original, et dont les cheveux blonds pendaient en désordre sur le front. L'expression de sa figure était inquiète, comme il arrive souvent chez les gens timides et solitaires. Il se mit à me parler, puis fut pris d'une quinte de toux, nous pria de nous asseoir et s'assit lui-même aussitôt sur le divan, laissant courir ses regards sur le parquet, et roulant du tabac entre ses pattes minuscules et gracieuses. »

Tel le vit, sans doute, Dostoïevski. Sombre, grave, gêné. Mais, très rapidement, Biélinsky s'échauffe.

« " Comprenez-vous seulement, me répétait-il du ton grandiloquent auquel il s'était habitué, comprenez-vous ce que vous avez écrit là ? "

« Il avait l'habitude de hausser la voix dès qu'il éprouvait un sentiment puissant.

« " C'est parce que vous êtes tout bonnement un artiste d'une extrême sensibilité que vous avez pu écrire une œuvre pareille ; mais avez-vous mesuré toute l'ampleur de la terrible vérité que vous nous avez dépeinte ? Il n'est pas possible que vous l'ayez comprise à vingt ans. Après tout, votre malheureux fonctionnaire a servi avec une telle abnégation !... Il en est arrivé de lui-même au point qu'il n'ose plus avoir pour lui la moindre estime, tant il se sent ravalé, et qu'il finit par considérer toute plainte comme une impiété. Même le droit au malheur, il n'ose se le reconnaître !... La vérité vous est révélée et annoncée en tant qu'artiste ; vous l'avez reçue en don, sachez apprécier ce don, restez-lui fidèle et vous serez un grand écrivain. " »

Dostoïevski est abasourdi, grisé. La tête lui tourne. Il voudrait embrasser n'importe qui, remercier n'importe qui, jurer à n'importe qui une amitié éternelle. Lorsqu'il se retrouve dans la rue, il peut à peine marcher. Il s'arrête au coin du trottoir. Il regarde « le ciel, la claire journée, les passants ». Mais il n'a plus rien de commun avec eux. Il vient de se hisser d'un coup dans un autre monde, d'où il les considère comme des fourmis.

« Est-il vraiment possible que je sois si grand ? » me disais-je, pris d'une sorte d'exaltation timide. Oh ! ne riez pas : jamais je ne me suis figuré être un grand homme, par la suite ; mais alors, eût-il été possible d'y résister ?

« Oh ! Je serai digne de ces louanges. Mais quels hommes, quels hommes !... Je mériterai leur estime, je m'efforcerai de devenir aussi excellent qu'eux-mêmes, je resterai fidèle... Nous vaincrons. Ô aller avec eux, être avec eux... »

En fait, il ne devait pas être longtemps « de leur bord ».

Biélinsky avait certes été séduit par *Les Pauvres Gens,* mais il avait interprété le livre à sa manière. Il n'y avait vu qu'une belle illustration de ses idées sociales. « L'affaire est simple, explique-t-il à Annenkov : il s'est trouvé de braves imbéciles pour croire que l'amour du genre humain est l'agrément et le devoir de chaque individu. Ils ne comprennent rien lorsque la roue de l'existence, avec toutes ses préséances bien établies, les écrase et pulvérise tranquillement leurs membres et leurs os. C'est tout. Mais quel drame ! quels caractères !... »

Il n'a pas remarqué le côté positif des personnages. Il n'a pas été touché par leur résignation discrète, par leur bonté active. Il n'a pas deviné que Makar Diévouchkine valait mieux qu'une victime parce qu'il acceptait de l'être. Il a vu dans *Les Pauvres Gens* un prétexte à révolte sociale, et non pas un appel à la sympathie humaine. Il s'est indigné contre les bourreaux. Il a oublié d'admirer les martyrs.

Qu'importe, pour l'instant, le critique et l'auteur sont « fous » l'un de l'autre. Biélinsky fait part à qui veut l'entendre de sa récente découverte. Cela devient une obsession.

« Ils ont déniché une nouvelle étoile, un dénommé Dostoïevski, qu'ils placent presque au-dessus de Gogol », écrit Aksakov, avec humeur.

CHAPITRE VIII

Les salons

Les Pauvres Gens n'a pas encore été publié, mais, grâce à Biélinsky, une curiosité sympathique accueille le jeune auteur dans les milieux littéraires. On organise des lectures de son œuvre. On l'invite dans les salons. Dostoïevski perd la tête, commande un haut-de-forme chez Zimmermann, le chapelier à la mode, soigne son linge, se croit un Rastignac et trouve tout le monde charmant. Biélinsky est un second père pour lui :

« Il faut te dire, écrit Fédor Mikhaïlovitch à son frère, que Biélinsky m'a fait la leçon, il y a deux semaines, sur la façon dont on peut vivre de sa plume... » « Je vais très souvent chez Biélinsky. Il est on ne peut mieux disposé envers moi, et, sérieusement, il voit en moi la preuve et la justification vis-à-vis du public de ses propres idées... Une bonne moitié de Saint-Pétersbourg parle déjà des *Pauvres Gens*... Le seul Grigorovitch vaut son pesant d'or. Il me dit lui-même : " Je suis votre claqueur-chauffeur[1]. " »

Cette lettre est datée du 8 octobre 1845.

Le 16 novembre 1845, *Les Pauvres Gens* n'a encore pas vu le jour, et cependant l'ivresse de Dostoïevski s'enfle jusqu'à l'aberration.

« Jamais, mon frère, ma gloire ne dépassera le sommet où elle atteint maintenant. Partout, je suscite un respect incroyable, une curiosité surprenante. J'ai fait connaissance avec une foule de gens et des plus huppés. Le prince Odoïevsky m'a prié de

---

1. En français dans le texte.

l'honorer d'une visite et le comte Sollogoub s'arrache les cheveux de désespoir : Panaïev lui a déclaré qu'il existait un écrivain de talent qui les ferait tous rentrer dans la boue. Sollogoub a couru chez tout le monde et, se trouvant chez Kraïevski, il lui a demandé : « Qui est ce Dostoïevski ? où dénicherai-je ce Dostoïevski ? » Kraïevski, qui n'a d'égards pour personne, et qui dit la vérité à tout le monde, lui a répondu que Dostoïevski ne lui ferait pas l'honneur de lui rendre visite. Et il en est véritablement ainsi. Ce petit aristocrate se hausse à présent sur des échasses et pense qu'il m'éblouira par la magnanimité de sa complaisance. Tout le monde me considère comme une merveille. Je ne puis même plus ouvrir la bouche sans qu'on répète dans tous les coins : " Dostoïevski a dit ceci...Dostoïevski veut faire cela... " En somme, frérot, je n'aurais pas assez de papier si je voulais te raconter tous mes succès littéraires... »

Enfin, une grande nouvelle, Dostoïevski a rencontré Tourgueniev :

« Tourgueniev est amoureux de moi. Quel homme, mon frère ! Moi-même, je fus bien près de tomber amoureux de lui. Un poète de talent, un aristocrate, un beau garçon, et riche, et intelligent, et cultivé – 25 ans... La nature ne lui a rien refusé, je crois. De plus, un caractère extrêmement droit, admirable, travaillé à la bonne école... Je regorge d'idées, mais il suffit que j'en parle à quelqu'un, à Tourgueniev par exemple, et le lendemain tout Saint-Pétersbourg saura que Dostoïevski écrit ceci et cela... »

Il se gargarise de sa vogue, il se pavane devant sa glace, comme un gamin endimanché. Il est heureux avec une naïveté et une fatuité insupportables. Et cela est bien naturel. Qu'on songe à sa solitude, à ses doutes si proches. Naguère encore, il était inconnu, il écrivait dans le brouillard, avec le sentiment que personne ne saurait jamais apprécier son œuvre. Et voici que, du jour au lendemain, des inconnus le lisent, le comprennent, l'admirent, recherchent sa compagnie. Il n'est pire fat que celui qui s'est longtemps dénié le droit de l'être.

Au reste, sa bravade est purement épistolaire. Dès qu'il n'est plus seul en face de son papier, il retourne à sa timidité primitive. Il a peur d'être indigne du personnage qu'on lui fait jouer. Il a le sentiment de tricher maladroitement, et que chacun remarque son manège et s'en moque.

Le comte Sollogoub vient le voir après avoir lu *Les Pauvres Gens*. Il se trouve en face d'un jeune homme pâle, à l'aspect maladif.

« Il était vêtu, écrit-il, d'une redingote de chambre passablement usée, avec des manches tellement courtes qu'on les eût dites coupées pour un autre que lui. Quand je me fus nommé et que je lui eus dit en quelques mots choisis les sentiments de profonde surprise que m'avait causés la lecture de son roman, il sembla décontenancé, gêné et m'avança le seul fauteuil de la chambre, vétuste et branlant. Je restai chez lui vingt minutes et le priai à dîner chez moi. Dostoïevski en fut simplement terrifié. Ce n'est que deux mois plus tard qu'il se décida, tout à coup, à paraître dans ma ménagerie [1]. »

Terrifié, c'est bien le mot : Dostoïevski est exalté et terrifié à la fois. Tout cela est trop beau, trop facile. Il est ébloui, aveuglé. Il embrasse ses ennemis. Il ne conçoit pas qu'on puisse ne pas l'aimer, puisqu'il aime tout le monde.

« Ces braves gens ne savent plus comment m'aimer; du premier au dernier, tous sont amoureux de moi... »

Cependant, dans le salon musical du comte Vielgorsky, où il s'est rendu avec Biélinsky, il a la sensation très nette « d'être montré en spectacle ». Lorsque, dans ce même salon, Biélinsky casse par mégarde un verre, Fédor Mikhaïlovitch entend la comtesse Sollogoub murmurer derrière lui :

« S'ils n'étaient que gauches et sauvages; hélas! ils ne sont même pas intelligents. »

Il apprend enfin que certains confrères lui reprochent d'avoir exigé un « encadrement spécial » à son roman.

Quelques années plus tard, alors que Dostoïevski était en Sibérie, Tourgueniev mettait Léontiev en garde contre l'amour-propre excessif dont souffrent certains débutants.

« Tel ce pauvre Dostoïevski. Lorsqu'il eut donné son roman à Biélinsky pour qu'il l'éditât, le malheureux avait à ce point perdu la tête qu'il lui dit : " Il faudrait entourer mon texte d'une petite bordure. " »

L'affaire n'a jamais été élucidée. En 1880, à un an de sa mort, Dostoïevski, indigné, protestera contre cette légende dans *Le Temps nouveau*.

Cependant, Annenkov prétend avoir vu des épreuves encadrées, et Grigorovitch lui-même n'ose se prononcer contre cette assertion. Mais le livre parut sans ornement d'aucune sorte.

Il se peut, toutefois, que Dostoïevski, grisé par les flatteries, ait en effet demandé au critique de présenter son œuvre sous une forme typographique nouvelle. Aucune rodomontade ne

---

1. *Souvenirs* de Sollogoub.

doit étonner de sa part, à cette époque. Il est à bout de nerfs. Il ne sait plus ce qu'il fait, ce qu'il veut.

« Nous avons failli faire perdre la tête à une de ces petites idoles du jour, écrit Panaïev... Il avait fini par divaguer. Bientôt, il fut par nous déboulonné et tout à fait oublié. Le pauvre ! Nous l'avons anéanti. Nous l'avons ridiculisé [1]. »

Au cours d'une réception, on entraîne Dostoïevski pour le présenter à une jeune beauté mondaine, la Séniavina. Il se trouve en face d'une jolie fille, aux lèvres de bébé, aux lourdes boucles blondes, aux yeux calmes et froids. Elle s'apprête à lui décocher un compliment passe-partout sur son œuvre. Mais il pâlit, chancelle et perd connaissance. On l'emporte dans la chambre voisine, on l'asperge d'eau de Cologne.

Quelque temps plus tard, Tourgueniev (« Tourgueniev est amoureux de moi ») et Nékrassov (« le délicieux poète des humbles ») composeront un poème satirique où l'anecdote trouvera sa place :

> « Chevalier à la triste mine,
> Dostoïevski, aimable fanfaron,
> Sur le nez de la littérature
> Tu rougeoies comme un nouveau bouton.
>
> Bientôt, le sultan de Turquie
> Enverra vers toi ses vizirs ;
> Mais quand, dans une réception mondaine,
> Parmi une assemblée de princes,
> – O Mythe et problème du jour ! –
> Tu tombas comme une étoile filante,
> Et plissas ton nez en trompette
> Devant une blonde beauté,
> Alors, tu contemplas cet objet charmant,
> Avec une immobilité si tragique,
> Que c'est tout juste si tu n'en mourus pas,
> Fauché dans la fleur de l'âge... »

Les deux petits confrères, aidés d'Annenkov, font circuler sur Dostoïevski des anecdotes infâmes.

N'en sait-il rien ou feint-il de n'en rien savoir ? Toujours est-il qu'il continue de les fréquenter.

On l'invite chez les Panaïev. Il se prépare, il se pomponne, il

---

1. *Souvenirs* de Panaïev.

se parfume comme s'il volait à un rendez-vous. Il entre enfin dans le grand salon élargi de lumières et de glaces. Mme Panaïev l'a jugé d'un coup d'œil.

« Au premier abord, écrit-elle dans ses *Souvenirs,* on comprenait que Dostoïevski était un jeune homme extrêmement nerveux et impressionnable. Il était d'une taille peu élevée, maigrelet, blondasse; sa peau avait une teinte maladive. Ses petites prunelles grises filaient d'un objet à l'autre avec inquiétude, et ses lèvres blêmes avaient de brèves contractions. »

Dieu soit loué, il connaît à peu près tout le monde! Mais de quoi va-t-on lui parler? De quoi va-t-il leur parler? Saura-t-il être à la mesure de sa réputation? Saura-t-il distinguer la moquerie cachée du compliment sincère?

Il est gêné, guindé, hautain; il ne songe qu'à s'enfuir au plus tôt, qu'à retourner dans sa petite chambre mal éclairée, empuantie par l'odeur du tabac, encombrée par les livres et les paperasses. Être seul, être seul!... Il reviendra pourtant.

« Dostoïevski vint fréquemment, le soir, écrit encore Mme Panaïev. Son embarras disparut; il manifestait même une sorte d'esprit taquin, entamait des discussions avec tout le monde, et contredisait ses interlocuteurs par entêtement. »

Réflexe de timide. Il attaque par crainte d'être attaqué. Il se rengorge par crainte d'être abaissé. Il croit être brillant et il est insupportable. Il croit être spirituel et il est méchant et bête. Il croit virevolter avec une grâce aristocratique et on entend ses lourdes bottes de paysan.

Les petits confrères tombent comme une nuée de taons sur cette proie facile. On le houspille, on le harcèle de piqûres minuscules.

« Tourgueniev surtout était passé maître dans ce jeu. Il discutait avec Dostoïevski à seule fin de l'exaspérer [1]. »

Le malheureux se fâchait, prenait l'affaire à cœur, outrait ses opinions jusqu'à l'absurde et tout le monde de rire autour de lui. La mode littéraire était au persiflage, aux médisances, aux cabales intimes, aux complots. Dostoïevski perdait le souffle dans cette atmosphère confinée.

« Ne le répétez pas, mais savez-vous ce qu'un tel dit de vous? A propos, méfiez-vous d'une telle. »

Allons, c'est bien simple, tout le monde est jaloux de lui! Biélinsky lui-même ne l'aime plus, puisqu'il joue aux cartes au lieu de lui parler des *Pauvres Gens.*

---

1. Mme Panaïev.

Et Fédor Mikhaïlovitch s'exclame :

« Comment un homme intelligent peut-il donner, ne fût-ce que dix minutes, à un passe-temps aussi ridicule que les cartes ?... Vraiment, rien ne distingue la société des fonctionnaires de la société des littérateurs : ils ont les mêmes distractions stupides. »

Cependant, Biélinsky l'observe du coin de l'œil et dit tout bas à Nékrassov, son partenaire aux cartes :

« Qu'a donc Dostoïevski ? Il dit des bêtises, et avec quel acharnement ! »

« Quand on répétait à Biélinsky que Dostoïevski se considérait comme un génie, écrit Mme Panaïev, il haussait les épaules et disait : " Quel malheur ! car Dostoïevski a un talent incontestable et si, au lieu de travailler, il s'imagine qu'il est un génie, il n'ira jamais de l'avant. Il faut absolument qu'il se soigne. Tout cela provient d'une extrême tension nerveuse. "

« Un jour, poursuit Mme Panaïev, Tourgueniev raconta devant Dostoïevski qu'il avait rencontré en province un homme qui se croyait du génie ; et il dépeignit magistralement les traits ridicules du personnage. Dostoïevski devint pâle comme un linge ; il s'enfuit avant la fin de l'histoire. Je dis alors aux personnes présentes :

– Pourquoi tourmenter ainsi Dostoïevski ?... »

Dostoïevski s'est évadé, hors des grandes pièces claires. Il se hâte, il court à travers les rues endormies. Il rentre dans sa chambre, il se jette sur son divan, pour ruminer plus à l'aise son dépit, sa rage.

Être bafoué par cette racaille de salon ! Quelle honte ! Qu'on le frappe, mais qu'on lui épargne les croche-pieds et les pinçons !

A-t-il été assez ridicule en cette seule soirée ! Mme Panaïev a ri de lui. Un flot de sang lui saute aux joues. Il revoit le joli visage au teint mat, aux grands yeux noirs, le sourire moqueur. Que cette créature admirable soit la femme de Panaïev lui donne la nausée. Elle mérite mieux que cela. Que mérite-t-elle ? Qui mérite-t-elle ? Lui ? Le miroir lui renvoie l'image d'un petit bonhomme à la face couleur de terre, au cheveu pâle. Comme il est laid ! Comme il est triste !

Avec un raffinement de connaisseur, il exagère son désespoir. Il se donne au jeu. Il lui manquait une passion malheureuse pour parfaire son infortune. Il l'aura. Il l'a déjà. Il a touché le fond de la détresse humaine.

« J'ai été sérieusement amoureux de Mme P. », écrit-il à son frère.

Tout est beau dans cette femme. Sa figure, son âme, sa vie. Fille de l'acteur Briansky, elle s'est élevée elle-même. A dix-huit ans, elle s'est éprise de Panaïev et il l'a épousée en cachette. La mère de Panaïev, qui s'était opposée au mariage, revint plus tard sur sa décision :

« La mère de Panaïev, raconte Biélinsky, a menacé son fils de sa propre mort, cependant elle vit, et il est fort probable qu'elle enterrera son fils et sa bru. »

La jeune Advotia Panaïev écrit d'une plume charmante. Elle plaisante légèrement. Elle possède la grâce et l'esprit qui manquent à Dostoïevski. S'il se déclarait à elle? S'il lui adressait des vers, comme l'un de ses soupirants, Souchkov? Il n'osera jamais.

Dégoûté de lui-même et des autres, il va chercher l'oubli dans la débauche. Au préalable, il en avertit Biélinsky, qui le gronde pour la forme et lui recommande une chasteté mesurée.

Dostoïevski est secrètement flatté d'avoir causé quelque inquiétude à son ami. Comme on part pour une expédition, il affronte le monde de la chair.

« Ah! ces Clara, ces Minna, ces Marianne, écrit-il à son frère, comme elles ont embelli! Elles me coûtent les yeux de la tête. »

Il pose au voluptueux professionnel, à l'écumeur d'alcôves, mais, sans doute, rentré chez lui, s'épouvante-t-il lui-même de ce qu'il a fait et se rince-t-il la bouche pour chasser un goût qui l'écœure.

« Dans mes conversations avec lui (de 1846 à 1849), je ne lui ai jamais entendu dire qu'il fût passionnément épris de quelqu'un, ni même qu'il aimât simplement une femme », écrit le docteur Yanovsky.

Celle qu'il aime, il n'en parle pas, car il l'admire. Les autres? Il n'en parle pas, car il les méprise. Chaque vendredi, il se rend chez les Panaïev; il y retrouve l'affreux Annenkov, qui est invariablement de l'avis de son interlocuteur, l'imposant Sollogoub, avec son monocle vissé à l'œil, l'exécrable Tourgueniev, qui pose au gentilhomme, toute la clique de ses rivaux, tout le cercle des *Annales de la Patrie,* tous « les nôtres ».

Et de nouveau il souffre, et de nouveau il s'indigne, et de nouveau il « éructe des âneries » qui seront colportées de salon en salon.

Un jour, Mme Panaïev le voit sortir en courant du bureau de Nékrassov :

« Il était blanc comme un mort et ne pouvait enfiler la manche du pardessus que lui présentait le laquais. Enfin, il lui arracha le manteau des mains et se précipita dans l'escalier. J'entrai chez Nékrassov et le trouvai très irrité.

– Dostoïevski est simplement devenu fou! me dit Nékrassov d'une voix tremblante d'émotion. Qui est-ce qui lui a raconté cette légende? Il prétend que je récite à qui veut les entendre des vers infâmes que j'aurais composés sur lui!... »

En fait, il ne s'agissait pas d'une légende.

Pavlovsky, de son côté, rapporte que, certain soir, Ogarev, Biélinsky et Herzen s'étaient réunis pour jouer aux cartes chez Tourgueniev. Sur un bon mot de l'un des partenaires, toute la compagnie éclate de rire. A ce moment précis, la porte s'ouvre, Dostoïevski paraît sur le seuil, regarde les invités, pâlit et se retire.

Au bout d'une heure, Tourgueniev le retrouve dans la cour, marchant de long en large, livide, défait, tête nue, malgré le froid et le vent.

« Qu'avez-vous, Dostoïevski?

– Mon Dieu! C'est insupportable! Quel que soit l'endroit où je me présente, on se moque de moi. J'ai bien vu comme vous vous êtes mis à rire en me voyant!... »

On rit de lui partout. Et il ne sait pas ce qui les fait rire. Le talent ne suffit-il pas à imposer le respect? Ah! Si *Les Pauvres Gens* pouvait être enfin publié. Les éloges des journaux leur cloueraient le bec, à ces oisillons malfaisants. Mais l'édition est retardée. La censure ne se prononce toujours pas.

« C'est un malheur, écrit Dostoïevski à son frère, la censure ne donne plus signe de vie... Le roman est inoffensif et cependant on le traîne, on le traîne de bureau en bureau, et je ne sais pas comment tout cela finira... »

CHAPITRE IX

Du « Double » à « La Logeuse »

Le 15 janvier 1846, *Les Pauvres Gens* est publié dans l'almanach de Nékrassov, *Le Recueil de Saint-Pétersbourg*. Biélinsky s'empresse de donner, dans les *Annales de la Patrie*, une analyse élogieuse du roman :
« Susciter le rire et toucher l'âme du lecteur, le forcer à sourire à travers ses larmes, quelle adresse, quel talent !... »
Mais il n'est pas suivi par ses confrères de la grande presse.
« *Les Pauvres Gens* a paru le 15, écrit Dostoïevski à Michel. Si tu savais, mon frère, quelles injures forcenées l'ont accueilli partout !... Dans *L'Illustration*, ce n'est pas une critique que j'ai lue, mais une série d'imprécations. Dans *L'Abeille du Nord*, ils ont publié le diable sait quoi sur mon compte ! Mais je me rappelle les débuts de Gogol et nous savons tous comment on a reçu Pouchkine. Le public même est hors de lui.
« Les trois quarts des lecteurs me traînent dans la boue, mais un quart (peut-être moins) me loue avec acharnement. Des débats terribles sont ouverts. On m'injurie, on m'injurie, on m'injurie, et cependant on me lit... Ah ! je leur ai fourré un os à ronger. Qu'ils le rongent donc : ils travaillent à ma gloire, les imbéciles !... Mais, en revanche, quels éloges il m'arrive d'entendre, mon frère ! Figure-toi que tous les nôtres, et même Biélinsky, estiment que j'ai de bien loin dépassé Gogol... Ils trouvent en moi une source originale (Biélinsky et les autres) en ce sens que je procède par analyse et non par synthèse, c'est-à-dire que je vais en profondeur et que, dissociant les atomes, je

découvre le tout. Gogol, lui, prend le tout, tel qu'il se présente, et c'est pourquoi il est moins profond que moi... »

Comme c'est simple! Voilà de nouveau Dostoïevski remonté. On le critique, on le flatte, on s'occupe de lui. Son livre va départager les amis et les ennemis véritables. Deux camps. Des troupes dévouées. Un terrain nu. Les escarmouches ne sont plus possibles. Ah! la belle guerre!...

Sans attendre la publication des *Pauvres Gens*, Dostoïevski avait commencé un deuxième roman, *Le Double*. Les lettres qu'il écrit à son frère sont pleines d'allusions au nouveau « chef-d'œuvre ».

« Iakov Pétrovith Goliadkine (le héros du *Double*) affirme son caractère. Une véritable canaille. On ne sait comment le prendre. Il ne veut pas avancer sous prétexte qu'il n'est pas prêt... Il se refuse à terminer sa carrière avant le mois de novembre » (8 octobre 1845).

« Goliadkine est en excellente voie. Ce sera mon chef-d'œuvre » (16 novembre 1845).

« Goliadkine est dix fois supérieur aux *Pauvres Gens*. Les nôtres disent qu'on n'a rien écrit de semblable en Russie depuis *Les Ames mortes*, que c'est une œuvre géniale, que sais-je encore?... » (1er février 1846).

Et, de fait, les quelques chapitres du *Double* que Dostoïevski lut à « ses amis » produisirent sur eux une grande impression :

« Biélinsky, raconte Grigorovitch, était assis en face de l'auteur, et happait jalousement ses moindres mots au vol ; par moments, il ne pouvait cacher son admiration, et répétait que seul Dostoïevski était capable de pareilles finesses psychologiques. »

En 1877 encore, Dostoïevski, tout en reconnaissant les faiblesses du livre, écrivait :

« L'idée en était assez belle, et je n'en ai jamais développé de plus grave au cours de toute ma carrière. »

Voici l'histoire :

Le fonctionnaire Goliadkine, odieux à force de timidité pâlissante et d'effacement besogneux, rencontre un beau jour son double.

« M. Goliadkine reconnut tout à fait son visiteur nocturne. Le visiteur nocturne était lui, lui-même, M. Goliadkine en personne, un autre M. Goliadkine, mais en tous points identiques au vrai ; en un mot, ce qu'on appelle un double dans toute l'acception du terme. »

Le double est aussi arriviste, cynique, visqueux, astucieux, ricaneur, flatteur et méchant, que le vrai M. Goliadkine est modeste, stupide et honnête. Ce personnage maléfique a tôt fait d'accaparer l'identité de M. Goliadkine, de lui chiper ses relations, de le perdre dans l'estime de ses chefs, de le supplanter, de l'annihiler, de le réduire à l'état d'ombre désolée. Les deux Goliadkine ne pouvaient exister côte à côte. Le plus fort a tué le plus faible. Le méchant a tué le bon. Et tout est rentré dans l'ordre.

Ce long récit, Dostoïevski l'a intitulé « poème ». Plus tard, il en parlera comme d'une « confession ». Et c'en était une, en effet, que ses contemporains ne surent pas déceler sous l'anecdote hoffmannesque.

Goliadkine, c'est l'éternel intrus, l'éternel étranger, l'indésirable. « Je suis seul et ils sont tous. »

Ce malheureux qui pénètre dans le salon d'André Philippovitch, où tout le monde lui est hostile, qui sent converger sur lui les regards moqueurs de l'assistance, qui cherche à se justifier, à s'imposer, qui perd contenance, qui s'affole, qui veut partir et ne peut se résoudre à partir, n'est-ce pas l'auteur lui-même au milieu des cénacles littéraires?

Et lorsque Goliadkine a fait son plein d'outrages, lorsqu'il s'échappe de la maison illuminée pour courir le long des quais, « se sauvant de ses ennemis, de leur persécution, de la grêle de chiquenaudes qui lui est destinée », n'est-ce pas à Dostoïevski que nous pensons? N'est-ce pas lui que nous évoquons dans cette « nuit de novembre, horrible, humide, brumeuse, pluvieuse, neigeuse, gorgée de fluxions, de rhumes, de frissons, d'angines, de fièvres diverses, en un mot de tous les présents du mois de novembre à Saint-Pétersbourg »?

Oui, ces retours humiliés de Goliadkine, ce sont les siens, ce soulagement de Goliadkine lorsqu'il retrouve sa chambre obscure après les fastes du bal, c'est le sien aussi, et les angoisses de Goliadkine devant la jeune beauté Clara Alsoufievna, ce sont les siennes en face de la Séniavina ou de Mme Panaïev.

« M. Goliadkine était blême et tout à fait désemparé. Il semblait qu'il fût saisi d'une brusque fatigue. Il pouvait à peine se mouvoir. »

Mais l'autre, mais le faux Goliadkine, mais « l'usurpateur », comme l'appelle Dostoïevski?

Eh bien! mais c'est encore Dostoïevski. Le Dostoïevski de la réussite, le Dostoïevski mondain, qui appelle les compliments, qui recherche les amitiés, qui lutte contre sa nature. Le dédoublement de la personnalité s'affirme. D'un côté, le vrai Fédor Mikhaïlovitch, humble, triste, rageur ; de l'autre, le Fédor Mikhaïlovitch gâté par le succès, qui redresse l'échine, qui parade, qui attaque, à tort et à travers. Et le vrai Fédor Mikhaïlovitch méprise son sosie exécrable. Il sent que ce double risque de l'évincer. Il a peur de se laisser prendre aux charmes d'une gloire facile. Il a peur de céder à ces gens qui ne lui pardonnent pas d'être ce qu'il est. Il a peur de n'être plus lui-même. Lorsque le vrai Goliadkine disparaît, « les cris stridents, inhumains de ses ennemis l'accompagnent ». Et son sosie hideux reste maître du champ.

En fait, l'idée du double a poursuivi Dostoïevski pendant toute sa vie. Le châtiment du criminel, c'est d'abord la scission de sa personnalité. Un double apparaît, se matérialise. Un double qui est lui, et qui n'est pas lui. Un double qui est sa caricature affreuse, le miroir déformant où son visage humain s'enfle de pustules, se gonfle, s'effondre, accueille tous les signes d'une vie intérieure maudite.

Le Raskolnikov de *Crime et Châtiment* se reconnaît dans l'infâme Svidrigaïlov : « Eh bien ! ne vous avais-je pas dit qu'il y avait entre nous un point commun ? »

Dans *L'Adolescent*, Versilov est sujet au même dédoublement que Goliadkine : « Voyez-vous, il me semble très exactement que je me dédouble... Oui, je me dédouble en pensée et j'ai peur. C'est comme si un sosie surgissait à vos côtés ; vous-même êtes intelligent, raisonnable, et l'autre veut invariablement commettre à votre place une absurdité, parfois même faire une farce... »

Le Stavroguine des *Possédés* se retrouve dans Pierre Stépanovitch, l'agitateur révolutionnaire : « Je ris de mon singe », lui dit-il. Et l'autre, un peu plus loin, lui répond : « Je suis un bouffon, mais je ne veux pas que vous, la meilleure moitié de moi-même, vous en soyez un. »

Et, lorsque Stavroguine parle du diable, il n'est pas moins explicite : « Je ne crois pas en lui. Je ne crois pas encore en lui. Je sais que lui c'est moi sous différents aspects, que je me dédouble, que je parle avec moi-même [1]. »

Ivan Karamazov voit le diable dans son délire. Et ce diable, c'est lui, c'est son ombre portée : « En t'injuriant tu m'injuries,

---

[1]. Ce passage a été supprimé par Dostoïevski dans l'édition définitive.

dit Ivan. Toi c'est moi-même, mais sous un autre museau... Seulement, tu choisis mes pensées les plus sottes. »

Et encore : « Tout ce que j'ai eu de bête en moi, tout ce que j'ai depuis longtemps digéré et éliminé comme une ordure, tu me l'apportes comme une nouveauté. Comment mon âme a-t-elle pu produire un faquin de ton espèce?...

Le laquais Smerdiakov est aussi une parodie du jeune Ivan Karamazov : « Dans son âme s'était installé le pitre Smerdiakov. »

« Il y a dans tout homme, dira Baudelaire, deux postulantes simultanées, l'une vers Dieu, l'autre vers Satan. »

Cette idée, qu'il a pleinement exprimée dans ses œuvres de la maturité, Dostoïevski l'a gâchée dans *Le Double*. Et cela parce qu'il n'a pas su dominer en lui l'influence de Gogol.

Le Double n'est pas seulement inspiré par *Le Nez* de Gogol, c'est un pastiche de Gogol, un exercice scolaire où des phrases entières de Gogol surnagent et accrochent le regard.

La nouvelle de Gogol est l'histoire d'un fonctionnaire, dont le nez se détache et se met à vivre d'une existence parfaitement indépendante.

Le roman de Dostoïevski est l'histoire d'un fonctionnaire, dont l'âme se dédouble au point que chacune de ses deux parties acquiert une individualité totale.

Le deuxième chapitre du *Nez* commence par ces phrases :

« L'assesseur de collège Kovalev se réveilla très tôt, le matin, et fit " brr " avec ses lèvres... Kovalev s'étira et donna l'ordre d'apporter un petit miroir qui se trouvait sur la table. Il voulait contempler un bouton qui, hier soir, lui avait poussé sur le nez. »

Et *Le Double* débute ainsi :

« Il était près de huit heures du matin, lorsque le conseiller titulaire Iakov Pétrovitch Goliadkine se réveilla après un long sommeil, bâilla, s'étira et ouvrit enfin les paupières... Sautant à bas de son lit, il courut aussitôt à un petit miroir rond, qui se trouvait sur la commode. Quelle histoire, se dit M. Goliadkine, si un bouton m'avait poussé au beau milieu du visage! »

Et le parallèle peut être poursuivi à travers tout le livre. Bien mieux, l'œuvre de Dostoïevski fourmille d'expressions telles que : « se rencontrer nez à nez, se faire donner sur le nez, fourrer son nez quelque part, montrer le bout de son nez », etc.

Lors de la correction de son ouvrage en vue d'une nouvelle publication, Dostoïevski s'efforça de brouiller les pistes. Pour cela, il lui fallut exclure de son texte le plus grand nombre possible de « nez ». Ce fut une véritable hécatombe.

Mais elle ne suffit pas à sauver *Le Double*. Ce roman demeure un « à la manière de » génial.

Tout au long de l'histoire, on salue les personnages, on retrouve les tics, on relève les plaisanteries de Gogol. Dostoïevski lui-même reconnaît son erreur dès la parution de Goliadkine :

« Voici ce qui me fâche et m'irrite, écrit-il à Michel le 1er avril 1846. Les nôtres, Biélinsky en tête, sont mécontents de moi à cause de Goliadkine. Leur première réaction fut une admiration sans réserve, un tumulte, une rumeur, une suite de discussions. Leur seconde réaction fut la critique.

« En effet, tous, d'un commun accord, – c'est-à-dire les nôtres et le public, – ont trouvé que Goliadkine est ennuyeux et mou, et que je l'ai étiré au point de le rendre illisible...

« En ce qui me concerne, j'en ai été momentanément abattu. J'ai un terrible défaut : un orgueil, une vanité sans bornes. La seule pensée d'avoir trompé l'attente du public et d'avoir gâché une œuvre qui pouvait être grandiose me tue littéralement. Goliadkine me dégoûte. Bien des passages en ont été bâclés... Tout cela me rend la vie infernale et je suis tombé malade de désespoir. »

La critique fut sévère :

« Je ne comprends même pas, écrit Aksakov, comment on a pu laisser paraître ce roman. Toute la Russie connaît Gogol, le connaît presque par cœur, et voici que M. Dostoïevski s'approprie et répète intégralement les phrases mêmes de Gogol. Ayant volé quelques lambeaux à l'admirable vêtement de l'artiste, Dostoïevski s'en fait une parure et se présente bravement au public. »

Et Biélinsky lui-même éteint ses éloges, hésite, se dérobe :

« Il est probable que l'auteur du *Double* n'a pas encore acquis le tact, la mesure, l'harmonie indispensables, et c'est pourquoi bien des lecteurs lui reprochent, non sans raison, une certaine lenteur... »

Dostoïevski se sent lâché par la sympathie du public. Il veut la rattraper au plus tôt. Pour cela il lui faut écrire, vite, vite. Mais quoi ?

Dans une longue nouvelle, *M. Prokhartchine*, il campe le personnage d'un avare exalté et sordide. Après la mort du vieillard, on découvre des rouleaux d'or dans sa paillasse. La scène est atroce : les gens se ruent, le cadavre est bousculé. « Tout à coup, et de façon absolument inattendue, il bascula du lit, la tête en bas, ne laissant voir que deux pieds maigres et bleus, dressés en l'air comme les souches d'un arbre calciné. »

Dans ce conte innocent et inutile, la censure taille avec énergie :

« *Prokhartchine* a été terriblement défiguré en certain lieu. Ces Messieurs ont interdit le mot « fonctionnaire », et Dieu sait pourquoi?... Tout ce qui était vivant s'est évanoui. Il n'est plus resté que le squelette de ce que j'avais fait », écrit Fédor Mikhaïlovitch à son frère.

Biélinsky accueille très mal la nouvelle œuvre de son protégé :

« Il y brille quelques étincelles de talent, mais dans des ténèbres telles que ces lueurs ne permettent de rien distinguer. Ce n'est pas l'inspiration, ce n'est pas le travail libre d'un artiste qui a produit ce récit, mais quelque chose de tout autre, comment dire?... peut-être une certaine affectation, une certaine prétention... »

Le *Roman en neuf lettres*, que Dostoïevski rédigea en une seule nuit pour *Le Contemporain*, et qui est une sorte d'escrime épistolaire entre deux canailles, ne trouve pas grâce non plus aux yeux du critique.

« A ma grande surprise, écrit Biélinsky à Tourgueniev, la correspondance de ces deux faquins m'a simplement déplu. C'est à peine si j'ai pu en achever la lecture. Et tout le monde est de mon avis. »

Dostoïevski est affolé par ces échecs successifs. Il se cherche. Il se perd en articles sans lendemain. Il accepte de collaborer à la revue humoristique *Zouboskal*, dont il a rédigé lui-même l'annonce anonyme. « Cette annonce a fait du bruit. Cela m'a rappelé le premier feuilleton de Lucien de Rubempré », écrit-il.

L'éditeur Kraïevsky lui avance de l'argent et le bouscule pour la livraison de ses œuvres.

« Je paie toutes mes dettes par l'intermédiaire de Kraïevsky et ma seule volonté est de bûcher pour lui cet hiver, afin de ne plus devoir un kopeck à personne quand viendra l'été... »

Il s'attelle à deux nouvelles : *Les Favoris rasés* et *Les Chancelleries supprimées*.

« Toutes deux sont empreintes d'un tragique vibrant, et, je te le dis d'avance, extrêmement condensées », écrit-il à son frère le 1er avril 1846.

Mais, en octobre 1846, il lui apprend qu'aucun des deux récits ne verra le jour :

« J'ai tout abandonné, parce que tout cela n'était qu'une répétition de ce que j'avais déjà dit. A présent, de nouvelles pensées, plus originales, vivantes et claires, exigent de moi leur expression sur le papier. J'écris une autre nouvelle et le travail marche on ne peut mieux. »

Et, dans une autre lettre, datée de 1847 :

« Bientôt, tu liras *Nétotchka Nézvanova*. Il s'agit d'une confession, au même titre que Goliadkine, quoique dans un autre ton, dans une autre forme... J'écris ma *Logeuse*. Elle se révèle déjà supérieure aux *Pauvres Gens*. C'est d'ailleurs dans le même genre. Une inspiration venue de mon âme fait courir ma plume sur le papier. »

Nétotchka Nézvanova ne paraîtra qu'en 1849.

L'héroïne est une petite fille élevée entre un beau-père ivrogne qui se croit possédé par le génie de la musique et une mère malade, dans un univers « dont l'horizon est borné par les murs gris d'une chambre basse ».

« Nétotchka, écrit Dostoïevski, à l'âge où les enfants dépensent toutes leurs forces à l'extérieur », concentre en elle « les impressions du dehors ». L'enfant se nourrit de songes, perd pied dans le « brouillard d'une vie désordonnée ». Elle admire son beau-père parce qu'il a du talent et parce « qu'il est digne de pitié ».

« Je suis nul », s'exclame un jour le musicien. Et le lendemain : « Je suis un génie. » En fait, il présente un singulier mélange d'arrogance et d'humilité. « Il aimait, en quelque sorte, à se sentir persécuté », explique l'auteur.

Nétotchka hait sa mère, parce qu'elle s'imagine que cette créature souffreteuse empêche l'artiste de se consacrer à son art.

Cette haine mêlée de pitié, cet amour mêlé de mépris, Dostoïevski les avait éprouvés vis-à-vis de son père, dans son enfance. Il s'en délivrait à la moindre occasion. Il en chargeait ses personnages. Il se confessait à travers eux.

La mère de Nétotchka meurt dans des circonstances tragiques, et son père devient fou. L'enfant est recueillie par un prince mélomane qui est le portrait du comte Vielgorsky.

Le prince a une fille, Katia, petite altesse autoritaire, capricieuse, renfermée, et que « chacun dans la maison choyait et caressait comme un trésor ». Après avoir marqué un dédain total envers l'intruse, après l'avoir torturée en lui rappelant qu'elle était orpheline et qu'elle avait une « mauvaise robe », Katia s'éprend de Nétotchka.

Entre les deux fillettes s'établit une affection passionnée, quelque peu érotique, avec des bavardages au lit, des pinçons, des baisers, des serments, des fâcheries :

« Je m'apercevais que tu ne pouvais vivre sans moi. Alors je pensais : "Attends, je vais la torturer ! " »

Et encore :

« Je vais l'embrasser, me disais-je, et la pincer jusqu'à ce qu'elle en meure. »

Ce caractère féminin ardent, déchiré, Dostoïevski le reprend dans *La Logeuse*, qui paraîtra bien avant *Nétotchka Nézvanova*.

Le jeune savant Ordynov, retranché du monde par ses méditations religieuses, loue une chambre chez un vieillard vaguement magicien, au regard de braise. Ce vieillard habite avec une créature de toute beauté, dont Ordynov tombe éperdument amoureux.

Mais Ordynov est un exalté, un fiévreux; sa passion pour la mystérieuse Catherine est vue à travers la brume tremblante du délire. Il a tout le temps la sensation de rêver, puis de se réveiller dans un monde hostile, mais il se peut qu'il soit éveillé lorsqu'il croit rêver, ou qu'il rêve alors qu'il se croit éveillé. Et le lecteur chancelle avec lui entre le monde onirique et le monde réel.

Ordynov entend un conte de fées, et puis la voix qui le racontait meurt dans un murmure, « mais le conte de fées se continue quelque part... »

Tout à coup, la porte s'ouvre, deux lèvres chaudes s'abattent sur les siennes. Une seconde après, Catherine se roule au pied des icônes et s'accuse du meurtre. C'est une démente que Mourine, le magicien, dispute à l'amour d'Ordynov.

Où est le vrai? Où est le faux?

La nouvelle s'achève sur la fuite du vieillard et de la jeune fille.

Ce récit fut certainement inspiré par *La Terrible Vengeance* de Gogol, où un magicien, secrètement épris de sa fille, Catherine, applique toute sa science des apparitions, des mixtures et des malédictions à la détacher de son mari.

Tout y est, jusqu'à la tempête sur le Dniéper, dont parle Gogol, et qui devient une tempête sur la Volga dans le récit de Catherine à Ordynov.

Et cependant, ici encore, il ne s'agit pas d'une simple imitation littéraire.

Ordynov, le penseur, qui « supporte les méchancetés et les grossièretés de ses camarades, tous plus ou moins exaspérés par son caractère bizarre et solitaire », c'est Dostoïevski. La passion du jeune héros pour Catherine, c'est celle de Fédor Mikhaïlovitch pour Mme Panaïev, qui est éloignée de lui par la barrière des convenances.

« J'ai vingt-sept ans, et je n'ai jamais vu personne... Croyez-moi, pas la moindre femme, jamais, jamais aucune connaissance. Et je songe, chaque jour, qu'il arrivera un moment où je rencontrerai quelqu'un », écrira Dostoïevski dans *Les Nuits blanches*.

Cet art de visionnaire ne pouvait que dérouter la critique contemporaine, éprise de réalisme et de revendications sociales.

Biélinsky est hors de lui :

« Vous ai-je dit, écrit-il à Annenkov, que Dostoïevski a sorti un roman, *La Logeuse*? C'est la pire des inepties!... Chacune de ses œuvres nouvelles est une nouvelle chute... Nous nous sommes rudement mis dedans avec le génie de Dostoïevski... Moi, le premier des critiques, je n'ai été qu'un âne bâté... Je viens de lire les *Confessions* de Rousseau, et, à travers elles, je me suis pris de la plus grande répugnance pour ce monsieur, tellement il ressemble à Dostoïevski, lequel est convaincu que tout le genre humain l'envie et le persécute... »

Et le compte rendu du livre que Biélinsky donne au *Contemporain* est une excommunication cinglante :

« Dans toute cette nouvelle, il n'y a pas un mot, pas un membre de phrase simple et vivant. Tout y est recherché, tendu, hissé sur des échasses, artificiel et faux. »

Cet éreintement dut atterrer Dostoïevski.

« Voici la troisième année de ma carrière littéraire, écrit-il à Michel, et je vis comme dans un brouillard. Je ne vois pas la vie, je n'ai pas le temps de reprendre mes sens. Mon art se perd, faute de temps. J'aimerais m'arrêter. On m'a fait une célébrité douteuse : je ne sais jusqu'à quand durera cet enfer : la pauvreté, le travail bâclé! Quand aurai-je la paix?... »

CHAPITRE X

La débâcle

En vérité, pendant cette période de production hâtive et sans éclat, l'existence de Dostoïevski fut empoisonnée par des soucis mesquins, d'infimes trahisons, de modestes canailleries. Il connut l'humble misère du logement à payer, des avances à rembourser, des amitiés puissantes à ménager, ce calvaire banal des petites gens.

Le caractère exceptionnel des grandes infortunes console ceux-là mêmes qui en sont frappés. Mais les ennuis quotidiens rongent un être, sans qu'il songe à se libérer d'un cri. La mesure commune est ingrate. Et pour Dostoïevski plus que pour tout autre.

Il perd une à une ses amitiés littéraires.

Biélinsky ne lui pardonne pas les déceptions qu'il lui cause.

Mais les raisons de la brouille dépassent le domaine de l'art. Derrière l'écrivain, c'est l'homme que « Vissarion le forcené » déteste et attaque avec un acharnement maladif.

Deux morales sont en présence. Et, très rapidement, elles se révèlent inconciliables. Le Biélinsky dernière manière place la science, le progrès social, la dignité de l'individu au premier plan de ses préoccupations intellectuelles. Il « se repose l'âme » à regarder construire une ligne de chemin de fer.

« Dès le début de nos relations, écrit Dostoïevski dans le *Journal d'un Écrivain*, il m'aima de tout son cœur et se donna pour tâche, bien naïvement, de me convertir à ses idées... Je l'ai connu socialiste ardent et, dès l'abord, il voulut me gagner à l'athéisme... L'enseignement du Christ, il se sentait tenu, en tant que socialiste, de le détruire... Seule demeurait la claire figure du Dieu-Homme, son élévation morale, sa beauté surnaturelle et génératrice de miracles. Mais, dans son entraînement fougueux, Biélinsky ne s'arrêta pas devant cet obstacle insurmontable, comme le fit Renan. »

En 1871, l'indignation de Dostoïevski ne s'est pas encore calmée. Il écrit à Strakhov :

« Cet homme a injurié le Christ devant moi... Mais, en l'injuriant, il ne s'est jamais demandé : " Qui donc mettrons-nous à sa place? Nous-mêmes? " Non, il n'a jamais pensé à cela. Il était si satisfait de lui-même!... N'est-ce pas la preuve de sa stupidité vaniteuse? »

Et, ailleurs :

« Vous me dites qu'il eut du talent. Absolument pas. C'est très superficiellement, très négligemment qu'il a jugé les types de Gogol; il se réjouissait simplement de ce que Gogol avait " dénoncé quelque chose ". Ici, en quatre ans, j'ai relu ses critiques. Il a démoli Pouchkine quand celui-ci a sacrifié son genre factice et a publié ses nouvelles de *Biélkine* et son *Nègre*. Il a renié la fin d'*Eugène Onéguine*. Il a été le premier à propager la formule du Pouchkine salonnard. »

Filant d'un extrême à l'autre, Dostoïevski ne reconnaît plus le moindre prix à celui qu'il appelait jadis un « noble cœur ». Il hait tout ce qu'adore Biélinsky : l'art utile, les élucubrations en chambre de grands programmes humanitaires. Il adore tout ce que hait Biélinsky : l'image du Dieu-Homme, l'art libre.

Il n'admet pas d'être jugé par un être qui ne peut pas le comprendre. Il n'admet pas qu'une certaine audience s'attache encore aux propos de ce dément, possédé par le désir de « piétiner tout ce qui fut, avec des cris de colère, avec des volées de crachats, avec des grimaces de mépris... ».

Tous ceux qui gravitent dans l'orbe du critique sont des ennemis. Et Tourgueniev d'abord, ce géant aux pouces courts, ce seigneur mollasson et raffiné, qui fait de l'esprit pour se maintenir en forme. Ah! Biélinsky l'a bien gagné à sa cause. Il lui a bourré le crâne avec son occidentalisme, son socialisme, son athéisme mal digérés. « Personnellement, je n'ai jamais aimé cet homme », écrira Dostoïevski de Tourgueniev, oubliant qu'il a dit, au lendemain de sa rencontre avec l'écrivain : « Je fus bien près de tomber amoureux de lui. »

Et Tourgueniev affirmera : « Il me détestait déjà lorsque nous étions deux jeunes auteurs au seuil de leur carrière littéraire, et cela sans que j'eusse en rien mérité sa haine. »

Tourgueniev ne se rappelait-il plus *Le Chevalier à la triste mine*, les piques de salon, l'affaire du cadre, mille autres manœuvres destinées à exaspérer son rival ?

C'est de la publication du *Double* que date l'inimitié de Tourgueniev et de Dostoïevski. Un peu plus tard, Fédor Mikhaïlovitch rompt avec Nékrassov :

« Je te dirai, écrit-il à son frère, que j'ai eu le désagrément de me brouiller pour de bon avec *Le Contemporain*, en la personne de Nékrassov. Il me reproche d'avoir donné deux nouvelles à Kraïevsky, à qui je dois de l'argent, et de ne pas annoncer que j'ai quitté *Les Annales de la Patrie*. Désespérant d'obtenir une nouvelle de moi dans un délai assez bref, il m'a dit des grossièretés et a eu la maladresse d'exiger le remboursement de l'argent avancé. Je l'ai pris au mot et lui ai promis de lui verser la somme pour le 15 décembre... Une sale histoire... A présent, ils répandent le bruit que je suis malade d'orgueil... Nékrassov se prépare à me critiquer ferme. Quant à Biélinsky, c'est un homme si faible, que, même dans ses jugements littéraires, il change d'avis comme de chemise... »

Entre-temps, de nouveaux écrivains prennent le départ, Dostoïevski n'est plus le jeune prodige des *Pauvres Gens*. Il a donné plusieurs livres déjà qui ont étonné, déçu l'opinion. Il n'est ni un auteur débutant ni un auteur arrivé. Il n'éveille chez le public ni la curiosité sympathique ni le respect installé. Il est sur un palier d'attente, et il piétine, et il s'énerve d'entendre ceux qui montent derrière lui. On parle d'eux. Ils sont légion. Ils approchent. Va-t-il perdre l'avance qu'il avait prise sur eux ? Va-t-il se laisser dépasser ? Tout son avenir gâché ! Le réveil après les premières fumées de la gloire ! Ce serait trop bête, vraiment !...

« Une foule de jeunes auteurs vient de se révéler, écrit-il à Michel. Certains sont mes concurrents. Parmi eux, les plus remarquables sont Herzen et Gontcharov. Le premier a déjà publié quelque chose, le second n'a encore rien publié. On les loue terriblement. Mais je tiens encore la corde. Et pour toujours, j'espère... »

Pour toujours ! Il l'écrit afin de tranquilliser Michel. Mais, en fait, il craint de se tromper. Il doute de lui-même. Peut-être n'a-t-il rien à dire ? Peut-être Biélinsky et sa clique ont-ils raison de lui dénier tout talent ? Peut-être vaut-il mieux qu'il disparaisse ?

Mais non, s'il n'a pas encore donné sa mesure, c'est qu'il travaille dans de mauvaises conditions matérielles. La pauvreté n'est pas un bon climat pour l'inspiration. Il est à court d'argent. Et voilà ce qui le tue. D'une lettre à l'autre, cette idée revient avec obstination :

« Qu'il est donc terrible de travailler pour vivre ! Mon travail ne souffre pas la contrainte... »

« J'ai dépensé exactement 4 500 roubles depuis notre séparation, et j'ai vendu d'avance pour 1 000 roubles de ma marchandise... »

« Quant à moi, c'est toujours le même refrain. Pas un kopeck. Des dettes. J'écris et je ne vois pas la fin de mon travail. L'ennui, l'apathie, l'attente fiévreuse de quelque chose de meilleur me torturent... »

« Le système de la dette continuelle que préconise Kraïevsky, c'est le signe de mon esclavage et de la servitude littéraire en général... »

« S'il n'y avait pas de braves gens en ce monde, je serais perdu... Je vis très pauvrement, et, depuis que je t'ai quitté, j'ai dépensé 250 roubles en argent et 300 roubles pour payer des dettes... C'est Nékrassov qui m'a joué le plus sale tour en me forçant à lui rembourser 150 roubles en argent... »

L'argent, l'argent, toujours l'argent ! Il ne sait pas le gagner, il ne sait pas l'employer, il ne sait pas le garder. Il se hâte. Toute sa vie, il se hâtera. Il n'est pas chez lui dans ce monde. Il a besoin de changer d'air.

Il commence par changer d'appartement. Une fois, deux fois, trois fois. Une rage de déménagements le promène d'un bout à l'autre de Saint-Pétersbourg.

Il se cherche de nouveaux amis. Les Békétov, les Maïkov, le docteur Yanovsky. Auprès d'eux, il se sent en sûreté. Ceux-là l'aiment, ceux-là ne le jalousent pas, ne se moquent pas de lui. Dans le salon littéraire des Maïkov, il regarde danser les jeunes couples, il danse lui-même.

Cependant, à quelle dispute, à quel malentendu se rapporte la lettre d'excuses du 14 mai 1848, adressée à Mme Maïkov ?

« Je sens que je vous ai laissée hier dans un mouvement de colère, que je vous ai paru mal élevé... Je crains que vous ne m'ayez jugé emporté (je reconnais la chose), brutal, guidé par quelque arrière-pensée étrange... Comprenez-moi : de constitution faible et nerveuse, je supporte difficilement de répondre à des questions à double sens... »

Non, les réunions amicales, les petits dîners de camarades qu'il organise à l'*Hôtel de France*, les compliments de ses proches ne chassent pas son désespoir. Il tombe malade d'énervement, d'épuisement. Le docteur Yanovsky se charge de le soigner. Dostoïevski lui rend visite tous les matins, et, bientôt, s'établit entre eux une amitié durable. Ils finissent même par vivre sur une caisse commune.

Le mal de Dostoïevski est étrange. Des angoisses le saisissent à l'approche du soir. Il éprouve des « horreurs mystiques ».

« C'est la crainte la plus douloureuse qui soit de quelque chose que je ne saurais préciser, écrit-il dans *Humiliés et Offensés*, de quelque chose que je ne conçois pas, qui n'existe pas dans l'ordre des événements, mais qui peut, sans doute, se réaliser à chaque minute... »

Certains faits, certains détails de la vie courante se chargent d'un sens terrible à ses yeux. Il est perdu dans une forêt de présages. Il croit être tuberculeux ou fou. Il lit des livres de médecine. La phrénologie de Gall le passionne. Il exige du docteur qu'il étudie soigneusement les bosses de son crâne.

Un jour de juillet 1847, Yanovsky rencontre Fédor Mikhaïlovitch dans la rue. Dostoïevski, le teint livide, le regard vitreux, avance en chancelant, soutenu par un scribe de l'armée. Il vient d'avoir une violente attaque d'épilepsie. Yanovsky le ramène chez lui en calèche et le saigne. Le sang gicle, épais et noir comme de l'encre : « Je suis sauvé, je suis sauvé ! » crie Dostoïevski.

Une autre fois, le même Yanovsky croise sur la place publique un Dostoïevski hilare, débraillé, tête nue, qui marche bras dessus bras dessous avec un militaire.

Dès qu'il voit son ami, Dostoïevski s'exclame en désignant l'inconnu : « Le voici !... C'est lui qui me sauvera !... »

Il rend visite à son frère. Il songe à partir pour l'Italie. Il souhaite un choc qui le délivre de son passé, de son présent, de lui-même.

« Je me débats comme un poisson sous la glace. »

S'il tombait sous les roues d'une voiture ? S'il se jetait à l'eau ?

Tout ne vaut-il pas mieux que cet ennui où il s'enlise un peu plus chaque jour ? Pourquoi existe-t-il ? Qu'attend-il ?

« Savez-vous ce que cela signifie, ne plus savoir où aller ? » dira Marmeladov, dans *Crime et Châtiment*.

Dostoïevski éprouve le sentiment affreux de n'avoir *plus rien à vivre*. La voie où il chemine est une impasse. Il en voit déjà le mur aveugle devant lui. Quelques pas encore, et il ne pourra plus avancer.

DEUXIÈME PARTIE

CHAPITRE PREMIER

Le complot

Les campagnes de 1812-1814 amenèrent les soldats russes au cœur de l'Europe. Très vite, les officiers des corps d'occupation apprirent à connaître de près la culture occidentale et furent « séduits par leur conquête ». Les pays, fatigués par la tyrannie militaire de Napoléon, s'éveillaient à une vie sociale nouvelle. Des organisations secrètes se multipliaient en France, en Italie, en Allemagne : Charbonnerie, Tugendbund... Le retour de l'armée russe au foyer fut marqué par la création de sociétés d'abord déclarées, puis clandestines : *Union du Nord, Union du Sud, Union slave*, composées de nobles et de hauts fonctionnaires. Des programmes d'action furent élaborés qui comprenaient l'abolition du servage, la suppression des châtiments corporels, la réaction contre le régime farouchement conservateur d'Alexandre Ier.

Or Alexandre Ier n'était pas hostile au principe de la libération des serfs, mais craignait les suites d'un affranchissement brusqué.

A l'avènement de Nicolas Ier, les groupes de l'opposition déclenchèrent un mouvement insurrectionnel qui se propagea dans l'armée et aboutit à la sanglante émeute du 14 décembre 1825. La garde impériale eut raison des « décembristes », et les meneurs furent pendus ou expédiés en Sibérie. Mais, si la révolte avait échoué, l'agitation sociale n'était pas éteinte. Le tzar admettait l'urgence des réformes exigées par les décembristes. Toutefois, il entendait les réaliser lui-même et interdire toute ingérence de la noblesse révolutionnaire dans la politique de l'Empire. D'où simultanément une mise à l'étude des questions paysannes, et l'institution d'une surveillance policière active autour des intellectuels de haute et de basse volée.

Ainsi, bien que le nouveau souverain eût affirmé son « modernisme occidental » et sa sollicitude envers le sort des moujiks, il n'en demeura pas moins, aux yeux de l'intelligentsia, le représentant de la contrainte arbitraire, de la suspicion tatillonne et de l'absolutisme arriéré. « On était à l'étroit pour penser », dira l'historien Kikine. Or, on n'avait jamais eu autant envie de penser qu'à cette époque. On pensait pour ceux qui ne pensaient pas. On pensait contre ceux qui vous empêchaient de penser. On pensait seul, par groupes, en chambre, dans les salons, dans la rue. On pensait, mais on dénigrait la pensée abstraite. Les « hommes de quarante » méprisaient la métaphysique, et leur attention se portait sur les exigences immédiates du peuple. « L'esprit de notre temps, écrit Biélinsky en 1842, est tel que la plus grande force créatrice ne peut étonner que momentanément... si elle s'imagine que la terre est indigne d'elle, que sa place est dans les nuages, que les souffrances et les espérances séculaires du peuple ne doivent pas troubler ses visions poétiques et ses contemplations mystérieuses. »

Les occidentalistes et les slavophiles sont également suspects au pouvoir. Les occidentalistes estiment que la Russie est un pays arriéré, dont la régénération ne s'obtiendra que par une série de réformes profondes, à l'exemple des grands pays de l'Europe. Les slavophiles estiment, en revanche, que le régime inauguré par Pierre le Grand est une copie maladroite des régimes européens et qu'il faut revenir à l'esprit de l'époque moscovite. Ils rêvent d'une Église indépendante de l'État, d'une Russie vraiment russe, strictement russe, refermée sur elle-même, et tirant d'elle-même ses institutions. Les adversaires n'ont en commun que leur mécontentement ; ce qui n'est pas négligeable. Des livres passent en contrebande. Les étudiants se gargarisent de George Sand, de Fourier, de Louis Blanc. Chacun va vers le peuple sans rien savoir de lui. Chacun imagine des phalanstères transparents bondés d'hommes heureux, polis et sympathiques. Chacun s'attendrit à l'idée d'un partage égal des biens entre toutes les classes. L'économie politique se teinte de poésie. La révolution perd son fumet de boucherie. Le progrès scientifique s'allie aux dogmes de la religion orthodoxe. La conspiration devient presque un devoir pour la jeunesse des universités.

Les groupes « décembristes » étaient composés de nobles, les groupes des « années quarante » se composent de fonctionnaires, d'étudiants, de journalistes, d'écrivains, de commerçants. La petite bourgeoisie est en pleine fermentation morale. Il ne s'agit pas d'une révolution *par* le peuple, mais *pour* le peuple.

L'un de ces groupes insurrectionnels avait été fondé par un ex-étudiant, fonctionnaire au ministère des Affaires étrangères, Pétrachevsky. Bien qu'il appartînt à l'Administration, Pétrachevsky portait une barbe noire de coupe éthiopienne et un chapeau à larges bords de conspirateur.

Dostoïevski fait sa connaissance au mois de mai 1846.

Il faut attendre un an pour voir Fédor Mikhaïlovitch apparaître aux « vendredis » de l'association. En fait, il s'y rend d'abord par désœuvrement, par curiosité. La petite maison de planches, aux fenêtres décorées d'une bordure en dentelle de bois, l'enchante. Un escalier branlant et grinçant mène au second étage. Une veilleuse à huile de chanvre verse une vague lueur sur les vieilles marches qui meurent plus haut dans la nuit.

La chambre modeste est meublée d'un maigre canapé tendu de cretonne, de quelques chaises de rebut et d'une table. Une seule chandelle éclaire ce décor soigneusement délabré. Car Pétrachevsky est un garçon aisé, mais terriblement sensible à la mise en scène. Il n'admet pas qu'on puisse parler du peuple dans un logement bourgeois. Et imagine-t-on une conspiration fomentée en plein jour, ou à la lumière des candélabres ?

En fait, il ne s'agit pas de conspiration. Du moins, pas encore. Les amis de Pétrachevsky viennent chez lui pour discuter les dernières nouvelles politiques et littéraires. Ils s'affalent sur le canapé, sur les chaises, déboutonnent leurs uniformes, boivent du thé et fument des pipes à long tuyau et à fourreau minuscule.

Il y a là Saltykov-Schédrine, Kaïdanov, les frères Maïkov, Plesheiev, Milioutine, Dourov, Deboux, Spechnev, d'autres encore.

« Nous ne formions pas une société organisée, raconte Akcharoumov, dans ses *Notes*. Au cours de ces réunions, on n'étudiait aucun programme précis, mais on critiquait le régime, on regrettait la situation actuelle. »

Un autre « pétrachevetz », Kousmine, affirme que « toute injustice, tout abus de pouvoir, toute contrainte, toute mesure absurde révoltaient profondément l'âme de chacun ».

Et Bogoslov écrit : « La seule idée que nous eussions en commun était une réaction contre les jeux de cartes et les bavardages de salon. »

Tout cela était bien innocent. Fédor Mikhaïlovitch put s'en assurer dès la première visite. Les invités lui parurent jeunes, ardents, sympathiques. L'association possédait une bibliothèque « d'ouvrages défendus » que Dostoïevski était friand de lire. Et puis, il éprouvait le besoin de se raccrocher à un groupe, de tromper sa solitude, d'acquérir une conviction, bonne ou mauvaise, qui lui permît de vivre. Il revint de temps en temps. Il prit plaisir à ces parlotes interminables. Évidemment, tout allait mal et il fallait tout rénover. Mais comment?

Les « pétrachevtsy » ne s'accordaient pas sur les modalités d'application du système socialiste français. Akcharoumov consentait à laisser un tzar sur le trône de Russie, quitte à juguler son pouvoir par une Constitution. Spechnev était partisan de l'action directe. Pétrachevsky pataugeait dans les théories de Fourier sans rien envisager de précis pour l'avenir. Quant à Dostoïevski, il demeurait sceptique. Tout en reconnaissant la générosité de ces mirages humanitaires, il niait qu'ils pussent s'acclimater en Russie. Pour lui, les Russes devaient se tourner vers leur propre histoire et y puiser un enseignement salutaire. La communauté de biens, l'association, le cautionnement mutuel existaient depuis longtemps dans le peuple, et le développement de ces institutions valait mieux que les fantaisies de Saint-Simon et de son école. « Il disait, raconte Milioukov, que la vie dans une commune icarienne ou dans un phalanstère lui semblait plus affreuse et plus répugnante que les travaux forcés. »

On a voulu faire de Dostoïevski *un révolutionnaire*. Il ne l'a jamais été. « Je n'ai jamais rien trouvé de plus absurde, répondra-t-il à la commission d'enquête, que la conception d'un gouvernement révolutionnaire de la Russie. Tous ceux qui me connaissent, connaissent aussi mes idées sur ce point. »

Ce n'était pas un bouleversement qu'il souhaitait, mais une adaptation. Ce n'était pas d'une transformation sociale qu'il rêvait, mais d'une évolution raisonnable. « Le peuple russe ne marchera pas sur les traces des révolutionnaires européens », déclare-t-il. Et il lit à ses camarades *L'Isolement* de Pouchkine :

« Verrai-je, ô ami, le peuple affranchi,

« L'esclavage tombant sur un geste du tzar... »

Oui, l'abolition du servage, le relâchement de la censure, la suppression des châtiments corporels, tout cela devait venir du tzar. « Pour le peuple, écrira-t-il, le tzar est l'incarnation du peuple même, de son idée, de sa foi et de ses espérances. »

Il n'y a pas entre le monarque et ses sujets les rapports d'un maître à ses esclaves, mais les rapports d'un père à ses enfants. Tuer cet amour, c'est tuer la Russie. Mais éclairer cet amour, mais le diriger, c'est travailler au bien-être de tous. Il faut attendre. Il faut « croire ».

Cependant, les mois passent, et les paysans ne sont toujours pas affranchis, et la surveillance policière s'aggrave.

Dans divers districts, les moujiks s'insurgent contre leur seigneur. Pour 12 meurtres de propriétaires par leurs serfs en 1846, on en signale 18 en 1848; pour 27 soulèvements des « masses rurales » en 1846, on en signale 45 en 1848. Près de la moitié des serfs de Vitebsk se révoltent et marchent sur Saint-Pétersbourg. Ils sont arrêtés à mi-chemin par la force armée.

Les échos de la révolution de 1848 en France secouent l'existence du petit cercle. Dostoïevski perd confiance.

« Que faire s'il était impossible de libérer les paysans autrement que par la révolte ? » demande quelqu'un.

« Eh bien ! il faudrait se révolter ! » s'écrie Fédor Mikhaïlovitch.

Il est devenu impressionnable à l'extrême. Ses échecs littéraires, sa fatigue nerveuse le désarment en face des événements. A plusieurs reprises, il prend la parole pour flétrir la cruauté des seigneurs ou la rigueur de la discipline militaire.

« Je l'entends encore, écrit Deboux, raconter comment un officier du régiment de Finlande fut passé par les baguettes. »

Et Semenov Tian-Chansky confirme l'incident : « A des minutes pareilles, Dostoïevski était capable de descendre sur la place avec un drapeau rouge... »

Fédor Mikhaïlovitch accepte de rédiger des « actes d'accusation » et de les lire aux réunions du groupe. Mais cette promesse reste sans lendemain. Tout au plus se borne-t-il à déclamer des pages de Derjavine, de Pouchkine et de Gogol.

Entre-temps, son frère Michel, ayant démissionné, arrive à Saint-Pétersbourg. On le présente au « conspirateur en chef ». L'opinion de Michel rejoint celle de Fédor Mikhaïlovitch. Ce Pétrachevsky est un hâbleur excentrique, un comédien brouillon. Ses propres idées le dépassent. Il faut agir; et l'autre vaticine. Détail curieux : Pétrachevsky a essayé d'édifier un phalanstère dans la forêt qui fait partie de sa propriété, mais les moujiks, qui n'ont pas lu les socialistes français, brûlent le bâtiment, symbole de leur bonheur futur.

De son côté, Dourov, le poète mystique, a formé un groupe, en marge des « pétrachevtsy ». Pour ce visionnaire doux et entêté, le socialisme rejoint le christianisme. A la commission d'enquête, Dostoïevski dira que Dourov était « religieux jusqu'au ridicule ». Cependant, Palm, Plesheicv et Fédor Mikhaïlovitch lui-même se joignent à lui.

La société de Saint-Pétersbourg était au courant de ces réunions nocturnes et ne leur attachait aucune importance. Le sénateur Lébédev, dans ses *Notes*, traite les jeunes gens de « bavards », d' « enfants conspirateurs », et leurs agissements ne sont pour lui que des « farces scolaires ». Dès 1845, une pièce satirique sur le fouriérisme, intitulée *Les Deux Égoïsmes*, présente Pétrachevsky sous le nom de Pétouchevsky, et Aksakov sous le nom de Bykakov. Le technicien du nihilisme, Bakounine, écrit à Herzen que ces groupes sont « absolument inoffensifs, absolument désarmés ».

Toutefois, parmi cette foule de jeunes gens timorés et inutiles, se détache peu à peu la figure énigmatique de Spechnev. Il a un beau visage de femme, mince, aux lèvres lourdes, aux grands yeux cernés. Une épaisse chevelure bouclée lui retombe sur les épaules. Il est le partisan de l'action directe et en accepte les conséquences. Tous les moyens sont bons pour renverser le pouvoir. L'émeute, la fusillade, les meurtres politiques ne l'effrayent pas. Lors de son arrestation, on trouvera dans ses papiers une formule de serment révolutionnaire : « Je soussigné accepte les obligations suivantes : quand le comité directeur décidera qu'il est temps de s'insurger, je m'engage, sans réserve, à prendre une part ouverte et totale dans les soulèvements et la bataille, m'étant préalablement muni d'armes à feu ou d'armes blanches... »

Cet être mystérieux, que Dostoïevski appellera son « Méphistophélès », exercera sur Fédor Mikhaïlovitch une influence véritablement maléfique. Dostoïevski déteste Spechnev pour son ironie glaciale, pour son athéisme déclaré. Et, cependant, il ne peut se soustraire à l'ascendant étrange de ce garçon. Spechnev n'a pas l'air tout à fait vivant. Il y a en lui une décision infernale, une arrogance désespérée qui découragent la sympathie. On ne peut pas l'aimer. On ne peut que le combattre ou se soumettre à lui. Et Dostoïevski se soumet avec tristesse, avec dégoût, avec crainte. Il lui emprunte 500 roubles dans un moment de détresse ou de lâcheté, et la pensée de cette dette le torture. Il devient maussade, hargneux, querelleur. Au docteur Yanovsky, qui lui parle d'un abattement passager, il répond : « Non, cette disposition d'esprit ne me laissera pas, mais continuera longtemps, longtemps, à me tourmenter : j'ai emprunté de l'argent à Spechnev... A présent, *je suis avec lui, je suis à lui*. Je ne pourrai jamais lui rendre cette somme, et, d'ailleurs, il n'accepterait pas un remboursement en argent ; l'homme est ainsi fait. Comprenez-vous, à présent, que j'ai un Méphistophélès à mes côtés ? »

Un Méphistophélès !... On songe involontairement à ces diables, à ces doubles qui pullulent dans l'œuvre de Dostoïevski et sont l'image informe de ses héros. Sans doute Dostoïevski vit-il dans le révolutionnaire Spechnev l'aboutissement hideux de son propre libéralisme. Fédor Mikhaïlovitch voulait tout au plus améliorer le sort du paysan, réviser les lois de la censure, attirer l'attention du tzar sur la grande misère de son pays, et ces mêmes idées, chez un Spechnev, se traduisent par un appel à la rébellion et au massacre. Ce qui est à peine indiqué chez l'un est poussé chez l'autre jusqu'au monstrueux, jusqu'à l'absurde. Et, pourtant, il n'y a pas entre eux solution de continuité. Dostoïevski commence Spechnev. Dostoïevski conduit à Spechnev. Spechnev c'est Dostoïevski défiguré. Spechnev c'est le châtiment de Dostoïevski.

« Tout ce que j'ai depuis longtemps digéré et éliminé comme une ordure, tu me l'apportes comme une nouveauté. Comment mon âme a-t-elle pu produire un faquin de ton espèce ?... »

Il faudrait reculer, il faudrait rompre avec ce compagnon redoutable. Mais Dostoïevski est pris dans l'engrenage. Il éprouve le vertige de l'irréparable. Il se perd avec la conscience terrible de sa responsabilité. C'est lui qui propose à Spechnev de fonder une association restreinte de quatre ou sept membres au plus. Spechnev accepte. On parle d'acquérir une presse clandestine et de répandre des libelles incendiaires dans la population. Philippov dessine les plans de l'appareil. Les parties en sont commandées à des fabricants divers de Saint-Pétersbourg.

Plus tard, on montera la machine au domicile de l'un des conspirateurs. C'est par miracle qu'elle ne sera pas découverte lors de l'enquête.

Dostoïevski ne se borne pas à préconiser la constitution d'une société secrète autour de Spechnev, mais il cherche à lui recruter des adeptes. Au mois de mars 1849, il rend visite au poète

Apollon Maïkov, s'attarde chez lui, et accepte de rester coucher sur le petit canapé qui fait face au lit de son camarade. A peine les deux amis ont-ils commencé de se déshabiller, que Dostoïevski aborde le sujet de la propagande révolutionnaire :

« Pétrachevsky, dit-il, est un imbécile, un saltimbanque, un bavard, et il ne donnera jamais rien de sérieux, mais certains de ses familiers, plus actifs que lui, ont organisé une affaire dont Pétrachevsky ne sait rien, et dans laquelle ils sont bien décidés à ne pas l'admettre. »

Il s'agit de la conspiration Spechnev, Philippov, Dostoïevski et compagnie. Maïkov refuse d'adhérer au nouveau groupe.

« Je lui prouvai, écrit-il dans une lettre à Viskovatov, la légèreté, le risque de cette entreprise, et qu'ils allaient tous à une catastrophe certaine. De plus – c'était mon principal argument – nous sommes tous deux, lui disais-je, des poètes, c'est-à-dire des gens dénués de sens pratique, nous ne savons pas nous débrouiller dans nos propres intérêts, et cependant l'activité politique exige un sens pratique exceptionnellement développé. »

« Et je revois, poursuit Maïkov, Dostoïevski, assis comme un Socrate mourant en face de ses disciples, dans sa chemise de nuit au col déboutonné, et employant toute son éloquence à m'expliquer le but sacré de son idée, le devoir qui nous incombait de sauver notre patrie, que sais-je encore?... »

En quittant Maïkov, le lendemain matin, Dostoïevski l'adjura de garder le secret de leur entretien.

Cependant, depuis le 27 février 1848, les bureaux de la IIIe Section, créés par Nicolas Ier pour « veiller à ce que la tranquillité et les droits des citoyens ne soient pas troublés par un pouvoir personnel », n'ignoraient pas que, chez le « communiste » Pétrachevsky, se réunissaient chaque vendredi « des lycéens, des libres penseurs et des étudiants de l'Université ».

Le général-comte Orlov, chef des gendarmes, charge le fonctionnaire du ministère de l'Intérieur Liprandi de suivre et d'instruire l'affaire. Pendant près d'un an, Liprandi cherchera l'espion idéal, qui, pour employer sa propre formule, « doit être d'une instruction égale à celle du cercle où il pénétrera... et, enfin, se placer au-dessus de préjugés... ». Il finit par découvrir cette perle rare en la personne d'Antonelli.

Cet Antonelli, fils d'un peintre d'origine italienne, est un blondin au nez fort, aux yeux clairs et rapides, aux manières obséquieuses de camelot. Il a fait ses études à l'Université de Saint-Pétersbourg. Il est fonctionnaire de l'État. Il accepte la mission dont on le charge, sous la seule réserve que son nom ne figurera pas dans les dossiers.

C'est le 11 mars 1849 qu'Antonelli fait son apparition aux vendredis du groupe. Il est un peu intimidé, un peu gêné, dans son gilet écarlate qui tire les yeux de chacun. Il distribue des cigares de provenance étrangère. Il se mêle aux conversations, formule des idées libérales, s'efforce de provoquer quelque diatribe contre le gouvernement ou contre l'Église.

« Que vient-il faire ici ? » demande Kousmine à Bogossoglo. Et l'autre lui répond :

« Allons donc, vous savez bien que Michel Vassiliévitch [Pétrachevsky] est prêt à accueillir et à combler d'attentions le premier venu... »

A partir de ce jour, Antonelli devient un hôte assidu de Pétrachevsky. Il se rend même aux réunions organisées chez d'autres membres de l'association. Rentré chez lui, il note soigneusement tout ce qu'il a vu, tout ce qu'il a entendu dans la soirée, et ses rapports sont transmis au ministère de l'Intérieur, où Liprandi les centralise et les étudie.

Cependant, les griefs relevés contre les « pétrachevtsy » sont encore bien minces. Des divagations abstraites, des critiques inconsistantes... Antonelli est déçu : les conspirateurs se méfient-ils de lui ou ne sont-ils vraiment que des collégiens inoffensifs ?

Un jour, Dostoïevski rend visite à Dourov, et celui-ci lui remet une copie de la fameuse lettre de Biélinsky à Gogol dont il a été parlé plus haut. C'est Plesheiev qui l'a expédiée de Moscou. Fédor Mikhaïlovitch montre le document à Palm, Mombelli, Ivanov, et promet à Pétrachevsky de le lire à l'un de ses vendredis.

Nous sommes au mois de mars 1849. Le 15 avril, il s'exécute. Cette missive de haine, Dostoïevski se défendra plus tard d'en avoir approuvé la teneur : « Celui qui m'a dénoncé, répondra-t-il à la commission d'enquête, peut-il dire auquel des deux correspondants j'étais le plus attaché ?... A présent, je vous prie de considérer les particularités suivantes : aurais-je lu l'article d'un homme avec qui je m'étais brouillé pour une question d'idées (ce n'est pas un mystère ; bien des gens le savent), en le présentant comme un bréviaire, comme une formule à suivre pour chacun?... Je l'ai lu en m'efforçant de ne marquer aucune préférence pour l'un ou l'autre des correspondants... »

Comment expliquer l'attitude de Dostoïevski, prêtant sa voix à la prose d'un « ennemi »? Certes, le document de Biélinsky exprimait nombre de pensées auxquelles Dostoïevski demeurait hostile : les attaques du vieux critique contre le mysticisme, contre l'Église, contre l'empereur ne pouvaient obtenir son assentiment. Mais la lettre contenait, en revanche, une protestation véhémente contre le servage et une glorification du rôle de l'écrivain, qui répondaient aux opinions mêmes de Dostoïevski et justifiaient qu'il lui donnât cette publicité.

Antonelli écoutait tomber une à une ces phrases qui condamnaient Dostoïevski et ses auditeurs :

« L'Église se présente comme une hiérarchie, c'est-à-dire comme une personnification de l'inégalité, comme une courtisane du pouvoir, comme une ennemie, une destructrice de la fraternité entre les hommes... Dans la majorité des cas, notre clergé ne se distingue que par ses bedaines rebondies, que par son pédantisme scolastique, que par son impolitesse barbare... »

« Je ne parlerai pas du panégyrique que vous réservez à l'amour du peuple russe envers ses souverains. Je vous dirai simplement ceci : chez personne ce panégyrique n'a rencontré le moindre acquiescement... »

Autour de Dostoïevski, les jeunes gens poussent des jurons, éclatent de rire, applaudissent. Leur compte est bon. Déjà, en pensée, Antonelli fignole son rapport.

Les réunions suivantes ne sont pas moins fructueuses pour l'agent du ministère de l'Intérieur. Ainsi, à un souper chez Spechnev, Dostoïevski assiste à la lecture du *Récit d'un soldat* par Grigoriev, « nouvelle subversive, dirigée contre l'armée et contre le gouvernement ».

Quelques jours plus tôt, un dîner avait été organisé en l'honneur de Charles Fourier chez l'un des conspirateurs, Evrapeus. Dostoïevski n'avait pu y prendre part. Mais la fête avait été parfaitement réussie. Pétrachevsky, très en forme, avait achevé son allocution par ces paroles : « Nous avons condamné à mort la société actuelle; il s'agit maintenant d'exécuter le verdict. » Quant au petit Akcharoumov, il avait exigé, en termes cinglants, l'abolition de la famille, de la propriété, de l'État, des lois, de l'armée, des villes et des églises.

Antonelli ayant nourri son dossier de toutes ces précisions troublantes, le général-comte Orlov transmet l'affaire à Nicolas Ier. A la lecture de ces pièces, l'empereur dut se souvenir des « décembristes » qu'il lui avait fallu exterminer le jour même de son avènement. Il avait pendu, déporté les chefs de la révolte. Et voici que leurs descendants se présentaient soudain à lui. N'aurait-il jamais fini de lutter contre l'empoisonnement des idées occidentales ? Dans sa crainte de voir renaître les émeutes de 1825, il s'exagère l'importance du complot et médite un châtiment exemplaire : « J'ai tout lu, écrit-il en marge du rapport, l'affaire est grave ; même si tout n'était que bavardages, il n'en reste pas moins que cela est criminel et intolérable. Il faut les arrêter, ainsi que tu le conseilles. Vas-y, au nom de Dieu, et que Sa volonté soit faite. »

Orlov prend ses dispositions en conséquence. Le 22 avril 1849, le major de la gendarmerie divisionnaire Tchoudinov reçoit l'ordre « d'arrêter Fédor Mikhaïlovitch Dostoïevski, ingénieur en retraite et écrivain ».

Le 22 avril est un vendredi. Fédor Mikhaïlovitch s'est rendu chez Pétrachevsky, où l'on a envisagé d'éditer un journal par actions. Il rentre chez lui à quatre heures du matin, fatigué, trempé par une petite pluie froide. Il se déshabille. Il se couche. Il s'endort bientôt. Mais, au bout d'une heure, un bruit de voix, un cliquetis de sabres tombent dans son sommeil. Il ouvre les yeux. La lampe est allumée. Devant lui, se tiennent l'inspecteur de police du quartier, un lieutenant-colonel aux épaulettes avantageuses, un soldat.

« Levez-vous... Par ordre... »

Dostoïevski est abasourdi :

« Permettez...

– Habillez-vous, nous attendons... »

Le lieutenant-colonel a de bonnes manières et une voix suave. Dostoïevski se rassure. Il ne peut s'agir que d'un malentendu. On va l'emmener, l'interroger, le relâcher sur-le-champ. Quel crime a-t-il commis pour redouter qu'on le garde à vue ?

Tandis qu'il s'habille, les intrus examinent ses livres, ses papiers, les trient soigneusement et les nouent avec une ficelle. Un policier s'introduit dans l'âtre et fouille la cendre avec la pipe de Dostoïevski. Un sous-officier grimpe sur une chaise pour escalader le poêle, mais glisse et s'effondre sur le parquet. L'inspecteur avise sur la table une pièce de cinq kopecks bosselée.

« Serait-elle fausse ? demande Dostoïevski.

– C'est à voir », grogne l'inspecteur.

Et il joint les cinq kopecks aux autres pièces à conviction. Dostoïevski s'est habillé en hâte. Tout le monde quitte la chambre bouleversée. Une voiture attend devant la porte. La logeuse et le concierge hochent la tête en regardant leur locataire s'engouffrer avec ces hommes d'armes dans le coupé. La voiture s'ébranle dans le petit jour sale. Les rues sont vides. Il fait frais.

CHAPITRE II

La prison

Dans la cour de la IIIe Section, des calèches arrivent, tournent, s'arrêtent.

On débarque les inculpés cueillis aux quatre coins de Saint-Pétersbourg. On les identifie, on les répartit par salles. A l'entrée de chaque pièce, se tiennent des soldats, l'arme au pied. Les visages sont pâles, mornes, ensommeillés. Dostoïevski reconnaît quelques amis. Son frère André, d'abord :

« Que fais-tu là ? »

On les sépare.

Un fonctionnaire ministériel groupe autour de lui les conjurés : il tient à la main une liste d'appel. En haut de la feuille, Dostoïevski lit ces mots, tracés au crayon : « Agent de l'affaire, Antonelli ».

Le même jour, Michel Dostoïevski rend visite à Milioukov. Michel est près de défaillir.

« Qu'avez-vous? demande Milioukov.
— Comment? Vous n'êtes pas au courant?
— Quoi?
— Mon frère Fédor est arrêté.
— Que dites-vous? Est-ce possible? Quand?
— Cette nuit... On a perquisitionné chez lui... On l'a emmené... On a apposé les scellés sur la porte de son logement.
— Et les autres?
— Pétrachevsky, Spechnev sont pris... Je ne sais pas s'il y en a d'autres... Quant à moi, on m'arrêtera demain, si ce n'est aujourd'hui...

– Pourquoi croyez-vous cela ?
– On a arrêté mon frère André... Il ne sait rien... Il n'a jamais été chez eux... On s'est trompé, on l'a emmené à ma place [1]... »

Ils décident de faire le tour de leurs amis. Tous ont été appréhendés à domicile et des scellés ont été apposés sur leurs portes.

Cependant, le général-comte Orlov écrit à Nicolas Ier : « J'ai l'honneur d'informer Votre Majesté que l'arrestation a été effectuée et que 34 personnes avec tous leurs papiers ont été livrées à la IIIe Section. »

Le 23 avril, à onze heures du soir, les prisonniers sont transférés à la forteresse Pierre-et-Paul.

Cette forteresse avait été construite par Pierre le Grand et, dès 1718, il y faisait enfermer les membres de la conspiration du tzarévitch Alexis. C'est dans l'un de ces bastions que le tzarévitch, coupable de n'avoir pas approuvé les idées de son père, fut incarcéré, interrogé et supplicié jusqu'à la mort. Pendant le règne d'Anna Ivanovna, une prison spéciale fut construite dans la forteresse, et reçut le nom de ravelin Alexis, ce qui était un hommage pour le moins étrange à la mémoire de l'empereur Alexis Mikhaïlovitch. La première occupante du ravelin fut la princesse Tarakanova, fille supposée de l'impératrice Elisabeth Petrovna et prétendante au trône de Russie. Les « décembristes » furent également les hôtes du ravelin Alexis. Et, vingt-cinq ans plus tard, les voûtes sombres des casemates accueillaient le petit troupeau des « pétrachevtsy ».

En réalité, les conjurés de 1849 furent scindés en deux groupes. Les uns furent placés dans les cellules de la forteresse. Les autres, ceux que l'on considérait comme « les criminels les plus importants », furent casés dans le ravelin. Dostoïevski faisait partie du dernier groupe.

Le ravelin était un bâtiment triangulaire, bâti sur un étage, et dont les murs extérieurs baignaient dans l'eau grise de la Néva. Un petit jardin pour la promenade des condamnés. Un long corridor foré de dix-neuf portes. L'écho des pas se répercute de voûte en voûte. Il fait sombre. On confisque les vêtements des « pétrachevtsy », et on leur remet, en échange, l'uniforme des prisonniers : chemise et pantalon en toile de sac, robe de chambre en gros drap militaire. C'est ainsi accoutré que Dostoïevski pénètre dans son cachot.

---

1. *Souvenirs* de Milioukov.

Le local est relativement spacieux : six mètres de long sur trois mètres et demi de large. Un lit de camp, avec un matelas et un oreiller bourrés de paille, une petite table, un tabouret, un pot à eau, une chandelle de suif, fixée près de la fenêtre, c'est tout.

Un grillage solide défend la lucarne aux carreaux badigeonnés de craie. Un torchon voile le minuscule judas percé dans la porte, et qu'on appelle « l'œil » dans le jargon des prisonniers. Cette porte s'ouvre cinq fois par jour : à sept heures pour le thé, à dix heures pour l'inspection, à midi pour le déjeuner (une écuelle de soupe et un morceau de viande), le soir pour le dîner ; enfin, au terme de la journée, le gardien vient allumer une chandelle et se retire.

Et c'est le calme, le silence énorme des pierres et de l'espace. On n'entend pas les bruits de la ville. Les pas des sentinelles même semblent venir d'un autre monde, d'un autre âge. On respire l'odeur humide des dalles moisies. La flamme de la chandelle baisse, vacille, meurt. Et la nuit tombe, tout à coup, comme un pan de mur, comme la mort.

Dostoïevski sursaute, porte les mains à ses tempes. C'est fini. Il faut dormir. Il faut à tout prix dormir. Cependant, son esprit travaille avec une lucidité fiévreuse. Est-il malheureux ? Mais non. Au cœur de son désarroi, il éprouve un soulagement qu'il n'oserait avouer à personne. Depuis longtemps, il reconnaissait la nécessité d'une catastrophe. Cette vie nulle, inutile, gâchée, il importait d'en dévier le cours. L'arrestation, l'incarcération le sauvent de son existence monotone. La gravité de son infortune le retranche du reste des humains. Il est enfin « exceptionnel ». Il est enfin « irresponsable ». Il peut se reposer, souffler. Le destin joue pour lui. Il ne dépend plus de lui d'être un grand homme ou une loche. Il se retrouve dans la main de Dieu.

« Quelle chose impie fut votre déportation ! » lui dira-t-on, trente ans plus tard. Et il répliquera : « Mais non, ce fut justice. Le peuple russe nous eût condamnés. Et qui vous dit que, peut-être, là-haut, le Tout-Puissant n'a pas voulu m'envoyer au bagne pour que j'y apprenne ce qui importe le plus et sans quoi l'on ne saurait vivre ? »

Pendant deux mois et demi, il fut interdit aux prisonniers d'écrire à leurs proches et de recevoir le moindre courrier.

Certains des « pétrachevtsy » supportèrent très mal l'incarcération préventive.

Grigoriev souffre de neurasthénie caractérisée.

Katénev devient fou, et on est obligé de le transférer à l'hôpital où, du reste, il mourra bientôt.

Yastrjembsky songe à se suicider : « Je suis resté dans le ravelin du 23 avril au 23 décembre, écrit-il dans ses *Souvenirs*, et, s'il m'avait fallu y demeurer encore, j'aurais sans nul doute perdu la raison. »

Pétrachevsky, également très éprouvé, rédige une plainte invraisemblable adressée à la commission : on l'empêche de dormir en frappant de petits coups contre la muraille, ce qui lui fait perdre la mémoire. Des chuchotements viennent de tous les coins de sa cellule et tuent en lui la représentation de sa personnalité, ainsi que les notions de temps et de lieu.

Quant à Akcharoumov, ayant extrait un clou de son lit, il l'aiguise pour passer le temps. « Tantôt je me postais à la fenêtre, tantôt je déambulais de long en large dans ma cage. Souvent, je m'agenouillais par terre, et, cachant mon visage dans mes mains, je parlais à haute voix, je pleurais, puis je bondissais sur mes pieds et revenais à la fenêtre. »

André Dostoïevski, qui a été arrêté par erreur le même jour que son frère, est relâché le 6 mai 1849 ; Michel Dostoïevski, incarcéré à la place d'André, ne sera libéré que le 24 juin. « Non seulement il n'a commis aucun crime contre le gouvernement, mais il s'est efforcé de les prévenir », dit le rapport.

Le mois de juillet amène un bouleversement dans l'existence des prisonniers : on les autorise à lire des livres, à écrire des lettres et à en recevoir.

« Cher frère, j'ai été indiciblement heureux de ta lettre, écrit Fédor Mikhaïlovitch le 18 juillet 1849. Je l'ai reçue le 11 juillet. Enfin, te voilà libre. J'imagine le bonheur que ce fut pour toi de revoir ta famille... Tu m'écris de ne pas perdre courage. Je ne perds pas courage. Bien sûr, je m'ennuie et je suis écœuré, mais que faire ?... En général, le temps passe d'une manière très inégale : tantôt trop vite, tantôt trop lentement. Parfois même, je sens que je me suis comme habitué à cette vie, et que tout m'est indifférent... Actuellement, les journées sont belles et cela me donne un peu de gaieté. Mais, sous un ciel de pluie, la casemate a un air lugubre. Je ne perds pas mon temps : j'ai imaginé trois nouvelles et deux romans... Il y a dans la nature de l'homme une vitalité surprenante. Vraiment, je n'aurais jamais cru qu'il y en eût autant, mais, maintenant, je le sais par expérience. »

Cette sérénité miraculeuse étonne, lorsqu'on songe que Dostoïevski n'était pas fixé sur son sort et ne pouvait communiquer avec aucun de ses compagnons. La solitude lui convient. Il se porte mieux que jamais. Il s'écoute vivre. Les souvenirs de son enfance, les espoirs d'une libération prochaine le consolent du petit lit dur, de la chandelle de suif et des pas de la sentinelle dans les couloirs sonores de la prison.

C'est pendant sa captivité qu'il compose *Le Petit Héros*, nouvelle baignée de poésie sentimentale et timidement voluptueuse. En attendant le verdict, l'inculpé raconte l'éveil de l'instinct sensuel chez un enfant. Le récit ne sera publié qu'en 1857.

Cependant, les semaines passent et la lettre que Dostoïevski adresse à son frère, le 27 août, est déjà moins gaillarde que la première :

« Pour moi, je ne puis rien dire de certain. Toujours la même ignorance en ce qui concerne notre affaire. Ma vie est aussi monotone qu'auparavant ; mais on m'a de nouveau permis de me promener dans le jardin, où il y a 17 arbres. Et c'est un bonheur pour moi. Autre bonheur, on m'a permis d'avoir une bougie, le soir... Veux-tu m'envoyer quelques ouvrages d'histoire, ce serait excellent. Mais une Bible (les deux Testaments) vaudrait mieux encore... Je ne puis rien te dire de fameux au sujet de ma santé. Voici bientôt un mois que je vis d'huile de ricin... Mes hémorroïdes me font de plus en plus souffrir, et je ressens dans ma poitrine une douleur que je n'avais pas auparavant. La nuit, surtout, mon impressionnabilité s'accroît. J'ai des cauchemars interminables, depuis peu ; il me semble que le plancher vacille sous moi, comme si j'étais dans une cabine de navire... »

Et, le 14 septembre 1849 : « Je vais assez mal : l'estomac me torture et mes hémorroïdes aussi. Quand tout cela finira-t-il ? Voici venir les mois les plus pénibles de l'automne et, avec eux, mon hypocondrie s'accroît. Les nuages couvrent l'horizon ; cependant, le petit coin de ciel bleu que j'apercevais de ma cellule me garantissait encore la santé et la bonne humeur... »

En fait, il est à bout de résistance. La solitude totale où il végète le détruit lentement. Pour se distraire, il correspond avec Philippov, son voisin de cellule, en tapant de petits coups contre la cloison. Il est las de penser et de ne rien voir. Il a l'impression d'être sous une cloche pneumatique, le vide se creuse au-dessus de lui, il respire difficilement, il étouffe. Est-il un homme comme les autres ? Il ne peut plus se situer dans le temps, dans l'espace. Il ne sait plus s'il rêve ou s'il est éveillé. Lorsqu'il était enfant, il déposait chaque soir, sur sa table de nuit, un petit billet ainsi conçu : « Il se peut qu'aujourd'hui je tombe en léthargie, ne pas m'enterrer avant tant de jours. »

Il est en léthargie. Il est enterré, à la lettre. Il n'existe plus.

L'enquête se traîne. Les interrogatoires se multiplient. On cuisine un à un les inculpés. De temps en temps, un officier accompagné d'un gendarme pénètre dans la cellule, fait revêtir au condamné ses vêtements civils et l'emmène à travers les longs corridors mal éclairés jusqu'à la sortie. On traverse la cour. On entre dans la « Maison blanche », où siège la commission d'enquête.

Cette commission se compose de cinq membres : le prince Gagarine, le chef des gendarmes Doubelt, le prince Dolgorouky, le général Rostovtzev et le général commandant la forteresse, Nabokov, président.

Dostoïevski est accusé d'avoir pris part à des réunions où furent critiqués les actes du gouvernement et l'institution de la censure et du servage, d'avoir lu la lettre de Biélinsky à Gogol, « contenant des injures contre l'Église orthodoxe et le pouvoir suprême », et d'avoir assisté à la lecture du *Récit d'un soldat*, de Grigoriev, nouvelle au « texte révoltant ».

Les membres de la commission s'efforcent de prendre Fédor Mikhaïlovitch au piège de la douceur. (C'est la lutte de Raskolnikov contre le juge Porphyre.) « L'empereur vous pardonne si vous nous racontez l'affaire », dit Rostovtzev. Fédor Mikhaïlovitch se tait. Alors, le général bondit de sa chaise et quitte la salle des séances en criant : « Je ne peux plus voir Dostoïevski ! »

L'instruction continue. Dostoïevski ne nie pas les faits : « Mais qui ne serait coupable, si on inculpait chacun pour ses idées les plus intimes, pour ce qui a été dit dans un petit cercle étroit et bienveillant de camarades ?... »

La lecture du *Récit d'un soldat* « a eu lieu d'une façon tout à fait inattendue... L'impression produite fut absolument nulle... »

Quant à la lettre de Biélinsky, Dostoïevski reconnaît avoir agi « à la légère » en lui donnant une publicité qu'elle ne méritait pas. Il affirme que son « libéralisme se traduit seulement par le désir d'être utile à la Patrie ».

« Je n'ai jamais été un socialiste, dira-t-il encore, quoique j'aie aimé à lire et à étudier les ouvrages relatifs aux problèmes sociaux. »

On ne tirera pas de lui la moindre accusation contre ses compagnons d'infortune. Bien mieux, il se chargera lui-même, pour hâter la libération de son frère Michel : « Je vous dis cela parce que mon frère a fait la connaissance de Pétrachevsky par mon intermédiaire, et que je suis seul responsable de cette liaison, ainsi que du malheur de mon frère et de sa famille... Cette arrestation est un véritable châtiment pour lui, alors qu'il est moins coupable que quiconque. »

Les membres de la commission d'enquête sont très embarrassés par la définition juridique d'un crime qui n'a pas été consommé. L'intention révolutionnaire suffit-elle à condamner l'activité du petit groupe ? Et y a-t-il eu exactement une intention révolutionnaire chez ces libéraux bavards et brouillons ? Où finit l'évolution, où commence la révolution ?

L'instruction dure cinq mois ; 232 personnes, accusés et témoins, sont interrogées oralement ou par écrit. Malgré les affirmations réitérées de Liprandi, la commission finit par reconnaître l'innocence des inculpés :

« Ni la surveillance étroite et perspicace que Liprandi exerça près d'un an sur les agissements de Pétrachevsky ni les nombreux interrogatoires des personnes arrêtées... n'ont permis de découvrir l'existence d'une société de propagande organisée », lit-on dans la décision du 31 août.

Toutefois, le ministre de l'Intérieur exige un nouvel examen de l'affaire et, cette fois-ci, la commission d'enquête admet la nécessité de châtier les membres du complot :

« La commission estime que les faits découverts méritent par eux-mêmes l'attention du gouvernement... »

Le 30 septembre 1849, le « cas Pétrachevsky » est soumis au tribunal militaire. Une commission spéciale, composée de six membres civils et de six généraux, étudie la responsabilité des vingt-huit jeunes gens coupables de crime contre la sûreté de l'État.

Le 16 novembre, la commission bipartite condamne sept prisonniers à la déportation et quinze à être passés par les armes. Les six autres sont relâchés.

Mais l'instruction n'en reste pas là. Contrairement à toutes les règles de la procédure, l'empereur transmet l'affaire à l'Auditoriat général, qui juge d'après le statut rigoureux de la loi martiale. L'Auditoriat général commence par étendre la peine de mort à tout le monde. Après quoi, il suggère à l'empereur de commuer le châtiment en travaux forcés. L'arrêt final est rédigé comme suit :

« Dostoïevski... pour avoir nourri des projets criminels, pour avoir répandu la lettre du littérateur Biélinsky, etc. est condamné à huit ans de travaux forcés en Sibérie. » Nicolas Ier inscrit en marge du document : « Pour quatre ans, et ensuite comme soldat de ligne. » Mais il exige que cet acte de clémence soit tenu secret.

CHAPITRE III

L'échafaud

Le 21 décembre 1849, les prisonniers ne savent rien encore du châtiment qui leur est destiné. On ne les questionne plus. On se refuse à toute déclaration précise. Va-t-on les relâcher bientôt ?

Le 22 décembre, vers six heures du matin, les jeunes gens sont réveillés par une rumeur de pas qui se rapproche. Des ordres. Des claquements de talons. Le tintement d'un fourreau de sabre. Une clef tourne dans la serrure. La porte s'ouvre. Un officier de gendarmerie et l'inspecteur de la prison pénètrent dans la cellule et remettent leurs habits civils aux condamnés. Puis, un à un, les « pétrachevtsy » sont conduits vers la sortie.

Le seuil à peine franchi, l'air glacé frappe Dostoïevski en plein visage. Il grelotte. Il regarde le petit jour brumeux. Dans la cour, des fiacres de louage sont arrêtés en file. Les chevaux des gendarmes piaffent dans un bruit de sabots, de harnais. Des uniforme bleus courent à droite, à gauche. On pousse les condamnés dans les voitures. « Un par coupé ! » crie une voix. Un gendarme s'installe sur la banquette auprès de chaque prisonnier. Lorsque la troupe est casée, un ordre bref retentit, et le convoi s'ébranle, escorté par des cavaliers, sabre au clair. Où les conduit-on ? Va-t-on leur lire le verdict de la cour martiale ? Mais comment expliquer alors ce trajet interminable, ce détour ?

« Où allons-nous ? demande Spechnev au gendarme qui l'accompagne.

— Il est défendu de le dire », répond l'autre.

Une pellicule de givre brouille les vitres des portières. Il semble qu'on traverse la Néva, puisque les sabots des chevaux patinent sur le plancher d'un pont de bateaux. Et n'est-ce pas la chaussée caillouteuse de la Liteïnaïa qui sonne à présent sous les roues de l'équipage? Spechnev veut essuyer la buée blanche des carreaux. Mais le gendarme l'arrête:
« N'en faites rien, ou je serai battu. »
Après trois quarts d'heure de route, les voitures s'arrêtent enfin, les portières s'ouvrent.
L'immense place d'armes du régiment Sémenovsky. Il a neigé dans la nuit. Au-dessus des casernes jaunes, les toits sont tout blancs, tout neufs, et fument doucement. Une foule épaisse est rangée sur les côtés : commerçants barbus à col de fourrure, femmes au fichu noué sous le menton, étudiants en casquette, fonctionnaires à cocardes, trois ou quatre mille personnes en tout.
Au centre, une estrade de bois blanc, cernée d'une palissade. Les troupes sont disposées en carré devant cet échafaud. Plus loin, trois piquets sont fichés en terre. Les voitures se vident une à une. Dostoïevski reconnaît Spechnev, serein et méprisant à son habitude, Grigoriev, malade de frousse, Pétrachevsky. Il s'élance vers eux, il les embrasse.
« En rang! » crie une voix impérieuse.
Un prêtre, vêtu de noir, portant la croix et l'Évangile, se place en tête du cortège, et les condamnés lui emboîtent le pas. Ils sont engourdis. Ils trébuchent dans la neige molle.
« Que va-t-on nous faire? demande l'un d'eux à voix basse.
– On va nous lire le verdict... Tout le monde aux travaux forcés...
– Mais à quoi bon ces poteaux?
– On va nous attacher... On va nous fusiller, peut-être...
– Pensez-vous!... »
Les vingt jeunes gens défilent devant le front des troupes et gravissent le maigre escalier de l'échafaud. Un officier procède à l'appel des condamnés et les répartit suivant un ordre mystérieux, neuf du côté droit de la plate-forme, onze du côté gauche. Derrière chaque conjuré se tient un gendarme. Au pied de l'estrade, le groupe des généraux chamarrés se dandine sur place, avec des mines importantes.
Dostoïevski est à côté de Mombelli. Il n'est pas très inquiet. Il n'a pas la sensation d'appartenir au monde où se déroule cette revue à grand spectacle. Il est ailleurs. Tout à coup, il

éprouve le besoin de raconter à son voisin le sujet d'une nouvelle qu'il a imaginée en prison.

Mais des cris l'interrompent :
« Garde à vous !
– Retirez vos chapeaux ! »

Personne ne bouge. Les conjurés n'ont pas compris qu'on s'adressait à eux. Des voix s'élèvent parmi le groupe des généraux :

« Retirez les chapeaux ! On va lire la confirmation de la sentence. »

Les « pétrachevtsy » obéissent enfin. Ils sont nu-tête dans le froid qui leur serre les tempes et les fait pleurer.

Le ciel est d'un gris limpide. Dans la neige épaisse, les pas des jeunes gens ont laissé de gros trous moelleux. Au bout de leurs souliers, brillent des croûtes blanches. Le gendarme de service leur souffle son haleine chaude dans la nuque.

L'auditeur paraît au centre de l'échafaud et, d'une voix monotone, rapide, lit le texte du jugement. Pour chacun, il énumère les crimes dont on l'a reconnu coupable et termine l'exposé des motifs par ces simples mots : « Condamné à la peine de mort. »

Pétrachevsky, Mombelli, Grigoriev, Akcharoumov... A neuf reprises, l'auditeur a prononcé la sentence. Il ajoute :

« Dostoïevski..., condamné à la peine de mort. »

Fédor Mikhaïlovitch tressaille, comme tiré d'un rêve. « La peine de mort. » A ce moment, le soleil perce la brume et illumine la coupole dorée de l'église Sémenovsky, où des plaques de neige demeurent accrochées.

« Ce n'est pas possible qu'on nous fusille ! » s'exclame Dostoïevski.

Mais Mombelli, pour toute réponse, lui désigne un chariot couvert d'une bâche.

La toile épouse vaguement la forme des cercueils. (En fait, il s'agissait de vêtements entassés.)

Dostoïevski ne comprend pas encore. Machinalement, il observe une verrue sur la joue d'un gendarme, le reflet d'un bouton de cuivre. Il regarde – il s'en souviendra toute sa vie – l'auditeur refermer son papier suivant les plis, le fourrer dans sa poche, se pincer l'oreille du bout des doigts et descendre lentement les marches de l'échafaud.

Un pope le remplace aussitôt. D'une voix émue, il prononce un sermon sur le texte de saint Paul : « La rançon du péché est la mort. » Il explique à ces malheureux que rien ne finit ici-bas et qu'une éternité de béatitude attend ceux qui savent se repentir. Puis, il leur donne le crucifix à baiser; seul Schaposhnikov, un homme du peuple, demande à se confesser. Au reste, détail curieux que nul n'a remarqué d'abord, le prêtre ne s'est pas muni des saints sacrements.

Dostoïevski a baisé la petite croix d'argent, dure, glacée. Il se redresse. Il ne peut plus douter maintenant. La présence du prêtre a dissipé ses derniers espoirs : qui donc oserait associer l'Église à une comédie ?

Mais le châtiment est démesuré au regard du crime. « Je n'ai pas mérité cela. » Personne n'a mérité cela. L'injustice grandit ces misérables, qui grelottent au centre de la place sur une plate-forme de bois. Elle les élève au rang des martyrs. Et ils s'en rendent compte. Et ils sentent à plein cœur la volupté du sacrifice inutile. « L'affaire pour laquelle on nous avait jugés, les pensées, les aspirations qui nous avaient tenu au cœur ne suscitaient en nous aucun sentiment de repentir; mais il nous semblait que notre supplice nous purifierait, en quelque sorte, et que bien des péchés nous seraient pardonnés, grâce à lui », écrira Dostoïevski dans le *Journal d'un Écrivain*. Oui, cette cause, dont ils discutaient à tort et à travers, confrontant leurs rêveries frivoles, plastronnant, dénigrant, raillant, voici qu'elle leur semble sacrée, parce qu'ils vont mourir pour elle.

Le prêtre a quitté l'estrade. Deux hommes s'approchent des condamnés : les bourreaux. Ils sont vêtus de houppelandes. Ils ont de grosses mains d'assommeurs, piquées de poils. Le clairon sonne. Les tambours battent aux champs, et ce roulement funèbre est répercuté par les murs des casernes. Il baisse, il renaît, obsédant, assourdissant, interminable... Les conjurés ont été mis à genoux. Au-dessus de leur tête, les bourreaux brisent des épées en signe de déchéance. Puis, on affuble les jeunes gens de robes blanches en toile de sac, à manches longues et à capuchons.

Les trois premiers, Pétrachevsky, Mombelli, Grigoriev, sont attachés aux poteaux d'infamie, et les bourreaux rabattent les capuchons sur leurs yeux. Un ordre bref. Trois pelotons sortent des rangs et se forment en ligne devant les condamnés.

Dostoïevski ferme les paupières. Il est le sixième dans l'ordre d'exécution. Le prochain tour sera le sien. Dans cinq minutes, il sera lié à ces mêmes piquets. Dans cinq minutes, il n'existera plus. Une angoisse affreuse le saisit. Il ne faut pas perdre ces cinq minutes. Il faut les employer au mieux, en extraire toute l'essence, toute la joie secrète avant de basculer dans la nuit. Il fait trois parts du temps qui lui reste à vivre. Deux minutes pour dire adieu à ses amis. Deux minutes pour réfléchir. Une minute pour regarder, une dernière fois, le monde.

Mais à quoi réfléchir, mais que regarder? Il a vingt-sept ans; il a la pleine conscience de sa force, de son talent – et, tout à coup, la mort. Il existe; il est vivant – et, dans trois minutes, il ne sera rien, ou quelque chose d'autre, ou quelqu'un d'autre. Il regarde encore la coupole de la cathédrale. Voici qu'il ne peut plus détacher les yeux de ce dôme rayonnant d'or et de soleil. Il lui semble que, d'une seconde à l'autre, il n'y aura plus en présence que lui et cette lumière tranquille. Ils ne feront plus qu'un. Il deviendra cette clarté, ce calme. Il se fondra dans l'inconnu. Une peur convulsive le saisit. « Et si je ne mourais pas? Si la vie m'était rendue? Quelle éternité!... Et tout cela serait à moi!... Oh! alors je changerais chaque minute en siècle, je n'en perdrais pas une seule, je tiendrais compte de tous mes instants pour n'en dépenser aucun à la légère[1]!... »

Cependant, les soldats chargent leurs fusils, épaulent. Le silence fait mal. Un cri : « Feu! », et ces trois corps vont s'affaisser sur le sol, avec une mollesse ridicule. Et on les emportera. Et on les remplacera par trois autres. Mais pourquoi ne tirent-ils pas?

Avec un sang-froid parfait, Pétrachevsky soulève son capuchon pour voir ce qui se passe. Un aide de camp agite un mouchoir. On sonne la retraite. Les bourreaux détachent Pétrachevsky, Mombelli, Grigoriev et les ramènent sur l'estrade.

L'auditeur s'avance à nouveau et lit en bégayant le jugement de grâce :

« Les coupables, ayant mérité la peine de mort aux termes même de la loi, sont graciés par la clémence infinie de Sa Majesté l'Empereur... »

Le bagne. L'exil. La joie tombe sur Dostoïevski comme une masse. Sauvé! Qu'importe tout le reste! Vingt ans plus tard, il dira à sa femme : « Je ne me souviens pas d'un jour aussi heureux. »

Certains de ses compagnons, en revanche, sont tellement épuisés par l'émotion, tellement écœurés par la farce, qu'ils regrettent la mort à laquelle ils ont échappé. Grigoriev est blême. Il tremble. Il claque des dents. Il est devenu fou.

---

1. *L'Idiot.*

On a douté d'abord que cette mise en scène odieuse ait reçu l'assentiment de l'empereur. En fait, il en a réglé les moindres détails. Pendant deux jours, ce fut une correspondance acharnée entre les bureaux : combien fallait-il préparer de houppelandes blanches ? Combien fallait-il planter de piquets ? Fallait-il creuser des fosses ? Fallait-il attacher les condamnés et leur masquer les yeux ? Nicolas Ier voulait donner une leçon salutaire aux « jeunes écervelés ». Mais il avait passé la mesure. Il avait tué le repentir au lieu de le susciter.

Le souvenir de cette exécution revivra dans les livres de Dostoïevski. « Il y a des hommes auxquels on a lu leur sentence de mort, qu'on a laissés souffrir et puis... on leur a dit : " Allez-vous-en, on vous pardonne " », écrit-il dans *L'Idiot*. Dans le même livre, le prince Myschkine raconte une scène en tous points analogue à celle qui se déroula sur la place. Et, dans le *Journal d'un Écrivain*, Fédor Mikhaïlovitch demande : « Savez-vous ce que c'est, la peine de mort ? Qui n'a pas frôlé la mort ne peut le comprendre. »

Non, il n'oubliera pas, il n'oubliera jamais. Déjà les bourreaux retirent aux condamnés leurs houppelandes. On leur passe des pelisses de mouton, des bottes de feutre, des chapeaux fourrés. Des forgerons escaladent l'échafaud et s'approchent de Pétrachevsky. On va l'expédier, séance tenante, en Sibérie. Quelqu'un jette sur l'estrade un paquet de chaînes qui tombent avec fracas. Les forgerons les fixent aux chevilles de Pétrachevsky. Et lui, très calme, les aide dans leur travail. Ensuite, il embrasse ses compagnons d'infortune, et, soutenu par deux gendarmes, descend l'escalier, en traînant les pieds dans un bruit de ferraille. On le hisse dans une voiture. Un ordre. Le fouet claque. L'équipage fend la foule qui se referme aussitôt sur son passage.

Les condamnés sont transis de froid. « Frottez votre nez », dit l'un. « Frottez votre joue qui est gelée », dit l'autre. Kachkine et Palm tombent à genoux et prient :

« Le bon monarque !... Longue vie à l'empereur ! » murmure Palm.

Plus tard, des fiacres de louage ramènent les condamnés à la forteresse Pierre-et-Paul.

Dès leur arrivée à la prison, un médecin les examine aux fins de savoir si leurs facultés mentales n'ont pas souffert de l'émotion. Puis, les condamnés sont reconduits dans leurs cellules respectives. A peine seul, Dostoïevski écrit une lettre à son frère Michel :

« Mon frère, mon cher ami,

« Tout est décidé. Je suis condamné aux travaux forcés pour quatre ans (je crois à Orenbourg), et, ensuite, au service militaire à titre de soldat de ligne... On me dit à l'instant qu'on nous expédie aujourd'hui ou demain. J'ai demandé à te voir. Mais on m'a affirmé que c'était impossible... Mon frère, je ne suis pas abattu, je n'ai pas perdu courage. La vie est partout la vie, la vie est en nous et non dans le monde qui nous entoure. Près de moi seront des hommes, et être un homme parmi les hommes, et le demeurer pour toujours, quelles que soient les circonstances, ne pas faiblir, ne pas tomber, voilà ce que c'est que la vie, voilà le véritable sens de la vie. Je l'ai compris. Cette idée m'est entrée dans la chair, dans le sang...

« Peut-être nous reverrons-nous, mon frère. Soigne-toi, tâche de vivre, au nom du Ciel, jusqu'à notre prochaine rencontre. Peut-être, un jour, pourrons-nous nous embrasser et nous rappeler ensemble notre belle existence passée, notre jeunesse, nos espoirs que j'extirpe à l'instant de mon cœur saignant pour les enterrer... Se peut-il que je ne reprenne jamais la plume? Je pense que je le pourrai dans quatre ans. S'il m'était défendu d'écrire, je mourrais. Mieux vaut quinze ans de prison et une plume à la main...

« Si quelqu'un a gardé de moi un mauvais souvenir, si je me suis brouillé avec quelqu'un, si j'ai laissé à quelqu'un une impression défavorable, dis-leur qu'ils oublient ces griefs, lorsque tu les rencontreras. Il n'y a pas de méchanceté, il n'y a pas de haine dans mon cœur. J'aurais tellement envie d'aimer et d'embrasser n'importe lequel de mes compagnons en cette minute. Quand je regarde le passé, quand je pense à tout le temps que j'ai gâché, à tout le temps que j'ai perdu en errements, en fautes, en futilités, par ignorance de la vie, un flot de sang envahit mon cœur. Je me transformerai pour le mieux. C'est là tout mon espoir, toute ma consolation.

« Ah! quand te verrai-je, quand te verrai-je? Adieu, je m'arrache à tout ce qui fut aimable!... Il est dur d'abandonner tout cela. Il est dur de se casser en deux, de déchirer son cœur en deux. Adieu! Adieu!... Mais je te reverrai, j'en suis sûr, je l'espère.

« Ne change pas, aime-moi, garde-moi dans ton souvenir, et la pensée de ton affection sera la plus grande joie de ma vie, Adieu! Encore une fois adieu!... Adieu, tout le monde... »

C'est le 24 décembre, dans la nuit même de la Noël, qu'on

devait expédier Dostoïevski en Sibérie. Son frère Michel et l'écrivain Milioukov obtinrent du gouverneur de la forteresse de voir Fédor Mikhaïlovitch avant son départ. La rencontre eut lieu dans une grande chambre nue, au rez-de-chaussée de la maison du gouverneur. Il faisait presque nuit. Une seule lampe éclairait la pièce.

Michel et son compagnon attendaient déjà depuis une demi-heure, lorsqu'on introduisit Fédor Mikhaïlovitch et Dourov. Les deux condamnés étaient calmes, soulagés, souriants. « A voir les adieux des frères Dostoïevski, écrit Milioukov, on eût dit que celui qui souffrait le plus était celui qui restait à Saint-Pétersbourg et non pas celui qui devait bientôt partir pour les travaux forcés en Sibérie. Des larmes brouillaient le regard du frère aîné, ses lèvres tremblaient nerveusement, et Fédor Mikhaïlovitch était tranquille et s'employait à le consoler : " Cesse donc, mon frère, disait-il. Tu me connais, je ne descends pas dans la tombe, ce n'est pas mon convoi funèbre que tu accompagnes, et ce ne sont pas des bêtes que je trouverai au bagne, mais des hommes, peut-être meilleurs que moi, peut-être supérieurs à moi... Et quand je sortirai de la maison de force, je recommencerai à écrire. J'ai éprouvé bien des choses, pendant ces derniers mois ; j'en verrai bien d'autres et j'en éprouverai bien d'autres, là-bas. Il y aura de quoi écrire... " »

Cet homme qui, quelques mois plus tôt, en pleine liberté, s'inventait des maladies, souffrait d'angoisses nocturnes, s'offensait, se querellait, s'affolait pour un rien, voici qu'il accepte avec un courage paisible l'épreuve de l'échafaud et de la séparation. Ce détraqué physique et moral ne craint pas quatre années de privations, de labeur intense. Et cela ne doit pas nous surprendre. Dostoïevski est l'homme des sentiments démesurés. Il n'est à l'aise que dans l'exception. Il ne respire bien que dans la tempête. « Quant à moi, je n'ai jamais fait que pousser à l'extrême, dans ma vie, ce que vous n'osiez pousser vous-mêmes qu'à moitié », notera-t-il dans les *Mémoires écrits dans un souterrain*. Et il ajoutera : « Ainsi, je suis peut-être plus vivant que vous. »

Au bout d'une demi-heure, l'officier de service reconduisit les prisonniers dans leurs casemates.

A minuit précis, des fers d'un poids de dix livres étaient scellés aux chevilles de Dostoïevski.

Ensuite, Fédor Mikhaïlovitch, Dourov et Yastrjembsky furent conduits dans la cour. Des traîneaux découverts, attelés en troïkas, les attendaient. En tête, se tenait la voiture fermée du courrier ministériel qui devait les accompagner jusqu'à Tobolsk. La nuit était froide et claire. Une buée grise sortait de la bouche des chevaux.

Les gendarmes firent monter les condamnés dans les équipages et s'installèrent à leurs côtés. Sur un ordre du courrier ministériel, le cortège s'ébranla dans un grincement de neige écrasée.

Michel Dostoïevski et Milioukov étaient postés à la porte de la prison.

« Adieu ! crièrent-ils aux voyageurs.
– Au revoir ! » leur répondirent ceux-ci.

Les troïkas avançaient au trot dans les rues tranquilles. Les fenêtres des maisons étaient violemment éclairées. Il y avait des sapins ruisselants de lumière et de jouets argentés derrière les vitres. Des ombres dansantes surgissaient dans la transparence des rideaux de tulle. C'était Noël. La fête préférée de Dostoïevski. Les gens étaient heureux, riaient, mangeaient, buvaient, caressaient leurs enfants, songeaient à l'avenir.

Personne ne se doutait qu'à la minute présente trois hommes, pelotonnés dans des troïkas de louage, gelés, épuisés, perdus, quittaient Saint-Pétersbourg pour les maisons de force sibériennes.

« Je me mis à regarder avec intérêt le Saint-Pétersbourg que nous traversions, écrira Dostoïevski à son frère, en 1854. Nous dépassâmes ta maison. Celle des Kraïevsky était tout illuminée. C'est là que je devins mortellement triste. Je savais par toi-même qu'il y avait un arbre de Noël et qu'Émilie Fédorovna devait y conduire les enfants ; il me semblait que je leur disais adieu. Comme je les regrettais, et que de fois encore, plusieurs années après, me les suis-je rappelés avec des larmes dans les yeux !... »

Le voyage fut difficile. Les courtes pelisses des condamnés ne suffisaient pas à les protéger contre le froid. Après quelques stations dans les relais postaux, le convoi s'arrêta, à l'aube, devant une auberge de Shlisselbourg.

Traînant leurs chaînes, soufflant dans leurs doigts engourdis, les jeunes gens s'installèrent dans la salle du *traktir* pour boire quelques verres de thé. « J'étais gai, écrit Dostoïevski, Dourov parlait sans cesse. Quant à Yastrjembsky, il voyait l'avenir en noir. »

Le courrier ministériel, qui était un « brave vieillard plein d'expérience », consentit à procurer des traîneaux couverts à ses prisonniers. Il promit aussi de s'attarder davantage à chaque halte et de prendre à sa charge la moitié des frais.

Le convoi repartit en plein jour. En l'honneur des fêtes, les cochers avaient arboré des vestes de drap gris allemand et des ceintures d'étoffe écarlate. Les villages étaient déserts. Les toits ployaient sous la neige. Sur un ciel bleu-vert, les branches des arbres étaient immobiles, comme prises dans une eau gelée. Les étapes de dix heures épuisaient les chevaux et les voyageurs. Le froid devenait intolérable. Dans le gouvernement de Perm, il atteignit $-40°$.

Le passage de l'Oural fut un désastre. Il y avait eu une tempête de neige. Les chevaux trébuchaient, les traîneaux s'enfonçaient, s'enlisaient. Il fallut descendre, en pleine nuit, dégager les patins des voitures, calmer les bêtes, tasser le terrain devant elles. La neige, poussée par le vent, mordait la figure, les mains. La clarté mauvaise du fanal se balançait, prête à mourir. « Autour de nous, la neige, la tempête, écrit Dostoïevski..., devant nous, la Sibérie et le mystère de notre avenir; derrière nous, tout notre passé. C'était triste. J'ai pleuré. »

Le 11 janvier 1850, après dix-huit jours de trajet, les déportés arrivèrent enfin à Tobolsk.

Tobolsk était, à cette époque, la station de triage des condamnés aux maisons de force. A peine débarqués, les trois jeunes gens furent introduits dans les bureaux de l'Administration pénitentiaire.

Dans ces locaux sombres et sordides, étaient installés des scribes vêtus de l'uniforme des forçats et marqués sur le front des lettres infamantes. Ils avaient des narines tailladées, des joues barrées de cicatrices, et écrivaient dans des registres, avec des mines appliquées de collégiens.

« Sont-ils enchaînés ? demanda l'inspecteur de la prison.
– Oui.
– Alors, fouillez-les. »

On leur confisqua l'argent de poche et une bouteille de rhum qu'ils avaient achetée en route. Puis, on les conduisit dans la salle commune.

« C'était une chambre étroite, obscure, froide et sale. » Trois lits de camp, recouverts de quelques sacs bourrés de paille. Une odeur de viande avariée, de crasse refroidie. La pénombre regorgeait de monde. Des cris, des jurons, des rires. Et, lorsque cette rumeur baissait, on entendait le pas de la sentinelle, derrière la porte.

Les pieds et les mains de Dourov étaient insensibilisés par le froid. Yastrjembsky avait le bout du nez gelé. Dostoïevski souffrait d'abcès scrofuleux dans la bouche.

Cependant, une activité fiévreuse régnait parmi les occupants de la pièce. Les condamnés se préparaient pour la dernière étape. On rajustait les fers. On rasait les têtes. On apposait les marques d'ignominie sur les avant-bras et sur les omoplates. Ces marques avaient des significations diverses et mystérieuses :

« KAT. – bagnard... SK. – déporté... SB. – bagnard évadé. »

Pour chaque tentative d'évasion, on ajoutait une nouvelle estampille en partant du coude. Ces travaux étaient exécutés par les bagnards eux-mêmes. Ils s'acquittaient de leur tâche avec un visage grave, renfrogné.

C'en est trop. Yastrjembsky se lamente à haute voix, parle de suicide. « Je pensais à ce qu'eût dit ma sœur, écrit-il, si elle m'avait vu en ce lieu. » C'est Dostoïevski qui le console.

Ils obtiennent bientôt la permission de boire un peu de thé et de fumer des cigares que Fédor Mikhaïlovitch a soustraits aux investigations de l'inspecteur du pénitencier.

Fédor Mikhaïlovitch et ses compagnons restèrent six jours à Tobolsk. Dans cette ville, habitaient quelques « décembristes », libérés des travaux forcés, mais subissant en Sibérie la peine complémentaire de la relégation : Mouraviev, Annenkov, von Vizine... Leurs femmes s'occupaient d'œuvres pieuses et soulageaient, dans la mesure de leurs moyens, la misère des prisonniers qui s'arrêtaient pour quelques jours dans les turnes municipales.

Lorsque ces révolutionnaires de 1825 apprirent l'arrivée dans la cité de ceux qui avaient cru, comme eux, à la « cause de la liberté », et qui avaient lutté, comme eux, et qui, comme eux, avaient succombé sous les coups d'une justice sommaire, ils s'émurent et cherchèrent à les encourager. Leurs femmes firent porter aux condamnés des vivres et du vin. Elles demandèrent à l'inspecteur l'autorisation de rencontrer les jeunes gens dans sa propre maison.

« Nous vîmes ces grandes martyres, écrira Dostoïevski dans le *Journal d'un Écrivain*, qui avaient volontairement suivi leurs maris en Sibérie. Innocentes de toute faute, elles ont supporté pendant 25 longues années les mêmes tortures que leurs époux. »

L'entrevue dura une heure. Au moment de la séparation, les femmes des « décembristes » bénirent les condamnés et remirent à chacun d'eux un Évangile, seul ouvrage dont la lecture fût autorisée au bagne. Dostoïevski ne devait jamais se séparer de cette relique.

Lorsque les visiteuses se furent retirées, Dostoïevski regarda le volume qu'il tenait en main. La reliure en était fendue et dix roubles en assignats avaient été glissés dans la cachette.

Le 16 janvier, Dostoïevski et Dourov quittaient Tobolsk pour se rendre à Omsk. « Les traiter sans indulgence », spécifiait l'ordre du gouvernement de la Sibérie occidentale.

A sept verstes de Tobolsk, le traîneau s'arrêta en rase campagne. Mmes von Vizine et Frantsev avaient soudoyé les gendarmes pour obtenir le droit de dire adieu à leurs protégés. Elles attendaient, petites formes noires perdues dans la neige. La rencontre fut brève. Des serrements de main, des paroles de réconfort :

« Nous avons écrit à Omsk ; on s'occupera de vous ; on tâchera de soulager votre infortune. »

Les gendarmes sont debout, à quelques pas, et s'impatientent. Il faut partir. Les deux femmes font le signe de la croix sur la tête des condamnés.

« Que le Christ soit avec vous. »

Dostoïevski et Dourov remontent dans les traîneaux. Le cocher clappe de la langue, et le convoi repart dans le tintement léger des sonnailles, sur la longue route blanche qui mène à la *Maison des Morts*.

CHAPITRE IV

Le bagne

Le 23 janvier 1850, après des jours et des jours de traîneau, en pleine neige, en plein vent, Dostoïevski et Dourov touchaient enfin au terme de leur voyage.

La forteresse d'Omsk était cernée d'un talus planté de 1 500 pieux en chêne. A l'entrée, se dressaient les bâtiments de la Direction, du Service des Ingénieurs et du Quartier général. En seconde ligne, se trouvaient des casernes vétustes, faites de troncs d'arbres mal équarris. Plus loin, la cuisine, le hangar, la grange. Au milieu de la cour, un vaste espace dépouillé servait au rassemblement et à l'appel des forçats.

Le commandant de la garnison au bagne d'Omsk était une brute redoutable. Il s'appelait Kryvtzov, mais les condamnés l'avaient surnommé « Vasska les huit-z-yeux », parce que rien n'échappait à sa perspicacité.

Il était bête, orgueilleux, cruel. La pensée de son pouvoir sans bornes le grisait jusqu'à l'extravagance. Et le vin aussi, car il buvait comme un trou.

Lorsqu'il pénétrait dans la chambrée, l'œil enragé, la bave aux lèvres, les forçats les plus endurcis étaient pris de crainte comme des gamins. Il ne dédaignait pas de se lever la nuit pour inspecter son bétail lamentable. Debout au centre du dortoir, cet ivrogne chancelant et hirsute reprochait aux condamnés leur propre ivrognerie.

« Parfois encore, écrit Dostoïevski à son frère, il injuriait tel condamné, parce qu'il ne dormait pas sur le côté droit, ou parce qu'il criait, ou parce qu'il délirait pendant le sommeil... »

Et le châtiment était exemplaire : les verges.

Chaque mois, Kryvtzov rédigeait un rapport sur la conduite des incarcérés et le transmettait à la Direction.

Les plaintes des prisonniers étaient centralisées, examinées et jugées par lui. Il pouvait ordonner un allégement de peine ou tuer un homme en lui confiant un travail au-dessus de ses forces. Il fit appliquer cent coups de baguette à un Polonais âgé de cinquante ans, ancien professeur à l'Université, sous le seul prétexte que le malheureux lui avait déclaré à son arrivée : « Nous ne sommes pas des bandits, nous sommes des condamnés politiques. »

Dostoïevski et Dourov furent présentés à Kryvtzov le jour même de leur entrée au bagne. Ils virent devant eux un gaillard enflé, au nez grumeleux, aux yeux larmoyants, aux lourdes joues couperosées, cramoisies.

« Comment t'appelles-tu?
– Dourov.
– Et toi?
– Dostoïevski.
– Sous-officier... Qu'on les conduise tout de suite à la maison de force et qu'on les rase au corps de garde, en civil, c'est-à-dire la moitié de la tête; les fers, on les leur changera demain... Enlevez-leur ces habits. Laissez-leur seulement le linge, à condition qu'il soit blanc. Le reste sera vendu aux enchères. Un forçat n'a rien en propre. Et faites attention, vous deux, tenez-vous bien!... Que je n'entende rien, sans quoi... pu-ni-tion cor-po-relle... Au moindre délit, les verr-ges!... »

Dans l'après-midi, le coiffeur pénitentiaire se chargea d'exécuter les ordres du major. On rasa le crâne de Dostoïevski sur la moitié de sa surface, on lui coupa la moitié de sa moustache et toute sa barbe. Cette opération, qui devait se renouveler chaque semaine, était un véritable supplice, parce que le rasoir du coiffeur n'était pas plus aiguisé qu'un morceau de fer-blanc. La lame ne tranchait pas mais raclait la peau jusqu'au sang, arrachait les poils. Les hommes se tordaient sur leur escabeau, hurlaient, menaçaient de se révolter.

Plus tard, un condamné qui possédait ses propres instruments de barbier accepta de raser Dostoïevski, moyennant un kopeck par séance.

L'uniforme des bagnards se composait d'un pantalon gris, d'une veste mi-grise, mi-noire, avec un as de carreau jaune cousu sur le dos, d'une courte pelisse et d'une casquette sans visière.

Qu'on imagine un instant Dostoïevski, « l'écrivain d'avenir », le familier des Maïkov, l'amoureux d'Avdotia Panaïev accoutré comme un clown, avec son crâne nu et bleuâtre d'un côté, fourni de cheveux blond filasse de l'autre, avec sa demi-moustache, avec ses fers, et, autour de lui, une horde de brutes, qui rigole et qui jure.

« Personne ici ne pouvait étonner personne », écrira Dostoïevski dans *Souvenirs de la Maison des Morts*.

Chez ces morts-vivants, la diversité des crimes n'avait d'égale que la diversité des races : des Tcherkesses, des Juifs, des Mongols, des Ukrainiens, des Polonais, des Moscovites, des voleurs, des faux-monnayeurs, des assassins, des parricides, des condamnés politiques...

Il y avait là Mikhaïlo, qui avait tué son seigneur à coups de hache : le *barine* avait fait enlever la jeune femme du malheureux, quelques heures après le repas de noces. Le même Mikhaïlo avait éventré un surveillant d'étape, à la suite d'un « malentendu ». Mikhaïlo était un tout jeune garçon, paisible et doux comme une fille. Il y avait là Aristov, coupable de chantage, et qui, au bagne, espionnait ses compagnons et leur livrait de la vodka et des cartes. Il y avait là un jeune montagnard, qui, par esprit de famille, avait aidé ses frères à dévaliser un marchand arménien. Il y avait là un bandit chevronné qui avait assassiné un enfant de cinq ans, après l'avoir amusé avec des joujoux...

Les uns étaient inconscients de leur faute et n'en parlaient jamais. Les autres étaient tourmentés par le remords et brûlaient de se confier à quelqu'un. Mais, parmi les forçats, la règle était sévère : « Il ne fallait pas raconter cela, raconter cela était inadmissible. » Ils mettaient une sorte de coquetterie à se défendre de toute curiosité. Les nouveaux venus comprenaient vite que leurs aventures ne pouvaient surprendre personne. On était blasé. On était « dur ». L'état de bagnard était considéré comme un titre honorifique dont chacun devait être fier et qu'il fallait mériter. L'obéissance aux ordres du personnel pénitentiaire n'était pas jugée humiliante. C'était la rançon d'une sorte d'engagement que le condamné avait signé avec les pouvoirs publics et qui comportait des avantages pour les deux parties.

« Le bagne, les travaux forcés, écrit Dostoïevski, ne relèvent pas le criminel ; ils le punissent tout bonnement et garantissent la société contre les attentats qu'il pourrait encore commettre. »

Ce fut parmi cette faune hideuse de voleurs, de délateurs et d'assassins que Dostoïevski passa les quatre années les plus utiles de son existence.

A l'approche de la nuit, la porte du dortoir était condamnée. Ce dortoir était une vaste construction en bois, délabrée et glaciale. Le plancher pourri était recouvert d'une couche épaisse et molle de crasse. Les petites croisées étaient vertes de boue l'été, et aveuglées de givre et de neige l'hiver. Le plafond suintait. De brusques courants d'air filaient entre les planches disjointes de la cloison.

« Nous étions serrés comme des harengs dans un tonneau, écrira Dostoïevski à son frère. On avait beau mettre dix bûches dans le poêle, aucune chaleur (la glace fondait à peine dans la chambre), mais une fumée insupportable. Les forçats lavaient eux-mêmes leur linge dans les chambres, de sorte qu'il y avait des mares d'eau partout ; on ne savait où marcher. De la tombée de la nuit jusqu'au jour, il était défendu de sortir, sous quelque prétexte que ce fût, et on mettait à l'entrée des salles un baquet pour un usage que tu devines ; toute la nuit cette odeur nous asphyxiait. Tous les forçats puaient comme des cochons. " Mais, disaient-ils, puisqu'on est des êtres vivants, comment ne pas faire de cochonneries ? " Deux planches de bois nous servaient de lit. Pour couvertures, des manteaux courts qui nous laissaient les pieds à nu ; toute la nuit, nous grelottions. Les punaises, les poux, les cafards, on aurait pu les mesurer au boisseau... »

Dès que le pas des surveillants s'était éloigné dans la nuit, les forçats organisaient leur soirée. Beuveries, jeux de cartes, querelles. Quelques bagnards, appelés les « cabaretiers », étaient spécialisés dans le commerce de la vodka. Ils avaient des aides qui se la procuraient « à l'extérieur », pendant les travaux, et la ramenaient au bagne dans des boyaux de bœuf enroulés autour de leur corps. Cette eau-de-vie était délayée, à tour de rôle, par tous les intermédiaires de l'opération. Il fallait en boire une certaine quantité pour être saoul. Et cela flattait obscurément l'amour-propre des détenus.

Les jeux de cartes étaient interdits à la maison de force, mais des forçats qu'on nommait « gardiens de maïdanes » acceptaient de faire le guet dans l'antichambre, épiant l'arrivée du major et répondant de leur dos à la moindre distraction. Les disputes étaient fréquentes, bruyantes et épiques. Certains condamnés étaient réputés pour leur vocabulaire d'injures à plusieurs étages. On faisait cercle autour d'eux. On assistait à ce concours d'éloquence ordurière. On avait ses champions et on les soutenait à grand renfort de sifflets et de cris. « J'appris plus tard, écrit Dostoïevski, que ces sortes de scènes, parfaitement innocentes, se déroulaient pour l'amusement général. » Des bagarres éclataient parfois, brutales et stupides. Puis, les forçats, rompus, abrutis, s'endormaient sur leur bat-flanc. Et, tandis que mourait la lueur des chandelles, il n'y avait plus dans la vaste salle qu'un bruit de chaînes remuées et de ronflements. Dans cette odeur animale, dans ce froid, dans cette rumeur d'écurie, Dostoïevski cherchait le sommeil, l'oubli. Son voisin de couche laissait pendre la main, et, sans doute, lui fouillerait les poches dès qu'il le jugerait assoupi. Quelqu'un gémissait en rêve, à sa droite. Un autre toussait au fond du dortoir, reniflait, expectorait avec des hoquets affreux. Un autre encore se levait, s'approchait du baquet comme un somnambule.

Fédor Mikhaïlovitch était pris au centre de cette misère immense. Il baignait dans cette chair torturée, dans cette pensée obtuse.

Et, sous la courte pelisse qui lui couvrait à peine les genoux, il tâtait de la main l'Évangile que lui avaient remis les femmes des « décembristes ».

Au petit jour, le tambour du corps de garde battait la diane. Un officier ouvrait la porte du casernement. L'air vif se ruait dans la pièce, luttait avec l'odeur de ce bétail malpropre, soulevait un tourbillon de buée laiteuse au pied des lits. Les détenus se dressaient sur leurs couches, transis, hargneux. Les uns se signaient par habitude, d'autres se chamaillaient. Et une chandelle de suif éclairait la scène.

Plus tard, dans un lent tintement de chaînes, les détenus s'attroupaient autour des seaux d'eau. Chacun à son tour s'emparait du puisoir, se versait une gorgée d'eau dans la bouche, la ballottait d'une joue à l'autre, la crachait dans ses mains et s'en lavait ensuite le visage.

Et Dostoïevski attendait dans la file, piétinant, soufflant dans ses doigts raidis de froid.

La nourriture était détestable : du pain et une soupe aux choux, où nageaient quelques bouts de viande. Les jours de fête, les condamnés recevaient une gamelle de gruau cuit ; pendant le carême, de la choucroute à l'eau.

« Les forçats ordinaires, écrit Dostoïevski, ne pouvaient pas plus que nous se contenter de ce régime ; mais ils font tous, à l'intérieur de la caserne, un petit commerce et gagnent quelques kopecks. Moi, je buvais du thé et j'obtenais quelquefois, pour de l'argent, un morceau de viande. C'est ce qui m'a sauvé. De plus, il aurait été impossible de ne pas fumer; on aurait été asphyxié dans une telle atmosphère. Mais il fallait se cacher. »

Dostoïevski et Dourov furent accueillis avec méfiance par leurs compagnons de bagne. Les nouveaux venus étaient des gens instruits, des nobles, et, par conséquent, des ennemis.

En outre, leur crime était incompréhensible. Qui avaient-ils tué? Qu'avaient-ils volé?

« Ils nous auraient mangés, écrit Dostoïevski, si on leur en avait laissé le loisir. Et, réfléchis un peu, quelle défense pouvions-nous espérer, puisque nous devions vivre, boire, nous nourrir et dormir avec ces gens pendant plusieurs années, et que nous n'avions même pas le temps de nous plaindre de leurs offenses, tant elles étaient nombreuses... " Vous êtes des nobles au bec de fer; vous nous avez criblés de coups. Avant, vous étiez des Messieurs, vous faisiez souffrir le peuple, et maintenant vous êtes moins que le dernier d'entre nous ", tel fut le thème de leurs reproches pendant quatre ans. »

Fédor Mikhaïlovitch, qui eût aimé gagner la sympathie de ses camarades, souffrait plus que quiconque de leur orgueil et de leur méchanceté.

Cependant, avec une bonne volonté patiente, il essaie de leur ressembler, d'accepter leurs idées, leurs querelles, leurs revendications. Mais les forçats estiment qu'il passe la mesure. Puisqu'il mendie leur amitié, c'est qu'il n'en est pas digne.

Un jour, les bagnards, mécontents de leur nourriture, décidèrent de présenter leurs doléances au major Kryvtzov.

Dostoïevski se joignit au groupe.

« Que fais-tu là? cria une voix. Lui aussi est sorti de son trou!... Regardez le tueur de mouches!... Tu manges pourtant ta propre barbaque à la cuisine!...

– Mais, parmi vous aussi, il y en a qui mangent à part et qui se sont pourtant mutinés... Nous devons de même, par camaraderie...

– Ah! bah... comment peux-tu être notre camarade?... »

Dostoïevski fut contraint de se retirer.

« Deux heures après son entrée au bagne, tout nouvel arrivant se trouve placé au même rang que les autres, écrit Dostoïevski. Il n'en va pas de même pour un homme bien élevé. Quelque juste, intelligent et bon qu'il soit, il se verra haï et méprisé pendant des années entières... »

Le bagne comptait bien quelques « intellectuels » d'origine polonaise, condamnés aux travaux forcés pour participation à la révolte : c'étaient l'ancien professeur Jadovsky, que les forçats appelaient « le saint » parce qu'il priait fréquemment, Bogouslavsky, surnommé « le malade », et Tokarjevsky et Miretzky qui, tous deux, avaient été fouettés aux baguettes avant d'être expédiés en Sibérie. Mais eux non plus ne comprenaient pas et n'aimaient pas vraiment Dostoïevski.

Exaltés par l'idée nationale polonaise, ils haïssaient la Russie, les Russes et se faisaient une gloire de proclamer cette haine à tout propos. Ils se refusaient à reconnaître en Fédor Mikhaïlovitch un socialiste, un démocrate, ou simplement un « pionnier de la liberté ». Ils le jugeaient faible et dénué d'amour-propre. Ils n'admettaient pas qu'un homme qui avait été condamné pour crime contre la sûreté de l'État, qui, par la volonté même de l'empereur, subissait la peine des travaux forcés, qui supportait l'exil, la fatigue, le froid, la misère, la promiscuité odieuse des bagnards, pût s'interdire la moindre plainte contre le pouvoir central et proclamer le rôle messianique d'une monarchie et d'un peuple qui l'avaient injustement renié. Cette soumission aux offenses, cette acceptation paisible des plus grandes souffrances humaines, cette humilité, cette délectation dans l'humilité les irritaient comme une pose absurde.

Et, cependant, Dostoïevski était sincère lorsqu'il prétendait n'avoir pas de rancune contre ceux qui avaient gâché son existence.

Il est des coups tellement forts que toute riposte paraît dérisoire. Il est des signes mystérieux auxquels on ne peut qu'obéir, parce qu'ils vous ramènent à vos dimensions misérables. On s'agite, on écrit, on bavarde, et, brusquement, une main énorme s'abat sur vous, une voix puissante couvre vos cris, et vous n'êtes plus rien, et vous êtes heureux de n'être plus rien, de ne plus vous appartenir, de laisser quelqu'un d'autre jouer pour vous, perdre ou gagner pour vous, préparer pour vous votre avenir de joie ou de peine. Quelle sotte vanité que d'exiger toujours le premier rôle ! Quelle impudence que de toujours chercher à vaincre le destin !

Oui, parfois la présence de Dieu est si évidente, si terrible, si douce, qu'elle vous exclut de votre propre vie. Cela peut durer quelques instants, quelques heures, quelques jours. Et puis, on sent comme un regard qui se détourne, comme une laisse qui se relâche. Et on est responsable. Et il faut agir et ne compter que sur soi.

Alors commence la véritable tragédie de l'homme.

Ces brusques sommeils au cœur des événements, suivis de durs retours de conscience, tous les personnages de Dostoïevski les connaîtront, comme il les a connus lui-même. Raskolnikov, lorsqu'il tue la vieille usurière, se sent paralysé, contraint, *excusé*, comme si quelqu'un l'avait commandé hors de toute résistance, « comme si on le conduisait lui-même à une exécution..., comme si un bout de son manteau avait été pris dans l'engrenage d'une machine, et qu'il y eût été entraîné tout entier... ».

Mais, après l'acte, les dents de l'engrenage se desserrent, l'individu reprend pied, remue ses membres, se sent libre enfin.

Dostoïevski put triompher de l'épreuve du bagne, parce qu'il l'avait, dès l'abord, admise. Il put redevenir lui-même, parce qu'il avait renoncé à être lui-même pendant quelque temps. Il put gagner, parce qu'il avait accepté de perdre.

Dostoïevski faisait partie de la deuxième section, composée de serfs et placée sous l'autorité militaire. Cette section était considérée comme plus redoutable que la première, celle des mines, et la troisième, celle des routes, parce qu'elle était soumise à l'organisation des bataillons disciplinaires.

« Toujours aux fers, toujours sous escorte, toujours sous clef... »

Chaque jour, les bagnards étaient envoyés aux « travaux forcés ». On les employait à charrier des briques, ou à tourner des meules, ou à piler de l'albâtre.

« Le travail était dur, écrit Dostoïevski à son frère. Il m'est arrivé de travailler, épuisé déjà, pendant le mauvais temps, sous la pluie, dans la boue, ou bien pendant le froid intolérable de l'hiver. Une fois, je suis resté quatre heures à exécuter un travail supplémentaire ; le mercure était pris ; il y avait plus de 40 degrés de froid ; j'ai eu un pied gelé. »

Son travail préféré consistait à transporter des briques des bords de l'Irtych à la caserne.

« Cet exercice me plaisait, dit-il, bien que la corde qui servait à maintenir les briques me sciât constamment les épaules. Mais il m'était agréable de penser que j'augmentais ainsi ma force musculaire. »

Les premiers jours, il ne peut soulever que six briques d'un poids de douze livres, puis dix et plus tard une bonne douzaine.

Devant les condamnés, le fleuve coulait, puissant et calme. La steppe s'étendait à perte de vue. L'air était frais. Les chansons des Kirghizes montaient de la rive opposée. Plus loin, on apercevait une tente de peaux qui fumait doucement, et une femme kirghize qui s'affairait autour de ses moutons.

Tout parlait de liberté, de fuite, de vie aisée et simple. Il y avait des fleurs dans les fentes de la berge rocheuse. Et le cœur se serrait à la pensée de tout ce qui était perdu.

Fédor Mikhaïlovitch aimait aussi à balayer la neige devant les immeubles municipaux. La pelle s'enfonce dans la couche moelleuse, disparaît jusqu'au bois. Une lente pesée, et un cube de poudre blanche quitte le sol au bout du vieux fer humide. Et, de nouveau, la pelle pénètre dans la masse éblouissante. On peut ne réfléchir à rien. On peut oublier cette chaîne qui lie vos chevilles blessées. On peut se croire libre, l'espace d'un instant. Mais, déjà, un ordre retentit, et il faut se ranger, baisser la tête et regagner la caserne pour l'appel.

Parfois, quelque citadin, pris de pitié, s'arrêtait au passage du convoi et tendait deux kopecks à un prisonnier.

Les autorités locales, à l'exclusion du major Kryvtzov, étaient favorables à Dostoïevski.

En raison de sa santé précaire, et, sans doute aussi, grâce aux démarches de ses amis de Saint-Pétersbourg et de Tobolsk, Fédor Mikhaïlovitch fut appelé un jour à travailler dans les bureaux de la Direction.

Il connut là trois mois de détente et de bonheur animal. Mais le colonel Martens ayant jugé qu'un criminel politique ne pouvait être employé à la chancellerie, Dostoïevski rejoignit bientôt la horde de ses compagnons.

Les sous-officiers de service, au bagne, étaient d'anciens marins de la flotte de la Baltique. Ils avaient été dégradés et envoyés en Sibérie parce qu'ils s'étaient mutinés à l'École navale. Au bout d'un an de déportation, ils avaient été promus sous-officiers et affectés à la surveillance des condamnés chargés de corvées légères à l'intérieur de la maison de force.

Parfois, les « petits matelots », comme on les appelait, désignaient eux-mêmes les bénéficiaires de ces faveurs. Ils ne manquèrent pas de porter Dostoïevski sur leur liste aussi souvent qu'ils le purent. Et l'Administration centrale fermait les yeux sur ces passe-droits innocents.

Un jour que Dostoïevski était resté à la caserne, sous prétexte d'accomplir des « travaux au corps de garde », le major Kryvtzov fit irruption dans la chambrée. Il vit Fédor Mikhaïlovitch étendu sur son lit de planches et se mit à hurler :

« Qu'est-ce que ça signifie ? Pourquoi n'est-il pas aux travaux ?

– Il est malade, dit le marin de service.

– Foutaises ! Je sais que vous le couvrez toujours ! Au corps de garde ! Les verges !... »

Comme on s'apprêtait à exécuter cet ordre, le marin put prévenir le commandant de la forteresse. Le général de Grave arriva sur les lieux et interdit publiquement au major Kryvtzov de soumettre les malades à des châtiments corporels.

Kryvtzov écoutait la semonce au garde-à-vous, cramoisi, enflé, suffoquant de rage.

Le médecin-chef de l'hôpital pénitentiaire, Troïtzky, avait également des bontés envers le bagnard Dostoïevski. Il le recueillait fréquemment à l'hôpital, après un simulacre de visite, et l'y laissait au repos pendant quelques jours.

Dostoïevski revêtait la robe de chambre salie de pus et de glaires séchés, coiffait le bonnet de coton sordide, chaussait les savates éculées. Partout, sur les murs, sur les draps, des taches suspectes : écrasures de punaises, traces de vomissures, marques de cataplasmes. Une odeur fétide. La nuit, une bassine était placée dans la chambre, bien que les cabinets fussent à deux pas de la porte, dans le couloir.

Une veilleuse éclairait faiblement ces corps torturés qui cherchaient le sommeil. Les fustigés se plaignaient avec des voix d'enfants. Parfois, le sous-officier envoyait chercher un forgeron : il s'agissait de déferrer un mort.

La femme de Troïtzky expédiait à Fédor Mikhaïlovitch du thé, souvent même du vin et le journal français *Le Nord*.

Ces manœuvres furent découvertes par les soins d'un confrère de Troïtzky. Une plainte fut adressée à Saint-Pétersbourg. Un conseiller au tribunal criminel de Tobolsk fut détaché à Omsk, aux fins d'enquête, mais ne put recueillir aucune preuve formelle, et l'affaire fut simplement classée.

A la question du conseiller :

« Avez-vous écrit quelque chose au bagne ou pendant votre séjour à l'hôpital ? »

Dostoïevski avait répondu :

« Je n'ai rien écrit et je n'écris rien, mais je rassemble des matériaux dont je me servirai plus tard.

– Où se trouvent donc ces matériaux?
– Dans ma tête. »

En fait, ils se trouvaient sous l'oreiller de l'aide-médecin de service.

Comme une équipe de forçats travaillait à démolir une barcasse au bord de l'Irtych, le bagnard Rojnovsky laissa tomber sa hache dans le fleuve. Le gardien exigea qu'il descendît la chercher. Rojnovsky se dévêtit en maugréant, attacha ses fers et se laissa couler dans l'eau. Dostoïevski et un de ses compagnons le maintenaient avec une corde. Mais le major survint, ivre à son habitude :

« Que personne n'interrompe le travail! Qu'il se débrouille lui-même! Lâchez la corde! »

Ni Dostoïevski ni son camarade n'obéirent. Kryvtzov devint livide et trembla de toute la graisse de ses joues.

« Au corps de garde après les travaux! » cria-t-il.

Le soir, Dostoïevski revint à la caserne, blême, hagard, la bouche tordue. Plus tard, en pleine nuit, les forçats furent éveillés par un glapissement de bête. Dostoïevski se roulait sur le sol, secoué par une crise d'épilepsie, et donnait de la tête contre le mur. On fut obligé de le ligoter.

Fédor Mikhaïlovitch fut-il réellement fustigé sur l'ordre du major Kryvtzov ou l'épisode rapporté plus haut n'est-il qu'une légende? Les avis sont partagés.

La fustigation d'un gentilhomme était un événement grave à la maison de force. Lorsque le noble polonais Jadovsky fut passé par les verges, toute la ville d'Omsk eut connaissance de cette exécution et condamna la cruauté absurde du major. Or, aucun renseignement précis n'a pu être recueilli auprès de la population en ce qui concerne le châtiment de Fédor Mikhaïlovitch.

« Jamais, écrit le docteur Yanovsky, je n'ai rien entendu de semblable, que ce soit de la part de Fédor Mikhaïlovitch ou de son frère Mikhaïl Mikhaïlovitch, avec qui, cependant, j'avais plus d'une fois abordé le sujet en toute franchise... » (Lettre à Maïkov, du 12 mars 1881.)

Et il ajoute :

« Tout récemment, je me suis arrêté à Genève et j'ai bavardé quelques heures avec notre archiprêtre, A.-K. Petrov. Il connaissait personnellement Dostoïevski et il connaît sa veuve. Cet homme m'a dit que Fédor Mikhaïlovitch avait eu avec lui des conversations fréquentes et sincères..., mais que jamais Fédor Mikhaïlovitch n'avait fait la moindre allusion devant lui à cette chose "terrible et inoubliable". »

Le baron Vrangel n'est pas moins catégorique :

« Je peux affirmer, d'après les paroles mêmes de Fédor Mikhaïlovitch, que, ni au bagne ni pendant son service comme soldat de ligne, il ne se trouva un chef, ou un camarade forçat, ou un troupier qui eût levé la main sur lui. »

Et Aimée Dostoïevski, la fille de Fédor Mikhaïlovitch, proteste en ces termes auprès de la rédaction du *Temps nouveau* :

« Je ne sais pas d'où a pu naître cette légende littéraire absurde et nullement fondée, au sujet du châtiment corporel qui aurait été infligé à mon père, aux travaux forcés. »

Quoi qu'il en soit, il est hors de doute que l'épreuve du bagne a développé chez Dostoïevski la propension à l'épilepsie. Si la première crise remonte à la mort du père, si des attaques plus ou moins violentes ont secoué le jeune écrivain pétersbourgeois, c'est à la maison de force que le mal sacré a pris son ampleur véritable.

« Avant son retour de Sibérie, écrit Milioukov, je ne soupçonnais rien à ce sujet ; mais, quand il revint à Saint-Pétersbourg, sa maladie n'était plus un mystère pour personne. »

En mars 1852, le général commandant la forteresse d'Omsk sollicita des pouvoirs publics l'autorisation de changer les forçats Dostoïevski et Dourov de catégorie pénitentiaire et de les libérer de leurs chaînes.

La demande traversa toutes les instances administratives avant de parvenir à l'empereur, qui refusa de la signer.

Et la vie reprit, lasse, monotone, chaque journée ressemblant à la précédente, « comme une goutte d'eau ressemble à une autre goutte d'eau ».

Avant les fêtes, on conduisait les forçats aux étuves. La salle était exiguë, surchauffée, bourrée d'une fumée blanche. Une centaine de bagnards étaient encaqués là, pataugeant dans la boue, se hissant sur les gradins, s'aspergeant d'eau sale, se frappant avec des balais de bouleau. Ils étaient nus, difformes, et, sur les dos amollis par la vapeur, les cicatrices des coups de verge ressortaient, violettes et boursouflées. Ils glapissaient, ils secouaient leurs chaînes, ils réclamaient des baquets supplémentaires.

« Parmi la buée, écrit Dostoïevski, apparaissaient des échines couturées, des têtes rasées, des raccourcis de mains crochues et de jambes cagneuses... Il me vint à l'esprit que, si nous devions nous retrouver tous ensemble en enfer, cela rappellerait fort le lieu où nous nous trouvions. »

Le carême, au bagne, réveillait chez Fédor Mikhaïlovitch des souvenirs d'une tristesse poignante. Il se revoyait enfant, pénétrant dans l'église illuminée, agrandie par le chant du chœur, et toute son âme et tout son corps étaient comme remis à neuf par cette solennelle invocation des voix et de l'encens.

Jadis, il considérait avec apitoiement les gens du commun, massés près de l'entrée.

« Il me semblait alors qu'auprès de la porte on ne priait pas comme à nos places, qu'on priait avec humilité, avec ferveur, avec des génuflexions écrasées, dans la pleine conscience de son abaissement. Et, maintenant, c'était à mon tour d'occuper cette place, et dans des conditions plus mauvaises encore ; nous étions enchaînés, marqués du sceau de l'ignominie ; les fidèles s'écartaient de nous, semblaient nous craindre ; on nous faisait l'aumône, et je me rappelle que la chose m'était extrêmement et bizarrement agréable... »

Pour les grandes fêtes religieuses, les prisonniers enfilaient des blouses propres et mettaient un point d'honneur à se montrer particulièrement aimables envers le personnel pénitentiaire. Le repas était copieux et servi sur une nappe blanche.

Mais, le soir même, les forçats étaient déjà saouls comme des brutes, ignobles, meurtris de coups. Les Circassiens, buveurs d'eau, allaient s'asseoir sur le seuil et contemplaient avec une curiosité écœurée les ébats de tous ces ivrognes. On gueulait. On chantait. On jouait de la balalaïka. On vomissait. On organisait des « maïdanes » interminables.

« Peu à peu, écrit Dostoïevski, l'atmosphère de ma chambrée devenait irrespirable, nauséabonde. Cependant, les spectacles bouffons ne manquaient pas, mais je me sentais si triste, j'avais tellement pitié de tous ces pauvres êtres, que j'étouffais. »

Pour le troisième jour de fêtes, les bagnards organisaient un spectacle. Le théâtre était installé dans la caserne de la section militaire. Quelques bancs étaient réservés aux sous-officiers, quelques chaises aux officiers, dont on espérait la visite. Derrière, se pressaient les forçats, debout, sans bonnet, la face couturée et le crâne tondu.

« Chacun voulait se montrer sous un beau jour aux messieurs et aux visiteurs. »

Enfin, le rideau de toile se levait sur un décor de fortune. Les forçats qui jouaient des rôles de seigneurs ou de femmes du monde traînaient, comme les autres, leurs chaînes sur le plancher.

« C'était pour eux [pour les spectateurs] un extrême agrément, écrit Dostoïevski, de voir, par exemple, Vanka le garnement, ou Niétsvétaiev, ou Baklouchine dans un costume autre que celui qu'on était accoutumé à leur voir sur le dos, tous les jours, depuis des années. C'est un bagnard, rien qu'un bagnard, avec des fers qui bruissent, et le voilà qui entre en scène, portant redingote, chapeau rond et manteau comme un monsieur. »

Après les fêtes, la vie du bagne reprenait comme par le passé. Les jours s'ajoutaient aux jours, les mois aux mois. Une horreur monotone submergeait Fédor Mikhaïlovitch. Personne à qui se confier. Rien d'autre à lire que quelques rares journaux français et l'Évangile. Cette solitude était la pire des tortures.

S'il avait seulement pu demeurer en contact avec les siens! Mais il était interdit aux forçats de correspondre avec des particuliers, sauf quelques cas exceptionnels et sévèrement limités.

Et Michel, de son côté, n'envoyait pas de lettres en Sibérie, par crainte des représailles. Il était marié, père de famille. Il avait souffert d'une incarcération injuste. Il redoutait de se compromettre et de compromettre Fédor en lui écrivant.

Une fois libéré du bagne, Dostoïevski adressera une semonce pathétique à son frère Michel :

« ... Avant tout, laisse-moi te demander, au nom de Dieu, pourquoi tu ne m'as pas encore écrit une seule ligne? Je n'aurais jamais cru cela!... Je t'ai envoyé une lettre par l'intermédiaire de notre état-major. Elle a dû sûrement te parvenir ; j'ai attendu une réponse de toi : je n'ai rien reçu. Se peut il qu'on t'ait interdit de correspondre avec moi? C'est pourtant une chose autorisée, et tous les condamnés politiques reçoivent ici quelques lettres par an. Dourov en a reçu plusieurs. Je crois que j'ai compris la véritable raison de ton silence. Tu n'es pas allé, par pure paresse, te renseigner auprès de la police, ou, si tu y es allé, tu t'es tranquillisé dès la première fin de non-recevoir qui t'est venue d'un individu probablement mal informé. »

Plus tard, Michel justifiera son attitude dans une lettre trop peu connue du 18 avril 1856 :

« Trois mois après notre séparation, j'ai essayé d'obtenir l'autorisation de t'écrire. Le ciel et ma conscience me sont témoins de la diligence et de l'acharnement que j'ai apportés dans mes démarches. Je n'ai rien pu obtenir. On me répondait, en invoquant le texte des lois, que ce serait une chose impossible tant que tu resterais aux travaux forcés... Pour ce qui est de la correspondance secrète, j'étais suffisamment prévenu pour ne pas m'y risquer. Et c'est pourquoi j'avais résolu de t'aider à chaque occasion, mais sans t'exposer, et sans m'exposer moi-même, aux représailles par la moindre ligne écrite de ma main. Mon frère, mon ami, j'ai six enfants, je me trouvais, et je me trouve peut-être encore, sous la surveillance de la police ; ne penses-tu pas qu'une pareille décision était excusable de ma part ? »

Il est à noter toutefois qu'après la libération de Fédor Mikhaïlovitch les lettres de Michel ne furent pas beaucoup plus fréquentes.

Pour Dostoïevski, la dernière année de bagne fut moins pénible que les premières. Fédor Mikhaïlovitch était parvenu à se concilier la bienveillance de quelques forçats ; il avait retrouvé des connaissances en ville ; il avait obtenu l'autorisation de lire certains livres :

« Il me serait difficile de dire l'impression étrange que me causa le premier volume, un numéro de revue... Je m'attachais aux mots, je lisais entre les lignes, je tâchais de découvrir la pensée secrète, les allusions au passé ; je cherchais les traces de ce qui autrefois, de mon temps, troublait et agitait les esprits. Et quelle tristesse m'étreignit lorsque je dus reconnaître jusqu'à quel point je restais étranger à la vie actuelle!... »

Enfin les feuilles des arbres jaunissent, l'herbe se dessèche dans les steppes, la première neige tombe, légère, tournoyante. L'heure de la libération approche. Dostoïevski est très calme. Des forçats le rencontrent dans la cour, le félicitent :

« Et vous aussi, répond-il, vous aurez votre tour.

– Oh ! moi, pas si vite ; j'ai encore sept ans à tirer ! » dit l'autre, et il contemple le ciel d'un air distrait.

La veille du dernier jour, au crépuscule, Dostoïevski, comme d'habitude, fit le tour de la palissade. Il prenait congé de ces pieux noircis, de ces bicoques vétustes, avec un sentiment de grave mélancolie. Dans cet enclos, il avait tué sa jeunesse, ses espoirs. Il allait sortir du bagne, fatigué, vieilli, désenchanté, et, de nouveau, il faudrait lutter, souffrir, vivre... Pour quoi ? Pour qui ?

Au petit jour, avant l'heure du départ pour la corvée, Dostoïevski visita les chambrées pour dire adieu à ses compagnons.

« Beaucoup de mains calleuses et dures se tendirent vers moi. Mais ceux qui me serrèrent la main en camarades ne furent pas nombreux. Les autres comprenaient que j'allais, à l'instant, devenir un autre homme... Certains me tournèrent le dos et s'obstinèrent à ne pas répondre à mon salut. Quelques-uns me lancèrent des regards de haine. »

Après le départ du contingent pour la corvée, Dostoïevski se rendit à l'atelier du génie. Des bagnards forgerons se chargèrent de le déferrer.

Un coup de marteau. Les chaînes tombent. Dostoïevski les ramasse, les regarde longuement.

« Allons!... A la grâce de Dieu!... A la grâce de Dieu!... » répètent les forçats.

Mais Fédor Mikhaïlovitch ne bougeait pas. Une envie de pleurer, de crier, lui nouait la gorge.

Libre! Libre!... Il sortit en chancelant de la forge et regarda le ciel.

Dostoïevski quitta le bagne aux environs du 15 février 1854. Mais il ne fut transféré à Sémipalatinsk qu'au mois de mars.

Pendant près de deux semaines, il vécut à Omsk, chez ses amis, les Ivanov.

Mme Ivanov était la fille du « décembriste » Annenkov. Elle avait rencontré Dostoïevski lors de son voyage à Tobolsk. Durant toute la captivité de l'écrivain, elle s'était ingéniée, avec son mari, à soulager ses peines, à lui faire parvenir un peu d'argent, quelques vivres.

« K. I. Ivanov fut à mon égard un véritable frère. Il fit tout ce qu'il put pour moi. Je lui dois 25 roubles en argent. »

Fédor Mikhaïlovitch fut envoyé, par étapes, à Sémipalatinsk, pour être incorporé, en qualité de simple soldat, au 7e bataillon de ligne de Sibérie.

On marchait à pied sur les routes défoncées. En chemin, les anciens forçats furent dépassés par une carriole chargée de câbles. Dostoïevski et ses compagnons se hissèrent sur les rouleaux de cordages. La charrette avançait lentement. L'air était vif. Au fond du ciel, des nuages s'écroulaient dans une débâcle silencieuse. Fédor Mikhaïlovitch était heureux, ému et mystérieusement reconnaissant.

CHAPITRE V

La triple révélation

Dans son poème *Les Malheureux*, Nékrassov, de son aveu même, avait raconté le séjour de Dostoïevski au bagne. Un condamné politique à la voix douce et aux « mains blanches » est d'abord honni par ses compagnons de chaîne; mais, une nuit, au chevet d'un mourant, il les somme de respecter les derniers moments de leur camarade, il conquiert leur attention, leur respect, il devient leur maître.

Lorsque Fédor Mikhaïlovitch reparut à Saint-Pétersbourg, Nékrassov lui montra le poème.

« C'est moi, au contraire, qui fus le disciple des forçats », dit Dostoïevski.

Oui, il fut leur disciple, leur élève, et l'enseignement du bagne l'a marqué pour toute son existence. Ces quatre années sont comme le réservoir secret où s'alimentera désormais son génie. Elles sont placées au centre de sa vie. Elles divisent sa vie en deux parts égales. Il y a le Dostoïevski d'avant *La Maison des Morts*. Et le Dostoïevski d'après *La Maison des Morts*. Bien sûr, les deux personnalités ne sont pas essentiellement différentes. Mais la seconde est plus riche que la première, mais la seconde tient tout ce que promettait l'autre.

Fédor Mikhaïlovitch maudit et bénit tour à tour cette « période sibérienne ». Dans les lettres qu'il écrit après sa libération, les plaintes alternent bizarrement avec des formules de gratitude et d'humilité chrétienne :

« Jamais seul! Et cela quatre ans, quatre ans! Parole, dire que nous étions mal, ce n'est pas assez dire!... »

« La constante méditation où je fuyais l'amère réalité n'aura pas été inutile : j'ai maintenant des désirs, des espérances qu'auparavant je ne prévoyais même pas... »

« Il y avait des minutes où je haïssais le premier venu, qu'il fût innocent ou coupable, et le considérais comme un voleur qui m'aurait impunément dérobé ma vie... »

« Je suis dans l'attente de je ne sais quoi... Il me semble que bientôt, que très bientôt, il y aura un événement décisif, que je m'approche d'une crise véritable, que je suis mûr pour un avenir mystérieux, et qu'il se prépare quelque chose de très doux et de très clair, ou peut-être de terrible, mais qu'on ne peut certainement pas éviter... »

« Le bagne a tué bien des choses en moi et en a fait éclore d'autres. »

« C'est ma croix et je l'ai méritée. »

« Quant aux quatre années, je les considère comme une époque pendant laquelle j'étais enterré vivant et enfermé dans un cercueil ! Quelle terrible époque c'était !... Je n'ai pas la force de te le raconter, mon ami... Pendant ces quatre années, pas un instant pendant lequel je ne sentisse que j'étais au bagne. »

Dans les *Souvenirs de la Maison des Morts*, Dostoïevski a raconté ce que fut pour lui l'épreuve du bagne sibérien. Il a pris soin, il est vrai, de se présenter sous les traits d'un certain Alexandre Pétrovitch Goriantchikov, « condamné aux travaux forcés de seconde catégorie pour avoir assassiné sa femme ». Mais, en fait, c'est sa propre aventure qu'il rapporte avec une lucidité atroce.

Lorsque Fédor Mikhaïlovitch publia son livre, les mœurs pénitentiaires n'étaient plus celles qu'il avait connues. Les réformes d'Alexandre II devaient bouleverser le régime barbare préconisé par Nicolas Ier. Surveillance plus étroite du personnel dirigeant, interdiction des châtiments corporels... L'ouvrage de Dostoïevski critiquait donc un état de choses qui se trouvait condamné par le tzar lui-même.

La censure autorisa l'édition des *Souvenirs*, « à la seule condition qu'en fussent exclues certaines expressions indécentes ».

D'ailleurs Dostoïevski avait pris soin d'enrichir son texte de quelques notes d'auteur telles que :

« Ce que j'ai dit des châtiments corporels se passait *de mon temps*. J'ai entendu affirmer que tout est changé ou en voie de changement. »

Ou : « *De mon temps*, non seulement le major, mais beaucoup de chefs subalternes, surtout ceux qui étaient sortis du rang, employaient cette expression. »

Il ne faut pas croire qu'avec *Souvenirs de la Maison des Morts* Dostoïevski tire un trait sous une addition et aligne le total de ses dernières expériences. Cet ouvrage magnifique de vérité humaine, de probité cruelle, est le premier apport de quatre années de souffrance et de méditation.

Dostoïevski a vu un monde. Il l'a magistralement décrit. Mais il n'a livré que la menue monnaie de son trésor. Il s'en est débarrassé comme on jette du lest.

Une fois ce geste accompli, il peut prendre de la hauteur. Il peut se détacher du pittoresque sibérien, oublier ces crânes tondus, ces gueules ravagées, ces propos orduriers, pour ne plus songer qu'à l'enseignement ineffable du bagne. Il a dit ce qu'il a observé. Il lui reste à dire ce qu'il a appris. Et cette tâche, il n'aura pas assez de toute sa vie pour la mener à bien.

La rencontre du peuple, la rencontre de la Russie, la rencontre de l'Évangile. Ce triple miracle eut lieu dans une chambrée puante, au fin fond de la Sibérie, alors même que les proches de l'écrivain le croyaient définitivement perdu.

L'élite cultivée russe s'était hâtivement développée dès le début du XIXe siècle, au cœur d'un empire immense, qui n'était pas encore prêt à la recevoir. Elle était une production artificielle. Elle manquait de tradition et de magie.

Le groupe des intellectuels se trouve d'abord placé entre deux pôles de puissance égale. Au-dessus de lui, il y a le tzar, dont l'autorité est sanctionnée par l'Église. Le tzar, c'est l'unité, le pouvoir suprême résumé en un seul être, l'expression la plus haute de la vie nationale. Au-dessous de lui, il y a le peuple. Le peuple est grisâtre, incompréhensible, mouvant. On ne peut pas davantage se fondre en lui qu'on ne peut usurper le pouvoir impérial. Le tzar et le peuple sont deux unités éternelles sur quoi les années ne marquent pas, et qui tirent toute leur force de leur permanence même. Le tzar et le peuple ne s'expliquent pas. Ils existent. Ils ont leur mystère. On peut croire en eux, parce qu'ils sont à la lettre *différents* de vous.

Cet appel vertigineux de la masse est un phénomène inconnu de l'Occident. Il n'est admissible que dans un pays où les classes sociales sont nettement opposées. L'intelligentsia. Le peuple. La culture raffinée de l'Europe. L'ignorance totale des barbares. Entre ces deux mondes, aucune transition perceptible. L'élite est peu nombreuse, le peuple est innombrable. Cette poignée d'hommes cultivés est hypnotisée par la foule. Elle a peur d'être absorbée par elle. Elle voudrait la comprendre, *l'apprendre* pour la dominer. Et moins elle la comprend, moins elle *l'apprend*, plus elle l'admire.

Tout enfant, Fédor Mikhaïlovitch avait été attiré par les moujiks de Darovoïé et par les malades de l'hôpital Marie. Plus tard, à Saint-Pétersbourg, il s'était intéressé au peuple, mais d'un point de vue purement « matérialiste », exigeant l'abolition du servage, la suppression des peines corporelles, la pénétration de l'instruction scolaire dans les campagne. Dès son entrée au bagne, c'est une autre tendance qui se manifeste en lui. Le voici enfin devant le peuple, dans le peuple. Mais ce peuple, auquel il brûle de s'incorporer, le rejette. Il est un monsieur. Il ne peut pas être un moujik. Il ne peut pas avoir été un monsieur et devenir un moujik.

Ce refus, il l'accepte avec tristesse, mais sans rancune. Pendant quatre ans, il vit isolé parmi ces hommes qui ne sont pas de sa race. Pendant quatre ans, il subit la hantise de ce monde interdit. Pendant quatre ans, il se penche sur cet abîme qui ne veut pas l'engloutir. Il est environné de brutes. Il souffre de leur bêtise, de leur laideur, de leur méchanceté.

« Puisqu'on est des êtres vivants, comment ne pas faire des cochonneries... »

Mais, peu à peu, il leur découvre une âme.

« Aux travaux forcés, écrit-il à son frère, j'ai fini par trouver des hommes, des hommes véritables, des caractères profonds, puissants et beaux. De l'or sous de l'ordure. »

Cette révélation le séduit, l'obsède. Le peuple n'est pas intelligent, n'est pas instruit. Le peuple, c'est tout ce qui travaille avec ses mains, c'est tout ce qui ne réfléchit pas, c'est tout ce qui se contente de sentir. Le peuple, c'est l'expression de la vie organique russe. Un moujik est d'abord un enfant. Il garde toute fraîche en lui la naïveté, la vérité de l'enfance. Il est préservé de la culture, des conventions sociales, des mensonges scientifiques. Il est près de Dieu. Il détient, sans le savoir lui-même, le secret de la vie selon Dieu. Aller vers lui, c'est aller vers Dieu.

Cette idée, Dostoïevski la développera dans ses romans, dans son Journal, à plusieurs reprises. Souvenons-nous du paysan Mareï. Le petit Fédor, affolé par un appel « au loup », court vers Mareï, le saisit par la manche, et l'autre lui touche les lèvres de son gros doigt souillé de terre et le rassure doucement :

« Que le Christ soit avec toi... »

« Quel peuple extraordinaire! écrit Dostoïevski dans sa lettre du 22 février 1854. Je n'ai pas perdu mon temps. Si je n'ai pas étudié la Russie, je sais par cœur le peuple russe; bien peu le connaissent comme moi... »

Ce peuple russe, Dostoïevski lui réservera bientôt un rôle véritablement messianique. Pour l'instant, il se contente de l'aimer et de s'humilier devant lui.

Quelques années plus tard, raconte Pertz, un jour que Dostoïevski se trouvait chez les Sousslov, un jeune médecin lui reprocha ses idées mystiques sur l'avenir de la Russie.

« Qui vous a donné le droit de parler ainsi au nom du peuple russe? » s'exclama enfin le docteur.

Dostoïevski, d'un geste brusque, releva le bas de son pantalon sur ses chevilles où la marque des fers était encore visible :

« Voici mon droit », dit-il.

Cette idéalisation du peuple, ce mépris de la culture sont d'autant plus vivaces que Dostoïevski est coupé du monde intellectuel. Il ne reçoit plus de lettres. Il ne lit pas de livres. L'Évangile est sa seule nourriture morale, et l'Évangile c'est déjà le triomphe du cœur sur l'esprit. La méditation de la Bible fut pour Dostoïevski d'une importance majeure. Toutes ses œuvres, toute son existence porteront désormais le reflet de la doctrine évangélique.

Ses romans de la seconde époque sont-ils autre chose que des histoires d'apôtres contemporains touchés par la grâce, précipités dans le doute, repêchés, oubliés, repris, poussés vers la connaissance ineffable?

L'étude des textes saints déplace les lignes de perspective dans l'univers de Dostoïevski. Les joies et les souffrances de ses créatures ne seront plus strictement terrestres. Ses romans seront à deux étages. Au premier, se démènera la vie de chaque jour, avec ses tracas, ses jalousies, ses questions de peau, de gros sous, de préséances. Au second, se poursuivra le véritable drame de l'homme : la recherche de Dieu, la recherche de l'être nouveau.

Qu'un étudiant ait assassiné une vieille usurière, qu'un fils déteste son père au point de souhaiter sa mort, qu'une brute se lamente devant la porte verrouillée de sa femme, tout cela est accessoire dans le déroulement de l'action : la véritable tragédie est purement morale, sublimée. Elle se passe au plus haut de l'âme. Les seuls bonheurs, les seuls malheurs qui comptent ne sont pas des manifestations de ce monde. Ce n'est pas la richesse, le confort, le rang social, l'union paisible dans le mariage que désirent ces héros désincarnés. Ils ne veulent rien de cet univers. Ils veulent l'infini, la certitude. Ils veulent Dieu.

« Dieu m'a torturé toute ma vie », s'exclame Kirillov dans *Les Possédés*. Et cette torture divine fut celle de Dostoïevski.

Fédor Mikhaïlovitch n'a jamais connu la foi bien assise, l'amour étale qu'il ne cesse d'appeler sur lui. Il veut croire. Mais une lucidité démoniaque le retient au bord de la grâce. Il s'interroge. Il interroge les textes. Il discute au lieu d'accepter.

« Je vous dirai de moi, écrit-il à Mme von Vizine, après sa libération, que je suis un enfant du siècle, un enfant de l'incroyance et du doute, jusqu'à présent, et (je le sais bien) jusqu'au tombeau. Quels terribles tourments me cause maintenant cette soif de croire qui est d'autant plus forte dans mon âme que les arguments contraires sont plus nombreux ! Et, cependant, Dieu m'envoie parfois des minutes d'entière sérénité. C'est en de telles minutes que j'ai composé en moi une profession de foi où tout est clair et sacré. Cette profession de foi est très simple ; la voici : croire qu'il n'y a rien de plus beau, de plus profond, de plus sympathique, de plus raisonnable, de plus courageux, de plus parfait que le Christ. Non seulement il n'y a rien, mais, je me le dis avec un amour jaloux : il ne peut rien y avoir. Mieux encore : si quelqu'un m'avait prouvé que le Christ est en dehors de la vérité, et s'il était *réellement* établi que la vérité est en dehors du Christ, j'eusse préféré être avec le Christ plutôt qu'avec la vérité. »

Cette solution de méfiance envers la doctrine officielle de l'Église, Dostoïevski l'adopte sans rien connaître de Kierkegaard. Pour lui, la foi n'est jamais acquise. Il faut toujours la défendre contre l'ennemi, contre soi-même.

Extase divine fouaillée par le doute. Désespoir métaphysique secoué par le fanatisme. La menace donne son prix à l'objet menacé. La foi est un risque. L'Église, avec ses règles bien établies, diminue ce risque. L'Église, c'est la foi mise à la portée de chacun. L'Église, c'est le confort dans la croyance. Or, Dostoïevski hait tout ce qui est confortable. Il veut lutter seul. Il veut trouver lui-même son chemin.

« Mon chant de louanges, écrit-il encore, a traversé la fournaise du doute. »

Ce chant de louanges, en fait, ce sera toute son œuvre. Ou plutôt, son œuvre véritable ne commencera qu'aux premières notes de ce chant.

CHAPITRE VI

Sémipalatinsk

Sémipalatinsk était une sorte de bourgade asiatique, où campaient les caravanes de chameaux. Les maisons, à un étage, étaient bâties en poutres. Les fenêtres donnaient sur des cours intérieures, pour que les passants n'eussent pas la tentation de contempler les femmes musulmanes à l'ouvrage dans les chambres. Les portes étaient basses, afin de permettre au chef de famille de trancher plus commodément la tête des intrus qui pénétraient dans sa demeure. De longues palissades en bois bordaient les rues qui n'étaient pas éclairées, le soir. Pas la moindre voie pavée, pas un arbre, pas un buisson. Le sable. Un sable sec, brûlant, où on enfonçait jusqu'aux chevilles. A chaque coup de vent, le sable se soulevait, tourbillonnait, giflait les visages. A la première pluie, il se transformait en boue grisâtre, épaisse, rapidement durcie.

Sept mosquées flanquaient une église de pierre et la caserne de l'infanterie de ligne. Une pharmacie administrative. Une école primaire. Une mercerie où l'on pouvait acheter des clous, des parfums et même de la nourriture. C'est tout. Peu de livres, un service postal irrégulier, quelques rares journaux qu'on se passait de main en main, la solitude, l'oubli total, le désert.

Cinq à six mille habitants formaient la population de la petite ville : marchands tartares, soldats, fonctionnaires.

Au-delà du faubourg cosaque, les bergers kirghizes gîtaient sous leurs tentes de peaux.

La cité avait plus de cent ans d'existence. La forteresse

avait été bâtie vers 1718. Elle n'avait pas beaucoup changé depuis la date de sa construction.

Souvent, des hordes de bandits kara-kirghizes organisaient des razzias. On alertait les troupes. On repoussait tant bien que mal les assauts des khans révoltés.

Dès son arrivée à Sémipalatinsk, Dostoïevski fut incorporé à la 1re section du 7e bataillon de ligne de Sibérie.

Le service était dur dans l'armée sibérienne. Les soldats passaient toute leur journée à l'instruction : marche à pied, maniement d'armes, revues, parades. La nuit, on les envoyait monter la garde dans quelque coin perdu, au bord de la steppe. Ces exercices et ces veilles épuisaient Fédor Mikhaïlovitch :

« Je suis arrivé ici au mois de mars, écrit-il à son frère, ne sachant presque rien des exercices militaires, et, cependant, vers le mois de juillet, j'étais comme les autres à la revue, et je connaissais mon affaire aussi bien qu'eux... Pour apprendre, il faut se fatiguer. Je ne me plains pas : c'est ma croix et je l'ai méritée. »

Le bataillon se composait de serfs illettrés, de soldats de métier et de condamnés à la déportation. Le niveau intellectuel de la garnison n'était guère supérieur à celui du bagne. Dostoïevski connut de nouveau la chambrée puante, les querelles, le sommeil en commun, le réveil à l'aube...

Le voisin de lit de Dostoïevski était un enfant de troupe de dix-sept ans : Katz. Fédor Mikhaïlovitch le prit en amitié, gagna sa confiance, lui proposa de constituer une caisse commune. Ils allaient à tour de rôle faire des achats en ville, ou chercher des choux et du gruau à la cuisine. Ils se brossaient à tour de rôle leurs tenues, s'astiquaient à tour de rôle leurs ceinturons. Avec ses économies, Katz acheta un samovar. Souvent, Dostoïevski remplaçait par quelques tasses de thé les repas détestables du réfectoire. La nourriture du bataillon était plus que mauvaise. La dépense officielle de subsistance était fixée à 4 kopecks par tête. Mais, sur ces 4 kopecks, le commandant de la compagnie, le fourrier et le sous-officier d'ordinaire retenaient 1 kopeck 1/2. Ces détournements minuscules procuraient à leurs auteurs une somme de 744 roubles par an. Tout le monde le savait, à Sémipalatinsk. Mais l'idée de s'en indigner ne serait venue à personne.

Avec une patience infinie, Dostoïevski s'employait à conquérir la sympathie de ses camarades. Il les aidait dans leurs corvées. Il partageait avec eux les vivres qu'il se procurait à l'extérieur. Il leur prêtait même de l'argent. Ses supérieurs étaient contents de lui. Des amis d'Omsk ayant intercédé en sa faveur, il fut autorisé à loger en ville.

Il loua une chambre, non loin de la caserne, chez la veuve d'un soldat. L'isba vétuste était plantée de guingois, dans le sable. Derrière la maison, se trouvait un jardinet maigrichon avec son puits et son puisoir archaïque à bascule. Dostoïevski occupait une pièce basse de plafond et très sombre. Les murs étaient enduits de terre glaise et décorés de gravures sur bois. Une banquette circulaire, un lit, une table, une chaise et une caisse en guise de commode la meublaient. Près de la porte, il y avait un grand poêle russe. Un carré d'étoffe séparait ce réduit du reste de l'appartement. Fédor Mikhaïlovitch payait cinq roubles par mois à sa logeuse pour le local, la nourriture et le blanchissage. Mais la veuve gagnait encore un peu d'argent grâce à ses deux filles, à qui elle servait d'entremetteuse.

« Ah ! barine, disait-elle, de toute façon elles auraient fini par coucher avec un scribe de bataillon ou un sous-officier pour deux pains d'épice ou pour une livre de noix. Tandis qu'avec vous, les messieurs, c'est une bonne affaire pour elles et un grand honneur... »

Le 20 novembre 1854, le jeune baron Vrangel arrivait à Sémipalatinsk pour y remplir les fonctions de procureur. Il était âgé de vingt-deux ans. Il avait un beau visage régulier, encadré de favoris noirs. Son uniforme, commandé à Saint-Pétersbourg, était d'une élégance recherchée. Le gentilhomme fut épouvanté en débarquant dans cette province sourde, à quelques milliers de verstes de la capitale. Qu'allait-il devenir au fond d'une bourgade perdue dans les sables, parmi des gens ignares, sans autre distraction que la chasse ou que la pêche, pendant deux ans ?

Avant son départ de Saint-Pétersbourg, il avait reçu la visite de Michel Dostoïevski, qui lui avait remis un paquet de livres pour son frère. Le baron Vrangel ne connaissait Fédor Mikhaïlovitch que par ses œuvres. Toutefois, par une coïncidence bizarre, il s'était trouvé sur la place Sémenovsky, lors de l'« exécution » des « petrachevtsy ». Il était encore étudiant à cette époque.

« Je vis, écrit-il dans ses *Mémoires,* comment des silhouettes montaient et descendaient de l'échafaud, comment on attachait à des poteaux plantés en terre des hommes vêtus de blouses blanches, comment on les détachait, comment des troïkas venaient les cueillir ensuite; et puis, la place s'était vidée; la foule s'était dispersée en se signant et en bénissant la clémence de l'empereur. »

Après une visite protocolaire chez le gouverneur, le baron Vrangel envoya son valet de chambre à la recherche de Dostoïevski.

Fédor Mikhaïlovitch reçut le serviteur avec méfiance. Qui était ce baron Vrangel? Que lui voulait-il? Le titre de procureur ne lui disait rien qui vaille. Il accepta néanmoins de se rendre à l'invitation pour le thé.

A l'heure dite, le baron Vrangel vit entrer dans sa chambre un soldat vêtu d'une capote grise à col rouge. L'homme se tenait quelque peu voûté. Ses bras pendaient le long de son corps. Son visage blême, au nez épais, était sali de taches de rousseur. Ses yeux, d'un gris d'acier, regardaient droit devant eux, avec une tristesse méchante. Ses cheveux blonds étaient coupés à la longueur réglementaire. L'inconnu paraissait fâché, inquiet. Il attendait une explication. Lorsque le baron Vrangel lui eut appris qu'il avait rencontré son frère à Saint-Pétersbourg et lui eut remis la lettre et le paquet de Michel, le visage de Dostoïevski prit une expression de gratitude enfantine. Il se détendit, il s'abandonna, il demanda la permission de lire son courrier séance tenante. Et, tandis qu'il lisait, des larmes lui montaient aux yeux.

Vrangel, qui venait lui-même de recevoir une correspondance importante, ouvrit à son tour quelques enveloppes, parcourut quelques feuillets. Ses parents, ses amis lui écrivaient de Saint-Pétersbourg. Ce rappel d'une vie heureuse lui serrait le cœur. Comme il se sentait seul, tout à coup, en face de cet étranger! Ils étaient là, tous les deux, au fin fond de la Sibérie, loin de tout ce qu'ils aimaient, loin de tous ceux qui pouvaient les comprendre, solitaires, oubliés, perdus.

Renonçant à toute dignité, le baron Vrangel, procureur de Sa Majesté, fondit en sanglots et se jeta dans les bras du soldat de ligne Dostoïevski. Une grande amitié venait de naître.

« Le sort m'a fait connaître un homme étonnant, écrit Vrangel à ses parents, tant par ses qualités de cœur que par ses qualités d'esprit : c'est notre jeune et malheureux écrivain Dostoïevski. Je lui suis redevable de bien des joies, et ses paroles, ses conseils, ses idées m'ont fortifié pour toute mon existence. Au nom du Ciel, tâchez de savoir, mon cher papa, s'il n'y aura pas une amnistie. »

Et encore :
« Se peut-il que cet homme admirable soit destiné à périr ici, comme un simple troupier ? Cela serait atroce. Je suis triste et j'ai mal pour lui. Je l'aime comme un frère, et je le respecte comme un père. »

Il fit plus que l'aimer, il fit plus que le respecter, il s'efforça par tous les moyens d'égayer son existence.

La société des hauts fonctionnaires de Sémipalatinsk avait accueilli à bras ouverts ce jeune gentilhomme, au visage pur comme un dessin de médaille, aux gestes élégants, aux vêtements européens. On sut, dès le premier jour, qu'il était accompagné d'un valet de chambre, qu'il avait retenu un vaste appartement, qu'il avait loué un équipage, et que son traitement de procureur lui permettait de vivre sur un grand pied. Les hommes disaient gravement qu'il était de famille aristocratique et que son avenir s'annonçait brillant. Les dames raffolaient de lui. Les jeunes filles donnaient ses traits au fiancé de leurs rêves.

Ayant fait le tour de la colonie provinciale, le baron Vrangel s'efforça de présenter Dostoïevski à ses nouvelles connaissances. L'entreprise était délicate. Nul n'ignorait que Dostoïevski avait été forçat. De plus, il portait un vilain uniforme gris à col rouge qui déparait les fêtes les plus modestes. On essaya d'expliquer au baron que la fréquentation d'un bagnard n'était jamais recommandable et qu'un procureur devait être plus attentif que quiconque au choix de ses relations. Mais Vrangel ne voulait rien entendre. Il insista si bien que le général Spiridonov, gouverneur militaire, accepta de recevoir Dostoïevski dans sa propre maison :

« Allons ! Allons !... amène-le, dit-il ; mais qu'il vienne en toute simplicité, dans sa tenue d'instruction. »

Le général Spiridonov était un brave homme, cordial, généreux, hospitalier. Il eut tôt fait de déceler la grande valeur de Fédor Mikhaïlovitch et le pria de lui rendre visite « aussi souvent qu'il en éprouverait l'envie ».

Devant cet exemple, venu des plus hauts échelons de la hiérarchie, tous les salons de la ville ouvrirent leurs portes à l'ancien forçat. Le chef de bataillon Belikhov, qui, naguère encore, faisait mander le soldat Dostoïevski pour qu'il lui lût les journaux, ne manquait plus une occasion de l'inviter à sa table. La femme du lieutenant Stépanov déclamait ses poèmes à Dostoïevski et le priait de les corriger. Le colonel Messaroche, joueur effréné, organisateur de la fanfare militaire de Sémipalatinsk, ne pouvait plus se passer de Fédor Mikhaïlovitch. La tunique grise de l'écrivain et l'uniforme rutilant du procureur étaient de toutes les réunions mondaines.

Cependant Dostoïevski ne se rendait qu'à contrecœur aux invitations des notabilités militaires et civiles de Sémipalatinsk. Il s'ennuyait à périr dans ces salons provinciaux et préférait bavarder à longueur de soirée avec son nouvel ami.

A peine libéré de son service, Fédor Mikhaïlovitch se rendait chez le baron Vrangel, s'installait dans un fauteuil, déboutonnait le col de son uniforme et allumait une pipe. A cette époque, il songeait à écrire *Le Songe de l'oncle, Sélo Stépantchikovo* et les *Souvenirs de la Maison des Morts*. Il était très joyeux. Il fredonnait des airs d'opérette, racontait à son jeune ami des épisodes de son prochain livre, s'exclamait lorsque Adam, le « valet de chambre-tailleur-cuisinier », apportait dans la pièce une casserole pleine de soupe aux poissons.

Cet Adam était un ivrogne crasseux et morose, à la grosse tête bouffie et au nez dévié. Souvent, il allait s'asseoir sous la fenêtre et chantait d'une voix bêlante un air tellement lamentable que les deux amis, après quelques sommations, lui envoyaient un seau d'eau sur le crâne.

La table desservie, Fédor Mikhaïlovitch s'attardait à discuter littérature avec Vrangel. Il lui récitait *Les Nuits égyptiennes* de Pouchkine ou des pages des *Ames mortes*. Il le suppliait de laisser là ses « livres de professeur » pour se tourner vers la poésie. Parfois aussi, Fédor Mikhaïlovitch lui parlait de lui-même. Il évoquait son enfance, l'amitié qu'il avait pour son frère Michel, ses débuts littéraires... Mais il évitait toute allusion au procès des « pétrachevtsy ».

Enfin, tard dans la nuit, Fédor Mikhaïlovitch regagnait son isba enfumée, allumait une bougie de suif et commençait d'écrire.

Les *Souvenirs de la Maison des Morts* furent en partie composés dans cette bicoque de planches, à la lueur mauvaise d'un lumignon. Dehors, la nuit était calme. On entendait aboyer un chien. La veuve se retournait sur son matelas, derrière la tenture, et gémissait en rêve.

Au bout d'un instant, Fédor Mikhaïlovitch repoussait les feuillets, reposait la plume. Il ne pouvait travailler en paix.

« Je ne pouvais rien faire, écrira-t-il à Maïkov. Une certaine circonstance, un certain événement, longtemps attendu, est survenu enfin, m'a enfin bouleversé, absorbé totalement. J'étais heureux, j'étais incapable de travailler. »

CHAPITRE VII

Marie Dmitrievna Issaïev

Avant même l'arrivée de Vrangel à Sémipalatinsk, Fédor Mikhaïlovitch avait fait la connaissance de la famille Issaïev.

Marie Dmitrievna Issaïev était une jeune femme d'environ trente ans, minée par la tuberculose, blonde, sèche, aux traits menus, aux lèvres fortes. A la moindre émotion, le sang lui sautait aux joues, ses prunelles s'allumaient d'un regard fiévreux. Elle était nerveuse et maladivement exaltée. Son père, M. de Constant, fils d'un émigré français, dirigeait un service de quarantaine à Astrakan. Les trois filles de M. de Constant avaient reçu une instruction honorable. Elles allaient au bal de la noblesse, et Marie savait danser le pas de châle avec une grâce charmante. Elle était fière de ses succès et rêvait d'abandonner les bords désertiques de la mer Caspienne pour prendre rang dans la société. Elle crut faire un excellent mariage en épousant le jeune instituteur Issaïev. Or, le pauvre homme, qui n'était ni bête ni méchant, aimait boire au-delà de toute mesure.

Perdant ses places l'une après l'autre, il finit par échouer, avec sa femme et son fils, à Sémipalatinsk. Mais là, comme ailleurs, ses beuveries crapuleuses le firent congédier de l'école.

Sans traitement fixe, sans espoir précis, l'ancien instituteur noyait dans l'alcool le remords d'une vie manquée. Sa femme, avec un orgueil exacerbé par l'infortune, s'efforçait de cacher aux yeux du monde la misère du ménage. Elle raccommodait, lavait, rangeait à longueur de journée. Devant cette population provinciale, féroce et affamée de potins, elle jouait la comédie de la dignité satisfaite et du bien-être conjugal. Cependant, son mari traînait, du matin au soir, dans la petite ville, oisif, effondré, bavard... Ce fut chez le commandant Belikhov qu'il rencontra Dostoïevski. Les deux hommes sympathisèrent assez mystérieusement. Quel attrait Fédor Mikhaïlovitch pouvait-il trouver à la compagnie de cet ivrogne ? Sans doute le plaignait-il ? Mais il est probable aussi qu'il devinait en lui un magnifique gibier de roman. Ce poivrot larmoyant, qui discourait pendant des heures sur la destinée humaine, sur l'enseignement du Christ, sur le bien et le mal, sur la culture et la barbarie, il se souviendra de lui pour peindre l'inoubliable figure de Marmeladov dans *Crime et Châtiment*; Marmeladov, le fonctionnaire révoqué, dont la femme est phtisique, dont la fille se prostitue, et qui boit pour atteindre les limites extrêmes du chagrin :

« Penses-tu donc, mercanti, que ta demi-bouteille m'ait procuré un soulagement ?... C'est de la tristesse, de la tristesse que j'ai cherchée au fond de ce verre, de la tristesse et des larmes... »

De même que Marmeladov amène chez lui l'étudiant Raskolnikov, de même Issaïev présente Dostoïevski à sa femme. Mais l'entrevue fut plus cordiale que dans le roman. Mme Issaïev était ravie de connaître un homme du monde, avec qui elle pût parler littérature, réceptions, politique et danse du châle.

Elle prit en amitié le soldat Dostoïevski, elle s'apitoya sur ses déboires, elle l'assura de son affection. Cependant, de l'avis même de Vrangel, elle n'en fut pas véritablement éprise :

« Elle savait, écrit-il dans ses *Mémoires*, qu'il était épileptique, qu'il était pauvre ; et elle disait elle-même qu'il n'avait aucun avenir. »

Comment ce soldat de ligne, au visage épais, au teint bilieux, aux cheveux courts, eût-il pu séduire une créature qui ne rêvait que fastes et « galanteries à la française » ?

Dostoïevski, en revanche, fut définitivement conquis par Marie Dmitrievna. C'était la première fois qu'une femme l'écoutait parler avec cet air de tendresse vaguement sensuelle. C'était la première fois qu'une femme lui répondait sur ce ton complice. Ils étaient tous deux des êtres meurtris par le destin, perdus pour le monde. Pour tous deux, les rêves de leur jeunesse avaient fondu devant une réalité sans joie. Pour tous deux, l'avenir ne signifiait plus rien. La pitié de Mme Issaïev, Dostoïevski la prit pour un amour naissant.

Lui-même, cependant, n'osait se déclarer à la femme de son ami. Mais il multipliait ses visites, ses attentions, ses allusions.

Entre eux, s'établit bientôt une sorte d'amitié trouble et désespérée. Ce renoncement volontaire exaspérait le désir de l'écrivain. Il dormait à peine. Il ne travaillait plus. Chaque jour, le baron Vrangel subissait les confidences passionnées de son compagnon. Dostoïevski le suppliait de l'accompagner chez les Issaïev.

« Mais ce milieu ne m'était pas sympathique, écrit Vrangel, à cause du mari. »

Mme Issaïev avait un fils de huit ans, Paul, ou plus familièrement « Pacha ». C'était un garnement noiraud et vif comme un singe. Dostoïevski accepta de lui donner des leçons, ce qui était encore un prétexte à entrevues avec la mère.

Ah! s'il avait été libre! Ah! si elle avait été libre!... Il se grisait de projets absurdes, se désolait, refusait d'écouter les sages conseils de Vrangel, affirmait que jamais plus de sa vie il n'aimerait comme il aimait à présent.

Peu à peu, Marie Dmitrievna se laissait gagner par l'ardeur de son soupirant à col rouge. Elle était fière de cet hommage éperdu et timide. Elle retrouvait presque cette exaltation qu'elle avait connue aux bals de sa jeunesse. Une impatience fébrile la consumait. Les deux amants s'épuisaient dans l'attente, se grisaient de leur noblesse, vivaient une sorte de roman maladif et silencieux, dont le dénouement leur paraissait impossible.

Le 12 mars 1855, l'aide de camp Akhmatov arrivait à Sémipalatinsk porteur d'un message capital : l'empereur Nicolas Ier était mort le 18 février de la même année, à douze heures vingt.

La population musulmane de Sémipalatinsk accueillit cette nouvelle avec indifférence. Mais les « fonctionnaires intellectuels », dont la plupart avaient souffert du régime, étaient très agités. On parlait de la douceur éclairée, de l'intelligence humanitaire du nouvel empereur. On supputait l'importance des réformes prochaines. Fédor Mikhaïlovitch reprenait espoir.

Il se rendit avec Vrangel à la messe funèbre célébrée en l'honneur de celui qui l'avait expédié en Sibérie. A l'église, autour de Dostoïevski, les visages étaient graves. Mais personne, au dire de Vrangel, ne pleurait.

Dès les premiers jours de l'été, la chaleur devenait intenable, à Sémipalatinsk. Le sable brûlait les pieds à travers les semelles. Le thermomètre accusait 32° Réaumur.

Le baron Vrangel résolut de louer une maison de campagne, – l'unique maison de campagne de la région – qui se trouvait aux environs de la ville. Elle s'appelait « le Jardin des Cosaques ». C'était une vaste bâtisse en bois, au toit déchiqueté, au plancher démoli, mais située dans un immense parc, égayé de sources vives et de pièces d'eau. Une prairie descendait en pente douce jusqu'au bord de l'Irtych.

Dostoïevski et Vrangel entreprirent de planter des fleurs le long des allées.

« Je garde, écrit le baron Vrangel, le souvenir très précis de Fédor Mikhaïlovitch, alors qu'il m'aidait à arroser les jeunes pousses. Il suait ; il avait retiré sa capote de soldat ; il n'avait sur la peau qu'une blouse dont de fréquents lessivages avaient fané la couleur rose ; à son cou, se balançait une chaînette, d'un travail grossier, venue d'on ne sait où, et qui se composait de petites perles de verre bleu. Elle supportait une montre argentée en forme de croissant. »

Les deux amis menaient une vie paisible, au « Jardin des Cosaques ». Ils se baignaient, ils fumaient, ils lisaient les vieux journaux, ils montaient à cheval. Mais Dostoïevski était un piètre cavalier et riait lui-même de sa maladresse.

Ils essayèrent aussi d'apprivoiser les couleuvres qui pullulaient sous la terrasse. Ils les nourrissaient avec du lait. Ils les habituaient à ne plus redouter leur présence.

Un jour, des dames de Sémipalatinsk, étant venues rendre visite aux « gentilshommes campagnards », les virent entourés de serpents et s'enfuirent épouvantées. Désormais, aucun intrus n'osa s'aventurer dans leur retraite.

Cependant, les semaines filaient et la passion de Dostoïevski pour Marie Dmitrievna ne faisait que croître. Il se rendait fréquemment chez les Issaïev, et, « chaque fois, écrit Vrangel, il en revenait dans une sorte d'extase. »

On pense involontairement aux soirées que Fédor Mikhaïlovitch passait jadis dans le salon des Panaïev. Mme Panaïev, comme à présent Marie Dmitrievna, avait pour lui l'attrait de l'inaccessible. Toutes deux, il les a aimées avec la certitude de ne pouvoir jamais devenir leur amant.

La vie sexuelle de Dostoïevski jusqu'à son retour en Russie nous est mal connue. Fut-il un être frigide ? Fut-il un passionné ? Tchoukovsky, interrogé à ce sujet par Mme Kachina-Evreïnova, lui a répondu :

« Pour moi, il est absolument certain que Nékrassov et

Dostoïevski ne pouvaient se passer de femmes, ne fût-ce que pour une semaine. »

Cependant, le docteur Yanovsky, l'ami de jeunesse de Dostoïevski, affirme :

« Je ne lui ai jamais entendu dire qu'il fût passionnément épris de quelqu'un, ni même qu'il aimât simplement une femme. »

Et Riesenkampf écrit dans ses Mémoires :

« Il était indifférent envers les femmes, il avait presque de l'antipathie pour elles. »

En fait, on ne connaît pas une seule liaison à Dostoïevski avant son mariage. Il semble que son instinct sexuel se soit assez tardivement développé. Cet homme malade, nerveux, imaginatif, admirait les femmes de loin, les redoutait obscurément, les désirait peut-être, mais se reprochait presque de les désirer.

Les héroïnes de ses premiers romans, à l'exception de Nétotchka, sont pâles et littéraires. Elles manquent de chair, de sang, de présence. Elles sont d'un homme qui n'a aimé qu'en songe.

Ce refoulement bizarre, cette complaisance pour les situations troubles, pour les affections sans lendemain, pour les *insatisfactions* sensuelles caractérisent toute la jeunesse de Dostoïevski. Cet impatient recherche le tourment de l'attente, ce chaste se délecte à frôler le péril adorable du péché. Comme ses héros, il accepte de vivre pour l'impossible.

Toutefois, l'étrange idylle de Fédor Mikhaïlovitch se dénoua plus tôt qu'il ne l'attendait.

On avait obtenu pour Issaïev le poste d'adjoint au tribunal de Kouznetzk, bourgade située à 700 verstes de Sémipalatinsk. La séparation était inévitable. Cette nouvelle désolait Dostoïevski.

« Et elle a accepté, elle n'a pas protesté, voilà ce qui est révoltant ! » gémissait-il.

Désespéré, furieux, il rôdait à travers la chambre comme un somnambule. De temps en temps, il s'arrêtait pour expliquer au baron Vrangel que sa vie était gâchée et qu'il ne souhaitait plus que la mort.

Vrangel essaya de le consoler, régla les dettes des Issaïev, s'occupa d'organiser leur départ. Dostoïevski et lui devaient accompagner les voyageurs « un bout de chemin » dans leur berline. Les Issaïev, qui n'avaient pas assez d'argent pour se payer un équipage convenable, avaient loué une télègue découverte.

Au jour dit, le baron Vrangel invita l'instituteur et sa femme à boire un champagne d'adieu, et profita de l'occasion pour saouler copieusement le malheureux Issaïev. Après quoi, il lui proposa de monter avec lui dans la berline, ce que l'ivrogne, qui tenait à peine sur ses pieds, accepta d'emblée. Quant à Fédor Mikhaïlovitch, il s'installa dans la télègue entre Marie Dmitrievna et « Pacha ». Ce chassé-croisé contenta tout le monde.

Les deux voitures avançaient lentement. Issaïev s'était endormi sur l'épaule du baron Vrangel. Fédor Mikhaïlovitch et Marie Dmitrievna se parlaient à voix basse. La nuit de mai, limpide, parfumée, pesait à peine sur la pointe des pins. Un clair de lune laiteux allongeait la route. Et la beauté tranquille du décor ajoutait encore à la tristesse de ceux qui le contemplaient. Enfin, le convoi s'arrêta au bord du chemin. L'heure de la séparation était venue.

Le pochard ronflait dans son coin. Le petit Paul bredouillait en rêve. Marie Dmitrievna et Dostoïevski se jetèrent dans les bras l'un de l'autre. Ils pleuraient, ils se signaient, ils juraient de ne pas s'oublier, de s'écrire...

Le baron Vrangel empoigna le mari à bras-le-corps, et le traîna de la berline à la télègue, sans que l'autre ouvrît les yeux. Marie Dmitrievna et « Pacha » montèrent aux côtés de l'ivrogne. Le cocher fouetta les chevaux, et la télègue s'éloigna dans un nuage de poussière. C'était fini.

Cependant Dostoïevski demeurait immobile au milieu de la chaussée, le visage penché vers le sol et des larmes coulaient sur ses joues. Vrangel s'approcha de son ami, lui prit la main et le ramena, sans mot dire, à la berline.

Les deux compagnons ne regagnèrent Sémipalatinsk qu'aux premières lueurs de l'aube. Dostoïevski s'enferma dans sa chambre et marcha de long en large jusqu'au matin. Puis il se rendit au camp d'été pour l'instruction. A son retour, il se coucha sans manger, sans boire et se mit à fumer pipe après pipe, en regardant fixement le plafond.

Le 4 juin, Dostoïevski écrit à Mme Issaïev :
« Si vous saviez à quel point je me sens seul, ici. En vérité, cela me rappelle le moment où l'on m'a arrêté, en 1849, où l'on m'a enterré vivant dans une cellule, m'ayant arraché d'abord à tout ce qui était aimable et joyeux. Je m'étais tellement habitué

à vous! Notre amitié, je ne l'avais jamais considérée comme une amitié ordinaire, mais, à présent que je suis privé de vous, je comprends bien des choses par expérience. J'ai vécu cinq ans hors de la société, seul, n'ayant, à la lettre, personne à qui ouvrir mon cœur. Vous, en revanche, vous m'avez accueilli comme un des vôtres... Combien je vous ai fait souffrir par mon caractère aigri, et cependant vous m'aimiez tous deux. Je comprends tout cela, je le sens, je ne suis pas sans cœur. Vous êtes une femme étonnante, vous avez une âme exceptionnelle, d'une bonté d'enfant. Vous avez été ma sœur. Le seul fait qu'une femme m'ait tendu la main marque une date dans mon existence. Le soir, dans les ténèbres, à l'heure où naguère je me confiais à vous, une telle tristesse me saisit, que, si j'avais la larme facile, je pleurerais, et sans doute ne me jugeriez-vous pas ridicule. A présent, je vis tout à fait seul. Je ne sais plus où me fourrer. Tout m'ennuie ici. Quel vide!... »

Et, de fait, Dostoïevski perd toute ardeur au travail, toute gaieté, tout bon sens même. Il est triste, irascible, superstitieux. Sous prétexte que Vrangel est amoureux d'une femme de trente-quatre ans, mère de six enfants, et qui habite à 400 verstes de Sémipalatinsk, il compare le sort de son ami au sien. Il se lamente sur leur double infortune. Il interprète leurs moindres rêves. Il a des peurs, des joies injustifiées. Il se cherche des talismans. Il finit même par fréquenter une voyante qui lit l'avenir dans les haricots.

Les nouvelles de Kouznetzk étaient mauvaises.
Marie Dmitrievna se plaignait de sa solitude, de sa pauvreté, de l'ivrognerie invétérée de son mari, des potins de la petite ville... Son seul plaisir était de bavarder avec le nouvel ami d'Issaïev, un jeune instituteur charmant, sérieux et bon.

Dostoïevski est rongé par une jalousie soudaine. Qui est ce jeune instituteur? L'aime-t-elle vraiment, cet inconnu? A-t-elle oublié le passé? Les lettres deviennent des volumes. Dostoïevski ne vit plus que dans l'attente du courrier. Il perd l'appétit. Il maigrit. Il souffre de crises nerveuses.

Le baron Vrangel décide de lui venir en aide et organise une entrevue avec Mme Issaïev à Zmiev, petite ville située à mi-chemin entre Sémipalatinsk et Kouznetzk.

Maria Dmitrievna est prévenue par lettre de la date et du lieu de rendez-vous.

Mais les autorités militaires interdisaient aux soldats des

voyages de cette importance. Le baron Vrangel usa donc d'un subterfuge. Il raconta partout que Dostoïevski avait subi une attaque d'épilepsie et qu'il lui fallait garder la chambre pendant un jour pour se rétablir. Le médecin du régiment, Lamotte, qui était du complot, confirma les déclarations du jeune homme. Le serviteur Adam reçut l'ordre de fermer les volets et d'interdire à qui que ce fût l'entrée de la maison. Et, à dix heures du soir, lorsque toutes les lumières de Sémipalatinsk se furent éteintes, la berline de Vrangel emporta les deux amis vers Zmiev.

« Nous ne roulions pas, nous volions comme l'ouragan, écrit Vrangel, mais mon pauvre Fédor Mikhaïlovitch ne s'en rendait pas compte. Il affirmait que nous avancions à une allure de tortue et pressait constamment le cocher. »

Hélas ! au lieu de Mme Issaïev, Dostoïevski et Vrangel ne trouvèrent à Zmiev qu'une lettre de la jeune femme. Elle s'excusait de n'être pas venue à leur rendez-vous. Mais son mari était au plus mal et elle ne pouvait le quitter.

Le retour fut sinistre : 300 verstes parcourues en 28 heures à peine, le risque d'être porté déserteur, tout cela pour rien. Fort heureusement, personne ne s'était aperçu de l'absence des deux amis.

Cependant, le baron Vrangel ne perd pas courage. A quelque temps de là, il demande l'autorisation de partir avec Dostoïevski pour passer quelques jours à Zmiev, « chez des amis ingénieurs ». La permission est accordée. Le valet de chambre de Vrangel confectionne à Dostoïevski une redingote de coupe élégante. C'est la première fois, depuis sa libération, que l'ancien bagnard endosse un vêtement civil. Et les deux amis se mettent en route, avec la certitude qu'ils seront récompensés de leurs efforts.

De nouveau la nuit claire, la chaussée plate, sans ornières, sans cailloux. La troïka file dans un paysage de rêve. Tout à coup, à cinq verstes de la ville, ils aperçoivent une aurore sanglante dans le ciel. Les paysans brûlent l'herbe d'automne. Le feu bouillonne comme un flot lumineux, crache des étincelles, des serpents, des étoiles ardentes qui retombent très loin et allument d'autres incendies. Les chevaux prennent peur et dépassent au galop la fournaise.

Enfin, on approche des mines d'argent de Zmiev. Les petites maisons des ouvriers entourent l'usine. Plus loin, les villas des ingénieurs et des fonctionnaires supérieurs. Et, tout au fond, la rivière.

A peine arrivé, Dostoïevski écrit à Marie Dmitrievna pour la prier de le rejoindre au plus tôt.

Mais, cinq jours se passent sans que Marie Dmitrievna donne signe de vie.

Il faut retourner à Sémipalatinsk. Il faut reprendre la vie monotone de la caserne. Il faut attendre. Attendre. Toujours attendre. Dostoïevski est à bout de nerfs.

Le 14 août 1855, Fédor Mikhaïlovitch reçoit enfin une lettre de Kouznetzk. Le mari de Mme Issaïev est mort, après une longue maladie. Marie Dmitrievna raconte ce que fut cette agonie, cet enterrement misérable. Elle n'avait pas d'argent. Elle fut obligée d'en emprunter à des voisins pour payer le corbillard. Un inconnu lui avait envoyé trois roubles. Et elle avait accepté l'aumône.

Dostoïevski est atterré. Il avait une réelle sympathie pour l'ivrogne. Et, cependant, un soulagement bizarre, une sale petite joie se haussent en lui. Le dernier obstacle est tombé. Marie Dmitrievna est libre. Il va pouvoir l'épouser. A peine a-t-il formulé cette pensée, qu'il est saisi d'indignation ! Il songe qu'il a souvent raillé le malheureux, qu'il a souvent maudit sa présence dans la maison. Peut-être même a-t-il secrètement souhaité sa mort ? Et la mort est venue. Comme pour son père, jadis. Et le voici de nouveau responsable. Et le voici de nouveau coupable, hors de toutes les lois.

Vrangel est en mission à Biesk. Dostoïevski lui écrit une lettre affolée pour le prier d'envoyer quelques subsides à Mme Issaïev :

« Je vous rendrai cet argent, bien sûr, mais pas très vite... Seulement, je ne veux pas qu'on me soit reconnaissant alors que je ne le mérite pas, puisque j'ai pris cette somme dans la poche d'un autre, avec l'intention de la rendre certes, mais dans un délai indéterminé. »

Il supplie son ami de joindre quelques mots à l'envoi de la somme, pour ménager la susceptibilité de la veuve :

« Il faut faire très attention avec une personne qui vous doit quelque chose : elle est susceptible. Elle a toujours l'impression qu'on la traite avec négligence, que, par une sorte de familiarité, on essaye de lui faire payer le service qu'on lui a rendu. »

« Je lui ai répondu que les 25 roubles venaient bien de vous et non de moi, écrira-t-il plus tard à Vrangel. Ah ! mon Dieu, quelle femme !... Il est bien dommage que vous la connaissiez si peu... »

L'espoir d'une issue prochaine exaspère encore son amour. Il s'en ouvre à son frère Michel :

« Écoute-moi bien, mon ami. Il y a longtemps que j'aime cette femme et je sais qu'elle peut m'aimer. Je ne saurais vivre sans elle, et, dès que les conditions se seront un peu améliorées pour moi, je l'épouserai. Je sais qu'elle ne refusera pas. »

Quelques semaines plus tard, il affirmera :

« A distance, nous avons échangé des vœux, des serments. Elle m'aime et elle me l'a prouvé. »

En vérité, la malheureuse n'a jamais été plus indécise qu'au moment où elle lui promettait sa main. Sans appui, sans ressources, elle est touchée par la compassion de Dostoïevski. Mais elle ne l'aime pas. Il est pauvre. Il est malade. Déjà, les bonnes langues de Sémipalatinsk apprennent à Fédor Mikhaïlovitch que Mme Issaïev songe à en épouser un autre. Et, de fait, Dostoïevski remarque, dans les dernières lettres de sa « fiancée », une réticence qui l'épouvante.

« Que faire, lui écrit Marie Dmitrievna, s'il se présentait un homme d'un certain âge, ayant de bonnes qualités, une place sûre, et qu'il me demandât en mariage ? Que répondre ? »

C'est en ami qu'elle lui demande de la conseiller. Cette manœuvre subtile désarme Dostoïevski.

Il ne peut, sans être taxé d'égoïsme, enjoindre à Marie Dmitrievna de rompre avec cet homme honorable et aisé, pour l'épouser lui, l'ancien bagnard, le soldat, l'épave. Mais il ne peut admettre, non plus, qu'elle se décide à en épouser un autre, puisqu'elle l'aime, puisqu'elle continue à l'aimer.

Ce n'est pas de son propre gré qu'elle a envisagé la possibilité de cette union avec un étranger. Ce sont des commères de province qui lui ont forcé la main. Elles ont profité de son absence, à lui. Elles ont exploité la faiblesse de Marie Dmitrievna. Et il ne peut défendre sa chance auprès d'elle que par quelques lignes jetées sur une feuille de papier.

Chaque minute, chaque seconde à présent risque de fixer son destin, et il est là, solitaire, impuissant, privé de ressources, parmi des gens qui ne le comprennent pas. Cependant, il sait bien qu'il ne survivra pas à une rupture définitive.

Vrangel a quitté la Sibérie pour Saint-Pétersbourg.

« Je mourrai si je perds mon ange, lui écrit Dostoïevski. Ou bien je deviendrai fou, ou bien je me jetterai dans l'Irtych. J'ai des droits sur elle, des droits, entendez-vous ?... Pour l'amour du ciel, écrivez-lui une lettre à Kouznetzk, expliquez-lui clairement, minutieusement toutes mes espérances. Surtout, s'il y a quelque chose de décidé au sujet de mon avenir. Dites-lui tous les détails de l'affaire, et elle passera vite du désespoir à la confiance... Mais vous ne savez peut-être pas comment lui écrire ? C'est très facile. Voici : " Fédor Mikhaïlovitch m'a transmis votre salut... Comme je sais que vous prenez une grande part à tout ce qui touche Fédor Mikhaïlovitch, je m'empresse de vous réjouir, il y a telles bonnes nouvelles, telles espérances pour lui... " »

Ah! s'il pouvait seulement décrocher un grade dans l'armée. Il supplie Vrangel d'intercéder en sa faveur. En attendant, il expédie à Mme Issaïev une lettre folle, où les menaces alternent avec des plaintes humiliées et des protestations d'amour. Après deux ans d'une passion muette et dix mois de séparation, il ne peut plus se passer d'elle. Il obtiendra une amnistie. Il quittera les bourgades sibériennes. Il écrira. « Je peux même publier incognito. » Il gagnera de l'argent, beaucoup d'argent. Il les tirera de la misère, elle et son fils.

La réponse de Mme Issaïev le calme un peu. Marie Dmitrievna avait simplement voulu « éprouver » l'amour de Fédor Mikhaïlovitch parce qu'elle était jalouse. Fédor Mikhaïlovitch exulte, s'attendrit, s'accuse de brutalité, reprend espoir.

L'accalmie est de courte durée. Dans les lettres suivantes, Marie Dmitrievna lui reparle de ce jeune instituteur que son mari lui a présenté. Elle loue son caractère, son intelligence. Quant à elle, elle « ne peut pas rendre un homme heureux ». Fédor Mikhaïlovitch et elle sont « deux infortunés », et, bien sûr, « il vaudrait mieux pour l'un comme pour l'autre... ».

Dostoïevski, exaspéré, risque le tout pour le tout. Une première fois, il prétexte une maladie pour s'évader de Sémipalatinsk, mais il est obligé de rebrousser chemin. Il obtient enfin une permission régulière. Et la rencontre a lieu.

Marie Dmitrievna se tord les mains, sanglote, implore le Seigneur, mais finit par avouer qu'elle est amoureuse du jeune instituteur Vergounov.

Elle a vingt-neuf ans, il en a vingt-quatre. Elle est une femme de valeur, instruite, compréhensive. Lui est un gars de Sibérie, un petit maître d'école à peine lettré, mal payé, ingénu et vaniteux comme un paon.

Dostoïevski charge son rival pour défendre sa propre chance. Est-ce là un mari pour elle ? La comprendra-t-il ? Sera-t-il assez fort pour la protéger ? La jeunesse de ce blanc-bec est sa seule parure. Mais plus tard ?... Marie Dmitrievna ne souffrira-t-elle pas de la grossièreté de Vergounov ? Ne regrettera-t-elle pas l'affection de cet autre qui est là devant elle, et qui l'implore de réfléchir une dernière fois ?

Marie Dmitrievna est désemparée. Ce plaidoyer chaleureux l'attendrit, la séduit presque. Elle murmure : « Ne pleure pas, ne sois pas triste, tout n'est pas décidé. Toi et personne d'autre. »

Dostoïevski reprend courage et va trouver le séducteur. Vergounov se montre au-dessous de la situation. Dès les premières paroles de Dostoïevski, il fond en larmes. « Pleurer, c'est tout ce qu'il sait faire », écrira Dostoïevski.

Au bout de deux jours, ayant chapitré le jeune couple, Fédor Mikhaïlovitch repart pour Sémipalatinsk. De là, il leur envoie à tous deux une missive pathétique de mise au point. Mais les deux amants se sont ressaisis, et Dostoïevski s'attire une réponse indignée de la part de Marie Dmitrievna et une lettre d'injures de la part de Vergounov.

« Il m'est arrivé la même chose qu'au Gil Blas de l'Archevêque de Grenade, lorsqu'il a dit la vérité », note Dostoïevski avec mélancolie.

Tout est perdu. Fédor Mikhaïlovitch accepte sa défaite avec une espèce de délectation funèbre. De nouveau, il touche le fond de l'infortune. De nouveau, il est précipité dans la nuit. C'est alors que naît en lui l'idée du sacrifice total.

Il ne peut pas être le mari de cette femme, mais il peut encore veiller sur son bonheur.

Il s'exalte à la pensée de cette attitude chevaleresque. Il s'invente une mission sacrée d'ange gardien. On le repousse, eh bien ! il étonnera le monde par sa clémence et par la délicatesse de son cœur. Dès à présent, il est l'ami de ces deux êtres qui l'ont blessé. Il entreprend des démarches pour placer le fils de Mme Issaïev dans le corps des cadets, en Sibérie. Il alerte ses amis d'Omsk et de Saint-Pétersbourg, pour qu'ils hâtent l'octroi d'un secours à la jeune veuve. Au baron Vrangel, il adresse une supplique invraisemblable : il l'implore « à genoux » de procurer une meilleure place, avec un traitement plus élevé, au futur mari de Marie Dmitrievna :

« Tout cela, c'est pour elle, pour elle seule !... Pourvu qu'elle ne soit pas dans la misère !... Puisqu'elle l'épouse, il faut au moins qu'ils aient de l'argent !... A présent, il m'est plus aimable qu'un frère ; ce n'est pas un péché de demander quoi que ce soit pour lui, il le mérite !... »

Cette compassion de l'amant trahi envers son rival, Dostoïevski en fera le thème majeur d'*Humiliés et Offensés*.

« Je t'ai trahi et tu m'as tout pardonné, dit l'héroïne de ce roman, et tu ne penses plus qu'à mon bonheur... »

De même, le prince Myschkine de *L'Idiot*, tout en aimant Nastasia Philippovna, la laisse filer avec Rogojine et entretient avec son concurrent des relations amicales.

Pour Dostoïevski, comme pour ses héros, l'aventure semble donc virtuellement terminée.

Mais un dernier coup de théâtre remet toute l'affaire en question.

Le 20 octobre 1856, Fédor Mikhaïlovitch est nommé sous-lieutenant. Cette promotion lui assure un rang honorable, un traitement normal et surtout la possibilité d'une amnistie totale et d'un retour en Russie. Dostoïevski reprend espoir et renouvelle sa demande en mariage.

Le 24 novembre, il obtient une permission pour un voyage à Kouznetzk. Il arrive, bouleversé par la joie, certain de son succès, magnifique. Il plaide sa cause. Il cite des chiffres, des dates. Marie Dmitrievna subit la contagion de cet enthousiasme. Ils sont faits l'un pour l'autre. Ils doivent se marier. Mais où trouveront-ils de l'argent? 600 roubles au bas mot. Dostoïevski a son plan. A peine rentré à Sémipalatinsk, il écrit à Vrangel :

« Si une *circonstance* ne m'en empêche pas, je serai marié avant le carnaval. Vous savez avec qui. Elle m'aime jusqu'à présent. Elle m'a dit : oui... Elle a bientôt perdu ses illusions sur sa nouvelle toquade. Je le savais déjà, en été, d'après ses lettres. Oh! si vous saviez quelle femme c'est!... Je n'ai pas le sou. D'après les calculs les plus justes, les plus rigoureux, il me faut pour tout 600 roubles argent. J'ai l'intention de les emprunter à K... (Kovriguine). Mais, par la poste suivante, j'écris à Moscou, à mon oncle, qui est riche, et qui, plus d'une fois, est venu en aide à ma famille, et je lui demande 600 roubles argent. S'il me les donne, je les rendrai aussitôt à K... »

Pour être sûr d'obtenir les 600 roubles de son oncle, Dostoïevski se décide à faire intervenir sa sœur Barbe :

« Mon amie, ma chère sœur, ne fais pas d'objections, ne te mets pas en peine pour moi, je ne puis rien faire de mieux. Elle est tout à fait la femme qui me convient. Nous avons une instruction égale et nous nous comprenons... J'ai trente-cinq ans, elle vingt-huit... Je sais que ta première question, comme d'une

brave sœur qui aime son frère et s'inquiète de son sort, sera :
" De quoi vivras-tu ? " car sans doute ma solde ne suffira pas
pour deux... Je me tirerai d'affaire. Je connais un homme riche
et bon avec qui je me suis lié d'amitié ! je veux lui demander un
prêt... Mais cet argent, il faut le rendre. C'est pourquoi j'ai
l'intention de m'adresser à mon oncle, de lui écrire, de lui
raconter tout, sans rien cacher, et de lui demander
600 roubles... J'enverrai la lettre à l'oncle par la poste. Je vous
en supplie, remettez-lui cette lettre vous-même *quand il sera de
bonne humeur* et expliquez-lui tout. »

Le 23 janvier 1857, le capitaine Kovriguine, employé à
l'usine de Loktevsk, envoie les 600 roubles que Dostoïevski lui a
demandés.

Le 27 janvier, Fédor Mikhaïlovitch obtient une permission de
deux semaines pour organiser les préparatifs de son mariage. Il
écrit à son frère Michel en le priant de lui expédier un certain
nombre d'objets indispensables : robe, chapeau, mantille de
velours, mouchoirs de linon fin (une demi-douzaine), et deux
bonnets aux rubans bleus si possible. Il sent bien que ses frères,
ses sœurs, ses tantes, ses oncles seront d'accord pour désapprouver cette union. Mais il n'en a cure. Avant la cérémonie, il se
rend chez un médecin qui le rassure pleinement sur son état de
santé.

Enfin, le 6 février 1857, en l'église orthodoxe russe de Kouznetzk, le sous-lieutenant Dostoïevski épouse Marie Dmitrievna
Issaïev.

Aussitôt, le jeune ménage se met en route pour Sémipalatinsk, où Dostoïevski doit reprendre son service.

Mais la tension nerveuse de ces derniers jours a été trop
forte. Ces brusques alternatives d'espoir et de désolation, ces
tracas, cette hâte ont épuisé l'organisme de l'écrivain. Lors d'un
arrêt à Barnaoul, une crise d'épilepsie le secoue. Et Marie Dmitrievna, la jeune mariée, assiste à cette déchéance.

Dostoïevski, terrassé par le mal, se tord, râle, bat l'air de ses
mains comme un dément. Sa bouche convulsée bave une écume
jaune. Une contraction subite resserre son gosier. Il étouffe. Il
est près de mourir. Et elle est là, devant lui, glacée de peur et
de dégoût.

Comment pourra-t-elle aimer cet être mystérieux qui, tout à
coup, retourne à la bête ? Son premier mariage l'avait rivée à un
ivrogne, qui rentrait décoiffé, suant, titubant, qui puait le vin,
qui vomissait en cachette ; son second mariage la rive à ce

malade qui se roule par terre, hurle, s'étrangle, comme un forcené. Cette fois encore, sa lune de miel s'échève en farce hideuse. Cette fois encore, ses rêves les plus timides s'effondrent devant une réalité grimaçante.

Un docteur, mandé d'urgence, constate sans ménagements qu'il s'agit d'une crise d'épilepsie et ordonne un repos prolongé.

Le couple passera quatre jours à Barnaoul, chez un ami complaisant. Dostoïevski est anéanti par sa nouvelle infortune. Sans le vouloir, il a trahi la confiance de sa femme. Croyant la sauver d'une existence misérable, il lui a imposé une existence plus misérable encore; il a tué toute chance d'amour entre eux, et cependant il leur faudra vivre côte à côte, se supporter, se mentir, feindre l'affection.

Marie Dmitrievna est trop orgueilleuse pour reconnaître, aux yeux des autres, son erreur.

« Non seulement, écrit-elle à sa sœur, je suis aimée et gâtée par mon mari si bon, si intelligent et si amoureux de moi, mais encore je suis respectée par ses proches. »

Le 20 février 1857, Dostoïevski et sa femme rentrent à Sémipalatinsk. Et, aussitôt, il faut chercher un appartement, se procurer de l'argent, organiser la nouvelle vie du ménage. Marie Dmitrievna tombe malade d'épuisement. Pour comble de malchance, on annonce une revue du général de brigade. C'est un branle-bas dans toute la ville. Mais le calme revient peu à peu. Marie Dmitrievna décore le logement de Dostoïevski, crée un semblant de confort autour de cet être qui a connu toutes les misères, séduit la petite société de Sémipalatinsk, et finit par instituer chez elle une sorte de salon littéraire où on parle même le français.

A la fin du mois de mai, Fédor Mikhaïlovitch obtient une permission de huit semaines, pour raisons de santé, et s'installe aux environs de Sémipalatinsk.

Entre-temps, son beau-fils Paul a été admis au corps des cadets d'Omsk. Le ménage vit modestement. L'ordonnance Vassili cumule les fonctions de cocher, de laquais et de cuisinier. Dostoïevski se repose, engraisse un peu et ne songe plus qu'à son œuvre future.

CHAPITRE VIII

L'écrivain-soldat

A Sémipalatinsk, pendant la première année de son service, la vie militaire empêche Dostoïevski de se consacrer à son œuvre. Plus tard, son amour pour Marie Dmitrievna occupe exclusivement son esprit. Il écrit peu et à contrecœur :

« Mon ami, j'ai été tellement bouleversé pendant cette dernière année, tellement triste, tellement torturé, que tout travail m'était impossible. »

Cette affirmation paraît excessive, puisqu'il continue à prendre des notes pour la *Maison des Morts* et qu'il songe à un roman comique : « Je compose un roman comique, mais, jusqu'à présent, je n'en ai écrit que des épisodes séparés... »

En 1855, Dostoïevski rime laborieusement une ode sur la mort de Nicolas Ier, qui l'a condamné aux travaux forcés. Le poème est adressé à l'impératrice Alexandra Fédorovna :

« Tout est fini... Il n'est plus. Je le vénère tant

« Que je n'ose prononcer son nom avec mes lèvres pécheresses.

« Les témoins de son règne seront ses œuvres immortelles.

« Comme une terre orpheline, la Russie a fondu en sanglots.

« Prise de crainte et d'horreur, elle s'est figée comme un glaçon.

« Mais toi, toi seule, tu as perdu plus que tous les autres... »

Il y a une centaine de vers sur le même ton. Ce pensum emphatique est suivi, en 1856, d'un second poème en l'honneur, cette fois, du couronnement d'Alexandre II.

« Vers toi, source de toute clémence,
« Source de sainte humilité,
« S'élèvent les prières du peuple russe... »

Nous verrons plus loin quel fut le sort de ces suppliques déguisées.

En attendant, Dostoïevski se dépense en projets divers : écrire un article sur l'art et le dédier à la princesse Marie Nikolaevna, présidente de l'Académie artistique. Ce haut patronage eût sans nul doute suffi à fléchir les rigueurs de la censure : « Je veux demander l'autorisation de lui dédier mon essai et de la publier sans nom d'auteur. »

En fait, il délaisse bientôt cette idée pour une autre : *Les Lettres provinciales,* simple critique littéraire des auteurs contemporains.

Il se met hâtivement au courant des dernières œuvres publiées.

« Tourgueniev me plaît par-dessus tout, écrit-il à Maïkov, mais il est dommage qu'un si grand talent soit entaché de tant de négligences. J'aime fort L. Tolstoï, mais il me semble qu'il n'écrira pas beaucoup (après tout, je peux me tromper)... Nos femmes de lettres écrivent comme des femmes de lettres, c'est-à-dire d'une façon intelligente, aimable, mais elles se pressent terriblement de dire ce qu'elles ont sur le cœur. Expliquez-moi, s'il vous plaît, pourquoi une femme de lettres n'est jamais un artiste sévère ? »

Dostoïevski est obligé d'abandonner le projet des *Lettres provinciales* parce qu'il manque de matériaux : pas de journaux, peu de livres : « C'est ainsi, écrit-il à son frère, que tout meurt en moi : mes idées littéraires, ma carrière littéraire... »

Il songe aussi à éditer une revue, à composer un roman sur la vie sibérienne.

Mais, entre-temps, Michel s'est souvenu d'une nouvelle que Dostoïevski avait écrite huit ans plus tôt, dans le ravelin Alexis : *Le Petit Héros.*

Dostoïevski n'était pas satisfait de son travail et, dans la première lettre qu'il avait adressée à son frère après le bagne, il l'avait prié de ne soumettre le manuscrit à personne. Michel passa outre à cette défense et, lorsqu'il jugea le moment venu de tenter l'aventure, il présenta le texte du *Petit Héros* au rédacteur des *Annales de la Patrie*. Il avertit aussitôt Fédor Mikhaïlovitch de sa démarche et attendit courageusement les reproches de son frère. Mais, au seul mot de « publication », Dostoïevski avait perdu toute lucidité critique.

Se pourrait-il qu'au bout de huit ans il lui fût donné de lire sa prose imprimée, de rentrer dans le monde des lettres, de renouer avec le passé !... Une avalanche de questions s'abat sur son frère et sur le baron Vrangel :

« Pourquoi n'a-t-on pas encore publié mon conte d'enfant ? A-t-on refusé l'autorisation ? Dis-moi, s'il te plaît (je t'en supplie), a-t-on sérieusement voulu l'imprimer ? Et si on l'a voulu, a-t-on déjà essayé de le faire ? Et si on ne l'a pas essayé, pourquoi ne l'essaie-t-on pas ? »

« Reconnais avec moi que le sort de ce petit morceau [le conte d'enfant] peut m'intéresser à plusieurs titres. »

Il s'impatiente. Il retrouve en lui l'exaltation heureuse du débutant. C'est toute sa carrière qui se joue. La publication du *Petit héros* rouvrira la voie si longtemps fermée. Le principe de son activité littéraire étant admis, il ne redoutera plus l'avenir. Enfin, au mois d'août 1857, *Le Petit Héros* paraît dans *Les Annales de la Patrie*. Le récit est signé du pseudonyme : « M.-Y. »

Michel demande à son frère de lui envoyer d'urgence le nouveau roman dont il lui a parlé dans ses lettres. Il voudrait le présenter à un journal en voie de création. *La Parole russe*. Sûr de son affaire, il a d'ailleurs sollicité de la direction de cette feuille une avance de 500 roubles pour Fédor Mikhaïlovitch, en s'engageant à livrer le manuscrit de l'ouvrage avant la fin de l'année 1858. Mais, entre-temps, Fédor Mikhaïlovitch était entré en relation avec Plescheïev, l'un des membres du complot de Saint-Pétersbourg, qui avait échappé à l'épreuve du bagne et n'avait subi que les peines légères de la déportation et de l'incorporation comme soldat de ligne dans la garnison d'Orenbourg.

Dès 1856, Plescheïev avait accepté de collaborer au journal de l'éditeur Katkov : *Le Messager de la Russie*. La même année, Dostoïevski, pressé par son ancien compagnon, promettait un roman à Katkov et recevait 500 roubles à titre d'avance.

Ces deux offres, celle du *Messager de la Russie* et celle de *La Parole russe,* embarrassaient fort Dostoïevski. Il ne voulait *débuter* que par un roman dont il fût satisfait lui-même. Or le livre auquel il songeait depuis des années n'eût certes pas supporté un travail hâtif.

« En ce qui concerne mon roman, écrit-il à son frère, il lui est arrivé, il m'est arrivé une bien désagréable aventure, et voici pourquoi : j'ai décidé, j'ai juré, qu'à partir de maintenant je ne publierais rien qui n'eût été médité, mûri comme il convient, que je ne publierais rien pour une date fixe (comme jadis), sous le seul prétexte qu'on me l'a payé d'avance... Voilà pourquoi, constatant que mon roman prend des proportions gigantesques, qu'il s'échafaude admirablement et qu'il faut, qu'il faut absolument (à cause de l'argent) le finir très rapidement, j'ai été pris d'hésitation. Je me suis vu dans l'obligation de gâcher un sujet sur lequel je méditais depuis trois ans, pour lequel j'avais accumulé une foule de documents (je ne peux même pas les ordonner moi-même, tant ils sont nombreux), que j'avais en partie réalisé, puisque j'en avais noté un grand nombre de scènes et de chapitres divers. Plus de la moitié du travail était terminée en brouillon. Mais je voyais bien que je n'achèverais même pas cette moitié, au propre, pour la date à laquelle j'aurais besoin d'argent... Voilà pourquoi tout le roman et toutes les notes ont été rangés, dès à présent, dans un tiroir... »

Ayant renoncé à l'idée du roman, Dostoïevski s'attelle à deux récits de moindre importance : *Le Rêve de l'oncle* et *Le Village Stépantchikovo*. Mais il n'est pas satisfait de son travail :

« Je ne l'aime pas, écrit-il à son frère, à propos du *Rêve de l'Oncle,* et il m'est triste de penser que je dois me présenter à nouveau devant le public dans d'aussi mauvaises conditions. Impossible d'écrire ce qu'on a envie d'écrire ; il faut écrire ce à quoi on n'aurait jamais songé si on n'avait pas eu besoin d'argent. Je dois inventer des nouvelles pour de l'argent. Et c'est hélas ! tellement pénible ! »

Le Rêve de l'Oncle est une sorte de lourde bouffonnerie ayant pour thème central le mariage forcé d'un vieillard. Dans *Le Village Stépantchikovo,* Dostoïevski campe le personnage d'un aventurier, Opiskine, qui pose au libéral malheureux et qui roule son monde à grand renfort de phrases creuses, d'attendrissements calculés, de larmes et de soupirs. On a prétendu qu'Opiskine n'était que la caricature du critique Biélinsky. Et il semble, en effet, qu'il en soit ainsi. En tout cas, ce jouisseur éhonté, ce tartufe du socialisme, ce souple imposteur de la libre pensée, ce démon papelard, préfigure déjà les démons de la grande époque, *Les Possédés*.

Dostoïevski dira en 1873 :

« J'ai écrit ce récit en Sibérie, après les travaux forcés, avec la seule idée de rentrer dans la carrière littéraire, et avec une crainte excessive de la censure... Et c'est pourquoi j'ai rédigé involontairement une petite histoire d'une innocence d'azur et d'une remarquable naïveté. »

Le Rêve de l'Oncle fut publié en 1859 dans *La Parole russe*. Quant au *Village Stépantchikovo,* par suite d'un malentendu avec *Le Messager de la Russie,* il sera publié dans *Les Annales de la Patrie.*

Au reste, il faut bien dire que le récit n'eut pas le succès qu'il méritait. Dostoïevski était oublié par le public et par la critique. Il était rayé de l'actualité. Il était d'un autre âge, d'un autre monde. Pour lui, il ne s'agissait plus de poursuivre une carrière interrompue, mais de revenir sur ses pas, de repartir à zéro, de reconquérir un à un, durement, patiemment, les lecteurs, les amis qu'il avait perdus.

En dépit des dettes, des commandes hâtives et de l'incertitude où il était encore de son destin, il reprend la lutte avec un courage qui étonne.

Ce qu'il lui faut d'abord, c'est quitter l'armée et la Sibérie.

Les étapes de cette marche à la liberté sont aussi émouvantes, dans leur sobre précision, qu'un journal de bord.

Dès 1855, Dostoïevski compose un premier poème, dont il a été parlé plus haut, et qui est dédié à l'impératrice. Le général Gastfort en prend connaissance et sollicite pour son auteur le grade de sous-officier, « afin d'encourager sa bonne conduite et son application, et pour tenir compte des remords sincères qu'il éprouve au sujet des grossières erreurs de sa jeunesse ».

Ce premier galon est accordé à Dostoïevski en novembre 1855.

En 1856, Fédor Mikhaïlovitch écrit un nouveau poème, en l'honneur, cette fois, d'Alexandre II, et le remet au général Gastfort qui se rend aux fêtes du couronnement.

De plus, il expédie une copie de sa pièce de vers au baron Vrangel et le prie de la faire parvenir à son très haut destinataire.

« En prendre note », tel est l'ordre du général Soukhozanet, à qui Gastfort a présenté la supplique de Dostoïevski.

Sans attendre ce pauvre résultat, Fédor Mikhaïlovitch, au mois de mars 1856, tente une démarche hasardeuse auprès du général du génie Totleben. Les frères Totleben avaient été ses compagnons à l'École des Ingénieurs. Depuis, l'ancien « conducteur » Totleben s'était distingué au siège de Sébastopol, avait gagné la bienveillance impériale et reçu le titre de comte.

« J'ai jadis fort bien connu cet homme, écrit Dostoïevski à Vrangel. Son frère est mon ami d'enfance. Quelques jours encore avant mon arrestation, je l'ai rencontré et nous nous sommes cordialement serré la main. Eh bien, quoi ? Peut-être ne m'a-t-il pas oublié ! »

Et, à Totleben, il adresse une longue lettre qui est un chef-d'œuvre de souplesse et d'humilité :

« J'ai peur qu'en jetant un coup d'œil sur ma signature, sur mon nom que vous avez sans doute oublié, – bien que jadis (il y a très longtemps) j'aie eu l'honneur d'être connu de vous, – j'ai peur, dis-je, que vous ne vous fâchiez contre moi et contre mon insolence, et que vous n'écartiez cette missive sans la lire... Vous m'offenseriez en croyant que j'ignore toute la distance qui nous sépare. J'ai eu trop d'expériences malheureuses dans ma vie pour ne pas comprendre cette différence... »

Il poursuit en racontant son arrestation, son départ, le bagne :

« Je sais que j'ai été condamné pour des idées, pour des théories. Mais les idées, les convictions se modifient, et l'homme même se modifie avec le temps. Et pourquoi dois-je à présent souffrir pour ce qui n'est plus, pour ce qui a changé en moi, souffrir pour mes anciens errements dont je vois bien toute la gratuité ?... J'ai envie d'être utile. Il est dur, ayant une certaine force d'âme et une tête sur les épaules, d'être torturé par l'inaction... Ma seule pensée est de quitter l'armée et de prendre un emploi civil, n'importe où en Russie, et même, à la rigueur, ici. Je voudrais avoir le droit de publier. J'ai la certitude que, dans cette voie seulement, je pourrais rendre service... Je sais qu'en écrivant cette lettre j'ai commis une nouvelle faute envers le règlement. Mais vous êtes indulgent et je me confie à votre indulgence. »

Totleben était mieux qu'indulgent, il était actif.

Très rapidement, il obtint que le grand-duc Nicolas lui-même se chargeât de défendre les intérêts de Dostoïevski auprès du ministre de la Guerre.

Le 20 octobre 1856, Fédor Milhaïlovitch fut promu sous-lieutenant. Six mois plus tard, il recevait à nouveau ses droits à la noblesse :

« J'ai reçu à nouveau du monarque mes droits à la noblesse. Cela signifie que ma faute m'est totalement pardonnée. »

Enfin, le 16 janvier 1858, Dostoïevski sollicitait l'autorisation de prendre sa retraite pour raison de santé. L'affaire traîna près d'un an. Mais le 18 mars 1859, un rescrit impérial accordait à

Dostoïevski la licence de quitter l'armée et de retourner vivre en Russie. Il lui était interdit, cependant, de séjourner à Saint-Pétersbourg ou à Moscou. Son lieu de résidence devait être limité à la petite ville de Tver. Encore fut-il ordonné au gouverneur de Tver, par note du 7 mai 1859, d'organiser une surveillance secrète autour de l'ancien forçat.

La grande nouvelle ne parvint officiellement à Fédor Mikhaïlovitch que quatre mois après la signature de l'acte impérial.

En attendant, il s'impatiente et se perd en projets sans nombre. Réunir ses récits en deux volumes, composer un grand roman... « Tu ne cesses de me répéter, écrit-il à son frère, que Gontcharov, par exemple, a touché 7 000 roubles pour son roman, et que Tourgueniev, pour sa *Nichée de Gentilshommes,* (je l'ai lue enfin, c'est excellent) a reçu de Katkov (à qui je demande 100 roubles par feuille) 4 000 roubles, c'est-à-dire 400 roubles par feuille. Mon ami, je sais fort bien que j'écris plus mal que Tourgueniev, mais pas tellement plus mal, et, enfin, j'espère arriver à écrire aussi bien que lui. Pourquoi donc, malgré ma misère, faut-il que j'accepte 100 roubles, alors que Tourgueniev, qui possède 2 000 âmes, obtient 400 roubles ? Mon dénuement m'oblige à me hâter et à écrire pour de l'argent, par conséquent à gâcher invariablement mon œuvre. »

Plus que jamais, il a besoin de cet argent. Moins que jamais, il sait comment s'en procurer. Les frais que nécessitera le voyage sont considérables. Et de quoi vivra-t-il, à Tver ?

Il demande une avance à l'éditeur Kouchelev. L'éditeur lui envoie 1 000 roubles qui bientôt, suivant l'expression de Dostoïevski, « fondent comme de la cire ».

Toutes dettes réglées, il lui reste à peine de quoi payer le trajet jusqu'à Kazan. Il implore Michel d'expédier 200 roubles à son nom dans cette ville.

« Sauve-moi encore une fois. »

Enfin, le 30 juin, il touche un billet de passage provisoire, n° 2030, l'autorisant à quitter Sémipalatinsk.

« Je pars demain à 5 heures », écrit-il à Michel le 1er juillet.

Il prend congé de ses amis. Il donne à son ancien commandant des portraits, des livres, de la vaisselle, des fauteuils, une petite table, son uniforme, son sabre et ses épaulettes. Et, ainsi allégé, le 2 juillet 1859, il quitte Sémipalatinsk où il a vécu plus de cinq ans.

Le voyage fut long et pénible. Les Dostoïevski s'arrêtèrent à Omsk, pour prendre le fils de Marie Dmitrievna, pensionnaire au corps des cadets. Ils passèrent trois ou quatre jours dans la ville.

Fédor Mikhaïlovitch profita de cette halte pour revoir les amis qui l'avaient secouru pendant ses années de bagne. Il rendit visite même à la maison de force. Et, devant la palissade de pieux, devant la grande porte close, il se recueillit gravement.

Enfin, après une seconde pause de deux jours à Tioumen, les voyageurs atteignirent les forêts de l'Oural. La route était mauvaise. Il faisait chaud. Les chevaux tiraient dur, environnés d'une nuée de mouches. Le tarantass grinçait à chaque effort. Tout à coup, au détour du chemin, Dostoïevski aperçut un poteau indicateur surmonté de l'aigle bicéphale : la frontière de l'Europe et de l'Asie. Le cocher arrêta ses bêtes. Tout le monde mit pied à terre.

L'instant était solennel. Cette même ligne idéale que Dostoïevski avait franchie dix ans plus tôt, il la retrouvait à présent devant lui. Il était parti, enchaîné, malade, vers la prison, vers le bagne. Pendant toute sa captivité, il n'avait vécu que pour la minute où il poserait à nouveau son pied sur le sol russe. Et voici qu'il atteignait en effet son rêve. Fédor Mikhaïlovitch retira son chapeau, se signa, et dit simplement :

« Le Seigneur m'a enfin permis de revoir cette terre promise. »

Non loin du poteau indicateur, il y avait la hutte d'un garde frontière. Dostoïevski appela le garde, sortit de ses bagages une bouteille d'alcool, des verres, et ceux qui passaient d'un monde à l'autre trinquèrent avec celui qui restait à son poste.

Puis Dostoïevski, sa femme et son beau-fils allèrent cueillir des fraises dans la forêt.

CHAPITRE IX

Tver

Lorsque les Dostoïevski arrivèrent à Kazan, ils ne disposaient que de 120 roubles en argent.

Les 200 roubles que Michel avait promis d'expédier dans cette ville n'étaient pas encore parvenus à destination. C'est au bout de dix jours seulement que Fédor Mikhaïlovitch put les toucher, à la poste restante.

Partis de Sémipalatinsk le 2 juillet 1859, les Dostoïevski n'atteignirent Tver que le 19 août.

Mais ce n'est pas à Tver que Fédor Mikhaïlovitch trouvera le repos souhaité. La ville est grise, laide, provinciale.

« Je suis bloqué à Tver, écrit Dostoïevski à Vrangel, et j'y suis plus mal qu'à Sémipalatinsk. Il y fait sombre, froid; les bâtiments sont en pierre; pas la moindre animation; on n'y trouve même pas de bibliothèque. Une vraie prison. »

Il loue un petit appartement meublé, dans la maison même où Pouchkine avait habité jadis. Son frère aîné vient passer quelques jours auprès de lui, et Dostoïevski reprend espoir. Mais, après le départ de Michel, il retombe dans une mélancolie impatiente :

« Tu es parti, et je sais bien que nous n'avons pas refait connaissance comme il l'aurait fallu, que nous ne nous sommes pas entièrement ouverts l'un à l'autre, que nous ne nous sommes pas découverts... »

Il est seul. Il s'ennuie. Il a l'impression de gâcher un temps précieux. Le gouverneur de la ville, comte Baranov, l'invite chez lui. La femme de Baranov est cousine du prince Sollogoub. Dostoïevski l'a rencontrée, autrefois, dans les salons littéraires de Saint-Pétersbourg. Ce rappel du passé exaspère encore sa hâte. Il ne tient plus en place. Il lui faut Saint-Pétersbourg. Il ne peut pas vivre loin de Saint-Pétersbourg. Ses nombreuses lettres à Vrangel ne traitent pas d'un autre sujet. A qui faut-il s'adresser : au prince Dolgorouky, au comte Totleben, au comte Baranov, à Timachev, pour obtenir du tzar l'autorisation de s'installer dans la capitale ?

En septembre, Vrangel vient rendre visite à Fédor Mikhaïlovitch, mais se montre incapable de lui donner un conseil efficace.

En octobre, le comte Baranov suggère à Dostoïevski de présenter sa demande à l'empereur. Le gouverneur se charge de faire parvenir la lettre au monarque par l'intermédiaire du comte Adlerberg. Dostoïevski hésite et finit par envoyer deux suppliques : l'une à Totleben, l'autre à Alexandre II.

A Totleben, il écrit, le 4 octobre :

« Voici un mois et demi que je suis ici, et je ne sais quand et comment se termineront ces difficultés. Or, il m'est impossible de vivre loin de Saint-Pétersbourg. Je suis épileptique. Je dois me soigner sérieusement, radicalement. J'ai un beau-fils ; il me faut l'élever et subvenir aux besoins de ma femme... Sauvez-moi encore une fois... Si vous parlez de moi au prince Dolgorouky, peut-être obtiendrez-vous de lui qu'il hâte la fin de mon affaire. Tout mon espoir est en vous. »

Et, le 19 octobre, le comte Baranov envoie la lettre de Dostoïevski à l'empereur :

« Majesté, c'est de vous seule que dépendent ma destinée, ma santé, ma vie. Permettez-moi de me rendre à Saint-Pétersbourg pour y consulter des médecins. Rendez-moi libre et donnez-moi la possibilité, en rétablissant ma santé, d'être utile à ma famille, et aussi, d'une manière ou d'une autre, à ma patrie...

« Très gracieux souverain, que Votre Majesté me pardonne aussi ma seconde demande, et qu'Elle daigne m'accorder une faveur spéciale en ordonnant que mon beau-fils, Paul Issaïev, âgé de douze ans, soit reçu aux frais de l'État dans un lycée de Saint-Pétersbourg... Vous feriez ainsi le bonheur de sa mère, qui apprend chaque jour à son enfant à prier pour la prospérité de Votre Majesté Impériale et de Son Illustre Famille.

« Majesté, Vous êtes comme le soleil qui brille sur les bons et sur les méchants. Vous avez déjà rendu heureux des millions de Vos sujets ; soyez encore la providence d'un pauvre orphelin, de sa mère et d'un malheureux malade, dont l'excommunication n'a pas été levée, et qui est prêt à sacrifier immédiatement sa vie pour l'Empereur, le bienfaiteur du peuple...

« Avec mes sentiments de vénération profonde et de dévouement chaleureux et infini, j'ose Vous affirmer que je suis le plus fidèle et le plus reconnaissant des sujets de Votre Majesté Impériale.
                                                            « F.M. Dostoïevski. »

Cette lettre, qui peut paraître servile à un Occidental, n'est pour Dostoïevski que l'expression naturelle de sa confiance envers le tzar. Il est devant lui comme un enfant. Il se plaint à lui comme un fils malheureux à son père. Lorsqu'en mai 1849 le révolutionnaire Bakounine fut arrêté et enfermé à la forteresse Pierre-et-Paul, l'empereur Nicolas Ier lui dépêcha le comte Orlov avec un message ainsi conçu :

« L'empereur m'envoie auprès de vous. Il m'a ordonné ce qui suit : " Dis-lui qu'il m'écrive *comme un fils écrirait à son père spirituel* ". »

Et Bakounine, le nihiliste professionnel, le négateur de toutes les traditions, l'apôtre de la destruction universelle, s'incline devant la volonté du souverain et rédige sa confession :

« Oui, Sire, je me confesserai à vous comme à un père spirituel, dont l'homme attend l'absolution non pas ici, mais dans l'autre monde. Je prie Dieu qu'il puisse m'inspirer des mots simples, sincères, sans malice et sans flatterie, dignes de trouver accès dans le cœur de Votre Majesté. »

Ainsi, la honte n'a pas de place entre le tzar et ses sujets.

Sur l'original de la requête de Dostoïevski, le prince Dolgorouky notera de sa main la phrase suivante : « L'empereur a ordonné : au sujet de Paul Issaïev de le mettre en rapport avec qui de droit. Quant à Dostoïevski, sa demande est déjà acceptée. »

C'est seulement le 25 novembre 1859 que le gouverneur de Tver sera officiellement avisé de la résolution impériale. Quel retard !

Il est plus terrible de piétiner au seuil du paradis que d'être plongé en enfer.

« Nous parlerons du passé, écrit Dostoïevski à Vrangel, de cette époque où il faisait si bon vivre, de la Sibérie, qui m'est devenue si chère, à présent que je l'ai quittée... »

Pour supporter cet éloignement, ou plutôt cette proximité du bonheur, il eût fallu que Fédor Mikhaïlovitch trouvât quelque réconfort auprès de sa femme. Mais Marie Dmitrievna était malade. Et la maladie accusait encore son caractère acariâtre, capricieux, jaloux. Elle n'avait jamais aimé Dostoïevski. Elle l'avait épousé dans une période d'exaltation romantique. Elle ne lui pardonnait pas de s'être trompée sur son compte. Il était pauvre. Il était laid. Il était chétif. Il était ridicule. Sa bonté même était bizarrement insupportable. Et n'était-il pas insupportable aussi que des « gens bien » se prissent d'affection pour lui, l'invitassent, le comblassent de prévenances ?

Entre les deux époux, ce ne sont que scènes déchirantes, qu'aveux acides, que reproches mesquins.

Lui a-t-elle confié, comme le prétend Aimée Dostoïevski, qu'elle l'a trompé, après son mariage, avec l'instituteur Vergounov ? L'anecdote est plausible, mais aucun document ne vient corroborer cette affirmation. Dostoïevski est extrêmement discret quand il s'agit de sa vie intime. C'est tout juste s'il y fait allusion dans sa lettre à Vrangel du 22 septembre : « Que vous dire de moi ? J'ai pris sur moi des charges de famille et je les traîne. »

« Nous n'étions pas heureux ensemble », écrira-t-il encore, en 1865, dans une lettre dont nous reparlerons.

Son travail non plus ne lui procure pas l'apaisement qu'il recherche : « Il m'est impossible de travailler tranquillement à cause des visites continuelles. »

Les crises d'épilepsie sont de plus en plus fréquentes. Ses hémorroïdes le font cruellement souffrir. Cependant, avec un courage excédé, il revoit les épreuves du *Village Stépantchikovo* et met au point les notes de la *Maison des Morts*. Il songe aussi à reprendre et à corriger ses œuvres de jeunesse en vue d'une édition nouvelle :

« Ils verront enfin ce que c'est que *Le Double*. Quand corrigerai-je *Le Double*, si je ne le corrige maintenant ? Pourquoi perdre une idée magnifique, un personnage supérieur par son importance sociale, que j'ai découvert le premier et que j'ai, le premier, présenté au public ? »

Quant à la *Maison des Morts* : « Ce ne sont pas des abrutis, ils comprennent quelle curiosité peut éveiller un article pareil dans les premiers numéros du journal... Ne crois pas que je plastronne. Mais je sais parfaitement l'intérêt et la portée de mon article, et je veux obtenir ce qui m'est dû. »

Le terme d'*article*, dont se sert Dostoïevski pour parler des

Souvenirs de la Maison des Morts, indique assez que l'ouvrage s'était d'abord présenté à lui sous des dimensions modestes et que c'est en cours de travail qu'il l'a développé à la mesure que nous connaissons.

« Je commencerai à écrire la *Maison des Morts* après le 15 [octobre]. Mes yeux me font mal : je ne peux absolument pas travailler à la lumière des bougies. »

Depuis 1850 environ, le sage Michel avait ouvert une fabrique de cigarettes. Les cigarettes étaient vendues en étuis coquets, accompagnés de surprises. Le succès de cet article fut d'abord immense, mais baissa rapidement, et l'ancien ingénieur-poète songeait déjà à liquider son entreprise avec des pertes sévères. (Il ne la liquidera, en fait, qu'en 1861.) Son expérience commerciale l'autorise cependant à mener les affaires de Fédor Mikhaïlovitch. Mais l'autre s'impatiente hors de propos, et les réponses de Michel sont pleines de protestations agacées :

« Je ne comprends pas, mon ami, pourquoi tu t'inquiètes et t'énerves tellement. Tu as fait ton travail, tu as écrit un roman, tu me l'as remis ; eh bien, c'est parfait : sois tranquille et attends le résultat, si seulement tu as confiance en moi... » (2 octobre 1859).

« Aujourd'hui, j'ai encore reçu une bombe de toi, mon cher ami » (3 octobre 1859).

Enfin, le 2 novembre, Dostoïevski prend connaissance d'une lettre de Totleben qui le rassure amplement : le prince Dolgorouky n'est pas opposé à son retour dans la capitale.

Le 25 novembre 1859, un papier à en-tête de la IIIe Section parvient au gouverneur de Tver :

« L'Empereur a gracieusement acquiescé à la demande susvisée, sous la seule condition toutefois que la surveillance secrète établie autour de Dostoïevski soit maintenue à Saint-Pétersbourg... »

Déjà, les amis de Dostoïevski lui trouvent un appartement à Saint-Pétersbourg, le meublent et engagent une cuisinière.

C'est en chemin de fer que Dostoïevski fait le trajet de Tver à la capitale.

Sur le quai de la gare, ses frères Michel et Nicolas, l'écrivain Milioukov, des connaissances l'attendent et lui font de grands signes joyeux. Le train s'arrête. Dostoïevski saute du marchepied.

« Le voilà ! »

Des cris, des rires, des embrassades :
« Dix ans! Depuis dix ans!... »
« Il n'avait pas changé physiquement, écrit Milioukov; son regard était même plus hardi que jadis, et il paraissait n'avoir rien perdu de son énergie. »

TROISIÈME PARTIE

CHAPITRE PREMIER

Du Journal aux « Souvenirs de la Maison des Morts »

C'est un monde nouveau qui accueille Dostoïevski dès son arrivée à Saint-Péterbourg. La Russie d'Alexandre II n'a que peu de rapports avec la Russie de Nicolas Ier. L'empereur a déclaré aux représentants de la noblesse moscovite : « Il vaut mieux aborder la suppression du servage d'en haut, plutôt que d'attendre qu'il commence à se dissoudre lui-même par en bas. » En 1860, l'émancipation des serfs n'est plus qu'une question de mois. Un Comité central, sous la présidence du souverain, examine les modalités d'un affranchissement sans primes de rachat aux seigneurs, et avec la possibilité pour les paysans d'acquérir en toute propriété les terres qu'ils ont cultivées.

D'autres grandes réformes libérales sont à l'étude. La presse retrouve une indépendance relative. La censure se relâche. On condamne la pratique des châtiments corporels. On parle d'une publicité totale pour les séances des tribunaux.

Ces transformations hâtives, après des siècles d'immobilité, enfiévraient l'opinion publique. La noblesse, dépouillée de ses privilèges, était, de toute évidence, hostile aux initiatives gouvernementales. Mais les milieux progressives ne soutenaient pas davantage l'action courageuse d'Alexandre II. Cette réalisation inespérée de leur propre programme ne les satisfaisait qu'à demi. La politique du compte-gouttes attisait leur impatience.

Ayant réveillé la soif des progrès humanitaires, l'empereur était incapable de l'étancher sans renoncer à une partie de ses prérogatives. De mois en mois, les revendications des radicaux dépassaient plus outrageusement les intentions du pouvoir central. Puisqu'on touchait au vieil édifice des tzars, autant valait le démolir d'un seul coup.

Chacun se croyait appelé à discuter et à résoudre les questions de politique intérieure. A chacun, il fallait des informations rapides et sûres. On n'avait plus le temps de réfléchir. On avalait « tout cru » les nouvelles du jour. On se mettait au courant comme un affamé se restaure.

Dans ce climat surchauffé, la presse tenait un rôle de faveur. Elle n'était plus un moyen de distraction, mais de renseignement. Elle commandait l'humeur de l'élite cultivée. Des journaux progressistes, *Le Contemporain, La Parole russe* et, à Londres, la feuille de Herzen, *La Cloche*, dénonçaient les abus du régime et réclamaient un bouleversement politique intégral. Ainsi, loin d'apaiser les ressentiments de l'opinion publique contre la monarchie et l'Église, les concessions d'Alexandre II les encourageaient mystérieusement.

C'est dans ce monde ébranlé que Dostoïevski tombe soudain, avec son immense amour pour le tzar et pour la Russie. Il arrive d'un autre âge, d'une autre terre. Il salue avec joie les dernières mesures sociales. Il a confiance en l'avenir de son pays. Il sourit et il s'aperçoit qu'il est le seul à sourire. C'est alors qu'il se jette, d'un cœur hardi, dans la bagarre.

En face de ses contemporains, il retrouve son attitude des années 40. Non, le bagne ne l'a pas changé. Il n'est pas conservateur ; il est conservateur-russe. Il n'est pas libéral ; il est libéral-russe. Ce « conservatisme-libéral-russe » suppose une série de réformes non point copiées sur celles de l'Occident, mais tirées du fonds historique russe.

Le peuple slave a une originalité foncière qu'il importe de préserver soigneusement. Les slavophiles réactionnaires sont plus moscovites que russes. Les libéraux progressistes sont plus européens que russes. Il y a entre ces deux positions extrêmes une position intermédiaire qui seule est la bonne. Et Dostoïevski entend s'y tenir.

Cependant, on ne le comprend pas, on ne veut pas le comprendre. Pour les étudiants, il est l'ancien forçat, le martyr de la liberté. Lorsque, plus tard, ils lui demanderont de lire à des soirées littéraires quelques passages de la *Maison des Morts*, ce n'est pas l'écrivain qu'ils applaudiront, mais le partisan. La renommée qu'ils lui font est établie sur un malentendu. Il n'est pas des leurs. Et il souffre d'être aimé pour des idées qu'il n'a jamais eues, pour un idéal qu'il n'a jamais défendu.

A Strakhov, il dira combien il lui répugnait de lire à haute voix certains extraits de *La Maison des Morts* : « ... Comme si je me plaignais sans cesse au public! Comme si je me plaignais toujours!... Ce n'est pas bien!... »

Cette situation fausse était insupportable. Une mise au point s'imposait. Dostoïevski et son frère Michel résolurent de fonder un journal.

A vrai dire, l'idée du journal remonte à 1858, et son programme d'action a été approuvé le 31 octobre de cette année par la censure. Mais c'est en 1860-1861 seulement que, sous la poussée de nécessités morales impérieuses, les frères Dostoïevski reprendront leur projet et le mettront à exécution.

Le journal, ou plutôt la revue mensuelle, s'intitule *Vremia (Le Temps)*.

Le directeur en titre, c'est Michel Dostoïevski; il est chargé de toutes les questions administratives et de trésorerie. Fédor Dostoïevski s'occupe de la direction artistique, littéraire et politique du nouvel organe. C'est lui qui rédige le manifeste de lancement, qui est une longue défense du libéralisme russe : « Nous avons compris enfin que nous aussi nous sommes une nation bien déterminée, au plus haut point originale, et que notre devoir est de nous créer une nouvelle forme de vie, notre forme de vie spéciale, notre propre forme de vie, tirée de notre sol, puisée dans notre âme et dans nos traditions populaires. »

Et dans le n° 1 du journal, paru en janvier 1861, le rédacteur précise que la revue ne peut être assimilée ni aux feuilles des occidentaux ni aux feuilles des slavophiles : « Le public a compris qu'avec les occidentaux nous essayions obstinément de revêtir une défroque qui ne nous allait pas et qui craquait de toutes parts, et qu'avec les slavophiles nous formions le rêve poétique de ressusciter la Russie suivant une conception idéale des mœurs passées... » Grâce à cette mise au point courageuse, le *Vremia* est exactement placé entre deux feux. Les slavophiles et les occidentaux s'accordent pour l'attaquer.

Cependant, les lecteurs affluent et le tirage augmente suivant un rythme convenable. Dostoïevski obtient la collaboration de Tourgueniev, d'Ostrovsky, de Nékrassov, du critique Apollon Grigoriev et du jeune philosophe Strakhov.

Pour allécher le public, Fédor Mikhaïlovitch n'hésite pas à publier *Les Crimes de Lacenaire* et des passages des *Mémoires de Casanova*. Lui-même abat une besogne considérable. Il écrit des récits fantaisistes, des articles de critique, il commande les feuilletons, il les corrige, il bâtit sa page avec acharnement.

Il travaille presque exclusivement la nuit. Vers onze heures, dans le silence de la maison, il s'installe devant un samovar, ouvre ses feuillets de papier glacé et commence à écrire, en buvant du thé froid et concentré comme du jus de réglisse. A cinq heures, il va se coucher et dort jusqu'à deux heures de l'après-midi.

Ce régime se révèle au-dessus de ses forces. Trois mois après la publication du premier numéro de *Vremia*, il tombe malade. Certes, il se remet bientôt. Toutefois, ses crises d'épilepsie deviennent de plus en plus fréquentes. Une à deux par semaine. Ils pressent vaguement leur approche. Ses doutes, ses agitations se résorbent dans une impression d'alliance supérieure. Il est calme, lavé de tout souci, préparé aux joies fulgurantes de l'au-delà. « Mais ces moments radieux, écrira-t-il dans *L'Idiot*, n'étaient que le prélude de la seconde finale, celle à laquelle succédait immédiatement l'accès. Cette seconde assurément était inexprimable... Qu'importe que ce soit une maladie si, dans cette minute, j'ai une sensation inouïe, insoupçonnée jusqu'alors, de plénitude, de mesure, d'apaisement, de fusion dans l'élan d'une prière, avec la plus haute synthèse de la vie... » « Pendant quelques instants, disait aussi Fédor Mikhaïlovitch à ses amis, je connais un bonheur tel qu'il est impossible de le concevoir en temps normal et que les autres ne l'imaginent même pas. J'éprouve une harmonie complète en moi et dans le monde, et ce sentiment est si fort, si suave, que, pour quelques secondes de cette jouissance, on pourrait donner dix ans de sa vie, peut-être même toute sa vie. »

C'était lorsque Fédor Mikhaïlovitch touchait à la pointe de cette extase mystique, que le spasme le secouait, le jetait à terre, hurlant et bavant. Strakhov, qui avait assisté à une crise de Dostoïevski, nous la décrit ainsi : « Il s'arrêta un instant, comme s'il eût cherché un mot pour exprimer sa pensée, et, déjà, il ouvrait la bouche. Je le regardais avec une attention accrue : j'étais certain qu'il allait prononcer des paroles extraordinaires. Soudain, de ses lèvres entrouvertes, s'échappa un son étrange, étiré, absurde, et il s'effondra sans connaissance au milieu de la chambre. »

Il lui arrivait de se blesser en tombant. Sa face était marbrée de plaques rouges. Lorsqu'il revenait à lui, ses muscles étaient fatigués par les crampes, sa tête vide. Il avait l'impression, selon son propre aveu, qu'il était coupable d'un crime terrible et que rien ne pourrait le relever de sa faute. Était-ce la mort de son père, était-ce la mort de l'ivrogne Issaïev qui le torturaient ainsi ? Cette soif du châtiment a dominé toute la vie intime de Dostoïevski.

Après ses crises, il n'était pas rare que Fédor Mikhaïlovitch perdît la mémoire pour quelques jours. Il était d'humeur maussade. Il écrivait difficilement. Dans son carnet de notes, pour les années 1862-1863, on trouve les indications suivantes, d'un laconisme effrayant :

« Attaques d'épilepsie :

1er avril – violente,
1er août – faible,
7 novembre – moyenne,
7 janvier – violente,
2 mars – moyenne. »

Ce fut dans ces conditions que Dostoïevski composa son premier grand roman depuis le bagne, *Humiliés et Offensés*, et qu'il termina les *Souvenirs de la Maison des Morts*.

La publication d'*Humiliés et Offensés* commença dès janvier 1861, dans le premier numéro du *Temps*. Ce livre est un curieux mélange d'artifices romanesques éventés, à la manière d'Eugène Sue, et d'observations personnelles. Il tient de la confession déguisée et du roman-feuilleton social.

Ivan Pétrovitch (Vania) est amoureux de Natacha Ikhméniev. Elle en aime un autre, Aliocha, le fils du prince Valkorsky, mais un procès odieux sépare les deux familles. Qu'importe : Natacha se décide à fuir le domicile paternel et à « vivre sa vie » avec le jeune et inconstant Aliocha. Jusqu'ici, le roman se développe suivant le mode des historiettes sentimentales pour journaux de dames. Mais il suffit que Dostoïevski touche à un sujet pour nous le rendre attachant, soudain, comme un aveu arraché à lui-même. Vania, le soupirant malheureux de Natacha, est un jeune écrivain dont le premier livre a connu un gros succès de librairie. Et ce premier livre ressemble à s'y méprendre aux *Pauvres Gens*.

« Je mettais en scène un modeste fonctionnaire, un souffre-douleur, un peu nigaud même... », déclare Vania dans *Humiliés et Offensés*. (N'est-ce pas là le portrait du Makar Diévouchkine des *Pauvres Gens* ?)

« Pourquoi ce jeune homme est-il mort tuberculeux ? »

demande la petite Nelly. (N'est-ce pas de l'étudiant Pokrovsky des *Pauvres Gens* qu'il s'agit?)

Enfin, le manuscrit de Vania est tombé sous les yeux du « critique B », qui s'en est « réjoui comme un enfant », comme naguère Biélinsky s'était réjoui à la lecture des *Pauvres Gens*. La ressemblance entre Vania et Dostoïevski est évidente dès les premières pages du livre.

Mais il y a plus. Vania, ayant appris la passion de Natacha pour Aliocha, aide sa bien-aimée à fuir avec le jeune prince et se charge de protéger leur union. Il portera des nouvelles de Natacha à ses parents. Il prêtera son concours au jeune couple dans toutes les circonstances difficiles. Il sera leur ange gardien. Cette bienveillance du soupirant évincé pour son rival rappelle singulièrement l'attitude de Fédor Mikhaïlovitch envers Marie Dmitrievna et l'instituteur Vergounov.

« J'avoue que tous ces messieurs, qui haussent leur grandeur d'âme au point d'embrasser l'amant de leur fiancée et d'être leur garçon de courses, ne me plaisent pas du tout. Ou ils n'ont pas aimé, ou ils n'ont aimé qu'avec la tête, et seuls ont pu les inventer des écrivains plus familiarisés avec l'amour cérébral qu'avec l'amour du cœur... » Telle est l'opinion du sévère critique Dobrolioubov sur la *complaisance* de Vania. Cet épisode lui paraît une invention purement littéraire de l'auteur, alors que Dostoïevski n'a jamais été plus sincère.

« Je vous arrangerai tout, tout, et des rendez-vous, et tout... Je ferai parvenir vos lettres. Pourquoi ne le ferais-je pas? » dit Vania.

Et Natacha lui répond : « Je t'ai trahi, et tu m'as tout pardonné, et tu ne penses plus qu'à mon bonheur!... J'aurais été heureuse avec toi, mon bon ami!... J'aime Aliocha d'un amour insensé, mais il me semble que je t'aime encore davantage, comme mon ami. Je ne saurais vivre sans toi, tu m'es nécessaire, il me faut ton cœur d'or!... »

On croit entendre Marie Dmitrievna remerciant Dostoïevski pour son abnégation, le suppliant de ne pas la délaisser, mais se refusant elle-même à délaisser Vergounov, se lamentant, sanglotant comme une hystérique, dans quelque chambre pauvrement meublée de Kouznetzk.

Quoi qu'il en soit, cet ouvrage marque un recul certain dans l'œuvre de Dostoïevski. Le roman hésite entre deux intrigues mal soudées : celle de Natacha et celle de Nelly. Les situations sont forcées. Les personnages ne vivent pas. Vania, qui raconte l'histoire d'*Humiliés et Offensés*, a le caractère insaisissable, commode et délavé du « narrateur type ». Natacha est une amoureuse à la Dostoïevski première manière. Elle aime Aliocha qui ne l'aime qu'à demi, mais elle aime aussi Vania, et elle souffre de le faire souffrir, tout en étant incapable de renoncer au plaisir secret de le faire souffrir, etc. Elle est la sœur spirituelle de la Varenka des *Pauvres Gens* et de la Nastenka du *Village Stépantchikovo*, toutes jeunes filles intelligentes, honnêtes, sensibles et parfaitement incolores.

Le père d'Aliocha, le père Valkorsky, est un traître de mélodrame poussé au noir jusqu'à l'absurde.

Aliocha, lui, se révèle déjà plus intéressant. Ce caractère d'écervelé, toujours fautif et toujours pardonné, irrite et retient l'attention du lecteur. Aliocha est une sorte de canaille inconsciente et bien élevée. Il reconnaît ses torts, il s'en repent, mais ce repentir ne le guérit pas. Il est indécis. Il est veule. Il manque affreusement de *poids* : « Que veux-tu, dit-il à Natacha en parlant d'une autre jeune fille, quand je suis avec toi, j'ai le désir de parler d'elle, et avec elle, celui de parler de toi. » Et son chagrin est si chaleureux, si gracieux, qu'on ne peut lui en vouloir de sa muflerie.

Est-ce l'instituteur Vergounov, son rival pleurnichard et souple de Kouznetzk, que Dostoïevski a voulu peindre sous les traits d'Aliocha Valkorsky ? Peut-être. Mais l'effigie du séducteur est traitée ici avec une sympathie bizarre. Comme si Dostoïevski l'avait déjà excusé !

Très au-dessus de toutes ces figures, il faut placer la silhouette charmante de Nelly. Elle est le cœur, l'amande succulente du livre. A dire vrai, l'aventure de cette enfant poitrinaire que Vania recueille chez lui, et qui se trouve être une fille naturelle du prince Valkorsky, sent un peu trop le roman sentimental avec suite au prochain numéro. Mais le caractère même de la petite Nelly est un chef-d'œuvre de délicatesse et de pureté. Nelly est une orpheline élevée à grand renfort de cris et de gifles par une abominable mégère. Cependant, elle est reconnaissante à cette femme qui la torture de l'avoir adoptée et gardée chez elle. Elle voudrait *payer* le service que l'autre lui a rendu. Elle voudrait toujours payer, payer de sa personne, de son dos, de son amour. Lorsque Vania l'arrache à l'emprise de la vieille Boubnov, et l'emmène chez lui, et la soigne, et la console, elle se prend pour lui d'une véritable adoration. Mais, avec un orgueil têtu, elle s'interdit de lui avouer son amour. Ses malheurs l'ont aguerrie jusqu'à l'excès : « Quelle diablesse butée! s'écrie la Boubnov. Qu'on la batte ou qu'on la laisse tranquille, elle n'ouvre pas plus la bouche que si elle l'avait pleine d'eau. »

Et Nelly dit elle-même : « On me grondera et je me tairai exprès; on me battra et je continuerai à me taire. Je ne pleurerai à aucun prix; ils seront encore plus furieux de ce que je ne pleure pas! » Elle prend en haine Natacha, pour cela seulement que Vania s'occupe activement de l'intruse. Cependant, lorsque son « sauveur » lui aura conté les malheurs de la jeune femme, Nelly, la petite poitrinaire, mettra tout en œuvre pour rendre un semblant de bonheur à celle qui a « beaucoup souffert ».

Puis, ayant accompli sa tâche, elle mourra, épuisée, brûlée par son amour.

La critique fut sévère pour *Humiliés et Offensés*.

« M. Dostoïevski ne m'en voudra pas si je déclare que son roman est, en quelques sorte, "au-dessous de la critique d'art" », écrit Dobrolioubov.

« L'invraisemblance ne peut jamais être un effet de l'art, écrit Kouchelew-Bezborodko... Tout cela est artificiel au-delà de toute mesure... Le plus grand défaut de ce roman consiste en ce que l'auteur n'a pas dépeint, n'a pas dessiné, n'a pas éclairé une seule figure vivante, un seul type véritable... »

« Le plus grave, écrit Zarine, c'est qu'on n'y trouve rien de solide sur quoi s'appuyer. On entend que quelqu'un gémit à propos de quelque chose. Mais qui? Et à propos de quoi?... »

Apollon Grigoriev, le critique même du *Temps*, déclare que les personnages d'*Humiliés et Offensés* sont des « mannequins » et des « livres ambulants ».

Dostoïevski sourit de cette condamnation : « Comme il fallait un roman pour la jeune revue dont le succès m'était plus cher que tout, je proposai un ouvrage en quatre parties. J'assurai à mon frère que j'avais depuis longtemps un plan tout prêt, ce qui était faux... Je reconnais parfaitement que, dans mon roman, ce sont des mannequins qui agissent et non pas des êtres vivants; des livres ambulants et non pas des personnages animés par l'art (pour cela il aurait fallu que j'eusse le temps de mûrir mes idées dans mon esprit et dans mon cœur)... Il en est résulté une œuvre barbare qui, cependant, contient une cinquantaine de pages dont je suis fier. »

Au reste, le succès foudroyant des *Souvenirs de la Maison des Morts* rachète bientôt l'échec d'*Humiliés et Offensés*. La critique est unanime, cette fois, à reconnaître les dons immenses de l'auteur.

« Il y a longtemps que nous n'avions rencontré dans notre littérature une œuvre qui fût aussi prenante pour le lecteur que les *Souvenirs de la Maison des Morts* », écrit Milioukov.

On compare Dostoïevski à Dante. On loue sa description des étuves, où des corps nus, difformes, couturés de cicatrices, se démènent dans une vapeur nauséabonde. On cite l'épisode du spectacle, où des forçats enchaînés jouent la comédie devant leurs compagnons aux têtes rasées. Et aussi les scènes de l'hôpital, de la fustigation, du départ...

Un fonctionnaire du Comité de Censure avait d'abord cru devoir exiger des modifications dans le texte : « Des lecteurs peu avisés n'interpréteront-ils pas l'action hautement humanitaire du gouvernement dans les maisons de force comme un affaiblissement du châtiment destiné à des crimes très graves ? » écrit ce bureaucrate inconnu. Mais, le 12 novembre 1860, la Direction centrale de la Censure, passant outre aux considérations du Comité, autorisa la publication des *Souvenirs de la Maison des Morts,* « à la seule condition qu'en fussent exclues certaines expressions indécentes ».

La publication d'*Humiliés et Offensés* et de *Souvenirs de la Maison des Morts,* dans *Le Temps,* avait gagné de nouveaux lecteurs à la revue. En 1861, le nombre des abonnés s'élevait à 2 300. En 1862, il atteignait 4 302. Michel avait liquidé son affaire de cigarettes-surprises pour se consacrer au journal. Les collaborateurs prenaient auprès de lui et de Fédor Mikhaïlovitch les directives de leurs articles. Un courage, une foi louable animaient ce groupe de jeunes écrivains et de critiques. Ils travaillaient pour la Russie. Ils travaillaient pour le monde.

Cependant, autour d'eux, les événements politiques se précipitaient. Le 19 février 1861, l'édit d'Alexandre II affranchissait définitivement les serfs de l'Empire. Mais la réforme avait trop tardé. On en avait trop parlé déjà, pour qu'elle pût satisfaire l'opinion. Comme le dit Chelgounov, « quand il ne resta plus qu'à rédiger les statuts du 19 février, la société eut le temps de penser à autre chose ». Les radicaux étaient pressés d'agir. Herzen, le révolutionnaire exilé, écrit dans son journal de Londres, *La Cloche* :

« Quand les généraux et les fonctionnaires ont commencé à appliquer au peuple la nouvelle loi, celui-ci s'est aperçu que la liberté ne lui était donnée qu'en paroles, non en fait... On a défini pour le peuple un nouvel état de servage » (1er juillet 1861).

Et, le 1er novembre de la même année : « Écoutez : de tous les coins de notre immense patrie, du Don à l'Oural, de la Volga au Dniéper, le gémissement grandit, la révolte se soulève. C'est le premier grondement de la vague qui commence à bouillonner et qui apportera beaucoup de tempêtes après un calme déprimant... »

Le journal de Herzen est interdit par la gouvernement, mais il pénètre en fraude et circule de main en main. La jeunesse des universités est en pleine effervescence. Elle veut un ordre nouveau. Lequel? Elle ne le sait pas très bien elle-même. Mais cela n'a pas d'importance.

En novembre 1861, éclate l'affaire dite « des étudiants ». Les idées libérales avaient tourné la tête aux élèves des facultés. Les étudiants lisaient les feuilles révolutionnaires, tenaient des meetings, organisaient des bibliothèques d'ouvrages défendus, créaient des caisses de secours social, éditaient des opuscules subversifs. Ils finirent même par fonder un tribunal secret pour juger leurs pairs. Cette agitation, en marge de la politique officielle, les distrayait de leurs études. Les amphithéâtres étaient des lieux de discussion et non plus d'enseignement. On n'apprenait plus. On n'avait plus rien à apprendre. L'autorité universitaire sollicita de l'empereur un décret interdisant les réunions et les députations. Les étudiants élevèrent une protestation énergique contre cette brimade. On fut obligé de cerner en pleine rue des groupes de révoltés. On les arrêtait, on les relâchait, deux ou trois fois par jour. On finit par enfermer les meneurs dans la forteresse Pierre-et-Paul. Ils étaient ravis de cette renommée soudaine. Bien entendu, la ville entière ne parlait que de leur courage et, aux heures fixées pour la visite aux détenus, une foule nombreuse se pressait dans la prison. Michel Dostoïevski expédia aux jeunes gens, de la part du journal *Le Temps,* un gros rosbif, un flacon de cognac et une bouteille de vin. Lorsque les condamnés à la relégation quittèrent la ville, ils furent accompagnés au-delà des faubourgs par une escorte d'admirateurs.

Plus tard, l'Université fut fermée « pour cause de réforme ». Mais les professeurs obtinrent l'autorisation de lire des conférences publiques dans les locaux de la Douma. Les étudiants se chargèrent de l'organisation des cours et du maintien de l'ordre.

Cependant, cette nouvelle Université municipale fut interdite à son tour, au lendemain de la soirée littéraire et musicale du 2 mars 1862. A cette soirée, le professeur Pavlov lut un article qui, comme le reste du programme, avait été d'abord adopté par la censure. Mais il le déclama sur un ton qui en transformait le sens. Lorsqu'il parvint à la phrase : « Dès la prise du pouvoir, l'empereur qui, à présent, règne si heureusement sur nous, trouva la coupe pleine... », on ne lui laissa pas expliquer qu'Alexandre II avait versé hors de la coupe « les quelques gouttes d'amertume dues à la persistance du servage ». Une ovation démente lui coupa la parole.

Le jour suivant, on apprit que le professeur avait été expulsé de Saint-Pétersbourg. Ses collègues se solidarisèrent avec lui et suspendirent leurs leçons. Pour clore l'incident, le gouvernement interdit les cours publics.

Dostoïevski, qui avait pris part comme orateur à la séance du 2 mars, se souviendra de l'affaire lorsqu'il décrira une lecture publique dans *Les Possédés* :

« Les clameurs de la foule ne permirent pas d'entendre les dernières paroles... On hurlait, on battait des mains. Certaines de ces dames criaient même : " Assez! assez! mieux vaut ne pas le dire! " » (*Les Possédés*, « La Fête ».)

Malgré la fermeture de l'Université, les agitateurs poursuivent leur œuvre. Les sociétés secrètes pullulent. Tchernychevski et Outine, collaborateurs du *Contemporain*, ainsi que le colonel d'artillerie Lavrov, fondent le groupe Terre et Liberté, « pour lutter contre le gouvernement impérial qui est le pire ennemi du peuple ». Des proclamations révolutionnaires sont glissées sous les portes des particuliers :

« Vive la république sociale et démocratique russe! »

Et aussi : « Nous aurons un seul cri : " Aux haches! " Et alors, à mort les membres du parti impérial, sans plus les plaindre qu'ils ne nous plaignent à présent; frappez-les sur les places publiques, s'ils ont l'audace, ces canailles, de s'y montrer, frappez-les dans leurs maisons, frappez-les dans les ruelles étroites des petites villes, frappez-les dans les rues larges des grandes cités, frappez-les dans les villages et dans les hameaux. »

Et encore : « Cent mille personnes en Russie sont opposées au bien public; inondons de sang les rues des villes et ne laissons pas une pierre debout. »

Dostoïevski trouve, accroché à la poignée de sa porte, un de ces appels « à la Jeune Russie ». Il en est outré, malheureux.

« Et moi, moi qui, depuis longtemps déjà, étais en désaccord d'intelligence et de cœur avec ces gens-là et avec l'esprit de leur mouvement, écrira-t-il dans le *Journal d'un Écrivain,* voilà soudain que j'étais peiné et quasi honteux de leur maladresse... Une constatation écrasante résultait de ce fait : l'effroyable abaissement du niveau de l'éducation et de l'intelligence dont témoignaient ces proclamations. »

Il se rend chez Tchernychevski, collaborateur du *Contemporain* et membre du cercle Terre et Liberté, pour le prier de faire entendre raison aux auteurs du manifeste.

« Peut-être cela sera-t-il sans effet, lui répond l'autre mollement. Et puis, ces phénomènes, en tant qu'événements accessoires, sont inévitables. »

Le 16 mai, des incendies mystérieux éclatent à Saint-Pétersbourg. Des quartiers entiers brûlent pendant deux semaines, malgré les efforts de la police et des pompiers.

« Je me rappelle, écrit Strakhov, que Fédor Mikhaïlovitch et moi nous étions allés nous promener hors de la ville, pour nous distraire. Du pont du bateau, on voyait au loin des vagues de nuages qui s'élevaient en trois ou quatre points de la cité. Nous débarquâmes dans un jardin où jouait un orchestre et où des tziganes chantaient. »

Le gouvernement ne sut pas découvrir les coupables, mais les soupçons se portaient sur les nihilistes de Terre et Liberté. Aussi, le journal *Le Contemporain* fut-il interdit pour huit mois.

Peu après, le révolutionnaire Tchernychevski était écroué à la forteresse Pierre-et-Paul.

Quant à Dostoïevski, excédé par les événements politiques, exténué par son travail de rédacteur en chef, il résolut d'entreprendre un voyage à l'étranger. Depuis longtemps déjà, les médecins lui conseillaient de se rendre « en Europe » pour s'y reposer quelques mois. Le trajet coûtait trop cher pour que Marie Dmitrievna pût accompagner son mari. Et, de plus, elle ne voulait pas laisser à Saint-Pétersbourg son fils Paul, qui préparait un examen pour entrer au gymnase. Dostoïevski partit donc seul, le 7 juin 1862.

CHAPITRE II

Premier voyage en Europe. L'affaire polonaise

Dostoïevski arrive à Paris vers la mi-juin, mais il ne connaît personne dans la capitale, et personne ne l'y connaît. Il ne rencontre ni Hugo qui publie à cette époque *Les Misérables*, ni Flaubert qui publie *Salammbô*, ni Théophile Gautier qui vient de publier *Le Capitaine Fracasse*, ni Renan, ni Sainte-Beuve, ni Taine. Il se cantonne dans une solitude de barbare. Il regrette la Russie. Et sa nostalgie se change vite en mauvaise humeur.

« Paris est une ville affreusement triste, écrit-il à Strakhov. S'il n'y avait pas eu ici une quantité de monuments admirables, je serais mort d'ennui... »

Il n'est resté que dix jours en France ; pourtant, il sait déjà que « le Français est calme, honnête, poli, mais faux et qu'il n'aime que l'argent ».

Très vite, il fuit la France pour l'Angleterre. A Londres, Fédor Mikhaïlovitch retrouve le nihiliste Herzen, et, bien que leurs opinions politiques soient opposées, les deux hommes arrivent à s'entendre. « Dostoïevski était chez moi, hier, écrit Herzen à Ogarev. C'est un être naïf, un peu confus, mais très gentil. Il a une confiance enthousiaste dans le peuple russe. »

Quant à Dostoïevski, il se montre « assez tendre » envers Herzen lors de sa visite, mais, quelques années plus tard, il lui reprochera d'avoir trahi la Russie : « Herzen n'a pas émigré. Il était né émigrant, écrira-t-il dans le *Journal d'un Écrivain*. A se séparer du peuple, ceux-là ont naturellement perdu leur Dieu. Il va de soi que Herzen devait être un socialiste, uniquement poussé par la logique des idées et l'absence de tout sentiment envers sa patrie... Il reniait la famille et fut, à ce qu'il paraît, bon père et bon époux. Il reniait la propriété, mais, en attendant, il sut admirablement faire ses affaires et eut le plaisir de ne pas sentir la gêne à l'étranger. Il organisait la révolution, y poussait les autres ; en même temps, il aimait le confort et la paix chez lui. »

Grâce aux commentaires de Herzen, Londres déplaît moins que Paris à Fédor Mikhaïlovitch. « Les rues sont éclairées par des gerbes de gaz dont on n'a pas idée chez nous. A chaque pas, des cafés à glaces et à dorures. On s'y réunit et on s'y réfugie. »

Il revient à Paris le 8 juillet.

Lors de son premier séjour à Paris, Dostoïevski avait écrit à Strakhov pour le prier de le suivre en Suisse et en Italie. Strakhov accepte. Le lieu de la rencontre est fixé à Genève. Dostoïevski s'y rend par Cologne, Düsseldorf, Mayence et Bâle. Il retrouve Strakhov à Genève, le 22 juillet.

Les deux amis visitent la ville avec ennui. Fédor Mikhaïlovitch juge ce pays « sombre et maussade ». De Genève, ils se rendent à Lucerne, à Turin, à Gênes. De Gênes, ils s'embarquent pour Livourne et, de là, par chemin de fer, gagnent Florence. Mais Dostoïevski ne sait pas voyager.

Il traverse les pays en somnambule. Il ne s'éveille de son rêve intérieur que pour happer d'un coup d'œil la silhouette d'un gros bourgeois attablé dans un café, ou d'une logeuse qui se mouche en tiraillant son nez comme une sonnette. Avec la rapidité d'un déclic, il évoque leurs pauvres drames intimes, leurs joies ratatinées, leurs remords dorlotés. Mais, le décor qui les entoure tremble et recule dans la brume. Dostoïevski ne voit pas au-delà de l'homme. Le paysage ne l'intéresse pas. S'il remarque les rues plates et droites de Turin, c'est pour les comparer à celles de Saint-Pétersbourg. Et l'Arno lui rappelle la Fontanka. « Ni la nature, ni les monuments, ni les œuvres d'art ne l'intéressaient, écrit Strakhov. Toute son attention se portait sur les gens. »

Enfin, après une semaine passée à Florence, Strakhov se décide à partir pour Paris et Dostoïevski pour la Russie.

Dès son arrivée à Saint-Pétersbourg, Dostoïevski rédige ses souvenirs de voyage pour *Le Temps*. Ce sont les *Notes d'hiver sur des impressions d'été*. Avec une ironie féroce, il raille les pays qu'il a traversés.

« On ne peut jamais ôter à un Français, c'est-à-dire à un Parisien (car, au fond, tous les Français sont Parisiens), l'idée qu'il est le premier homme du globe. D'ailleurs, à l'exception de Paris, le globe lui est fort peu connu et il ne tient nullement à le connaître. »

« Chaque année, en temps utile, on discute à la Chambre les questions politiques les plus importantes et le Parisien est doucement ému. Il sait qu'il y aura de l'éloquence et s'en réjouit. »

« Un autre besoin légitime, et non moins vif, du bourgeois, surtout du bourgeois de Paris, c'est de se *rouler dans l'herbe.* »

Et l'amour? « Lorsque le bourgeois veut faire du sentiment ou tromper sa femme, il l'appelle toujours *ma biche.* Inversement, la femme aimante, dans un accès de gracieux enjouement, appelle son cher bourgeois *Biribi...* Pour le Parisien, le plus souvent, une bonne simulation de l'amour vaut le véritable amour. »

Tout cela, Dostoïevski l'a compris dès sa première et brève visite à Paris. De Londres, il rapporte la vision d'une ville immense, bruyante, remuante : « Ces chemins de fer établis par-dessus des maisons (et bientôt par-dessous), cette hardiesse d'initiative, ce désordre apparent, qui est au fond l'ordre bourgeois à son apogée, cette Tamise empoisonnée, cet air imprégné de charbon, ces squares et ces parcs splendides, ces quartiers sinistres tel Whitechapel et sa population à demi nue, farouche, affamée, la Cité avec ses millions et son trafic universel... » Il croit être tombé dans le temple de Baal. Toute l'Europe, tout l'Occident lui semblent gâchés par le progrès. Ces pays sans Dieu, ces pays de l'homme-roi, de l'argent, du calcul, de la science étouffent peu à peu sous la richesse de leurs artifices. Le salut est ailleurs. Le salut est dans un peuple neuf, dans le peuple russe, que la culture n'a pas touché, que la foi simple de l'enfance domine encore et qui attend son heure aux portes de l'Histoire.

La Russie sauvera l'Europe.

Cependant, dès le début de l'année 1863, toute l'Europe se dresse contre la Russie. Lorsque le tzar était venu à Varsovie, en 1856, il avait promis à ses sujets polonais l'oubli total du passé. « Mais pas de rêveries, avait-il dit. Dans ma conviction, vous ne pourrez être heureux que si la Pologne s'attache, comme la Finlande, à la grande famille qui forme l'Empire russe. »

Une décision impériale de 1861 accordait à la Pologne un conseil d'État composé de Polonais et créait pour l'administration locale des conseils composés de représentants élus. De plus, on devait soumettre les tribunaux, les écoles et les affaires ecclésiastiques à la compétence de commissions spéciales polonaises. Un Polonais, le marquis Wielopolski, fut placé à la tête de l'appareil administratif, et le grand-duc Constantin Nicolaïevitch, partisan des réformes libérales, nommé vice-roi de Pologne.

Wielopolski était un modéré. Et, en Pologne comme en Russie, l'adoucissement du régime exacerba l'ardeur des mécontents au lieu de l'endormir. Les concessions faites par l'empereur furent interprétées comme des signes de faiblesse. Un attentat fut commis contre le grand-duc Constantin Nicolaïevitch. Enfin, le 13 janvier 1863, une révolte ouverte se déclencha. Des bandes d'insurgés attaquèrent les troupes russes sur plusieurs points de la Pologne et de la Lituanie.

La répression fut impitoyable. Mouraviev, en Lituanie, surnommé « le pendeur », déclarait qu'il était inutile de faire des prisonniers. Le général Berg, en Pologne, se signala par le massacre de Fishau.

La France, l'Angleterre et l'Autriche s'émurent de ces représailles. Mais la Russie devait rester sourde à leurs adjurations et à leurs menaces.

A Londres, le révolutionnaire Herzen prit parti pour les Polonais : « Soutenir par la force des armes le gouvernement qui fait le malheur des Polonais et le nôtre, vous ne le pouvez sans commettre un crime conscient, ou sans vous humilier au rôle de bourreaux inconscients. Là où la discipline appelle le meurtre, elle cesse d'être obligatoire. »

Cette position à l'égard de l'affaire polonaise était une erreur de calcul pour le journal *La Cloche*. En effet, l'indépendance polonaise supposait un démembrement de l'Empire russe. Pour les libéraux, suivre l'ordre de Herzen, c'était devenir traîtres à la patrie. La plupart d'entre eux n'étaient pas encore assez « évolués » pour placer les intérêts généraux de l'humanité au-dessus des intérêts nationaux. On attaquait les Russes. Les Russes se battaient. Le sang russe coulait en Pologne. Des puissances étrangères voulaient intervenir pour imposer leur médiation. L'orgueil patriotique se réveilla tout d'un coup. Libéraux et slavophiles se retrouvèrent côte à côte. Le tirage de *La Cloche* baissa rapidement et Herzen fut obligé de suspendre sa propagande.

Ce fut dans ce climat de fièvre que Strakhov rédigea son

grand article sur l'affaire polonaise : *La Question fatale*. Ce texte, quelque peu abstrait, quelque peu confus, condamnait les Polonais parce qu'ils participaient à la civilisation occidentale. Le catholicisme ardent des Polonais, leur orgueil, leur mépris pour les nations voisines y étaient jugés avec sévérité. Mais, pour mieux éclairer la prétendue absurdité des revendications polonaises, l'auteur avait feint de parler au nom même de l'ennemi. Cette subtilité dérouta le public. Les slavophiles estimèrent que *La Question fatale* ne s'expliquait que par une défection des rédacteurs à la cause russe. *La Gazette de Moscou* attaqua violemment *Le Temps* pour cette manifestation en faveur de la Pologne. Les Polonais et leurs partisans considérèrent Strakhov comme un des leurs. En France, *La Revue des Deux Mondes*, hostile aux Russes, reproduisit l'article en signalant qu'il répondait exactement à l'opinion de l'univers civilisé.

Enfin, le 24 mai 1863, le ministre de l'Intérieur suspendit la publication du journal qui s'était rendu coupable de menées « contraires aux intentions du gouvernement et à toutes les aspirations patriotiques ».

Les démarches, les explications, les protestations de Michel et de ses amis demeurèrent sans résultat. Strakhov était consterné. Dostoïevski, désespéré par cet éclat imbécile au seuil de la réussite, ne songeait plus qu'à entreprendre un second voyage pour se délasser. Il emprunta 1 500 roubles au Fonds littéraire, sous garantie de toute son œuvre, et avec obligation de rembourser la somme avant le mois de février 1864. Mais, cette fois-ci, Fédor Mikhaïlovitch comptait bien ne pas partir seul.

CHAPITRE III

Deuxième voyage en Europe. Pauline Sousslova

Depuis qu'il avait quitté Tver pour s'installer à Saint-Pétersbourg, Fédor Mikhaïlovitch Dostoïevski menait une vie intellectuelle fiévreuse.

Son œuvre de romancier, l'administration de la revue, la rédaction des articles de circonstance, tout cela créait chez lui un état de tension nerveuse continuelle. Surmené, inquiet, il eût souhaité trouver auprès de sa femme une diversion à ses tracas littéraires.

Mais Marie Dmitrievna était malade. Son visage était creusé aux joues et aux orbites, tel un masque de morte. Ses narines étaient pincées, ses lèvres molles et comme ouvertes déjà sur le dernier souffle. Et puis elle ne l'aimait pas. Elle le lui avait dit. Elle le lui avait crié à la face. Toute occasion était bonne pour recommencer la vieille querelle. « Je n'aurais pas dû t'épouser. J'aurais été plus heureuse sans toi. Je te suis à charge. Je le vois bien... » Et chacune de ces phrases heurtait Fédor Mikhaïlovitch en plein cœur.

« Je suis marié, je suis malade, je fais de la littérature, je dirige un journal... », écrit-il tristement à la veuve de Biélinsky. Il aurait tellement besoin d'une détente, d'une évasion hors de la chambre étouffante, où cette femme déjà fanée lui parle de son passé et l'accuse, et s'accuse elle-même, et sanglote comme une hystérique! Il a soif d'un amour pur, jeune, léger. Il rêve de rires coquets, de vifs glissements de prunelles, de paroles délicates. Il voudrait aimer joliment.

Dès 1860, il s'éprend de la comédienne Shubert, frivole et

gaie, mais il ne sera que son chevalier servant. Au reste, il accepte volontiers ce rôle dont il a l'habitude. C'est avec un plaisir malsain qu'il sert de médiateur entre elle et son mari Yanovsky. De nouveau, il aime sans avouer son amour et se dévoue pour celle qui ne le rendra jamais heureux. Comme avec Mme Panaïev, comme avec Marie Dmitrievna, il connaît l'épreuve délicieuse de la passion amicale. Il affirme que, s'il avait le moindre talent, il composerait des vaudevilles pour la jeune femme. Il lui écrit, le 12 juin 1860 : « Je vous aime très profondément, très ardemment, et je vous ai dit que je ne vous aimais pas simplement parce que je tenais à votre confiance ; mon Dieu ! comme j'ai été triste, lorsqu'il m'a semblé que vous ne vouliez plus compter sur moi... Mais votre lettre a tout arrangé, ma bonne amie. Que le ciel vous envoie toutes sortes de joies ! Je suis tellement content d'être sûr que je ne vous aime pas ! Cela me permet de vous être plus dévoué encore sans rien craindre pour mes sentiments. Au revoir, ma petite colombe. C'est avec estime et vénération que je baise votre gentille petite patte taquine et la serre de tout cœur entre mes mains. »

Combien de temps Dostoïevski reste-t-il empêtré dans ce trouble marivaudage ? On ne sait.

Mais bientôt une nouvelle chance s'offre à lui d'être heureux.

Dostoïevski était fréquemment invité à lire des extraits de ses œuvres dans les soirées organisées au profit des étudiants pauvres. La jolie Pauline Sousslova ne manque pas une seule de ces fêtes de bienfaisance. Elle a un visage pâle, aux traits paysans, au regard dur, orgueilleux. Sa parole est lente. Ses gestes sont calculés. « Elle ressemblait à Catherine de Médicis, écrit Rosanov, son futur mari ; c'est de bon cœur qu'elle aurait commis un crime, qu'elle aurait tué ; elle aurait volontiers tiré sur les huguenots, de sa fenêtre, pendant la nuit de la Saint-Barthélemy. En général, la Sousslova était majestueuse. Je connais des gens qui ont été définitivement séduits, dominés par elle. » Son père était un ancien moujik illettré, qui, à force d'astuce et d'énergie, avait obtenu un emploi de gérant chez son propriétaire, s'était enrichi honorablement, et avait fini par ouvrir une usine à son propre compte. L'une de ses deux filles, Nadéjda, deviendra la première femme médecin de Russie. Quant à l'autre, Pauline, elle bornera ses ambitions à demeurer l'éternelle étudiante.

Pauline représente exactement ce type de la grande fille exaltée qui multiplie ses inscriptions aux cours des Facultés, suit une conférence sur dix, prend des notes qu'elle ne relit pas, prépare des examens qu'elle ne présente pas, mais est assidue à toutes les parlotes de la jeunesse universitaire. Elle se passionne pour la politique. Elle se nourrit d'idées creuses et de sentiments soufflés. Elle est pour la révolution totale, pour les députations, les représentations, les manifestations, les provocations, les proclamations et les agitations de toutes sortes. Elle est féministe en diable, et prône l'amour libre et l'égalité devant la loi. Elle ne croit pas en Dieu. Plus tard, un rapport du directeur de l'école de Vladimir la caractérisera comme suit : « Sousslova est effectivement une créature en qui on ne peut avoir confiance. D'abord, elle porte des lunettes bleues ; ensuite, ses cheveux sont coupés court. En outre, il paraît qu'elle est très indépendante dans ses jugements et qu'elle ne va jamais à l'église. »

La jeune nihiliste est vivement impressionnée par la renommée croissante de Dostoïevski. Il lui semble que seul cet être qui a tant souffert, qui a tant aimé et qui connaît toutes les passions humaines peut la comprendre et la guérir de ses doutes. Auprès de lui, ses angoisses de jeune fille se dissiperont. Il la conseillera. Il donnera un sens nouveau à sa vie désordonnée. Il fera d'elle une femme utile. Elle a besoin de lui.

Abandonnant toute pudeur, toute réflexion, elle lui adresse une lettre insensée. Elle le supplie de la recevoir. Enfin, elle lui apporte le manuscrit d'une nouvelle et sollicite l'honneur de collaborer au *Temps*.

La nouvelle paraîtra en septembre 1861. Mais, jusqu'au mois de décembre 1862, Dostoïevski luttera contre ce jeune amour qui se démasque.

Il est plus âgé qu'elle. Il est assez laid, avec son visage rond, aux moustaches roussies, au front lourd, et aux yeux clairs et durs comme des éclats de vitre. Elle, en revanche, est belle, robuste, orgueilleuse. Il est un homme marié, accablé de soucis, de dettes, d'expériences. Elle est une fille libre, ingénue, toute vivante et pleine de sang. Cette union ne peut être que malheureuse. Cependant il voudrait tellement fuir sa femme malade, acariâtre, criarde, qui tousse et qui crache, et qui n'en finit pas de mourir! Il voudrait oublier aussi les gentillesses coquines de la comédienne Shubert. Il voudrait être aimé de cœur et de corps. Il voudrait... Il voudrait recommencer sa vie avec Pauline. La tentation de cette chair fraîche, de cet esprit

neuf est trop forte. Il cède avec la conscience atroce de son crime.
En fait, ce n'est pas elle qu'il perdra, mais lui-même.
Dès le début de cette liaison, Pauline Sousslova prend en haine son séducteur quadragénaire. Elle espérait naïvement qu'il apaiserait les désordres de son âme, qu'il ferait d'elle une créature d'élite, baignée des plus hautes lumières, promise aux plus hauts destins ; et voici qu'il trébuche lui-même et tombe jusqu'à elle, au lieu de l'élever jusqu'à lui. Elle eût souhaité qu'il la dominât par l'esprit, et c'est elle qui le domine par les sens. Il lui a révélé un bonheur dont elle ne peut plus se passer, et qui l'écœure bizarrement. Elle se sent humiliée, souillée. Elle ne veut pas voir devant elle ce visage piqué de taches de rousseur, aux moustaches humides, aux yeux implorants. Et, cependant, elle ne vit plus que pour l'approche de cet homme. Elle le plaint, elle le méprise, elle le déteste. Il est son ennemi indispensable. « La nuit, notera-t-elle plus tard dans son journal intime, je me réveillais et je me souvenais avec horreur de ce qui s'était passé dans la journée, et je courais à travers la chambre en sanglotant. »
Lorsque Fédor Mikhaïlovitch se décide à quitter la Russie, après l'interdiction du journal *Le Temps*, elle accepte d'emblée de le suivre.
Cependant, la liquidation de la revue se révèle plus délicate qu'on ne le pensait. Dostoïevski est obligé d'ajourner quelque peu son départ. Il espère que Pauline attendra patiemment la fin des pourparlers et qu'ils se mettront en route ensemble, dès le début du mois d'août. Mais Pauline saisit aussitôt l'occasion qui lui est offerte de s'échapper, de voyager seule, d'arriver seule dans une grande ville où personne ne la connaît. Elle veut tenter une dernière évasion hors de cette emprise abominable. Elle boucle ses valises. Elle plante là son amant. Elle file sur Paris, où il promet de la rejoindre bientôt.

Quelques mois plus tard, le 19 août 1863, Pauline reçoit une lettre de Dostoïevski l'avisant de sa prochaine visite. Il roule vers elle. Il sera là dans quelques jours. Mais il marque une halte à Wiesbaden. Quelle que soit son impatience de revoir Pauline, il ne peut résister au désir de tenter sa chance à la roulette. Il se rend de la gare à la maison de jeu. Il entre dans ces salles immenses aux grands lustres à pendeloques, aux murs décorés de glaces fatiguées.

Au centre, le tapis vert semble éclairer toute la pièce d'un rayonnement d'absinthe. Et, autour de cette table il y a un cercle de faces ravagées, pétrifiées, moisies par la lumière avare du plafond. Leurs yeux regardent la cuve luisante de la roulette. Ils espèrent, ils implorent, ils maudissent, ils calculent avec fièvre, ces yeux. Ils créent une sorte de hantise collective à laquelle Dostoïevski ne résiste pas. Il risque une somme modeste et gagne. Il risque de nouveau et gagne encore. Il risque tout son avoir, et le râteau du croupier pousse vers lui un monceau de jetons et de pièces : 10 400 francs. Il est riche, riche! Il se rue hors de la maison de jeu, achète un billet à la gare et rentre à l'hôtel comme un fou.

Mais à peine a-t-il fermé sa valise qu'un désir insensé monte en lui. Tenter « la grande chance des 100 000 francs ». Il retourne à la maison de jeu. Là, il perd toutes ses mises, l'une après l'autre. A la fin de la journée, il lui reste 5 000 francs. Il revient chez lui, heureux, rompu, et se décide enfin à quitter Wiesbaden pour Paris.

« Ne racontez pas cela, chère Varvara Dmitrievna, écrit-il à sa belle-sœur. C'est à Pacha (son beau-fils Paul Issaïev) que je pense. Il est encore si naïf qu'il pourrait s'imaginer qu'on fonde aisément son existence sur le jeu... Il est inutile de lui apprendre que son papa va dans les maisons de jeu. »

Le secret du jeu, il le connaît à présent : « C'est tout ce qu'il y a de simple et de bête : il faut uniquement rester maître de soi et, quelles que soient les péripéties de la partie, éviter de prendre feu. »

« Depuis que j'avais abordé, la veille, le tapis vert et commencé à rafler des liasses de billets, écrira Dostoïevski dans *Le Joueur*, mon amour était passé au second plan... Se peut-il que je sois un joueur? »

Le 26 août, Dostoïevski arrive enfin à Paris. Il écrit à Pauline pour lui fixer un rendez-vous. Et Pauline note dans son journal, à la date du 27 : « Je viens de recevoir une lettre de Fédor Mikhaïlovitch, expédiée cette fois de Paris. Comme il est heureux de me voir bientôt, je lui ai envoyé un mot très bref qui était préparé d'avance. Je le plains beaucoup... »

Le soir même, il la rencontre dans cette petite pension de la rue Soufflot où elle est descendue. Elle s'avance vers lui, très pâle, les yeux secs. La scène qui suit nous est rapportée dans son journal.

« Bonjour », dit-elle, d'une voix mal assurée.
Et, comme il l'étreint maladroitement, elle murmure :
« Je pensais que tu ne viendrais pas. Je t'avais écrit une lettre.
— Quelle lettre ?
— ... Pour te dire que tu ne viennes pas.
— Pourquoi ?
— *Parce qu'il est trop tard.* »
Il s'est rejeté en arrière. Il a baissé la tête. Elle ne voit plus que ses cheveux, que son front énorme, torturé. Et, tout à coup, il s'écrie d'une voix enrouée :
« Écoute, Pauline, je dois savoir. Allons n'importe où. Tu vas tout me dire ou j'en mourrai ! »
Très calme, Pauline lui propose de l'accompagner chez lui.
« Pendant tout le chemin, nous gardâmes le silence. Je ne le regardais pas. Seulement, de temps en temps, il criait au cocher d'une voix impatiente, désespérée : " Vite, vite ! " Et l'autre se retournait et nous considérait avec surprise... Parfois, Fédor Mikhaïlovitch me serrait la main d'une poigne nerveuse. " Calme-toi... Je suis avec toi ", lui disais-je. »
Ils arrivent chez lui, enfin. Ils entrent dans sa chambre. Fédor Mikhaïlovitch referme la porte à la volée et s'écroule aux pieds de Pauline. « Embrassant, serrant mes genoux et sanglotant tout haut, il s'écria : " Je t'ai perdue. Je le savais ! " »
Jamais elle ne lui a paru plus désirable qu'en ce moment où elle s'éloigne de lui. Elle est là, devant lui, toute droite, immobile, défendue par ses vêtements soyeux. Et il imagine ce corps dont il connaît la plénitude chaleureuse. Il gémit : « Il est peut-être beau, jeune, éloquent. Mais jamais tu ne trouveras un cœur comme le mien ! »
Pauline l'apaise avec une douceur détachée. Puis, lorsqu'il est parvenu à se dominer, elle lui raconte posément son aventure. Pendant ces quelques mois de liberté à Paris, elle s'est éprise d'un bel Espagnol, Salvador, au visage arrogant, à la bouche rouge, pure, animale. Un « fin duvet » domine sa lèvre supérieure. Il a des gestes assurés. Et, lorsqu'il la regarde, elle défaille de joie. Elle s'est donnée à lui sans réflexion, pour se sauver de Dostoïevski. La passion élémentaire de Salvador la repose des complications intellectuelles, des tortures raffinées où se complaît Fédor Mikhaïlovitch. A elle, l'éternelle étudiante, il fallait une jeune brute et non un écrivain de génie. Elle parle, elle parle, et Dostoïevski l'écoute avec une figure morte. Il demande enfin :

« Es-tu heureuse ?
— Non.
— Comment, tu aimes et tu n'es pas heureuse ? Est-ce possible ?
— Il ne m'aime pas !
— Il ne t'aime pas ! s'écrie-t-il, en se prenant la tête dans les mains avec désespoir. Alors tu l'aimes comme une esclave ? Avoue. J'ai besoin de savoir cela. Tu le suivrais jusqu'au bout du monde, n'est-il pas vrai ?
— Non... je... je me retirerai dans un village », murmure-t-elle entre deux sanglots.

Car elle pleure enfin. Et Dostoïevski regarde ces larmes avec un étonnement ravi. Si elle pleure devant lui, c'est que tout espoir n'est pas perdu. Si elle pleure devant lui, c'est qu'il peut la consoler encore, c'est qu'il peut encore jouer un rôle auprès d'elle. Un attendrissement infini descend en lui et il la serre dans ses bras comme une enfant.

« Oh ! Pauline, pourquoi es-tu si malheureuse ? dit-il. Je prévoyais bien que tu finirais par en aimer un autre. Je le savais. C'est par erreur que tu m'as aimé, moi... »

Il deviendra son ami, puisqu'il ne peut plus être son amant. Il la protégera contre les autres. Avec une délectation malsaine, il retrouve son rôle de confident intime, de pourvoyeur exalté. Comme avec Mme Panaïev, comme avec Marie Dmitrievna, comme avec Mme Shubert, il sera l'affamé devant la table mise, le comparse, le tiers.

« Partons pour l'Italie. Je serai ton frère », lui dit-il.

« Je lui promis d'aller le voir demain, note Pauline. Je me sentais plus calme après lui avoir parlé. Il me comprend. »

Certes, elle hésite encore a le suivre. Mais, au plus fort de ses tourments, elle reçoit une lettre d'un ami de Salvador : Salvador a la fièvre typhoïde et prie Pauline de ne plus lui rendre visite. Pauline est affolée. Elle apprend à Fédor Mikhaïlovitch la triste nouvelle. Il la console : « Les spécialistes de Paris sont des médecins éminents. Le climat est sain. Salvador guérira très rapidement, sans doute. » Plus rapidement encore qu'il ne le suppose, puisque, le lendemain, Sousslova rencontre dans la rue un Salvador à l'œil vif et au teint frais. Après une brève explication, elle décide de rompre avec le bel Espagnol et d'accompagner Fédor Mikhaïlovitch en Italie.

« Je suis heureux, dit Fédor Mikhaïlovitch. Mais qui te comprendra jamais ? »

Alors commence la bizarre équipée de cette amazone glacée et de ce chaperon libidineux. Ils s'arrêtent à Baden-Baden : Fédor Mikhaïlovitch est « très heureux et joue sans cesse à la roulette », note Sousslova. Ils boivent du thé dans sa chambre. Puis, Pauline s'étend sur le lit, prend la main de Fédor Mikhaïlovitch dans la sienne, et le bon camarade lui affirme qu'il « n'a pas perdu espoir ». Tout à coup, il se recule et se passe les doigts sur le front.

« " Sais-tu ce qui vient de m'arriver ? s'écria-t-il avec une expression étrange.
– Quoi ? "
« Je regardai son visage, qui était bouleversé à l'extrême.
" J'ai voulu, à la minute, embrasser ton pied.
– Ah ! pourquoi cela ? dis-je très troublée, effrayée même, et je ramenai mes deux pieds sous moi.
– J'en ai eu envie et j'ai décidé de l'embrasser... " »

Il se tait enfin, mais tourne dans la petite chambre d'hôtel, en se cognant aux meubles. Pauline le prie de quitter la pièce :
« Retourne chez toi. Je veux dormir. »

Il la quitte, mais revient aussitôt sous prétexte de fermer la fenêtre. Il s'approche d'elle. Il lui conseille à voix basse de se déshabiller. Elle regarde au-dessus d'elle ce visage tendu par le désir, ces yeux affamés, ces narines ouvertes :
« Je me déshabillerai plus tard... Va-t'en. »

Il s'en va, comme un chien douché. Il retourne dans sa chambre. Il se couche. Et il rêve de ce corps qui respire, tout chaud, tout moite, à quelques pas de lui.

Ce fumet sensuel où il baigne, cette passion émasculée qu'il s'impose exaspèrent Fédor Mikhaïlovitch jusqu'à la démence. Il cherche une détente dans le jeu. Le jeu est pour lui comme l'acte sexuel qu'on lui refuse. Il retrouve dans les angoisses de la roulette ce paroxysme des sentiments qu'il a connu auprès de Pauline. L'impression aussi de goûter une joie vile, de commettre un crime contre quelqu'un, de frapper, de tuer quelque chose de beau et de préservé en lui-même. Il rentre à l'hôtel, exténué, comme après une nuit d'amour.

Et le lendemain, il est à nouveau paisible, fraternel.

A Baden-Baden, Dostoïevski perd 3 000 francs.

« Comment peut-on jouer lorsqu'on voyage avec la femme qu'on aime ? » lui écrit Michel, qui est au courant de sa liaison.

« Ici, on gagne 10 000 francs en s'amusant, répond Fédor Mikhaïlovitch à son frère. J'ai fait ce voyage pour vous sauver et me sauver de le misère. Et, de plus, j'ai foi en ma martingale... »

Pour continuer le trajet, il lui faut engager sa montre et la bague de Pauline, à Genève. Mais le prêt qu'il touche leur permet tout juste d'atteindre Turin, où les attendent quelques subsides envoyés de Saint-Pétersbourg.

A Rome, les rapports des deux amoureux se gâtent.

Fédor Mikhaïlovitch est excédé par cette femme qui partage sa vie et se refuse à lui.

« Tu sais, dit-il un jour à Pauline, on ne peut pas torturer un homme comme tu le fais avec moi. Il finira par ne plus insister. »

Dans son roman, *Le Joueur*, où Dostoïevski a raconté sa propre aventure avec Pauline, on lit cette phrase :

« Il y a des moments où j'aurais donné la moitié de ma vie pour pouvoir l'étrangler. Je le jure, s'il m'avait été possible de lui enfoncer lentement un poignard dans la poitrine, je crois que je l'aurais fait avec délices. Et pourtant, je l'affirme sur l'honneur, si au Schlangenberg, à la *pointe* à la mode, elle m'avait dit vraiment : " Jetez-vous dans le gouffre ", je m'y serais jeté aussitôt avec joie. »

Et, plus loin, on relève cette formule capitale : « Oui, à maintes reprises, elle ne m'a pas regardé comme un homme... »

Cela surtout le fait souffrir. Il n'est plus un homme pour elle. Elle ne le craint pas, puisqu'elle accepte de voyager avec lui.

« Fédor Mikhaïlovitch m'a dit, écrit Pauline, qu'il lui était humiliant de me laisser ainsi (il était une heure du matin, j'étais couchée, dévêtue, dans mon lit), humiliant parce que les Russes ne reculent jamais. »

Il s'esquive sur cette boutade lamentable.

Le temps, la réflexion, l'habitude fatiguent peu à peu le désir de Dostoïevski. Il est las. Il songe à son œuvre. Il voudrait retourner en Russie. D'autant que l'état de Marie Dmitrievna s'est brusquement aggravé.

Fédor Mikhaïlovitch n'a pas oublié sa femme au cours de ce voyage navrant.

« Je pense souvent à Marie Dmitrievna; comme je voudrais recevoir quelque bonne nouvelle à son sujet! Comment va-t-elle? » écrit-il à son frère Nicolas (28 août 1863).

« Quand tu sauras quelque chose au sujet de ta maman, écris-moi. » (Lettre à Paul Issaïev, 28 août 1863.)

« Écrivez-moi quelque chose au sujet de Marie Dmitrievna. » (Lettre à V.D. Constant, 20 septembre 1863.)

De Rome, Dostoïevski et Sousslova se rendent à Naples ; de Naples, ils reviennent à Turin. Enfin, vers la mi-octobre, Fédor Mikhaïlovitch et sa compagne se séparent définitivement : Pauline rentre à Paris, et Dostoïevski part pour la Russie.

Mais, en route, il s'arrête dans la ville d'eaux de Hombourg, et perd au jeu tout l'argent qui lui restait pour le voyage. Pris de panique, il écrit à Sousslova. Pauline, très gênée elle-même, court engager sa montre et sa chaîne au mont-de-piété, emprunte une petite somme à des amis et parvient à envoyer un premier secours à Fédor Mikhaïlovitch.

De cet homme qu'elle vient de sauver, elle écrira plus tard :

« Quand je me souviens de ce que j'étais, il y a deux ans, je me prends à détester Dostoïevski. Lui, le premier, a tué la foi dans mon cœur. »

Mais, par un enchaînement mystérieux des circonstances, c'est le génial commentateur de Dostoïevski, le critique Vassili Rosanov, que Pauline épousera en 1880. A cette époque, elle a quarante ans, et Rosanov en a vingt-quatre. Il l'adore et elle se moque de lui. Après six ans d'une vie infernale, elle le quitte et il demeure inconsolable. Il la supplie de le rejoindre. Elle lui répond : « Des milliers de maris sont dans votre situation et ne hurlent pas. Les hommes ne sont pas des chiens. »

Rosanov, affolé, se plaint au père de Pauline qui traite celle-ci d'« ennemie du genre humain ». Plus tard, le malheureux en appelle à ses amis, et même à la gendarmerie. Mais celle qui recevra ses confidences les plus pitoyables ne sera nulle autre qu'Anna Grigorievna, la veuve de Dostoïevski.

Quant à Fédor Mikhaïlovitch, sa liaison avec Pauline demeurera l'un des grands thèmes de son œuvre.

Cette femme, ardente et glacée tour à tour, sera Dounia, la sœur de Raskolnikov, dans *Crime et Châtiment*, Aglaé, dans *L'Idiot*, Lisa, dans *Les Possédés*, Catherine Ivanovna, dans *Les Frères Karamazov*, et surtout Pauline Alexandrovna dans *Le Joueur*.

Ce *Joueur*, il y songe déjà lors de son voyage avec Pauline. Le 30 septembre 1863, il écrit à Strakhov : « En ce moment, je n'ai rien de prêt, mais je tiens un plan de roman et, à ce qu'il me semble, un plan très heureux... Je peins un homme... versé en beaucoup de matières, mais incomplet en toutes choses. Il est à la fois révolté contre l'autorité et peureux devant elle...

Toutefois, le besoin du risque le relève à ses propres yeux. Le récit traitera uniquement des trois années pendant lesquelles il joue à la roulette... »

Cependant, lorsqu'il rentre en Russie, Dostoïevski n'a guère le loisir de rédiger ce roman. Marie Dmitrievna est au plus mal. Il faut la transporter d'urgence à Moscou, où le climat est plus sain qu'à Saint-Pétersbourg.

Le jeune Paul Issaïev les accompagne. Mais Marie Dmitrievna est devenue tellement irritable qu'elle ne peut même plus supporter la présence de son fils à ses côtés, et Fédor Mikhaïlovitch renvoie Paul à Saint-Pétersbourg. Au reste, bientôt Dostoïevski lui-même est obligé de partir pour Saint-Pétersbourg où Michel songe à éditer une nouvelle revue, *L'Époque*, destinée à remplacer *Le Temps*.

L'équipe des collaborateurs est la même que celle du *Temps*. Mais l'argent manque. On achète à crédit le papier, on imprime à crédit, on broche, on relie à crédit, et les auteurs ne sont guère payés. Après des difficultés multiples, la censure autorise la publication de *L'Époque*, « à condition que les rédacteurs s'engagent à conserver très exactement la ligne du journal... ».

A partir de ce moment, Dostoïevski partage son existence entre son périodique et sa femme mourante. Cette lugubre navette entre Saint-Pétersbourg, où l'attendent les mauvaises nouvelles de l'édition, et Moscou, avec cette chambre meublée où Marie Dmitrievna, à demi folle, agonise lentement, se prolonge pendant des mois.

« Il y a des diables! des diables dans la chambre! » crie parfois la malade. Et on est obligé d'ouvrir la fenêtre et de faire le simulacre de chasser un fantôme à grands coups de serviette, pour qu'elle se calme.

Devant la figure cireuse, émaciée de la phtisique, Dostoïevski éprouve un lancinant remords de sa fuite hors de Russie, de sa liaison avec Pauline, de sa tragique faute, perceptible à lui seul. Au chevet de la malheureuse, il rédige une confession atroce, qui est l'un des sommets de son œuvre : *Mémoires écrits dans un souterrain*.

CHAPITRE IV

« Mémoires écrits dans un souterrain ». Les deux morts

L' « homme souterrain » dont Dostoïevski rapporte les aveux, ressemble à l'auteur comme le double de Goliadkine ressemblait à Goliadkine. Cet homme souterrain habite une turne obscure, nauséabonde, qui est sa « coquille ». Il vit seul. Il n'a pas d'amis. « Je suis malade, méchant, je n'ai rien d'attrayant », dit-il. Mais la conscience de sa vilenie lui est secrètement agréable. Il cuit dans un jus de remords joyeux, de haines ricanantes, de frousses grandioses. Il aime à rentrer dans son coin, par certaine « nuit infâme de Saint-Pétersbourg », et à songer à toutes les crasses qu'il a commises, à toutes les humiliations qu'il a essuyées dans la journée. Il éprouve une jouissance bizarre à se dire qu'il en est arrivé au dernier degré de l'abjection, qu'il ne deviendra jamais un homme comme les autres, qu'il est quelque chose de tout à fait spécial, de tout à fait extraordinaire, qu'il est à côté de la foule, hors de la foule, isolé, en marge de la création. « Je suis seul et ils sont tous. »

Et, de sa solitude, il observe les hommes d'action, les hommes immédiats, suivant sa propre formule. Ces gens aux nerfs solides sont totalement privés de réflexion. Pour qu'ils puissent agir, il faut que leur tête soit vide. Celui qui pense ne peut que demeurer immobile. Car la pensée ronge comme un acide le décor factice où doit s'encastrer l'action. L'essence même de l'action est un échec de l'esprit. L'action suppose des lois qui la guident. L'action n'est possible que dans un univers soigneusement charpenté. Les sciences positives ont catalogué des expériences, érigé des axiomes, dressé des murailles de pierre qui limitent l'horizon. Et, devant ces murailles de pierre, le peuple s'incline avec respect. « Voilà un mur bien résistant, voilà un mur contre quoi on peut s'appuyer, voilà une évidence. » Le troupeau d'imbéciles que ces cloisons enferment ne songe pas que, d'un champ sans limites la science a fait une prison. Ils ne pensent qu'à leur petite besogne ainsi protégée. Ils se frottent les mains parce qu'ils sont au chaud. Et si quelque philosophe, quelque homme souterrain, prétend nier le mur, ils s'exclament : « Pardon, il est impossible de s'insurger : deux fois deux font quatre. La nature ne vous consulte pas ; elle ne se préoccupe pas de vos désirs et de savoir si ses lois vous plaisent ou non. Vous êtes obligés de l'accepter telle qu'elle est, et par conséquent d'accepter aussi tous ses résultats. Le mur est un mur, etc. »

Et l'homme souterrain (Dostoïevski plutôt) répond par cette phrase admirable : « Mais, mon Dieu ! qu'ai-je affaire avec les lois de la nature et de l'arithmétique, si ces lois, pour une cause ou pour une autre, ne me plaisent pas ? Je ne pourrai naturellement pas briser ce mur avec mon front, si je n'ai pas les forces suffisantes pour le démolir ; mais je ne me réconcilierai pas avec lui sous prétexte que c'est un mur de pierre et que mes forces n'y suffisent pas. Comme si cette muraille était un apaisement et suggérait la moindre idée de tranquillité pour la seule raison qu'elle est bâtie sur deux fois deux font quatre. »

« Y a-t-il des folies mathématiques et des fous qui pensent que deux et deux fassent trois ? » écrit Baudelaire.

L'homme souterrain, le contemplateur, niera toutes les constructions artificielles, bousculera toutes les évidences, passera outre au veto des lois scientifiques. Il pensera, il concevra au-delà des bornes du chiffre et de la matière. Il vivra dans l'impossible. Au reste, Dieu exige l'impossible de sa créature. Quelle idole misérable serait Dieu, s'il admettait que l'homme se complût dans cette chambre capitonnée où il s'est bouclé lui-même, s'il admettait que l'homme s'endormît dans le bien-être présent, s'il admettait que l'homme se diminuât, oubliât cette étincelle divine de la pensée pour devenir une machine de précision.

« Toute l'affaire de l'homme, semble-t-il, écrit Dostoïevski, consiste à se prouver à soi-même qu'il est un homme et non pas un rouage. »

Et cela dans le monde moral comme dans le monde physique. Les principes moraux emprisonnent les êtres aussi bien que les principes physiques. Dépasser la rangée stagnante de ces principes, c'est atteindre la vérité supérieure.

Il n'y aurait plus ni bien ni mal, une fois le cadre moral brisé. De même, une fois les lois scientifiques transgressées, il n'y aurait plus que le chaos. Et c'est à ce chaos que l'homme souterrain nous convie.

Dans ce chaos, l'homme souterrain éprouve la sensation grisante de la liberté. Et il préfère la liberté à son bien-être. « L'homme n'a besoin que d'une volonté indépendante, quoi qu'il pût lui en coûter et jusqu'où dût-elle le mener... Je suis convaincu que l'homme ne renoncera jamais à la véritable souffrance, c'est-à-dire à la ruine et au chaos. »

C'est grâce à la souffrance que l'homme se rapproche de l'inconcevable, de l'inaccessible, du miracle. C'est grâce à la souffrance qu'il se hausse au-dessus de lui-même.

En fait, les chemins de la souffrance, les chemins de la liberté conduisent soit à la découverte de Dieu, soit à la déification de l'homme. Le Dieu-Homme et l'Homme-Dieu. Nietzsche absorbe l'homme dans le surhomme, dans l'Homme-Dieu. Pour Nietzsche, le développement du surhomme doit tuer tout ce qui est humain dans l'homme. Le surhomme n'est pas seulement un homme évolué. C'est une idole, c'est un Dieu en qui rien ne subsiste de son origine terrestre. Chez Dostoïevski, en revanche, l'essence humaine s'harmonise avec l'essence divine. Dieu n'engloutit pas sa créature et l'homme ne s'abîme pas en Dieu. Dieu existe et l'homme existe. Ils sont protégés l'un de l'autre par un intermédiaire adorable : le Christ. Et la liberté de l'homme est peut-être une souffrance, mais au bout de l'épreuve, quelque abject et blessé qu'il soit, il tombe dans la lumière ineffable du Christ.

Peut-être fut-il donné à Dostoïevski, au cours de ses crises d'épilepsie, de se hisser jusqu'au sommet du mur et d'embrasser du regard l'étendue interdite. Il retombe ébloui, aveuglé, avec au cœur le regret de cette vision miraculeuse. Mais il a vu, il a vu !... Il est l'un des seuls qui aient vu !... Il l'avoue dans l'homme souterrain. Et l'homme souterrain devient ainsi la clef de toute son œuvre. Car, tout au long de celle-ci, Dostoïevski sera tiraillé entre la conception naturelle et la conception surnaturelle du monde. Il est suspendu entre ciel et terre. Il est sollicité par le ciel et par la terre. Il ne choisit pas entre l'univers de la causalité et l'univers du « deux fois deux font trois ». Avec une application maladive, il s'efforce d'incorporer une histoire extravagante dans la masse compacte de la réalité. Autour d'un cauchemar, il accumule des détails matériels qu'un Flaubert n'eût pas reniés. On dirait qu'il s'excuse : « Vous voyez, vous voyez, je ne perds pas la tête. Tout cela est possible. Tout cela est vrai. »

Et, cependant, l'ensemble hétéroclite craque de toutes parts. Tout sonne faux dans ce décor soigneusement mis au point. Les événements se succèdent à une cadence de rêve. Les êtres sont emportés par un tourbillon irrésistible. Ils tiennent des discours de quinze feuillets et lisent leurs confessions en public. Quand dorment-ils? Quand mangent-ils? L'auteur ne le sait pas lui-même. Rien ne dépend de rien. Personne ne peut compter sur personne. Le bien et le mal se confondent. Le « mur » a des brèches énormes, et les acteurs aux faces barbouillées à la diable jouent parmi un amas de pierres, dans une lumière glacée, morte, surnaturelle de fin du monde.

Leur drame n'est pas un drame possible suivant les lois scientifiques. Leur drame n'est concevable que hors de ces lois, qu'en nous-mêmes. Les hommes, les femmes de Dostoïevski ne sont pas vrais d'une vérité première, mais d'une vérité seconde. Ils sont ce que nous aurions été si n'avaient pas joué pour nous les règles sociales, les interdictions physiques, l'habitude. Ce sont des êtres comme vous et moi, mais pris avant l'action, avant la parole. Ce qu'ils font, c'est ce que nous aurions peut-être fait *si*... Ce qu'ils disent, c'est ce que nous aurions peut-être dit *si*... Dostoïevski a fait sauter le *si*. Il a nié le conditionnel. Il a fait agir et parler ses héros, comme on n'agit et comme on ne parle qu'en pensée. Ses personnages sont des idées qui se meuvent dans le cadre de la matière. L'homme souterrain, Raskolnikov, Stavroguine, Kirillov, Chatov, Verkhovensky, Ivan Karamazov, tous ces êtres sont embrasés par une idée. Ils brûlent par elle, pour elle. Les questions de confort, d'argent, de situation sociale ne jouent pas pour eux. Ce qui existe à leurs pieds, sous leurs mains, sous leurs dents, sous leurs yeux, ils s'en moquent. Ils ignorent les frontières du réel et du rêve. Ils passent de l'un à l'autre. Ils élargissent le monde.

Aussi est-il absurde de prétendre, comme le firent certains, que les héros de Dostoïevski sont essentiellement russes et que leur aventure ne se conçoit pas dans un autre pays que la Russie.

Il ne faut pas avoir cette naïveté de croire que la Russie du XIXe siècle était peuplée d'hystériques, d'épileptiques et de tuberculeux, et que le public russe se reconnut dans les romans de Dostoïevski. Bien au contraire, la réaction des lecteurs et de la critique fut unanime : « Ces gens-là ne sont pas de chez nous. » Et, à propos d'un personnage d'*Humiliés et Offensés*, le comte Kouchelew-Bezborodko écrit même qu'il est « plus admissible à l'étranger, en France, en Angleterre, en Belgique, qu'en Russie... »

Certes, l'amour des grandes idées, l'exaltation intellectuelle, les revirements d'humeur, tout cela ce sont bien des traits du caractère slave. Certes, chez les Slaves, *la vérité seconde* est moins profondément enfouie que chez les Latins ou les Saxons ; mais il y a là une différence de *niveau* et non de *nature*. Les créatures de Dostoïevski ne sont pas strictement russes, puisqu'elles sont dominées par des problèmes universels. Les idées qu'elles représentent sont des idées qui dépassent le domaine de la littérature nationale. Elles disent l'angoisse du monde et non l'angoisse du Russe en face de la création. Le souterrain de Dostoïevski traverse les frontières et unit les pays par un réseau secret.

Quoi qu'il en soit, ce texte, publié pour la première fois dans *L'Époque*, ne retint pas l'attention de la critique. Seul Apollon Grigoriev dit à Dostoïevski : « Il faut que tu écrives dans ce genre désormais. » Dostoïevski n'oubliera jamais ces simples paroles.

Cependant, la revue paraît irrégulièrement. Les abonnés adressent des réclamations au rédacteur. La vente au numéro tombe à la verticale. Michel, qui n'a aucun sens pratique, et qui, depuis quelque temps, s'est mis à boire plus que de raison, laisse péricliter l'affaire.

Quant à Fédor Mikhaïlovitch, il est retenu à Moscou. L'état de Marie Dmitrievna s'aggrave de jour en jour. Mais elle ne veut toujours pas revoir son fils.

« Elle dit qu'elle l'appellera pour lui donner sa bénédiction lorsqu'elle se sentira mourir. » (Lettre à Michel du 26 mars 1864.)

« Chaque jour, nous attendons sa mort. Ses souffrances sont atroces et j'en supporte le contrecoup. » (Lettre à Michel du 2 avril 1864.)

« Ta maman va de plus en plus mal. Le docteur ne répond plus de rien. Prie, Pacha. » (Lettre à Paul Issaïev du 10 avril 1864.)

Le 15 avril, Marie Dmitrievna subit un accès terrible : elle vomit du sang à flots ; elle étouffe. Dostoïevski expédie un télégramme à son frère et une lettre : « Je te demande d'envoyer ici Pacha. Peut-être a-t-il un veston noir ? Il faudrait lui acheter un pantalon. »

Marie Dmitrievna, exténuée mais consciente, prend congé de tous ceux qui l'entourent et s'apprête à mourir avec un grand courage.

Déjà, des tressaillements nerveux la secouent. Sa respiration est rauque, pressée. Un gargouillement affreux monte dans sa gorge. Plus tard, « sa figure jaunâtre et parcheminée se rejeta en arrière, sa bouche s'ouvrit, ses jambes se tendirent convulsivement. Elle poussa un profond soupir ». C'est ainsi que Dostoïevski décrira l'agonie de Catherine Ivanovna, la poitrinaire, dans *Crime et Châtiment*.

Marie Dmitrievna s'éteint à sept heures du soir. « Ce soir, à sept heures, écrit Dostoïevski à Michel, Marie Dmitrievna est morte, après vous avoir souhaité à tous longue vie. Ne l'oubliez pas dans vos prières. Elle a tellement souffert que je me demande qui pourrait lui refuser son pardon. »

Et, la nuit même, devant le cadavre de sa femme, Dostoïevski note cette phrase étrange dans son carnet : « Macha [Marie] est couchée sur la table. Reverrai-je Macha, un jour ? »

Cette femme qui l'a trompé, qui l'a torturé, qui a encombré sa vie d'un poids inutile, Dostoïevski ne peut plus supporter l'idée d'en être séparé. Elle est toute une partie de son passé. C'est sa jeunesse qui est couchée là, sur la table, avec ces paupières lourdes et ces lèvres soudées. Comme il est seul tout à coup, comme il est désemparé, comme il a peur de vivre !

Le 31 mars 1865, il écrira à Vrangel :

« O mon ami, elle m'aimait infiniment et je l'aimais sans mesure, mais nous n'étions pas heureux ensemble... Quoique nous ayons été positivement malheureux en ménage, à cause de son caractère étrange, soupçonneux, maladivement fantasque, nous n'avons jamais cessé de nous aimer ; et même, plus nous étions malheureux, plus nous nous attachions l'un à l'autre. C'était la femme la plus noble, la plus loyale, la plus généreuse de toutes celles que j'ai connues dans ma vie... Je n'aurais jamais pu imaginer à quel point mon existence serait pénible et vide, une fois qu'on l'aurait enterrée... »

Après la cérémonie funèbre, Fédor Mikhaïlovitch rentre à Saint-Pétersbourg où l'appellent les affaires de la revue. De toutes ses forces, il essaye de dominer son chagrin par le travail.

Mais, trois mois plus tard, un nouveau deuil devait le frapper. Le 9 juillet, Paul Issaïev recevait la lettre suivante :

« Mon cher Pacha, envoie-moi du linge. Mon frère va mourir. N'en dis rien à personne. J'ai écrit à Nicolas. Peut-être viendrai-je en ville pour un moment. N'en parle pas.

« Bien à toi, F. Dostoïevski. »

Le 10 juillet, à sept heures du matin, Michel, qui souffrait d'un abcès au foie, rend le dernier soupir.

Ce coup achève le désespoir de Dostoïevski. On dirait que le sort ne lui laisse pas reprendre le souffle, le poursuit, le traque, avec une méchanceté calculée. Sa femme morte, il lui restait son frère pour le consoler. A présent, il ne lui reste personne. Il est seul, plus seul qu'en prison, plus seul qu'en Sibérie. Il ne sait pour qui vivre. Il ne sait pour quoi vivre :

« Je suis resté seul et j'ai eu peur. Ma vie était brisée en deux. Dans la première moitié, déjà révolue, était tout ce pour quoi j'avais vécu, et, dans la seconde, encore inconnue, tout était neuf, étranger, sans un cœur capable de se substituer pour moi aux deux cœurs qui avaient cessé de battre... Me créer de nouveaux liens, m'inventer une nouvelle existence ? Cette seule pensée me répugnait. Je compris pour la première fois que je ne pourrais les remplacer par personne, que je n'avais aimé qu'eux au monde, et qu'un nouvel amour n'était pas seulement impossible, mais impie. Autour de moi, j'ai senti le froid et le vide... »

CHAPITRE V

Le veuf

Michel laissait pour toute fortune trois cents roubles qui servirent à payer l'enterrement. Mais il avait pour vingt-cinq mille roubles de dettes, dont quinze mille en billets à ordre à échoir. Le journal ne tenait que sur le crédit personnel de son directeur. Une fois le directeur disparu, ce fut la débâcle. Pas un sou en caisse, et six livraisons de *L'Époque* promises par souscription aux abonnés. La seule impression des numéros devait coûter dix-huit mille roubles. Ces dix-huit mille roubles, ajoutés aux quinze mille roubles indispensables pour le paiement des lettres de change, portaient à trente-trois mille roubles le découvert de la revue.

Certes, Dostoïevski n'était pas tenu de prendre sur lui le remboursement des lettres de change. Il pouvait également interrompre la publication de la revue, quitte à dédommager les créanciers sur la vente à l'encan du matériel. Mais c'eût été déshonorer la mémoire de son frère. Il s'interdit donc cet arrangement qui lui paraissait sacrilège. Il assuma la responsabilité intégrale à l'égard de toutes les créances, qu'elles fussent régulières ou douteuses.

Il fit mieux. Par le plus généreux des scrupules, il prit à sa charge la veuve et les quatre enfants de son frère.

Cette décision arrêtée, Dostoïevski se rendit à Moscou, emprunta dix mille roubles à sa vieille tante Koumanine, et revint à Saint-Pétersbourg, fermement résolu à poursuivre, quoi qu'il advînt, la publication de *L'Époque*. Mais l'affaire était sérieusement compromise. Il fallut obtenir une nouvelle autorisation de la censure, et le numéro du 31 janvier ne put paraître que le 22 mars.

De plus, il fut interdit à Fédor Mikhaïlovitch de signer ses articles, que ce fût en qualité de rédacteur ou d'éditeur. Les abonnés mécontents du retard protestaient par lettres et de vive voix.

Cependant, Dostoïevski se tuait à la tâche. La revue était imprimée dans trois établissements différents et assemblée ensuite. Fédor Mikhaïlovitch corrigeait les épreuves, recevait les auteurs, discutait avec la censure, remaniait les articles, cherchait de l'argent par toute la ville. Il travaillait régulièrement jusqu'à six heures du matin et dormait cinq heures sur vingt-quatre.

« Ah! mon ami, écrit-il à Vrangel, je retournerais bien volontiers au bagne pour le même nombre d'années, si je pouvais ainsi payer mes dettes et me sentir libre de nouveau... de toute ma réserve de force et d'énergie, il ne m'est resté qu'un sentiment de trouble et d'inquiétude proche du désespoir... L'anxiété, l'amertume, une agitation froide, l'état le plus anormal pour moi. Et puis, je suis seul... Et, cependant, il me semble toujours que je me prépare à vivre. C'est risible, n'est-ce pas? Une vitalité de chat! »

Tel est son besoin de diversion, de dévouement, de chaleur affectueuse, qu'il s'efforce peu à peu de renouer avec ses proches et de se créer des amitiés nouvelles. Il reprend vie doucement. Il fait connaissance avec la famille Korvine-Kroukovsky, dont la fille aînée, Anna, avait envoyé deux aimables nouvelles à la revue *L'Époque*.

Anna est une fille haute, svelte, aux traits minces, aux longs cheveux couleur de paille, et aux yeux « verts comme des yeux d'ondine ». Intelligente, indépendante, orgueilleuse, elle est résolue à jouer un grand rôle auprès d'un homme d'exception.

Dostoïevski subit une gêne étrange en présence de la belle Anna et de ses parents :

« Il semblait continuellement de mauvaise humeur, tripotait nerveusement sa maigre barbiche blonde et mordillait ses moustaches, tandis que tout son visage était agité de tics. »

Un jour, à la juste indignation des parents, il éprouve le besoin de raconter à ces demoiselles la future *Confession de Stavroguine*. Elles sont passionnées par son récit, il le devine. Et Anna est fière de sentir qu'un esprit aussi élevé s'intéresse à elle. Mais elle lui reproche son mépris pour la jeunesse d'avant-garde et les idées nouvelles.

« Toute la jeunesse actuelle est bête et ignare, dit-il ; pour eux tous, une paire de bottes vaut mieux que Pouchkine.

– Pouchkine a, en effet, un peu vieilli pour notre génération », répond l'autre.

Dostoïevski s'échauffe, crie, menace de partir, part enfin, mais revient le lendemain avec une mine contrite.

Un soir cependant, alors que la plus jeune sœur, Sonia, interprète au piano la *Sonate Pathétique* qu'elle a apprise pour Dostoïcvski, la sœur aînée et Fédor Mikhaïlovitch ont, dans « le petit salon », une explication définitive.

« Comprenez-moi, chuchote Dostoïevski, je vous ai aimée dès la première fois... Et ce n'est pas de l'amitié que j'ai pour vous, mais une passion qui prend tout mon être... »

Or, Anna redoute de lier son destin à cet homme malade et génial. Elle lui refuse sa main. Tandis qu'ils parlent ainsi, à voix basse, la petite Sonia s'arrête de jouer, écoute.

Cette enfant de quatorze ans aime Dostoïevski à la folie et réprouve les manœuvres de sa sœur. Mais lui qui a si bien pénétré l'âme de Nétotchka et de la petite Nelly, le voici incapable de rien discerner sur ce tendre visage dont le regard l'accompagne, tandis qu'il gagne la porte, le dos courbé, les bras ballants, vaincu, refusé, rejeté vers sa solitude.

Sonia devait devenir une mathématicienne célèbre sous le nom de Sophie Kovalevsky. Quant à Anna, elle réalisa son rêve d'héroïsme, puisqu'elle épousa un conspirateur français, Jacquelart, qui fut condamné à mort et enfermé dans une forteresse près de la frontière allemande. Il put s'évader grâce au père de sa jeune femme, qui avait soudoyé une sentinelle pour vingt mille francs.

Une fois de plus, Dostoïevski se trouve humilié par une femme. Il retourne à son travail, avec une fureur accrue. Mais la revue baisse de jour en jour. Le chiffre des abonnés est tombé à 1 300. Les créanciers, dont il a endossé les billets à son propre nom, le harcèlent de lettres et de visites.

Vers la fin de l'été, Dostoïevski reçoit une sommation de paiement sous peine de saisie et de prison. Les dettes les plus criardes atteignent trois mille roubles. Dostoïevski s'efforce de raisonner ses créanciers. Mais la grande misère de la revue les rend intraitables.

Le 9 juin, le journal *La Voix* annonce la suspension de *L'Époque*.

C'est alors que l'éditeur Stellowsky se présente chez Dostoïevski et lui propose d'acheter, pour trois mille roubles, le droit d'éditer en trois volumes l'ensemble de ses œuvres. De plus, Stellowsky exige que Dostoïevski lui remette un roman inédit avant le 1er novembre 1866. Passé cette date, Dostoïevski s'engage à payer une amende. Et, si le manuscrit n'est pas livré le 1er décembre, Dostoïevski perd son droit sur ses œuvres présentes et à venir, qui deviennent la propriété exclusive de l'éditeur. Stellowsky compte bien sur un retard qui lui permettra de publier sans rémunération tous les romans de son débiteur.

Stellowsky était un forban connu dans les milieux littéraires et artistiques. Il fut l'exploiteur de Pissemsky, de Kresstowsky, de Glinka. Rusé, mesquin, se nourrissant du malheur des autres, sa visite équivalait à une condamnation.

Cependant, Dostoïevski était acculé à la ruine. Par un curieux hasard, le délai de douze jours que Stellowsky lui avait laissé pour réflexion coïncidait exactement avec le répit qu'on lui avait accordé pour la saisie.

Fédor Mikhaïlovitch signa.

Mais, en fait, il ne devait toucher qu'une faible part de la somme promise, car Stellowsky avait racheté à vil prix un certain nombre de traites souscrites par Dostoïevski, et ce qu'il donnait d'une main à titre d'éditeur, il le reprenait de l'autre à titre de créancier.

Il ne reste bientôt plus à Fédor Mikhaïlovitch que 175 roubles en argent. Qu'importe! Il se décide à partir pour l'étranger.

Un triple espoir le pousse à fuir la Russie. Il veut revoir Pauline qu'il n'a pu oublier : « Je l'aime encore, je l'aime encore profondément, mais je voudrais ne plus l'aimer. Elle ne mérite pas un amour pareil », écrit-il à la sœur de Sousslova. Il veut aussi tenter sa chance à la roulette. Enfin, il veut travailler posément aux livres dont il a reçu la commande.

Dostoïevski arrive à Wiesbaden à la fin du mois de juillet. Sousslova doit venir l'y rejoindre dans les premiers jours du mois d'août. En l'attendant, Fédor Mikhaïlovitch retourne à la maison de jeu.

De nouveau, les grands tapis verts jonchés de louis d'or, de frédérics, de florins. De nouveau, ces visages de rapaces, ces mains nerveuses accrochées au bord de la table, comme au garde-fou d'un précipice. De nouveau, ces paroles magiques : « Trente et un, rouge, impair et passe, quatre, noir, pair et manque... »

« J'avais la fièvre, écrit-il dans *Le Joueur*. Je poussais d'un coup ce monceau d'or sur le rouge, et subitement je revins à moi. Ce ne fut qu'un instant, le seul au cours de toute cette soirée : un frisson glacé me parcourait, mes mains et mes genoux tremblaient d'angoisse et, à la lueur de cet éclair de lucidité, j'entrevoyais avec épouvante ce que la perte, en ce moment, allait signifier pour moi... »

En cinq jours, Dostoïevski perd les 175 roubles qui lui restaient.

Il a engagé sa montre. La note de l'hôtel n'est pas payée. Dostoïevski courbe son orgueil et envoie un appel de détresse à Tourgueniev, à qui il garde cependant une vieille rancune :

« Je suis fâché et honteux de vous déranger. Mais vous êtes exactement le seul à qui je puisse m'adresser actuellement, et puis vous êtes bien plus intelligent que tous les autres. Et cela me met à l'aise pour vous écrire. Voici de quoi il s'agit. Je vous parle d'homme à homme, et je vous demande 100 thalers... Que faire quand on coule à pic? »

Tourgueniev expédie 50 thalers à Dostoïevski.

« Merci pour les 50 thalers, mon bien bon Ivan Serguéïevich. Ils ne m'ont pas sauvé radicalement, mais ils m'ont aidé à me retourner quelque peu », lui répond Fédor Mikhaïlovitch.

Humilié, écœuré, il attend l'arrivée de Pauline, qui, peut-être, aura quelque argent sur elle. Mais Pauline débarque à Wiesbaden sans même avoir de quoi payer sa chambre.

Très vite, Dostoïevski songe à la rapatrier. Cette fugue amoureuse, qu'il avait rêvée dans un délire de joie, n'est qu'un bref séjour dans un hôtel miteux, dont le propriétaire vous tourne le dos au passage, et dont le service ricane. A la fin du mois d'août, Pauline quitte Wiesbaden pour Paris. Après son départ, le propriétaire de l'hôtel refuse de servir déjeuners et dîners à Fédor Mikhaïlovitch : « Vous n'avez pas besoin de manger, puisque vous ne savez pas gagner votre vie. On vous donnera du thé. Un point c'est tout. »

« Ainsi, depuis hier, écrit Dostoïevski à Sousslova, je ne mange pas et ne me nourris que de thé; encore le thé est-il détestable, sans rien à grignoter avec; on ne me nettoie ni mes souliers ni mes habits. On ne vient pas à mon appel, et le personnel me traite avec un mépris inexprimable et strictement allemand. Il n'y a pas de plus grand crime pour un Allemand que d'être pauvre et de ne pas payer à la date fixée. » Par un dernier scrupule de dignité, Dostoïevski quitte l'hôtel avant le repas et ne rentre qu'à la nuit tombante. Mais cet exercice quotidien active son appétit. Il se résigne alors à rester dans sa chambre. Il lit, il écrit. Il envoie un nombre considérable de lettres pour demander de l'argent. Cependant il n'a pas un sou pour les affranchir. Tant pis.

« Voici trois jours que je ne bois que du thé soir et matin, et, c'est étrange, je n'ai pas du tout si faim que ça ! L'ennuyeux est qu'on me cherche noise et que, parfois, on me refuse une bougie pour la nuit... »

Dostoïevski implore des secours de Pauline, du baron Vrangel à Copenhague, de Herzen à Genève, de Milioukov et de l'éditeur Katkov en Russie. Mais Vrangel est en congé. Herzen fait une excursion en montagne. Milioukov, à qui Dostoïevski demande de vendre une de ses œuvres futures pour 300 roubles, essuie un refus de la *Bibliothèque des Lectures,* du *Contemporain* et des *Annales de la Patrie.* Et Katkov enfin, à qui il propose un roman de cinq à six feuillets pour *Le Messager russe,* ne donne pas signe de vie. Cependant, l'idée du livre est séduisante :

« L'action se passe de nos jours, en cette même année, écrit Dostoïevski à Katkov. Un jeune étudiant, renvoyé de l'Université, petit bourgeois d'origine, et vivant dans une extrême pauvreté, a décidé de s'évader d'un seul coup de sa pénible situation : il le fait par légèreté, par instabilité d'idées, sous l'influence de certaines pensées "inachevées", étranges, qui sont dans l'air. Il a décidé de tuer une vieille femme... qui prête à gages. La vieille est bête, sourde, malade, avare, méchante, perçoit des intérêts de juif et maltraite sa jeune sœur qui lui sert de domestique. "Elle n'est bonne à rien ! Elle n'est utile à personne !... Pourquoi vit-elle ?" Ces questions troublent le cerveau du jeune homme. Il décide de la tuer, de la dévaliser et d'employer cet argent à faire le bonheur de sa mère qui vit en province, à préserver sa sœur des entreprises amoureuses d'un propriétaire foncier chez qui elle est dame de compagnie, et à lui permettre d'achever ses études.

« Mais la vérité divine et la loi terrestre s'exercent, et il finit par être *contraint* de se dénoncer lui-même ; contraint, même en risquant de mourir aux travaux forcés, mais dans le seul espoir de s'associer de nouveau à la vie des hommes ; le sentiment de son exclusion, de son isolement parmi les autres hommes, qu'il avait éprouvé aussitôt après l'accomplissement de son crime, l'avait torturé à l'extrême. La loi de la vérité et de la nature humaine fut la plus forte. Le criminel résolut d'assumer les tourments pour racheter son acte... »

Dans ce bref exposé on reconnaît déjà les traits essentiels de *Crime et Châtiment*.

Oui, ce fut dans cette chambre étroite et grise comme un placard, alors qu'il était privé de nourriture, de lumière, et que son linge même n'était pas lavé, alors qu'il mendiait à droite, à gauche, quelques subsides pour regagner la Russie, alors qu'il était au dernier degré de l'indigence et de la solitude, que Dostoïevski prépara ce livre qui devait lui gagner la célébrité.

« Peut-être ce que j'écris maintenant sera-t-il supérieur à tout ce que j'ai écrit jusqu'à présent. »

Entre-temps, Vrangel est rentré à Copenhague. Il a trouvé les deux lettres désespérées de Dostoïevski. Aussitôt, il lui expédie l'argent nécessaire pour le voyage et l'invite à passer quelques jours chez lui. Fédor Mikhaïlovitch accepte avec joie cette occasion de rendre visite à son vieil ami.

Il arrive à Copenhague le 1er octobre.

Il en repart le 10 du même mois à destination de Saint-Pétersbourg.

Dès son retour dans la capitale, il subit l'assaut de trois crises d'épilepsie consécutives. « Néanmoins, je suis assis et je travaille », écrit-il à Vrangel.

Les trois cents roubles qu'il a demandés à Katkov lui parviennent enfin, après avoir passé par Wiesbaden. Mais, déjà, cet argent ne lui suffit plus.

« Je travaille pour votre journal, et, par conséquent, je ne peux pas accepter d'autres propositions qui me permettraient de subsister vaille que vaille ; or, je n'ai pas un kopeck, et j'ai mis mes vêtements en gage. En conséquence, je vous prie de m'envoyer une avance de 1 000 roubles. »

La famille de son frère défunt est dans la misère. Lui-même est de nouveau poursuivi par les quelques créanciers qu'il n'a pas encore désintéressés. « Certains d'entre eux sont raisonnables, pourtant, et acceptent mon offre d'échelonner les payements sur cinq ans ; mais d'autres ne veulent rien entendre. Cela me pousse à bout, m'énerve pour longtemps, et voici qu'il faut s'asseoir et écrire. C'est parfois impossible. »

Des crises d'épilepsie retardent encore son travail. Enfin, pour comble de malchance, ses hémorroïdes le retiennent couché pendant quinze jours. Au mois de novembre cependant, grâce à un labeur forcené, il a mis au point la majeure partie de son roman.

Mais il n'en est pas satisfait. Il brûle le manuscrit. Et il recommence :

« Une nouvelle forme, un nouveau plan m'ont séduit... »

Il travaille nuit et jour. Il fond en un seul montage le sujet dont il a parlé à Kraïevsky et qu'il intitulait *Les Pauvres Poivrots* (épisode de Marmeladov) et le sujet de l'étudiant dont il a parlé à Katkov. Il abandonne le projet d'un journal de Raskolnikov et adopte la forme romancée. Il avance dans son œuvre au fur et à mesure de l'impression. Il rédige chaque mois les chapitres qui paraîtront le mois suivant : soit la valeur de six feuillets imprimés en quatre semaines!

Le 18 février 1866, il écrit à Vrangel : « Il y a deux semaines, la première partie de mon roman a été publiée dans *Le Messager Russe*. Cela s'appelle : *Crime et Châtiment*. J'ai entendu déjà beaucoup de louanges au sujet de ce livre. Il contient des choses courageuses et neuves. »

CHAPITRE VI

« Crime et Châtiment »

Le problème de Raskolnikov, le héros de *Crime et Châtiment*, c'est, comme pour l'homme souterrain, le problème de la liberté totale. Un étudiant pauvre et orgueilleux cherche une issue à sa misère. Il connaît une vieille usurière. Que vaut l'existence de cet être malfaisant auprès de la sienne? S'il la tuait, s'il s'emparait de l'argent, il pourrait aider sa mère, sa sœur qui habitent la province, payer ses propres études, devenir un homme en place, faire le bien autour de lui. « Pour une seule vie, des milliers de vies sauvées du croupissement, de la dissolution... » « Quelle importance a-t-elle dans la balance de la vie, cette méchante sorcière? » Son plan est affreusement logique, dangereusement séduisant. « Il rentra chez lui, comme un condamné à mort. Il ne raisonnait plus et ne pouvait d'ailleurs raisonner sur rien; mais, de tout son être, il sentit soudain qu'*il n'avait plus ni liberté de jugement ni volonté, que tout venait ainsi d'être réglé définitivement.* »

Les événements se plient avec une aisance complice à tous ses desseins. Il est entraîné par un poids terrible, « comme si un bout de son manteau avait été pris dans l'engrenage d'une machine et qu'il y eût été entraîné tout entier ». Il ne peut plus résister. Il frappe. Il tue. Il vole. Et, par un étrange concours de circonstances, aucun indice extérieur ne permet aux juges de le soupçonner.

Mais, alors, commence le véritable drame du châtiment intérieur. « Si tout a été accompli en connaissance de cause, si tu avais un but nettement défini et tracé, comment se fait-il donc que, jusqu'ici, tu n'aies même pas regardé ce qu'il y a dans le porte-monnaie, comment ignores-tu ce que l'affaire t'a rapporté, en vertu de quoi tu t'es attiré tous ces tourments? » songe Raskolnikov.

Et, peu à peu, de question en question, d'épouvante en épouvante, il parvient à déceler le vrai mobile de son crime :

« Je n'ai pas tué pour venir en aide à ma mère, non, avouera-t-il à Sonia, ce n'est pas non plus pour me poser en bienfaiteur de l'humanité, après en avoir acquis les moyens. Non, j'ai tué en toute simplicité, tué pour moi seul, et je ne m'inquiétais pas de savoir, à ce moment-là, si je deviendrais un bienfaiteur quelconque ou si je passerais ma vie comme une araignée à prendre des victimes dans ma toile pour me gorger de leurs forces vives. Surtout, ce n'était pas le besoin d'argent qui m'était le plus sensible quand j'ai tué; j'avais moins besoin d'argent que d'autre chose... Il me fallait savoir autre chose, autre chose poussait mon bras; je voulais savoir, au plus vite, si j'étais une vermine comme les autres ou bien un homme. Saurai-je franchir l'obstacle ou ne le saurai-je pas ? me suis-je demandé. Oserai-je me baisser et prendre le pouvoir ou ne l'oserai-je pas ? Suis-je une créature tremblante ou ai-je le droit ? »

Ainsi, Raskolnikov, comme l'homme souterrain, étouffe entre les murs de la morale officielle. Il éprouve en lui la possibilité de dépasser le troupeau anonyme qui l'entoure. Il se sent différent des autres, appelé à un destin spécial, désigné pour la terrible aventure de l'indépendance spirituelle. Des hommes comme lui ont le droit de méconnaître toutes les règles. Pour eux, il existe une morale supérieure, ou plutôt il n'existe plus de morale, mais une entière liberté. Pour eux, un crime n'a plus la valeur d'un crime, et le châtiment n'est plus qu'un mot vide de sens. C'est ainsi que Napoléon s'est justifié sans doute à ses propres yeux, s'il en a toutefois éprouvé l'envie. « Un vrai maître, à qui tout est permis, songe Raskolnikov, canonne Toulon, organise un massacre à Paris, *oublie* son armée en Égypte, *dépense* un demi-million d'hommes dans la campagne de Russie, et se tire d'affaire, à Vilna, par un jeu de mots. Et c'est à cet homme qu'après sa mort on élève des statues. Ainsi donc, tout est permis... »

Tout est permis à certains. Tout est permis à qui veut tout se permettre, parce que ce désir est déjà un signe d'exception.

Pour Raskolnikov, la vieille est l'obstacle primaire, le mur de chair à abattre, à franchir, à oublier pour entrer dans la voie de la liberté. « Ce n'est pas une créature humaine que j'ai assassinée, mais un principe. » Une fois ce principe assassiné, Raskolnikov va connaître sa vocation de surhomme, de dieu. Il se détendra, il se retrouvera dans l'indépendance enfin conquise.

Or, en fait, il n'a jamais été moins indépendant que depuis sa fuite hors de la condition humaine. Une idée fixe ronge le sentiment même de sa liberté. Lui qui a voulu s'évader de toutes les contraintes morales, il vient de s'en imposer une nouvelle. Jour et nuit, se plaide et se juge dans son esprit le forfait dont il aurait voulu être fier. Jour et nuit, les mêmes arguments et les mêmes réponses le harcèlent. Il se dédouble, il devient son propre avocat et l'avocat de sa victime. Il n'est plus un individu. Il est un lieu de débat.

Le meurtre n'est pas justifiable au regard de la conscience profonde, et la personnalité du meurtrier se dissout et se perd comme le cadavre de la victime. Aucun but élevé, aucun idéal, aucune *religion* ne saurait autoriser le crime. Et quiconque porte la main sur son prochain porte la main sur Dieu et sur lui-même. Lorsque Raskolnikov a laissé retomber sa hache sur le crâne de la vieille, ce n'est pas cette femelle avide qu'il a tuée, c'est lui-même, ou plutôt la lumière divine qui l'habitait.

« Après tout, je n'ai tué qu'un pou, Sonia, un sale pou, inutile et malfaisant », s'écrie-t-il.

« Ce pou était un être humain », répond Sonia.

Toute vie humaine vaut davantage que les plus hautes pensées d'un individu. Rien d'humain ne mérite la mort d'un homme. Parce que cet homme, quel qu'il soit, est à l'image de Dieu. Oui, ce « pou inutile et malfaisant » que fut l'usurière ; oui, ce lâche ivrogne que fut Marmeladov ; oui, cette sage prostituée qu'est Sonia, ils sont tous, tous aimés de Dieu, *à l'image de Dieu*. Cela est énorme, inconcevable, mais, pour Dieu, ils sont placés au niveau de Raskolnikov.

Ainsi, au-delà du mur, Raskolnikov chancelle, dès les premiers pas. Il n'est pas chez lui dans cette plaine immense. Et ses forces, qui suffisaient à le porter dans l'enceinte, le trahissent tout à coup ici. Lui qui voulait être un surhomme, le voici qui tremble et se plaint comme un enfant dans une chambre obscure.

Il est loin de tous. Il est étranger à tous et à lui-même. Il est un autre. Son entourage le prend pour un fou. Alors, il fuit ces êtres qui n'ont plus rien de commun avec lui, et il se tourne vers les malheureux. Il aime l'ivrogne Marmeladov, la veuve phtisique Catherine Ivanovna, et Sonia qui se prostitue pour nourrir ses frères et sœurs. Mais eux non plus ne sont pas ses semblables. Son crime l'isole au centre du courant humain. Seul un aveu total, seul un châtiment exemplaire le replongeraient au plus épais de la foule. Cependant, il craint d'être découvert, arrêté, jugé. Il fréquente des policiers, il parle avec eux du meurtre de la vieille. Et le juge Porphyre, qui le soupçonne depuis longtemps, joue avec lui, le pousse à bout, le retient, le rassure et de nouveau l'effraye avec un sang-froid démoniaque.

« Si vous partez, vous reviendrez, lui dit-il : *vous ne sauriez vous passer de nous...* Je suis même persuadé que vous en viendrez à vouloir accepter la souffrance. »

L'épreuve de la liberté est trop dure pour Raskolnikov. Après mille combats, lui, le surhomme, il se prosterne aux pieds de Sonia, la fille publique. Il lui avoue son crime et elle lui conseille de se dénoncer :

« Tu veux donc que j'aille au bagne, Sonia?

— Ce qu'il faut, c'est accepter la souffrance et par elle se racheter! » lui répond-elle.

Il lui obéira. Il ira s'agenouiller à un carrefour et baiser « la terre qu'il a souillée ». Puis, il se présentera au poste de police. « Doucement, avec des pauses et des reprises, mais distinctement », il prononcera :

« C'est moi qui ai assassiné à coups de hache la vieille prêteuse sur gages et sa sœur Élisabeth et qui les ai volées. »

Raskolnikov sera condamné aux travaux forcés, et Sonia, la petite prostituée, l'accompagnera en Sibérie.

« Mais, écrit Dostoïevski, il ne se repentait pas de son crime... »

« Comment se fait-il que mon acte leur paraisse tellement odieux? se demandait-il. Parce que c'est un crime? Que signifie le mot crime? Ma conscience est tranquille. Certes, j'ai commis un assassinat... Eh bien! pour respecter la lettre de la loi, prenez ma tête et n'en parlons plus... »

Et il songe que plusieurs bienfaiteurs de l'humanité n'ont été justifiés que parce qu'ils se sont obstinés dans leur voie. Ce qui le condamne, lui, c'est qu'il a manqué d'envergure. La carcasse a flanché. « Ainsi donc, ce qu'il considérait comme sa faute, c'était de n'avoir pu tenir et d'être allé se dénoncer. »

C'est de ce mensonge, c'est de ces doutes que naîtra subitement la foi. Oui, subitement, comme une étincelle enflamme un tas de paille. Autrefois Sonia lui avait lu le récit de la résurrection de Lazare dans l'Évangile selon saint Jean : « Je suis la résurrection et la vie. Celui qui croit en moi, *fût-il mort*, vivra : et quiconque vit et croit en moi ne mourra point pour toujours. » Ces paroles, il ne les avait pas comprises alors comme elles le méritaient. Et c'est à présent seulement, ici, en Sibérie, que monte à ses lèvres le mot de résurrection. « Comment cela se fit-il ? Raskolnikov lui-même ne s'en rendit pas compte, mais, soudain, quelque chose le saisit et le précipita aux pieds de Sonia... Ils voulurent parler et ne le purent. Leurs yeux s'emplissaient de larmes. Tous deux étaient pâles et défaits, mais déjà sur leurs visages consumés brillait l'aube d'un avenir nouveau, d'une entière résurrection à la vie... »

Ainsi, grâce à Sonia, la petite prostituée, Raskolnikov connaît enfin la véritable liberté. Cette liberté n'est pas une liberté orgueilleuse. L'homme n'est pas Dieu. Le plus fort n'existe que si Dieu existe. Nier Dieu, c'est se nier soi-même. Vouloir devenir Dieu, c'est vouloir mourir en tant qu'homme, c'est vouloir se fondre dans le cosmos, c'est vouloir être et ne plus être à la fois.

En somme, entre les murs de la morale officielle existe la liberté de choisir le bien. Cette liberté mineure suppose la possibilité du péché. On pourrait faire le mal, mais on s'en abstient parce que « c'est défendu », parce qu'on risque « un châtiment », « la prison », « l'enfer ». Ceux qui méprisent les leçons de ces guide-ânes, ceux à qui ces recettes de cuisine spirituelle donnent la nausée, les penseurs, les forts, ceux-là franchissent le mur. Et alors ils se trouvent dans le domaine de la liberté seconde, de la liberté finale. Ils ne font plus le bien pour obéir à une règle apprise dès leur enfance, ils ne craignent plus le mal à cause des représailles terrestres ou supraterrestres, ils font le bien ou le mal suivant leur *propre volonté*, suivant leur instinct. Les uns se prennent pour des surhommes et se cassent les reins dès leurs premières expériences. Les autres découvrent la douceur de faire le bien pour le bien. Ce bien libre, ce bien sans nécessité, ce bien par pur amour les amène imperceptiblement dans le sillage de Dieu et les sauve.

La paix en Dieu, Raskolnikov y aboutira par le détour du crime. Il a fait le mal. Il a péché par orgueil. Il a gâché la liberté qui lui était départie. Il a voulu détruire ce qu'il y avait d'humain en lui. Il a cru que cet instinct du bien périrait le premier dans son cœur, une fois le mur franchi. Or c'est l'instinct du bien qui résiste le mieux à l'épreuve, et qui le torture, et qui le courbe vers la terre pour son salut.

Le repentir rachètera la faute, achètera la liberté. Dans son humilité retrouvée, Raskolnikov se comprend lui-même et comprend Dieu et se comprend en Dieu et dans le monde. Il a trouvé sa place. Il a trouvé sa vie. « Celui qui conservera sa vie la perdra, et celui qui perdra sa vie à cause de moi la retrouvera » (Matthieu). Ainsi la conclusion de Dostoïevski rejoint-elle les paroles mêmes de l'Évangile.

Autour de Raskolnikov, qui est la concentration, le point rouge vif du livre, gravitent les destins d'autres pécheurs, qui, comme lui, ont transgressé les lois de la morale commune et qui seront, comme lui, pardonnés. C'est dans un tripot infâme que Raskolnikov rencontre l'ivrogne Marmeladov, le mari de Catherine Ivanovna, le père de Sonia. Marmeladov est un lâche, un phraseur, qui a perdu sa place et qui boit tout ce qu'il possède. Il a engagé les vêtements de sa femme. Il accepte que sa fille aînée se prostitue pour gagner l'argent qu'il n'a plus le courage de gagner lui-même. Et il mesure avec une volupté ignoble la profondeur de sa chute et l'impossibilité de son relèvement.

« Mais il aura pitié de nous, dit-il, Celui qui a pitié de tous, Celui qui a tout compris... Et tous, il les jugera, tous. Et quand il aura fini avec tous, il nous convoquera, nous aussi. " Allons, approchez aussi, vous autres! Venez, les ivrognes, venez les impudiques!... " Et nous avancerons tous, sans honte aucune... Et il nous dira : " Cochons que vous êtes, votre image est celle de la bête et vous portez son sceau ; mais approchez quand même. " Et les sages, alors, les raisonnables s'écrieront : " Seigneur, comment, vous les recevez aussi, ceux-là ? " Et il leur répondra : " Si je les reçois, vous les sages, si je les reçois, vous les raisonnables, c'est que pas un seul d'entre eux ne s'est cru digne de l'au-delà. " »

Ainsi l'humilité est une chance de rachat pour celui qui l'éprouve. Et Sonia, la petite prostituée, l'éprouve plus que tout autre. « Toi aussi, tu as transgressé la règle, lui dit Raskolnikov, tu as pu la transgresser. Tu as porté la main sur toi, tu as ruiné ta vie, la tienne... (cela revient au même). Par conséquent il nous convient d'aller ensemble, de suivre la même route. »

Mais, alors que Raskolnikov tire un orgueil infini d'avoir reculé les limites humaines, la petite Sonia connaît sa déchéance et l'accepte comme une maladie nécessaire. Elle s'atache sincèrement au seul homme qui ne l'ait pas dédaignée.

Elle éprouve pour lui « une compassion insatiable », suivant l'expression de Dostoïevski. Et, devant cette pureté préservée au cœur du péché, devant cette modestie paisible, Raskolnikov s'agenouille gravement :

« Ce n'est pas devant toi que je me suis prosterné, mais devant toute la souffrance humaine... »

« Ce n'est pas tant à cause de ton déshonneur et de ton péché que j'ai dit cela, mais à cause de ta grande souffrance. »

« Mais, dis-moi donc enfin, articula-t-il en proie à une sorte de paroxysme, comment cette fange et cette bassesse peuvent cohabiter en toi avec les sentiments les plus sacrés et les plus contraires ?... »

C'est à Sonia, nous l'avons vu, que Raskolnikov avouera son crime. Et elle lui répondra :

« Qu'avez-vous fait ? Qu'avez-vous fait contre vous-même ?... Non, non, maintenant il n'y a personne au monde de plus malheureux que toi... »

Cette figure de pécheresse transparente, de femme condamnée suivant la loi terrestre, mais excusée au regard du Ciel, est l'une des créatures les plus charmantes de Dostoïevski. Son effacement, sa douceur vous font mal et on se sent mystérieusement responsable de sa détresse. C'est comme si elle avait appelé sur elle toute la faute des hommes. C'est comme si elle nous avait sauvés en se perdant. Mais, en fait, personne ne sera perdu de ceux qui pensent l'être. Puisque personne n'est coupable, ou tous...

A côté de Sonia, Dounia, la sœur de Raskolnikov, Dounia, la tendre, la résignée, connaît également sa part du péché radieux. Elle aussi, qui accepte de se vendre à cette froide canaille de Loujine, est une pécheresse et une sainte. Une pécheresse, parce qu'elle veut se donner à un être qu'elle n'aime pas. Une sainte, parce qu'elle ne le fait que pour sauver son frère. « Ce mariage est une ignominie. Je veux bien être ignoble, dit Raskolnikov à Dounia, mais je ne veux pas que tu le sois, toi... »

Un autre « grand pécheur » est Svidrigaïlov, chez qui la sœur de Raskolnikov a servi comme dame de compagnie, et qui a poursuivi la jeune femme de ses avances. Il est d'un cynisme total. Il ne croit en rien. Il n'a peur de rien. Pour lui, la vie future n'est qu'une « petite chambre, comme qui dirait une salle de bains, à la campagne, enfumée, avec des araignées dans les coins ; et voilà toute l'éternité ». Il prend son plaisir où il le trouve et ne se soucie pas des conséquences que peuvent entraîner ses caprices. « Imaginez-vous cela, je lui ai donné seulement deux coups de cravache », dit-il à propos de sa femme morte. Il a violé jadis une petite fille de quatorze ans, qui était sourde et muette, et qui s'est pendue dans le grenier après son départ.

Svidrigaïlov a rejoint Dounia, à Saint-Pétersbourg et la traque pour essayer d'obtenir ses faveurs. Il l'attire dans une chambre et lui propose de sauver son frère, dont il a surpris la confession, à condition qu'elle se livre à lui. Prise au piège, Dounia saisit un revolver et veut tuer son séducteur. Puis, elle jette l'arme avec dégoût. Et lui, voyant qu'elle ne *l'aime pas assez* pour l'abattre, la laisse partir tristement.

Ce refus, cette dignité dans le refus l'accablent. Lui qui n'a jamais aimé personne, haï personne, voici qu'il s'éveille à la passion. Lui, qui n'a jamais éprouvé que des sensations, connaît enfin l'approche terrible d'un sentiment.

« Ce soir-là, jusqu'à dix heures, il courut les bouges et les claques. »

Puis, il se rend chez Sonia et lui remet une importante somme d'argent. Il passe ensuite chez sa fiancée, une fillette malingre que des parents lui ont vendue, et il fait cadeau de quinze mille roubles à la famille. Il loue enfin une chambre dans un hôtel louche et cherche le sommeil.

Mais des cauchemars l'épuisent. Il voit en rêve une gamine couchée dans un cercueil, et il reconnaît cette enfant qui s'est suicidée à cause de lui. Il lui semble aussi qu'il découvre une fillette de cinq ans abandonnée au coin d'un couloir. Il la ramène chez lui. Mais voilà qu'elle tourne vers lui un visage enflammé, qu'elle lui tend les bras!

« " Ah! maudite ", s'écria-t-il en levant la main sur elle... Mais à cette minute il se réveilla. »

Plus tard, dans un accès de fièvre et de dégoût, il descend dans la rue et se suicide.

Marmeladov, Sonia, Dounia, Svidrigaïlov, Loujine, toutes les canailles, tous les cyniques, tous les malheureux qui encadrent la grande figure de Raskolnikov portent en eux leur excuse. Ils savent leur déchéance. Et, pour Dostoïevski, seuls les juges méritent d'être jugés. Rien n'est vil sur la terre que l'homme privé de désir, que l'esprit sec, que l'intellectuel orgueilleux. Aucun crime ne tue le droit au pardon. L'amour sauve tout. L'amour et l'humilité. Car l'amour humain doit être humble.

On a reproché à Dostoïevski de ne peindre que des monstres et des malades. « Muse de lazaret. » « Talent cruel. »

Le docteur Tchyj, le grand spécialiste dostoïevskien, estime que le quart des personnages de Dostoïevski sont des névropathes. Il en compte six dans *Crime et Châtiment*, deux dans *Les Frères Karamazov*, six dans *Les Possédés*, quatre dans *L'Idiot*, quatre dans *L'Adolescent*.

Et, de fait, Raskolnikov est continuellement « tremblant de fièvre », ou « repris par le délire ». Svidrigaïlov a des hallucinations érotiques et terrifiantes. Marmeladov est au seuil du délire alcoolique. Catherine Ivanovna est au dernier stade de la tuberculose. Et, en général, comme le dit Svidrigaïlov, tout Saint-Pétersbourg « est une ville de demi-fous ».

Certes, au premier abord, nous n'avons rien de commun avec ces êtres déconcertants. Et, cependant, ils nous attirent comme le fond d'un abîme. Nous ne les avons jamais rencontrés. Mais ils nous sont mystérieusement familiers. Nous les comprenons. Nous les aimons. Enfin, nous nous reconnaissons en eux. C'est qu'ils ne sont pas plus anormaux que nous. Ils sont ce que nous n'osons pas être. Ils font et ils disent ce que nous n'osons pas faire, ce que nous n'osons pas dire. Ils offrent à la lumière du jour ce que nous enfouissons dans les ténèbres de nos consciences.

Mais leurs maladies ? Leurs folies ? Eh bien ! mais ce ne sont là que des *excuses*. Pour faire admettre au lecteur l'existence de ces créatures, la logique de leurs discussions, de leurs actions, Dostoïevski a été contraint de les frapper de démence, de tuberculose, d'épilepsie, d'hystérie... Il les a chargés pour nous décharger, nous. Il nous a fait cette concession de leur coller une étiquette pathologique dans le dos. Ces personnages, qui ne sont que des idées ambulantes, il les a nantis d'un livret sanitaire : « Ce que je raconte là est tout à fait plausible, puisqu'il s'agit d'un déséquilibré. »

Et la critique d'abord bute contre ce prétexte. Elle examine les livres de Dostoïevski comme des manuels de psychologie pathologique. Elle ne songe pas à lever le masque, à regarder la face véritable de ces monstres, leur face humaine, notre propre face.

« On se demandera, une fois de plus, si la littérature a le droit de s'attacher à des exceptions maladives », écrit Vogüé. Où est l'exception ? Où sont les malades ? Pour être malade, il faut avoir un corps. Les créatures de Dostoïevski n'en ont pas. Les créatures de Dostoïevski ne sont que les véhicules de nos propres pensées, ne sont que nos pensées. Et si le monde où elles se meuvent ressemble au nôtre, c'est par une tricherie habile de l'auteur. Ces chambres glacées, ces tripots puants, ces ruelles brumeuses, ces réverbères plantés de guingois dans la boue, ces linges sordides aux fenêtres, tout cela compose plutôt un décor de rêve. Ce n'est pas une peinture réaliste, c'est une vision de cauchemar. Et les détails mêmes que l'auteur éclaire dans ce fouillis d'ombre et de vermine frappent comme les signes d'un sadisme surnaturel. Ils ont un sens mystérieux : « les tableaux représentant des demoiselles allemandes », chez l'usurière, « les rondelles de concombre, les biscuits noircis et le poisson découpé en tranches », dans le cabaret, « le divan capitonné d'indienne », chez Marmeladov, et « ce vilain chien tout crotté, la queue entre les jambes », qui dépasse Svidrigaïlov au moment où il va se tuer... Chacune de ces précisions nous secoue, comme une commotion électrique. Mais elles ne nous réveillent pas. Elles servent simplement à nous faire apprécier le chemin parcouru du réel au rêve. Elles sont l'unité de mesure que Dostoïevski nous propose, de temps en temps, par charité. Et puis, nous reprenons notre marche de somnambule.

Pour mener à bien la publication de son livre, Dostoïevski doit lutter contre son éditeur qui exige des modifications. Katkov et son « lieutenant Léontiev estiment que le chapitre de la lecture de l'Évangile peut être « mal interprété », et qu'on y verra « des traces de nihilisme ». Dostoïevski insiste. Peine perdue. « Je me suis mis à la tâche, et la transformation de ce grand chapitre m'a coûté la valeur de trois chapitres par le travail qu'elle m'a donné. »

En fait, cette correction n'empêcha pas la critique de traiter Raskolnikov de nihiliste : « Ainsi, pour la première fois, nous avons sous les yeux un nihiliste qui souffre, un nihiliste torturé par une souffrance profondément humaine », écrit Strakhov. On compare Raskolnikov au révolutionnaire Bazarov, de Tourgueniev.

Or, entre Bazarov et Raskolnikov, la distance est considérable. Bazarov est un homme nouveau, un héros de son temps et strictement de son temps : un nihiliste. Raskolnikov, en revanche, est de tous les temps. Ce n'est pas un problème social qui le tourmente, mais un problème métaphysique. Il n'est pas le *résultat* d'une mode intellectuelle, mais d'une *permanence* humaine. Bazarov n'est concevable que dans le cadre du XIXe siècle. Raskolnikov aurait pu apparaître au Moyen Age comme de nos jours. Bazarov est un homme. Raskolnikov, c'est l'homme.

Cependant, les étudiants suivirent la critique et ne reconnurent dans Raskolnikov qu'une charge aveugle contre la jeunesse universitaire. Par une étrange coïncidence, un assassinat commis à Moscou par un étudiant, peu après la publication du livre, vint confirmer leur point de vue. Leur engouement pour Dostoïevski baissa du jour au lendemain.

Quant au large public, il accueillit *Crime et Châtiment* avec un enthousiasme naïf. Ce livre, qui tenait du roman policier, de l'histoire sentimentale et de la thèse philosophique, contenta le grand nombre. On ne le comprit pas toujours. Mais on l'admira sans arrière-pensée. Le nom de l'auteur était sur toutes les lèvres. On citait Dostoïevski aux côtés de Tourgueniev et de Tolstoï. C'était la gloire.

Toutefois, cette renommée soudaine ne tire pas Fédor Mikhaïlovitch de ses embarras financiers. La date du 1er novembre où il doit livrer un roman inédit à Stellowsky approche, et il n'a pas écrit la première ligne de ce nouvel ouvrage. Le 1er octobre, Milioukov rend visite à Dostoïevski :

« Il allait et venait à grands pas dans la pièce, en fumant une cigarette : il avait l'air très agité.

" Qu'avez-vous ? demandai-je.

– C'est affreux, je suis perdu, répondit-il sans s'arrêter de marcher.

– Quoi ? Qu'y a-t-il ?

– Savez-vous quel contrat me lie à Stellowsky ?

– Vous m'avez parlé d'un contrat, mais j'en ignore les clauses.

– Eh bien ! regardez. "

« Il s'approcha de la table à écrire, y prit un papier qu'il me tendit, puis se remit à déambuler par la pièce.

« J'étais terrifié. Non seulement Dostoïevski recevait une somme dérisoire pour ses œuvres antérieures, mais il était tenu de fournir pour novembre, c'est-à-dire cinq mois après la signature du contrat, " un roman nouveau, inédit, comprenant au moins dix feuilles imprimées de grand format ", faute de quoi Stellowsky se réservait le droit de publier ses œuvres futures sans rémunération.

" Ce roman est très avancé ? demandai-je.

– Pas une ligne d'écrite. " »

Milioukov, bouleversé, offre de rassembler quelques amis, de leur partager la tâche par chapitres, et de composer le livre en collaboration.

« Jamais je ne signerai de mon nom l'œuvre d'autrui », répond Dostoïevski.

Alors, Milioukov lui suggère de dicter le roman à une sténographe. Mais Fédor Mikhaïlovitch hésite. Saura-t-il s'adapter à cette nouvelle méthode de travail? Et où trouvera-t-il une secrétaire capable?

« Je m'en occuperai! » s'écrie Milioukov.

Le lendemain, 2 octobre, Milioukov se rend chez Olchine, qui dirige un cours de sténographie pour dames, et lui explique l'affaire. Le 3 octobre, à six heures du soir, Olchine s'approche d'une de ses élèves et lui dit simplement :

« Anna Grigorievna, voudriez-vous accepter un petit travail de sténographie? On m'a prié de chercher quelqu'un. Et j'ai pensé à vous. »

CHAPITRE VII

Anna Grigorievna

Le 4 octobre 1866, Anna Grigorievna Snitkine quitte de bonne heure l'appartement de ses parents, achète quelques crayons et une serviette dans une papeterie du Gostiny Dvor et s'achemine, par la ruelle Stalarnyï, vers la maison de Dostoïevski. Anna Grigorievna est une petite jeune fille de vingt ans, au visage pâle, qu'éclairent deux beaux yeux d'un gris loyal et gai. Elle est de bonne famille. Elle a fini le gymnase Marie avec une médaille d'or. Si sa mère a accepté qu'elle serve de secrétaire à un écrivain, c'est que son père avait été, de son vivant, un admirateur fervent de Dostoïevski. Au fait, comment est-il, ce Dostoïevski? Ce doit être un contemporain de papa, un monsieur obèse et chauve, ou très grand, très maigre et très sévère? Elle est émue à la pensée de « collaborer » avec un auteur aussi célèbre que Dostoïevski. Ne la trouvera-t-il pas trop sotte? Saura-t-elle lui parler de ses livres? Le nom de certains personnages des *Pauvres Gens* lui échappe. Que faire s'il l'interroge à ce sujet? Avouer son oubli, ou feindre la distraction?

A onze heures, elle s'arrête devant l'immeuble Alonkine, sorte de grande bâtisse, composée d'une infinité de petits logements, et qui rappelle assez la maison de Raskolnikov dans *Crime et Châtiment*.

« Le logement n° 13?

— C'est sous la voûte, au deuxième étage », lui répond le portier.

Le cabinet où la fait entrer une servante sans âge est une vaste pièce modestement meublée d'un divan, de quelques chaises et d'un bureau. A peine s'est-elle assise que la porte s'ouvre, et Fédor Mikhaïlovitch entre en s'excusant d'avoir été retenu.

« Il était de taille moyenne, note-t-elle dans ses *Souvenirs*. Ses cheveux châtain clair, et même légèrement roux, étaient fortement pommadés et soigneusement lissés. Mais ce furent les yeux qui m'étonnèrent le plus dans ce visage. Dostoïevski portait une jaquette de drap bleu déjà passablement élimée, mais le col et les manchettes de sa chemise étaient d'une blancheur de neige. » Il s'avance. Il a l'air las, désolé, perdu. En fait, il a subi, la veille, une violente crise d'épilepsie, et il ne s'en est pas encore tout à fait remis.

D'une voix morne, il prie Anna Grigorievna de s'asseoir et de prendre, sous sa dictée, un passage du *Messager russe*. Il lit très vite et elle proteste :

« On ne parle jamais comme ça ! »

Plus tard, tandis qu'elle transpose le texte sténographié en écriture courante, il déambule de long en large dans la chambre et s'impatiente :

« Que c'est long ! Est-il possible qu'il faille tant de temps pour la copie ! »

Après avoir examiné le travail, il trouve que sa secrétaire a oublié un point, et qu'elle n'a pas indiqué assez nettement un signe d'accentuation.

« C'est inadmissible ! Inadmissible ! De toute façon, il m'est impossible de dicter aujourd'hui. Revenez demain. »

« Ah ! maman ! Ne me parle pas de ce Dostoïevski ! » s'écrie Anna Grigorievna en rentrant chez elle.

Elle revient le lendemain, et, cette fois, le travail s'organise pour le mieux. Fédor Mikhaïlovitch dicte avec une bonne humeur retrouvée les premiers chapitres du *Joueur*. De temps en temps, il s'arrête pour raconter quelque souvenir à la jeune fille : son enfance, son arrestation, l'échafaud, la Sibérie... Elle écoute parler, ravie, émue, cet homme qui a tellement souffert, tellement réfléchi et qui, cependant, s'intéresse à elle.

« Combien avons-nous fait de pages hier ? Finirons-nous au jour fixé ? »

Le roman avance. Et Fédor Mikhaïlovitch se rassure peu à peu. Il éprouve un singulier plaisir à travailler auprès de cette jeune fille si fraîche et si aimable. Le fait même de lui dicter un roman d'amour ajoute une gêne délicieuse à l'aventure. Farouchement, voluptueusement, Fédor Mikhaïlovitch évoque l'altière figure de Pauline Souslova en face de cette gamine appliquée. Il donne même le prénom de son ancienne maîtresse à l'héroïne du roman.

L'instituteur Alexeï Ivanovitch, qui raconte l'histoire, est éperdument amoureux de Pauline, la belle fille du général Zagoriansky. Pauline connaît l'amour du jeune homme et l'autorise à lui en parler, mais elle le traite avec mépris. « Eh bien! je l'avoue, être votre esclave fait mes délices, lui dit Alexeï Ivanovitch. Il y a une jouissance au dernier degré de l'humilité et de l'abaissement... Profitez de mon esclavage, profitez-en! Savez-vous qu'un jour ou l'autre je vous tuerai? »

Lorsque Pauline lui explique qu'elle a besoin d'argent, il se rend au casino et joue à la roulette avec les 700 florins qu'elle lui a remis. Une fièvre soudaine s'empare de lui. « J'éprouvai comme une envie de défier le sort, de lui faire la nique, de lui tirer la langue. » Il perd tout et quitte la salle, abasourdi. Mais Pauline insiste et il retourne au casino. La chance lui sourit, cette fois. « Mes tempes étaient moites, mes mains tremblaient. Des Polonais m'offrirent leurs services, mais je n'écoutai personne. La veine ne me laissait pas. Soudain, ce fut un brouhaha, des rires : " Bravo! Bravo! " criait-on. Certains battaient même des mains. J'avais, là aussi, raflé trente mille florins, et la banque fermait jusqu'au lendemain. »

Il se hâte vers l'hôtel, il entre dans sa chambre où Pauline l'attend.

« Je ne veux pas prendre cet argent sans donner quelque chose en échange », dit-elle.

Elle le caresse, l'embrasse et se livre à lui.

« Tu es gentil..., gentil, répétait-elle... Eh bien! vas-tu me donner mes cinquante mille francs? »

Lorsqu'elle les a, elle les lui jette au visage et s'enfuit.

Après le départ de Pauline, Alexeï Ivanovitch se rend à Paris, où il dépense son argent avec une aventurière. Plus tard, il se remet à jouer pour vivre. Il perd, il gagne, il reperd...

« Vraiment, on éprouve une sensation singulière quand seul, en terre étrangère, loin de son pays et de ses amis, et sans savoir si l'on aura de quoi manger ce jour-là, on risque son dernier, son tout dernier florin. »

Le roman se termine sur cette phrase mélancolique : « Demain, demain, tout sera fini. »

Outre les deux figures centrales de Pauline et d'Alexeï Ivanovitch, *Le Joueur* compte un personnage de haute farce qui vaut d'être signalé : c'est la vieille tante richissime du général, la « baboulenka », dont toute la famille attend la mort avec impatience. Elle débarque, un beau jour, dans la ville de jeu, avec une suite de domestiques. Sur son ordre, on la roule dans son fauteuil jusqu'au casino, et elle se met à jouer comme une effrénée. « La grand-mère ne tenait plus en place ; elle braquait ses yeux ardents sur la bille qui zigzaguait à travers les cases du plateau mobile ; elle frappa même du poing sur la table, quand le croupier annonça trente-six, au lieu du zéro escompté. » Après un gain sérieux, aussitôt englouti par une perte énorme, la baboulenka, complètement ruinée, quitte la ville.

Ce roman rapide, effleuré, dont on devine en le lisant qu'il a été dicté à la diable, nous éclaire exactement sur la double passion de Dostoïevski : Pauline et le jeu.

On croit parcourir, en feuilletant *Le Joueur*, une réplique du Journal de la Sousslova. Même atmosphère d'adoration insatisfaite, mêmes sautes d'humeur, mêmes revirements passionnés.

« En votre présence, je perds tout amour-propre », dit le héros à sa bien-aimée, et Dostoïevski dut bien souvent répéter cette phrase à Pauline.

« Je la pris dans mes bras, lui baisai les mains, les pieds, tombai à genoux devant elle », écrit Dostoïevski dans *Le Joueur*. « Il tomba à mes pieds, embrassant, serrant mes genoux et, sanglotant tout haut, il s'écria : " Je t'ai perdue, je le savais " »... écrit Sousslova dans son Journal.

On pourrait multiplier les comparaisons.

Quant à son engouement pour la roulette, Dostoïevski nous l'explique en une formule saisissante : « J'éprouvai comme une envie de défier le sort, de lui faire la nique, de lui tirer la langue. »

La roulette lui permet de jouer avec la destinée, comme la destinée joue avec lui. Grâce à la roulette, il franchit le « mur ». Il tombe dans le domaine de l'illogisme, de la possibilité totale, du hasard. « Deux fois deux font quatre » ne signifie plus rien. Les plus savantes martingales sont annulées par les caprices innombrables de la chance. Dans le jeu, et dans le jeu seul, rien ne dépend de rien.

Le jeu, c'est la première expérience de la liberté dans le monde physique.

Le 30 octobre 1866, après vingt-cinq jours de travail heureux, *Le Joueur* est prêt pour l'impression. Le 1ᵉʳ novembre, Dostoïevski se rend chez Stellowsky pour lui remettre le manuscrit. Mais l'éditeur avait pris les devants : il était parti pour la province ; ses domestiques ignoraient la date de son retour, et, à la maison d'édition, le chef de service refusa d'accepter le roman, sous prétexte qu'il n'avait pas reçu d'ordres à ce sujet. C'est alors que Dostoïevski eut l'idée de se présenter au commissariat du district et de déposer son livre entre les mains du surveillant, contre un bulletin dûment signé et daté.

Le traquenard était déjoué, la commande exécutée, et, cependant, Dostoïevski n'était pas pleinement satisfait.

Il s'était habitué à cette gamine qui venait chaque jour chez lui, et qui discutait de ses héros avec un enthousiasme juvénile. Avec elle, le travail était facile et amusant. Il faisait bon penser, parler, vivre auprès d'elle.

L'idée d'une séparation immédiate le chagrine. Il rend visite à la mère d'Anna Grigorievna et propose à la jeune fille de « collaborer » aux derniers chapitres de *Crime et Châtiment*. Anna Grigorievna accepte d'emblée. Le 8 novembre, elle s'apprête à reprendre son travail chez l'écrivain.

Il la reçoit dans un état d'agitation extrême. Très pâle, très ému, il la débarrasse de sa capeline et la conduit à un fauteuil. Il regarde devant lui ce pur visage que le temps n'a pas marqué, ce visage simple et victorieux. Comme elle est jeune ! Comme elle est ignorante de tout ! Comme il l'aime ! Mais de quel droit viendrait-il lui avouer son amour, lui qui a plus du double de son âge, lui qui est malade, pauvre, criblé de dettes ? Le même scrupule le saisit qu'en face d'Anna Korvine-Kroukovskaïa. Il a peur d'un refus. Il est sûr d'un refus.

« Écoutez, lui dit-il, j'ai pensé à un nouveau roman. Mais la fin m'embarrasse un peu. La psychologie d'une jeune fille y est mêlée. Si j'étais à Moscou, je m'adresserais à ma nièce, Sonia ; aujourd'hui, c'est vous que je prierai de... »

Et il lui raconte l'histoire d'un peintre, « un homme qui n'est plus jeune, en un mot un homme de mon âge »... Ce peintre a une existence pénible ; il a perdu son père ; il a perdu sa femme, ses proches, sa sœur préférée. Il est seul, désenchanté, misérable. Et, cependant, il éprouve la soif d'un bonheur nouveau. Or, à ce moment décisif de sa vie, il rencontre une jeune fille douce, intelligente et sensible : « Croyez-vous qu'elle pourrait l'aimer sincèrement ?... Mettez-vous à sa place, pour une minute. Supposez que ce peintre ce soit moi, que je vous avoue mon amour, que je vous demande d'être ma femme, dites, que répondriez-vous ? »

Il s'arrête, gêné par sa propre audace. N'a-t-il pas gâché une amitié très tendre en parlant de la sorte ? N'a-t-il pas effarouché cette jeune fille qui ne se doutait de rien ? Mais, déjà, Anna Grigorievna le regarde avec un calme joyeux. Puis, elle dit simplement :

« Je vous répondrais que je vous aime, que je vous aimerai toute ma vie... »

La famille de Michel, que Dostoïevski avait prise à sa charge, et Paul Issaïev, le beau-fils de Fédor Mikhaïlovitch, voyaient leurs intérêts menacés par la nouvelle union de l'écrivain. Ils essayèrent de lui démontrer qu'il était absurde, et même vicieux, pour un « vieillard », d'épouser une pareille « jeunesse ». Ces reproches mettaient Fédor Mikhaïlovitch au supplice, parce qu'ils répondaient exactement à ses doutes les plus intimes.

« Ma jeunesse le troublait visiblement », note Anna Grigorievna dans son Journal. Et Dostoïevski écrira plus tard à Sousslova : « J'ai remarqué que ma sténographe m'aimait très sincèrement, bien qu'elle ne m'eût jamais rien dit ; et, à moi, elle me plaisait de plus en plus. Comme depuis la mort de mon frère la vie me pèse et m'ennuie, je lui ai proposé de devenir ma femme. Elle a accepté... La différence d'âge est énorme (vingt et quarante-quatre) ; mais je me convaincs de plus en plus qu'elle sera heureuse : elle a du cœur et sait aimer. »

La lettre à « l'éternelle amie » exprime un embarras, une honte morbides. Ce bonheur bourgeois, ce calme, l'âge tendre de la fiancée... Tout cela gêne Dostoïevski, comme s'il commettait une vilaine action. Et puis, une fois amarré au port, ne regrettera-t-il pas les tempêtes du large ? Et tous ces gens qui s'étonnent autour de lui ? Tous ces gens qui ricanent sans doute, lorsqu'il a le dos tourné, qui le traitent de « vieux fou », de « sadique » !... Qu'importe ! Le 15 février 1867, à sept heures du soir, Fédor Mikhaïlovitch Dostoïevski épouse Anna Grigorievna en l'église de la Trinité.

« Tu es tout pour moi dans l'avenir, écrit Fédor Mikhaïlovitch à Anna Grigorievna, dans la première lettre qu'il lui adresse à l'occasion de son anniversaire ; tu es mon espoir et ma foi, et mon bonheur, tout. » Celle qui reçoit cette déclaration est à la fois émue et inquiète. Sera-t-elle à la hauteur de sa tâche? Sera-t-elle digne de la responsabilité qui lui incombe soudain?

Elle fut dévouée et sage à souhait.

Dès l'âge de quinze ans, elle avait admiré son futur mari. Elle continua de l'admirer toute sa vie, sans trop le comprendre et en essayant de le rendre heureux.

Elle s'était forgé de lui une image commode et réconfortante. Petite-bourgeoise, elle ne vit en lui qu'un petit-bourgeois. Ingénue attardée, elle le présenta sous les traits d'un brave père de famille, dépouillé de toutes les tares, lavé de tous les bas instincts, aimant, aimable, et si bon et si simple parmi tous ces gens compliqués et méchants. D'un Rembrandt, elle fit une vignette, d'un être violent et mystérieux, un héros pour comédies de patronage.

Ah! non, elle n'était pas très intelligente. Elle n'était pas très instruite non plus, malgré sa médaille d'or. Mais elle avait un sens pratique à toute épreuve. Elle était née secrétaire. Un de ses amis disait d'elle : « Si elle n'avait pas épousé Dostoïevski, elle aurait ouvert un bureau de change sur la perspective Newsky. »

Elle n'apporta pas dans l'existence de Dostoïevski les désespoirs et les extases auxquels les femmes l'avaient accoutumé. Elle n'enrichit pas le trésor de ses notes. Mais elle ordonna ce trésor avec un soin de ménagère modèle.

Méticuleuse, économe, vertueuse, aimant les livres de comptes, inscrivant le prix d'un café crème ou d'un gâteau dans son journal intime, examinant les contrats de son mari, veillant au paiement des honoraires, tenant les créanciers en échec, recopiant, classant, cataloguant, s'affairant dans l'orbe du génie, comme une maîtresse de maison dans sa cuisine, elle est le type de la femme qui « range tout ce qui traîne ».

Elle a, en quelque sorte, époussetté la vie de Dostoïevski. Auprès de ce grand homme, elle n'a pas été la muse, mais la sœur de charité. Or, Dostoïevski avait plus besoin d'une sœur de charité que d'une muse.

Les débuts d'Anna Grigorievna dans le mariage furent pénibles. La belle-sœur, les frères, les neveux de Dostoïevski, son beau-fils Issaïev, sorte de chenapan paresseux et phraseur, s'estiment lésés par l'union de Fédor Mikhaïlovitch et battent froid à l'intruse. Paul Issaïev, qui habite chez Dostoïevski, défend aux domestiques d'obéir à la nouvelle maîtresse de maison, vole le sucre, avale en cachette la crème destinée au café de son beau-père, et déclare en haussant les épaules :

« Eh bien! papa, du temps où j'avais le ménage en main, rien ne clochait! »

Il se plaint à Dostoïevski des offenses imaginaires que la jeune femme ne cesse de lui infliger, à lui le « fils ». Et Dostoïevski gronde gentiment Anna Grigorievna :

« Annette, cesse de te disputer avec Paul, ne l'offense pas, c'est un bon garçon. »

Les scènes de famille deviennent de plus en plus fréquentes. La santé de Fédor Mikhaïlovitch s'en ressent. Il subit des crises d'épilepsie d'une rare violence.

« Je saisis Fédor Mikhaïlovitch par les épaules, écrit Anna Grigorievna, et l'obligeai de toute mon énergie à s'asseoir sur le divan; mais, quelle ne fut ma surprise de voir le corps insensible glisser à terre, au moment où je n'avais plus la force de le retenir. Repoussant la table sur laquelle se trouvait une lampe allumée, je donnai au malade la possibilité de s'étendre sur le plancher, puis, assise à côté de lui, tout le temps que durèrent les convulsions, je gardai sa tête sur mes genoux...

« Hélas! pour mon immense chagrin, il eut bientôt une nouvelle crise, beaucoup plus violente que la première, et ce n'est qu'au bout de deux heures qu'il reprit connaissance en criant de douleur. C'était un spectacle effrayant! »

Et Fédor Mikhaïlovitch écrit à Maïkov :

« Rien de plus insupportable que de ressentir et de connaître cet ébranlement des nerfs et du cerveau. Je commence réellement à perdre l'intelligence. »

Les médecins lui conseillent de partir pour l'étranger. Anna Grigorievna ne manque pas d'approuver ce projet d'évasion. Et Dostoïevski lui-même ne demanderait pas mieux que de prendre la fuite, car ces créanciers le harcèlent avec une insistance réveillée.

Cependant, lorsqu'il annonce son départ à la famille, c'est une protestation unanime. N'a-t-il pas promis, jadis, de louer une villa où tout le petit clan irait se reposer pendant l'été? S'il renonce à cette idée, il doit dédommager ses proches et leur laisser de l'argent pour vivre pendant son absence. Chacun monnaye ses exigences. Elles se montent à onze cents roubles.

Or, Dostoïevski ne dispose plus que de mille roubles, exactement.

« Tu vois, ma chère Annette, le sort est contre nous, dit-il. Si nous partons pour l'étranger au printemps, nous aurons besoin de deux mille roubles et nous en avons à peine la moitié. Mais si nous restons en Russie, nous pourrons vivre deux mois tranquillement... »

Entre-temps les créanciers reviennent à la charge et menacent Dostoïevski de prison.

« La prison pour dettes m'eût été très utile peut-être, d'un certain point de vue, écrit-il. J'aurais accumulé des matériaux réels pour une seconde *Maison des Morts*, soit un bénéfice de 4 à 5 000 roubles; mais je venais de me marier, et puis, aurais-je supporté les ardeurs de l'été dans la maison de Tarassov [la prison pour dettes]? »

Anna Grigorievna, sur le conseil de sa mère, propose à Dostoïevski d'engager tous les meubles qu'elle possède en propre pour payer le voyage. Elle préfère abandonner son trousseau, mais ne plus subir la guerre sourde de la famille. Quelle autre solution reste-t-il, puisqu'on peut, d'un jour à l'autre, venir arrêter Fédor Mikhaïlovitch? A contrecœur, Dostoïevski accepte le premier sacrifice de sa jeune femme.

Le 12 avril, des experts viennent évaluer les pauvres meubles d'Anna Grigorievna. Et, le 14 avril, à cinq heures de l'après-midi, le ménage quitte la ville où il ne reviendra qu'au bout de quatre ans.

CHAPITRE VIII

Dostoïevski à la roulette

« J'étais seul, sans fortune, avec une créature jeune, qui accueillait dans une joie naïve l'idée de courir le monde avec moi ; mais je voyais aussi que cette joie naïve supposait un certain emballement, un certain manque d'expérience, et cela me gênait et me torturait. J'avais peur qu'Anna Grigorievna ne s'ennuyât auprès de moi. »

De Saint-Pétersbourg, les Dostoïevski se rendirent à Berlin, en passant par Vilna. Mais Berlin parut à Fédor Mikhaïlovitch une ville si froide, si vide et si ennuyeuse qu'il n'y séjourna que quarante-huit heures, et partit aussitôt pour Dresde. (« Les mornes Allemands ont détraqué mes nerfs jusqu'à l'exaspération. ») Dès son arrivée à Dresde, Dostoïevski loua un appartement de trois chambres, et s'empressa d'acheter à sa femme un chapeau de paille d'Italie blanche, garni de rubans noirs qu'on appelait des « suivez-moi ».

« A mon grand étonnement, il ne déplaisait pas à mon mari de s'occuper de ces achats », notait Anna Grigorievna.

Très vite, l'emploi du temps des Dostoïevski s'organisa d'une façon immuable. Fédor Mikhaïlovitch travaillait la nuit et ne se levait qu'à onze heures pour déjeuner. A deux heures, il rejoignait sa femme dans la galerie de tableaux, et lui expliquait la *Madone* de Raphaël, le *Christ à la pièce de monnaie* de Titien, ou *La Chasse* de Ruysdaël. A trois heures, le couple mangeait dans un restaurant, et la journée se poursuivait par une promenade dans le grand parc où un orchestre jouait « de la musique à bon marché ».

« Fédor Mikhaïlovitch avait une culture musicale, écrit Anna Grigorievna, et il appréciait Beethoven, Mendelssohn, Rossini, mais il ne supportait pas Mozart. »

A neuf heures, Fédor Mikhaïlovitch et sa femme rentraient chez eux pour le thé. Dostoïevski lisait un peu avant de se mettre au travail. Et Anna Grigorievna ouvrait un carnet, où elle inscrivait ses impressions quotidiennes en signes sténographiques.

On trouve de tout, dans ce Journal bébête et charmant de jeune fille : le menu des repas, le prix des œufs et de la levure, le récit délicieux des bavardages et des colères du cher *Fédia*, le croquis des convives dans les restaurants. On demeure confondu à la pensée qu'au moment où Dostoïevski préparait *L'Idiot*, sa femme, son amie, sa confidente, notait dans son petit album : « Je me suis levée tôt et me suis mise à me laver, ce qui a réveillé Fédia. Mais il ne s'est pas fâché contre moi. » Ou bien : « La veille encore, en me prêtant son peigne, Fédia m'avait prié d'en prendre soin... Or, mes cheveux étaient très emmêlés et c'est ce qui fait que, oubliant toutes les recommandations, j'ai cassé trois dents du peigne en essayant de me coiffer. J'ai fondu en sanglots, et j'ai résolu de quitter la maison en emportant le peigne et de marcher jusqu'au soir... » Aucune allusion à la genèse de l'œuvre. Anna Grigorievna s'est cantonnée hors du laboratoire dostoïevskien. Elle a aimé l'homme sans comprendre l'artiste. Eût-elle épousé un épicier qu'elle n'eût pas écrit autre chose !

« Ma chère Annette, je donnerais beaucoup pour savoir ce que tu inscris là, avec ces crochets ? » lui dit-il parfois.

Vers minuit, Fédor Mikhaïlovitch venait embrasser sa femme avant de retourner à son œuvre. Il s'asseyait au bord du lit. Et ces rendez-vous nocturnes étaient la récompense de la jeune femme. « Ce ne sont plus que longues confidences, petits mots tendres, rires, baisers », écrit Anna Grigorievna.

Il la quitte enfin. Et, laissant là cette enfant ignorante et douce, il se dirige vers la table où l'attendent les notes de son prochain roman.

Dostoïevski a fui la Russie pour travailler. Et, cependant, son travail n'avance pas. De nouveau, cet exil, d'abord souhaité, le tourmente.

« La Russie m'est indispensable, écrit-il à Maïkov, indispensable à cause de mon travail littéraire... Comme un poisson privé d'eau, je perds toutes mes forces, tous mes moyens... »

Qu'est-il venu faire à Dresde? Et où trouvera-t-il l'argent pour retourner à Saint-Pétersbourg? Un seul espoir : la roulette. Cependant, il n'ose encore en parler à sa femme. Mais son humeur se gâte. Il devient acariâtre, haineux. Il s'en prend au mariage, aux Allemands, aux paysages. « Il critique tout : pourquoi les allées sont-elles droites, pourquoi y a-t-il un étang à cet endroit, pourquoi ceci, pourquoi cela? » note Anna Grigorievna.

Enfin, Fédor Mikhaïlovitch se décide à lui exposer son idée. Et elle l'approuve. Elle l'approuve, parce qu'elle redoute une scène, une crise. Elle l'approuve contre sa raison, contre son cœur. Dostoïevski est tellement possédé par la fièvre du jeu, qu'il accepte d'abandonner sa jeune femme à Dresde, toute seule, dans une ville inconnue, pour filer sur Hombourg.

« Fédia dit que, s'il gagne, il viendra me prendre et que nous séjournerons à Hombourg. Comme ce serait beau! Au surplus, il vaudrait peut-être mieux qu'il ne partît pas du tout. »

Il part enfin, le 16 mai, à trois heures de l'après-midi, accompagné par sa femme en larmes jusqu'à la gare.

Et, le 17 mai, dès son arrivée à Hombourg, il lui écrit :

« Pourquoi ai-je quitté mon Annette?... j'ai compris que je ne suis pas digne d'un ange aussi doux, aussi beau, aussi pur que toi, et qui croit en moi par-dessus le marché. Comment ai-je pu te quitter? Où vais-je? Pourquoi?... Dieu t'a donnée à moi pour que, par toi, je puisse racheter mes énormes péchés en te présentant à Lui développée, conservée, sauvée de tout ce qui est bas et tue l'âme. Et moi... moi je viens te troubler avec des choses aussi stupides que mon voyage ici! »

Le 18 mai, nouvelle lettre : « Je commençai à jouer dès le matin, et, à midi, j'avais perdu seize impériaux... Après le déjeuner, je retournai avec l'intention d'être aussi raisonnable que possible et, grâce à Dieu, j'ai retrouvé tout ce que j'avais perdu et cent florins de plus. J'aurais pu en gagner 300, car je les ai eus en main. Mais je les ai risqués et perdus. Écoute maintenant ma conclusion, Annette : quand on est raisonnable, le cœur de marbre, froid et surhumainement prudent, alors on peut, à coup sûr, sans l'ombre d'un doute, gagner tout ce qu'on veut... En un mot, je veux m'appliquer avec une énergie extraordinaire à être réfléchi. »

Mais son énergie le trahit sans doute, puisque, le lendemain, il avoue à sa chère Annette :

« La journée d'hier a été tout à fait néfaste. J'ai perdu au-delà de mes moyens. Avec mes nerfs, mon ange, on ne doit pas jouer. J'ai joué environ dix heures, et terminé en perdant... Aujourd'hui, je veux faire une dernière tentative avec ce qui me reste : une goutte d'eau. ... Notre situation a vraiment quelque chose d'étrange. Viendrait-il à l'esprit d'aucun des nôtres, à Saint-Pétersbourg, que nous sommes en ce moment séparés, et pourquoi ? »

Pour se reposer de ses émotions, il se promène dans le parc, visite le Kursaal, écoute la musique, « qui est bien supérieure à celle de Dresde ». Il est malade de remords. Il essaye de se convaincre qu'il joue pour sauver de la misère sa chère Annette et toute la famille de Saint-Pétersbourg. Mais, très vite, il ne peut plus se mentir à lui-même : le jeu seul l'intéresse. Il aime le jeu pour le jeu. Il ne vit plus que pour cette minute d'anxiété intense, où la boule lancée emporte les regards dans un vertige de reflets : noir, rouge, pair, impair, gain ou perte... Toute l'existence est suspendue au tournoiement de la roue. La jouissance et la douleur sont comprimées à l'extrême. Une sensation suraiguë le traverse. Il est baigné de sueur. Il tremble. Il ne pense plus à rien. « Partout et toute ma vie durant, écrit l'homme souterrain, j'ai dépassé les limites. »

Dépasser les limites, frôler le danger, risquer le tout pour le tout, n'est-ce pas la seule façon de vivre ? Mais, là-bas, à Dresde, une jeune femme s'inquiète, pleure et note dans son Journal intime : « Nouvelles pertes ! que va-t-il sortir de là ? »

Mystérieusement averti, il se reproche son indifférence. Il se promet de rentrer aussitôt qu'il aura gagné. Hélas ! « J'en suis toujours au même point, écrit-il le 20 mai, je tourne en rond, et je n'ai obtenu aucun résultat, de sorte que je ne pars pas encore. Que va m'apporter le jour qui vient ? »

Le « jour qui vient » n'apporte rien qui vaille : « Mon cher ange, hier j'ai éprouvé une souffrance terrible. Aussitôt après que j'eus terminé ma lettre pour toi, j'allai à la poste, et là on me répondit qu'il n'y avait pas de lettres de toi. Mes jambes vacillèrent, je n'y pouvais croire... J'ai pensé que tu étais malade, mourante. Pendant une heure environ, je marchai dans le jardin, tout tremblant. Ensuite, je suis passé à la roulette et j'ai perdu tout... Je suis rentré et suis allé de nouveau engager ma montre... Écoute, le jeu est terminé, je vais revenir le plus vite possible. Envoie-moi donc immédiatement, dès que tu recevras cette lettre, vingt impériaux... »

Après avoir expédié cette supplique, Dostoïevski retourne à la roulette et risque dix guldens sur les vingt qui lui restent. La chance lui sourit un moment. Il amasse trente frédérics d'or (300 guldens). Mais, au lieu de quitter la salle, il s'entête, il risque et perd tout ce qu'il a gagné :

« Je comprends qu'il n'y a rien à faire si tu ne peux pas supporter mon absence et si tu as tellement peur pour moi... Raisonne un peu, ma chérie : d'abord, mon propre ennui de notre séparation m'a empêché de terminer ce maudit jeu avec profit et de revenir vers toi : je n'avais pas l'esprit libre... Vingt fois déjà, en m'approchant d'une table de jeu, j'ai constaté que si l'on joue avec calme, avec sang-froid et réflexion, *il n'y a aucune possibilité de perdre.* »

Anna Grigorievna envoie les vingt impériaux et, le 25 mai, se rend à la gare pour accueillir le mari prodigue. Mais Fédia n'est pas dans le train. Affolée, la jeune femme rentre chez elle, où on lui remet une lettre datée du 24 mai :

« Anna, mon amie, ma femme, pardonne-moi, ne me traite pas de canaille. J'ai commis un crime, j'ai perdu tout ce que tu m'as envoyé, tout, tout jusqu'au dernier pfennig. J'ai reçu l'argent hier, et hier même je l'ai perdu. Annette, comment pourrai-je te regarder à présent, que penseras-tu de moi ? C'est la seule chose qui m'effraye : ce que tu diras, ce que tu penseras de moi... Oh ! mon amie, ne m'accuse pas irrévocablement !... Je hais le jeu, et non seulement aujourd'hui, mais hier, mais avant-hier déjà, je le maudissais. Dès que tu auras reçu ma lettre, envoie-moi dix impériaux. »

Le 27 mai, Dostoïevski revient enfin à Dresde. Sa femme l'attend sur le quai. Il a le teint pâle, les yeux caves. Il a maigri. Elle se jette dans ses bras. Et, dès le premier regard, il comprend qu'elle lui a vraiment pardonné.

Le jour même, Anna Grigorievna remet à Dostoïevski une lettre qu'elle a reçue pour lui en son absence. En fait, elle l'a ouverte avant lui, parce qu'elle a reconnu l'écriture de Sousslova, mais elle a su recoller habilement l'enveloppe. « C'était une lettre bête et grossière qui prouvait bien la piètre intelligence de cette créature », note-t-elle dans son Journal.

Dostoïevski lit le billet, se trouble. Et Anna Grigorievna, rongée par la jalousie, s'impose un effort surhumain pour paraître ne rien remarquer.

« Anna Grigorievna s'est révélée plus profonde et meilleure que je ne le croyais », écrit Dostoïevski à Maïkov.

Cependant, les soucis, les regrets, l'ennui minent la bonne humeur de Fédor Mikhaïlovitch. Il songe à l'argent perdu. Il s'accuse d'avoir mal joué. Il explique son échec par sa hâte, par son inquiétude. Et puis, il n'est allé à la roulette que deux ou trois jours au plus, et avec une somme infime. Ah! s'il pouvait passer deux semaines dans une ville de jeu, il saurait attaquer la chance avec un sang-froid d'automate. Partir pour la Suisse et s'arrêter à Baden-Baden. Telle est à son avis la suprême sagesse. Il expose ce plan à sa femme, et elle cède, convaincue ou lassée.

A peine a-t-il obtenu la promesse d'un séjour à Baden-Baden, que Dostoïevski se tranquillise et se remet au travail. Il compose un article sur Biélinsky. « Ah! j'ai sué en l'écrivant; ce travail m'a éreinté... J'aurais écrit plus facilement dix pages de roman que deux feuilles de cet article. »

En fait, Dostoïevski n'était pas encore maître de son opinion sur cet homme qu'il avait admiré et détesté avec une égale vigueur. Il voulait exprimer sa reconnaissance pour le critique qui l'avait encouragé dès ses débuts, mais une certaine rancœur bridait son enthousiasme. Il fut obligé de recommencer cinq fois son « papier ».

Dès son retour à Dresde, Dostoïevski avait expédié une lettre à Katkov, pour le supplier de lui avancer les cinq cents roubles nécessaires à la poursuite de son voyage. Mais c'est le 3 juillet seulement que le ménage put quitter Dresde pour Baden-Baden.

A Baden-Baden, Dostoïevski entraîne sa femme dans les salles de jeu et lui explique le fonctionnement de la roulette. Ils jouent, gagnent et perdent aussitôt ce qu'ils ont gagné. Le lendemain, Fédor Mikhaïlovitch emporte dix ducats et laisse sa femme seule dans la chambre d'hôtel. Il est quatre heures. A sept heures, il n'est pas encore rentré. Anna Grigorievna est étendue sur le lit, malade d'angoisse, et, autour d'elle, l'ombre s'épaissit lentement.

A onze heures, il paraît enfin, blême, hagard, décoiffé, la cravate déviée. Il a perdu. Il décide de jeter son vieux porte-monnaie qui, certainement, attire la malchance.

Le jour suivant, même programme. Il part pour le casino avec cinq ducats. Elle l'attend. Il revient : « " As-tu perdu ? – Oui ", me répondit-il, troublé. »

Au bout de dix jours, Dostoïevski a dilapidé toutes les ressources du ménage. Alors commence pour le couple une existence folle, désespérée, qui dure près d'un mois. Fédia engage son alliance au mont-de-piété, joue, perd, gagne, retire son alliance, l'engage de nouveau, rentre chez lui, si pâle, si défait qu'Anna le soupçonne d'avoir tout laissé au jeu : mais il rapporte quarante-six pièces d'or. Et, avec une joie fiévreuse, il raconte à la jeune femme les phases de la partie :

« J'ai eu une chance incroyable. J'ai misé rouge et gagné à tout coup. Il n'y avait personne qui ne fût émerveillé. »

Et elle l'écoute. Et elle l'admire.

« Quelle joie! Voici notre vie assurée pour quelque temps », note-t-elle dans son Journal.

Cependant, vers le soir, elle rencontre son mari affalé sur un banc du parc. Des joueurs l'ont bousculé. Il s'est fâché. Il a perdu.

Une autre fois, c'est parce que son voisin de table, un Anglais, était trop parfumé qu'il n'a pas su dominer ses nerfs et qu'il a mal réglé ses mises.

Mais, que la chance lui sourie, et le voilà qui reprend espoir, achète des fruits, des fleurs, des bonbons.

Le 15 juillet, Fédor Mikhaïlovitch est à la tête de quatre mille francs. Le 18 juillet, il ne reste plus que vingt-quatre pièces d'or dans la sacoche familiale.

En quelques heures, Dostoïevski anéantit cette modeste réserve. Il se présente devant sa femme et la supplie de lui donner un objet quelconque pour le porter au mont-de-piété. Anna Grigorievna retire ses boucles d'oreilles, les contemple un instant, fond en larmes, les dépose dans la paume tendue. « Fédia se jeta à genoux devant moi, me baisa les mains, me dit qu'il n'avait connu personne de meilleur et de plus cher que moi. » Il la quitte, il referme la porte sur cette pauvre femme effondrée dans un fauteuil, et qui pleure en reniflant comme une fillette. Il a au cœur un remords atroce. Il est un malfaiteur, un voleur, un lâche. Il le sait. Et la conscience de cette vilenie lui est mystérieusement agréable. Il se hâte vers le mont-de-piété, puis vers la salle de jeu. Il tremble comme un criminel. Plus sa situation est désespérée, plus la table verte l'attire. C'est à des minutes pareilles que le jeu devient un véritable corps à corps avec la chance. Gagnez et vous serez pardonné. Perdez et vous êtes un assassin. La morale même de Raskolnikov avant le bagne.

« Fédia rentra au bout de deux heures ; il avait perdu l'argent des boucles d'oreilles. Il se jeta sur une chaise et voulut me prendre sur ses genoux. Mais je me laissai glisser à ses pieds et tâchai de le calmer. Il me jura qu'il avait joué aujourd'hui pour la dernière fois et qu'il y renoncerait désormais. Il se cacha le visage dans les mains et pleura. Oui, il pleura. Il me dit : " Je t'ai pris, je t'ai volé ton dernier bijou, et je l'ai perdu. " »

Il sanglote comme un élève coupable de chapardage, cet homme de quarante-six ans, cet écrivain célèbre, en face de la gamine qu'il a épousée.

Mais, dès le lendemain, il mendie cinq francs, puis il engage successivement son alliance, une mantille en chantilly et l'alliance de sa femme. Le soir du 19 juillet, il a gagné assez d'argent pour racheter les deux alliances. Le 20 juillet, il a tout perdu et engage à nouveau les alliances.

Entre-temps, Anna Grigorievna reçoit une lettre de sa mère : « Si nous n'envoyons pas à K. l'argent nécessaire pour retirer nos meubles, il les gardera. Ce serait affreux! Ces meubles que mes parents ont acquis avec tant de peine, qu'ils m'ont donnés, les perdre à présent!... » A peine a-t-elle achevé la lecture de la lettre que Dostoïevski rentre dans la chambre, livide, crispé, les yeux rouges.

« Tout était fini... il avait tout perdu. Son chagrin était si grand que j'eus peur d'une crise. »

On écrit à Katkov, à la maman Snitkine, on emprunte trois pièces d'or à l'écrivain Gontcharov qui se trouve en villégiature à Baden-Baden, on déniche un prêteur sur gages pour la pelisse, on convoque un « petit juif », qui donne sept florins pour le pardessus de Fédia, six florins pour la robe d'Annette, deux pour un vieil habit. On est obligé de sortir certains effets en se cachant de la propriétaire. « Je fis le paquet aussi petit que possible et Fédia le fourra sous son patelot. »

De nouveau le jeu, les pertes, les gains dérisoires. « Le pauvre Fédia me revint désolé. Il me dit qu'il deviendrait fou, ou qu'il se tirerait un coup de revolver... »

La propriétaire n'est pas payée, et il n'y a plus rien à manger, plus de thé à boire. La chambre est torride. Des enfants braillent dans le voisinage. Un maréchal-ferrant est installé sous les fenêtres des Dostoïevski, et le marteau du forgeron bat l'enclume à intervalles réguliers : ce bruit, cette chaleur, le papier moisi des murs où les mouches sont énormes. Anna Grigorievna se sent acculée au désespoir. Par terre, dans un coin, le linge sale. Elle se lève. Elle prépare sa lessive, avec un visage mort.

Quelques jours plus tard, Fédia a gagné de quoi retirer tous les objets engagés, et Annette reçoit cent cinquante roubles de sa mère. Après le dîner, Fédia sort pour racheter l'alliance, la broche et les boucles d'oreilles.

« A huit heures, Fédia rentra. Il s'élança vers moi avec des larmes et des mouvements de désespoir, et m'avoua qu'il avait tout perdu, tout ce que je lui avais donné pour retirer les bijoux... Il me demanda de nouveau l'argent nécessaire pour racheter les objets, mais, comme je ne pouvais avoir confiance en lui, je l'accompagnai chez Weissman... En chemin, Fédia me baisait les mains et implorait mon pardon, comme s'il eût été réellement un grand coupable. »

« Anna Grigorievna a engagé *tout* ce qu'elle avait, écrit Dostoïevski à Maïkov. Quel ange! Comme elle m'a consolé, comme elle s'est ennuyée dans la maudite ville de Baden, dans les deux chambres minuscules que nous avions louées, au-dessus d'une forge! »

Avec Gontcharov, le seul Russe que Dostoïevski ait rencontré à Baden-Baden, c'est Tourgueniev. Depuis longtemps, Fédor Mikhaïlovitch devait à Tourgueniev une somme de 50 thalers : « Et je ne les lui ai pas encore rendus! » Anna Grigorievna conseille à son mari de rendre visite à Tourgueniev pour lui prouver que la dette n'est pas oubliée.

Dostoïevski s'exécute à contrecœur. Il n'aime pas Tourgueniev à cause de ses manières de grand prince languissant. Ses embrassades condescendantes l'écœurent. Il n'a pas apprécié le dernier livre de l'écrivain, *Fumée*, dont il a retenu cette phrase : « Si la Russie disparaissait de la surface du globe, il n'y aurait aucune perte ni aucun remous dans l'humanité. » Et, dès le début de leur entrevue, la conversation dégénère en discussion serrée.

« Il m'a dit qu'il était un athée total. Mais, mon Dieu, le déisme nous a donné le Christ, c'est-à-dire une représentation tellement haute de l'homme qu'on ne peut le comprendre sans vénération et qu'on ne peut douter qu'il soit l'idéal éternel de l'humanité! Mais que nous ont-ils donné, en revanche, tous ces Tourgueniev, ces Herzen, ces Outine, ces Tchernychevski?... Ils sont tous si honteusement irritables, si stupidement orgueilleux, qu'on croit rêver. Qu'espèrent-ils? Et qui les suivra? »

Mais le plus inadmissible est que Tourgueniev méprise la Russie tout en prétendant l'aimer.

« Entre autres choses, il m'a dit que nous devrions ramper devant les Allemands, qu'il n'y a qu'une voie commune pour tout le monde, c'est la civilisation, et que toutes les tentatives spécifiquement russes, indépendantes, sont grossières et stupides. Il m'a dit qu'il écrivait un grand article sur tous les slavophiles. Je lui ai conseillé de se faire envoyer, pour plus de commodité, une longue-vue de Paris. " Pourquoi ? m'a-t-il dit. – Parce que vous êtes placé bien loin, lui ai-je répondu ; dirigez la longue-vue sur la Russie et examinez-nous ; autrement, il vous serait difficile de nous voir. " »

A ces mots, Tourgueniev devient rouge et se mord les lèvres pour ne pas répliquer. Mais Dostoïevski, se souvenant de la mauvaise presse qui accueillit *Fumée*, reprend avec une naïveté perfide :

« Je n'imaginais pas que l'insuccès de *Fumée* et tous ces méchants articles vous exaspéraient à ce point. Je vous assure que cela n'en vaut pas la peine. N'y pensez pas !

– Qu'avez-vous ? Je ne suis pas du tout exaspéré ! » s'écrie l'autre.

Lorsque Dostoïevski, pour changer de sujet, s'avise de critiquer les Allemands, Tourgueniev lui répond d'une voix tremblante de colère :

« En vous exprimant de la sorte, vous m'offensez *personnellement*. Sachez que je suis installé ici définitivement, que je me considère comme Allemand et non comme Russe, et que j'en suis fier. »

Et Dostoïevski rentre chez lui, ravi d'avoir poussé à bout cet aristocrate déraciné.

Au début du mois d'août, grâce à l'envoi de Katkov, auprès de qui Fédor Mikhaïlovitch a de nouveau sollicité une avance de 500 roubles, les Dostoïevski se trouvent en mesure de partir pour Genève. Mais, les dettes payées, il ne leur reste que 140 francs et le voyage coûte 100 francs. Une courte visite de Fédia à la roulette, et la réserve tombe à 100 francs juste.

« A cette nouvelle, la colère me prit, écrit Anna Grigorievna ; peut-on être imprévoyant à ce point ? Je voulus le gronder, mais il s'agenouilla et me demanda pardon. »

On engage une dernière fois les boucles d'oreilles, pour 120 francs, et on retire les alliances moyennant 20 francs.

« Alors, Fédia alla à la roulette ; je le priai de ne pas s'attarder... Fédia revint au bout de vingt minutes : il me raconta qu'il avait changé la pièce contre des thalers et perdu le tout. Je lui conseillai de ne pas s'en affliger et de m'aider à faire la malle. »

CHAPITRE IX

L'exilé

Quand les Dostoïevski parviennent à Genève, il leur reste trente francs. Ils louent une chambre garnie chez deux vieilles filles, à l'angle des rues Guillaume-Tell et Barthelier. Au bout de quatre jours, ils n'ont plus que dix-huit francs pour tout capital. Pas d'autres rentrées en perspective qu'une cinquantaine de roubles promis par la mère d'Anna Grigorievna. Fédor Mikhaïlovitch se décide à solliciter une aide de son ami Maïkov :

« Je sais, cher Apollon Nicolaïévitch, que vous-même n'avez pas d'argent disponible. Je ne me serais jamais adressé à vous, mais je me noie, je me noie littéralement. » Maïkov expédie immédiatement cent vingt-cinq roubles qui seront vite engloutis.

Dès son arrivée à Genève, Dostoïevski a repris le travail interrompu. Il achève cet article sur Biélinsky, qui ne sera jamais publié. Il lit les journaux russes, Balzac, George Sand. Il assiste aussi au congrès de la Paix. Il voit Garibaldi passer dans la rue du Mont-Blanc, toute pavoisée. Le héros italien est debout dans une calèche, et agite un drôle de petit chapeau en réponse aux ovations. Plus tard, dans la salle du congrès, c'est un torrent de discours qui exaspèrent Fédor Mikhaïlovitch :

« Impossible d'imaginer ce que ces messieurs les socialistes et les révolutionnaires – que je voyais pour la première fois en chair et en os, et non dans les livres – ont pu débiter comme mensonges, du haut de la tribune, à 5 000 auditeurs. Le ridicule, la faiblesse, l'incohérence, l'absurdité, les contradictions de tout cela étaient inconcevables. Et cette canaille soulève les populations laborieuses. C'est triste. Ils commencèrent par nous dire que, pour faire régner la paix sur terre, il fallait anéantir la foi chrétienne, détruire les grandes nations et les remplacar par de petites, supprimer le capital afin que tout soit commun à tous et cela sans aucune preuve à l'appui... »

Cependant, l'hiver approche. Le ciel est gris. Le vent souffle. Les gens se hâtent dans la rue. Dostoïevski souffre de ce climat « pourri ». Ses crises le reprennent. Et aussi ses colères inévitables contre l'étranger :
« Tout ici est hideux, putréfié, hors de prix. Tout ici est ivre. A Londres même, je n'ai pas vu autant d'ivrognes braillards et furieux. Et le moindre bloc de pierre est, chez eux, " élégant et majestueux ".

" Où est telle rue ? – Voyez-vous, Monsieur, vous irez tout droit, et, quand vous passerez près de cette majestueuse et élégante fontaine, vous prendrez ", etc. »

« Cette majestueuse et élégante fontaine est une saloperie du style rococo, branlante et de mauvais goût, mais votre interlocuteur ne peut pas ne pas s'en enorgueillir, même s'il ne s'agit pour lui que de vous indiquer votre chemin. »

Le jardin anglais ne vaut pas les squares miteux de Moscou. Et, en général, la ville est le « temple de l'ennui ».

Devant cette montée d'humeur, Anna Grigorievna conseille à son mari de se rendre à la ville d'eaux de Saxon-les-Bains, à une centaine de kilomètres de Genève, dont les salles de jeu ont une renommée mondiale. Elle sait qu'il faut à Fédia quelques pertes impardonnables et le tourment d'un nouveau remords pour le ramener au travail. Ses essais désastreux à la roulette le calment. Il reprend confiance. Il songe à racheter son échec par un labeur accéléré.

Lorsque sa femme lui propose de tenter sa chance, il accepte avec joie. Il arrive à Saxon-les-Bains le 5 octobre. Il a l'intention de repartir le lendemain, après avoir joué un tour à la roulette. Mais, le 6 octobre 1867, il écrit :

« Annette, ma chérie, je ne suis qu'une brute. Hier, à dix heures du soir, j'avais un gain net de 1 300 francs. Aujourd'hui, pas un kopeck. J'ai tout perdu, tout. Et cela parce que cette canaille de larbin, à l'hôtel de Saxon-les-Bains, ne m'a pas réveillé, comme j'en avais donné l'ordre, pour que je parte à 11 heures pour Genève. J'ai dormi jusqu'à 11 heures et demie. Il n'y avait rien à faire, je ne pouvais partir qu'à 5 heures. A 2 heures, je suis allé à la roulette, et j'ai perdu tout, tout... »

Les prévisions d'Anna Grigorievna se révèlent exactes puisque, dès son retour, Dostoïevski se remet à la tâche avec une énergie accrue. Il s'agit d'abord d'écrire « une simple *histoire* sans morale ni prétention, et de se fonder uniquement sur les événements et les caractères des personnages qui doivent agir d'eux-mêmes, sans être poussés par une idée ».

Il veut se servir du procès Oumetzky, dont il a lu le compte rendu dans le journal *La Voix* : une fille, humiliée par ses parents, et qui met quatre fois le feu aux dépendances de la maison familiale. Mais il n'y a là qu'un point de départ. Et Dostoïevski s'impatiente de ne rien pouvoir ordonner autour de ce document.

Le 17 novembre, Fédor Mikhaïlovitch, excédé par son travail et par sa maladie, retourne à Saxon-les-Bains.

« Ah ! ma chérie, il ne fallait pas me laisser aller à la roulette ! Rien qu'à son approche, mon cœur cesse de battre, mes mains, mes pieds tremblent et se glacent. Je suis arrivé ici à 4 heures moins le quart, et j'ai appris que la roulette fonctionnait jusqu'à 5 heures ; j'avais cru qu'elle fermait à 4 heures. Il me restait donc une heure. J'ai couru là-bas. Du premier coup, j'ai perdu 50 francs. Puis soudain, je me suis rattrapé. Je ne sais pas combien j'ai raflé, je n'ai pas compté. Ensuite, j'ai perdu terriblement, presque tout. Et, brusquement, avec la dernière mise j'ai regagné mes 125 francs, et en plus 110 francs. De sorte qu'en tout j'ai maintenant 235 francs. Annette, ma chérie, je me suis demandé si je n'allais pas t'envoyer 100 francs. Mais c'est trop peu... Il faudrait 200 francs au moins. En revanche, je me suis promis que, le soir, de 8 à 11 heures, je deviendrais un vrai juif : je jouerai de la façon la plus raisonnable. Je te le jure... A mardi sûrement... »

Mais, dès le lundi, le ton change :

« Annette, ma chérie, mon incomparable, j'ai tout perdu, tout. Oh ! mon ange, ne t'attriste pas, ne t'inquiète pas. Sois sûre que maintenant le temps viendra où je serai digne de toi, où je ne te dépouillerai plus comme un sale et misérable voleur. Maintenant, le roman, le roman seul nous sauvera. »

Il a engagé son alliance et son paletot d'hiver. Il lui faut cinquante francs pour retourner à Genève. Pour l'avenir, il se débrouillera. On alertera Katkov, le poète Ogarev qu'il a rencontré à Genève, on engagera les bijoux s'il le faut.

« Je sauverai et réparerai tout. L'autre fois, je suis revenu anéanti, mais maintenant l'espoir est dans mon cœur...

P.S. –Ne pense pas, pour l'amour du Christ, que je jouerai avec tes 50 francs... »

Cette fois, son retour n'est pas marqué par un travail intense, mais par la destruction de tout le début de son roman. Il relit son manuscrit, le trouve exécrable et le brûle.

Or, il vient d'écrire à Katkov pour le prier de lui envoyer 100 roubles par mois d'avance, et 200 roubles pour décembre. Et Katkov, qui se révèle décidément « un homme charmant », a souscrit à sa demande, à condition que Fédor Mikhaïlovitch lui livre la première partie de son ouvrage pour le 1er janvier 1869.

A la fin de décembre, rien n'est prêt. Pourtant, une idée étonnante est venue à Dostoïevski : « l'idée de *représenter un homme admirable à tous les points de vue*, écrit-il à Maïkov. Il ne peut rien y avoir de plus difficile que cela, à notre époque. Vous l'admettrez sans doute aisément. Cette idée me hantait déjà sous une certaine forme artistique, mais sous une certaine forme seulement, et il fallait lui donner toute son ampleur. Ma détresse seule m'a poussé à exploiter ce sujet encore mal mûri. J'ai risqué comme à la roulette : peut-être se développera-t-il sous ma plume. »

Le plan du livre prend corps peu à peu. A côté du héros, surgissent une héroïne et d'autres personnages presque aussi attachants que lui. « La première partie me paraît faible. Toutefois, rien n'est encore perdu, il me semble... La première partie n'est encore qu'une introduction... Le roman s'appelle *L'Idiot*... »

Et, dans une autre lettre, Dostoïevski précise les difficultés qu'il rencontre dans son travail :

« Il n'y a au monde qu'une seule figure positivement admirable, le Christ... Dans la littérature chrétienne, parmi les personnages admirables, le plus réussi est Don Quichotte. Mais il n'est admirable que parce qu'il est, en même temps, comique. Le Pickwick de Dickens (d'une inspiration bien inférieure au Don Quichotte, mais cependant remarquable) est également comique, et ne vous tient que par ce côté de son caractère. Jean Valjean est aussi une tentative courageuse. Mais il éveille la sympathie par ses terribles infortunes et par l'injustice de la société à son égard. Chez moi, rien de semblable, absolument rien, et c'est pourquoi je redoute un échec sans recours. Quelques détails seront peut-être passables. Mais je crains que l'ensemble ne paraisse ennuyeux. »

L'exil, la misère, la maladie, il lui semble que tous les fléaux de la terre s'acharnent contre lui. Et c'est ce qui lui donne secrètement le courage de mener à bien son entreprise. Il fait froid. Il n'y a qu'une méchante petite cheminée dans la chambre, et pas de doubles fenêtres comme en Russie. Bien qu'il consacre une grosse partie de ses revenus à acheter du bois, il n'arrive pas à faire monter la température au-dessus de 5° Réaumur. Il écrit, vêtu de son gros paletot d'hiver. Les envois de Katkov sont dilapidés dès les premiers jours du mois et les visites au mont-de-piété commencent. C'est dans cet état de détresse physique et morale que Dostoïevski apprend la grande nouvelle : Anna Grigorievna est enceinte.

Dostoïevski est ivre d'orgueil à l'idée d'avoir un enfant. « Déjà nous aimions le petit qui allait naître. » On décide qu'une fille s'appellera Sonia, en souvenir de Sonia Marmeladov, et un garçon Michel, en souvenir du frère de Fédor Mikhaïlovitch.
Rognant sur ses dépenses quotidiennes, Dostoïevski engage une sage-femme et une garde-malade. Quelques jours avant la naissance, un véritable affolement s'empare de lui. Il subit une violente crise d'épilepsie, dans la nuit. Après la crise, il s'endort. Sa femme, qui souffre atrocement, le réveille :
« Comme je te plains, ma chérie ! » bredouille-t-il.
Puis, sa tête retombe sur l'oreiller et il s'assoupit à nouveau.
Le lendemain matin, il court chercher la sage-femme. Elle n'est pas levée. Il sonne, tempête, menace et obtient qu'elle se rende au chevet d'Annette.
« Il y en a encore pour sept ou huit heures. Je reviendrai. »
Elle ne revient pas. Fédor Mikhaïlovitch part de nouveau à sa recherche et la trouve en train de dîner chez des amis. Il la ramène.
« Il ne faut rien attendre avant la nuit. »
Une troisième fois, vers neuf heures du soir, il dérange la matrone qui jouait au loto.
« Oh ! ces Russes ! ces Russes ! » s'exclame l'autre.
Elle le suit cependant, mais lui interdit d'entrer dans la pièce où Anna Grigorievna éprouve les dernières douleurs. Fédor Mikhaïlovitch s'enferme dans la chambre voisine, tombe à genoux et prie. Tout à coup, au milieu des gémissements qui s'enflent, il entend un cri aigu, un cri d'enfant. Il bondit sur la porte, la défonce d'un coup d'épaule, s'écroule au pied du lit et baise les mains molles de la jeune mère.
« Un garçon, n'est-ce pas ?

– Une fillette, une adorable fillette », répond la garde.

Il s'empare du paquet qu'on lui tend, l'embrasse et s'écrie : « Annette ! regarde comme elle est belle !

– Oh ! ces Russes ! ces Russes ! » répète la sage-femme, suffoquée par ce débordement de joie.

Plus tard, Dostoïevski utilisera ses impressions pour décrire l'accouchement de la femme de Chatov, dans *Les Possédés* :

Dans son exaltation, Chatov bégaye des paroles confuses : « Il y avait deux êtres humains, et, tout à coup, il y en a un troisième... un nouvel esprit, complet, achevé, tel que main humaine n'en a jamais créé... une nouvelle pensée et un nouvel amour... C'est même effrayant... Et il n'y a rien de plus grand au monde... »

Dès les premiers jours, Dostoïevski adore sa fille jusqu'à l'abêtissement. Il affirme qu'elle le reconnaît déjà, qu'elle lui sourit, qu'elle le comprend. Il assiste au bain de l'enfant. Il l'emmaillote et fixe lui-même les épingles de sûreté. Il la porte, il la berce dans ses bras. Crie-t-elle ? et aussitôt il lâche son travail, il accourt, il s'inquiète.

Il écrit à Maïkov : « Cette petite chose de trois mois, si insignifiante et pareille à une miette, avait déjà une figure, un caractère... elle ne pleurait pas, ne fronçait pas ses traits lorsque je l'embrassais, et cessait de crier lorsque je me penchais sur elle. »

Comme l'envoi de Katkov avait été vite dépensé pour payer la garde, l'accoucheuse et la propriétaire, Dostoïevski décida de retourner à Saxon-les-Bains et de tenter une dernière fois sa chance.

Le résultat ne se fit pas attendre :

« Annette, mon cher ange, écrit Dostoïevski le 16 avril, j'ai tout perdu ! Aussitôt arrivé, j'ai perdu tout en une demi-heure ! Eh bien ! que te dirai-je à présent, à toi, mon ange céleste, que je fais tellement souffrir ? Pardonne-moi, Annette, j'ai empoisonné ta vie. Et cependant il y a Sonia ! J'ai engagé la bague... Envoie-moi le plus possible d'argent. Pas pour le jeu. (Je t'en donnerais bien ma parole, mais je n'ose plus : je t'ai menti trop souvent)... Envoie-moi 100 francs. Il t'en restera 20, et moins encore peut-être. Alors, engage quelque chose. Mais je veux au plus vite revenir vers toi. »

En attendant les secours de Genève, il risque l'argent qu'on lui a prêté sur son alliance et le perd. Il lui reste 50 centimes. « Mon amie, ce sera la dernière leçon, la leçon définitive et terrible », écrit-il le soir même à sa femme.

Mais il ajoute : « Sache, mon ange, que, sans cette vilaine et vulgaire aventure, sans cette dépense inutile de 220 francs, peut-être n'aurais-je pas eu l'admirable idée qui m'est venue et qui contribuera à notre salut général et définitif. Oui, mon aimée, je crois que Dieu, dans sa miséricorde infinie, a peut-être fait cela pour moi, misérable petit joueur, pour m'inspirer et me sauver du jeu, et vous sauver toi et Sonia, nous tous, pour l'avenir. »

Il s'agit d'une lettre que Dostoïevski veut écrire à Katkov pour s'excuser de son retard à livrer *L'Idiot*, et pour lui proposer un arrangement : il promet à Katkov la seconde édition du roman comme garantie des avances qu'il aura touchées. Il le prie aussi de lui envoyer immédiatement 300 roubles. Cet argent, qui arrivera sûrement à Genève avant le 1er mai, permettra aux Dostoïevski de s'installer à Vevey, où le climat est meilleur qu'à Genève. Et, à Vevey, il écrira de grandes choses. Enfin, quand le roman sera terminé, le ménage partira pour l'Italie...

Il rentre, fier de son nouveau projet. Mais, quelques jours plus tard, la petite Sonia prend froid, au cours d'une promenade, et se met à tousser. Le docteur consulté affirme qu'il n'y a pas de quoi s'alarmer outre mesure. Dostoïevski ne se laisse pas rassurer. Il ne veut plus écrire. Il veille devant le berceau. Et ses pressentiments se réalisent. La fillette meurt dans la journée du 24 mai.

Le chagrin de Fédor Mikhaïlovitch fut atroce. Il pleurait, il hurlait devant le petit cadavre, il se penchait sur ce visage léger, sur ces mains minuscules, et il les couvrait de baisers. Il aida sa femme à vêtir Sonia d'une robe de satin blanc, à déposer le corps dans un cercueil tapissé de satin blanc, à régler tous les préparatifs de la cérémonie. Et, lorsque les premières pelletées de terre sonnèrent sur le bois du couvercle, il crut qu'on le frappait en pleine poitrine, qu'on l'assommait, qu'on l'ensevelissait à son tour.

Il avait mis tout son espoir, toute sa fierté dans cette enfant. Il avait imaginé l'avenir qui les attendait, tous les trois, les soirées familiales, les lectures, une somme de bonheurs intimes qui se révélaient impossibles soudain. Il n'avait pas eu beaucoup de joies dans sa vie. Il venait d'en éprouver une si haute, si pure qu'il lui semblait en être devenu meilleur. Et voici que cette joie même on la lui interdisait. C'était fini, fini : jamais plus il ne reverrait cette petite face inachevée, jamais plus il n'épierait le moindre froncement de ces petits sourcils, jamais plus il ne glisserait son doigt contre ce cou tiède... Il ne pouvait plus voir passer un enfant dans la rue sans évoquer aussitôt le bébé disparu. Ce souvenir le déchirait, à la lettre. Pour la première fois, il était tenté de se révolter contre Dieu.

« Ah! Apollon Nicolaïévitch, écrit-il à Maïkov, qu'importe que mon amour pour mon premier enfant ait été ridicule! Qu'importe que j'aie parlé d'elle d'une manière ridicule dans les nombreuses réponses que j'ai adressées aux personnes qui me félicitaient! Moi seul leur paraissais ridicule. Mais à vous, à vous je n'ai plus peur d'écrire. On me dit, pour me consoler, que j'aurai encore des enfants. Mais où est Sonia? Où est ce petit être pour lequel je me serais fait crucifier, je le dis hardiment, si j'avais pu ainsi lui sauver la vie?... Mais laissons ce sujet; ma femme est là et elle pleure. Après-demain, nous quitterons enfin notre petite tombe et nous irons n'importe où... »

Peu après, les Dostoïevski abandonnent Genève, où tout leur rappelle la petite Sonia, et traversent le lac pour s'installer à Vevey.

Mais, à Vevey même, le chagrin de Fédor Mikhaïlovitch et d'Anna Grigorievna ne fait que croître. Leur existence leur semble inutile. « Toutes nos pensées, toutes nos paroles se ramassaient dans le souvenir de Sonia et des jours heureux passés auprès de son berceau, quand elle illuminait notre vie », note Anna Grigorievna.

« Je n'oublierai jamais et jamais je ne cesserai de me tourmenter, écrit Fédor Mikhaïlovitch. Même si j'ai un second enfant, je ne sais pas comment je pourrai l'aimer. Où trouverais-je de l'amour? J'ai besoin de Sonia. Je ne comprends pas qu'elle n'est plus et que je ne la reverrai jamais. »

La nuit, Anna Grigorievna a des cauchemars et sanglote. Sa mère, qui est arrivée de Saint-Pétersbourg, essaye en vain de la consoler. La petite ville de Vevey manque de distractions. Le décor admirable du lac bleu et lisse comme une fumée, les montagnes d'un blanc de lait sur le ciel radieux, tout ce calme, toute cette beauté pour touristes finissent par écœurer Fédor Mikhaïlovitch. Il tombe malade et sa femme aussi. Il lui semble qu'il ne se remettra pas tant qu'il n'aura pas fini son roman :

« Je déteste mon roman jusqu'à la nausée. Je me suis forcé terriblement à travailler, mais sans résultat... Si je rétablis mon roman, je me rétablis moi-même, sinon je suis perdu. »

Cependant, la police de Saint-Pétersbourg intercepte ses lettres et organise autour de lui une surveillance qui l'irrite. Le prêtre orthodoxe de Genève est un agent de la police secrète. Fédor Mikhaïlovitch apprend par un billet anonyme qu'il sera fouillé à la frontière, dès son retour en Russie. Et, comme un fait exprès, il reçoit à la même époque un ouvrage interdit : *Le Secret du palais des tzars*. Dostoïevski et sa première femme y figurent parmi les héros exilés. On y prétend aussi que Fédor Mikhaïlovitch est décédé et que sa femme est entrée au couvent. Ce pamphlet absurde exaspère Dostoïevski. Il rédige un démenti qu'il n'envoie pas, mais dont le brouillon nous a été conservé : « Toute diffamation, si absurde soit-elle, atteint son but »...

Au début du mois de septembre, les Dostoïevski quittent Vevey pour l'Italie. Ils s'arrêtent à Milan d'abord. Mais la ville ennuie Fédor Mikhaïlovitch. Il y pleut tout le temps. On n'y trouve pas de livres russes. « Rien de russe ! je n'ai pas eu un livre ni un journal russes depuis six mois... L'idée de *L'Idiot* a complètement raté... »

Il supplie son ami Maïkov de le tenir au courant de tout ce qui se passe en Russie. Ce dernier lui annonce la création d'un nouveau journal : *L'Aube*. Strakhov, qui avait été un collaborateur du *Temps* et de *L'Époque*, est à la tête de la rédaction. Dostoïevski en est fier et quelque peu ému : « Ainsi notre direction et notre travail en commun ne sont pas perdus... Que cette nouvelle affaire commence là où nous nous étions arrêtés, c'est trop de bonheur ! » écrit-il à Strakhov.

De Milan, les Dostoïevski se rendent à Florence, où ils s'installent, non loin du palais Pitti. Ce changement de résidence distrait Fédor Mikhaïlovitch et sa femme. Ils visitent ensemble les églises, les musées. Dostoïevski admire les œuvres de son peintre préféré : Raphaël. Enfin il découvre une bibliothèque importante, qui est abonnée à deux journaux russes. Fédor Mikhaïlovitch s'y rend quotidiennement et passe l'après-midi dans la salle de lecture.

Les envois de Katkov arrivent avec toute la régularité souhaitable. Le roman avance. Dostoïevski décide même d'en brusquer la fin : « S'il y a des lecteurs qui suivent *L'Idiot*, ils seront quelque peu surpris par cette conclusion inattendue. Mais, en réfléchissant bien, ils comprendront qu'il n'y avait pas d'autre fin possible. »

CHAPITRE X

« L'Idiot »

Le Messager russe avait commencé la publication de *L'Idiot* dès le mois de janvier 1868. Dostoïevski disait de son roman qu'il n'avait jamais eu un sujet plus riche, mais qu'il n'avait pas su exprimer la dixième partie de sa pensée. En fait, *L'Idiot* demeure, avec *Les Possédés* et *Les Frères Karamazov,* l'une de ses œuvres maîtresses.

Le prince Myschkine, un épileptique, revient d'une clinique de Suisse, où un professeur l'a soigné par charité. Il est orphelin. Il n'a pour tout bien qu'un maigre balluchon. Il ne connaît rien de l'existence. « J'ai acquis l'absolue conviction, lui a dit le médecin, que vous êtes un véritable enfant, c'est-à-dire un enfant dans le sens absolu du mot; vous n'avez d'un adulte que la taille et le visage. Par le développement du caractère, de l'âme et, peut-être même, de l'intelligence, vous n'êtes pas un homme fait, et vous resterez tel, dussiez-vous vivre jusqu'à soixante ans... »

Cet enfant de vingt-six ans est poli sans obséquiosité, timide, bon et naïf. Il n'a pas vécu. Ou, du moins, il n'a pas vécu en action. Sa vie s'est passée en contemplations intérieures. Il s'est cantonné hors des murailles sociales, hors de l'univers du « deux fois deux font quatre ». Il est pur de tout contact avec les hommes. Et, lorsqu'il tombe parmi eux, dans cettte grande cité peuplée de rapaces, de fourbes, de voluptueux, de bouffons et d'ivrognes, il fait figure d'intrus.

Sa première visite, dès son arrivée à Saint-Pétersbourg, est pour le général Epantchine, qui est vaguement son parent, et dont il espère quelque conseil au sujet de ses affaires personnelles. A peine tiré de son isolement, Myschkine affirme sa maladresse. Il tient de grands discours au laquais chargé de le recevoir, il gaffe devant le secrétaire du général; plus tard, il brisera un vase de Chine au cours d'une tirade inspirée. Et ce vase de Chine est une sorte de symbole. Ce vase de Chine, c'est le monde de la matière, auquel il se heurte et qu'il bouscule lorsqu'il est entraîné par ses convictions.

Cependant, ce sympathique casseur de porcelaines, ce phraseur candide et gauche ne révolte pas son entourage. La simplicité sans arrière-pensée avec laquelle il aborde les gens désarme ceux qui seraient tentés de lui être hostiles. On rit de lui, certes. Mais on lui pardonne ses entorses aux convenances, comme on pardonne à un étranger ses fautes de langage. On sent qu'il est *d'ailleurs*. Il paraît absurde d'exiger de lui une conduite, un mode d'expression qu'on ignore dans son pays. Et puis, ce *voyageur*, ce *passant*, qui semble à première vue dénué de toute instruction, est riche, en fait, d'une science particulière. Il a une connaissance que les *emmurés* de ce monde ne peuvent absolument pas concevoir. Il a l'intelligence principale. « L'intelligence principale est plus développée chez vous que chez aucun d'eux, lui dit la fille du général, vous la possédez à un degré qu'ils n'ont jamais entrevu, même en rêve; parce qu'il y a deux sortes d'intelligences : l'intelligence principale et l'intelligence secondaire, n'est-ce pas ? »

En vérité, tout le roman se ramène à ceci : *l'incursion de l'intelligence principale dans le domaine de l'intelligence secondaire.* Cette intelligence principale, qui est l'intelligence hors des lois de la causalité et de la contradiction, hors des règles de la morale, qui est l'intelligence souterraine, l'intelligence du sentiment, va créer des perturbations dans le milieu où elle sera transplantée. Dans cette atmosphère confinée, l'arrivée de Myschkine ouvre comme un appel d'air. Son passage est salué d'abord par un éclat de rire. Il est grotesque, il est « demeuré », il est idiot, sa mère même le traitait d'idiot, autrefois. Mais, peu à peu, cet idiot, ce demeuré, remet en question les principes les plus solidement établis. Ce pauvre d'esprit donne à penser aux hommes sages. Cet intrus devient indispensable. Ce faible dompte les forts. Et il les dompte sans le vouloir. Il a la certitude que tout le monde est généreux autour de lui et que tout le monde l'aime. A traiter les créatures les plus pourries, les plus méchantes, comme des créatures de douceur et de piété, il s'en fait des alliées. Les gens deviennent bons parce qu'il les souhaite tels, parce qu'il les croit tels. Il est au centre d'un champ de forces. De lui émanent des attractions mystérieuses. Des orgueilleux connaissent la bénédiction de l'humilité, des égoïstes ouvrent leur âme au repentir, des mécontents retrouvent la candeur de l'enfance. La honte, la haine s'évanouissent pour un temps à sa vue. La vie de chacun prend un sens qui n'est plus terrestre. Aux yeux de son entourage, il est la preuve d'une autre existence, d'un autre monde possible. Il marque ceux qui le voient, l'écoutent. On n'est plus le même après l'avoir connu.

Mais ceux qui ressentent le plus intensément le charme de sa présence, ce sont les violents, les égarés, ceux qui ont « dépassé les limites ». Qui le comprendra le premier ? Rogojine, le marchand, la brute, qui assassinera sa maîtresse à la fin du livre. Et Nastasia Philippovna aussi, la prostituée. Pourquoi ? Mais justement parce que ces êtres-là se sont affranchis de tous les principes de la morale courante. Ils ont franchi le mur. Certes, ils se sont trompés de chemin hors de ces remparts qui les encadraient jadis. Mais eux qui ont tenté de conquérir la liberté, eux qui ont souffert, eux qui ont fait le mal sont plus près de la vérité, méritent plus la vérité, que ceux qui n'ont rien essayé pour l'apprendre. La passion excuse tout. La passion, même criminelle, vaut mieux que la quiétude.

Au reste, parmi les amis de Myschkine, à côté de ceux qui se sont évadés de l'univers-prison, il y a ceux qui n'y sont pas encore entrés : les enfants. Les enfants ont un esprit malléable qui ne connaît pas de contrainte. Ils n'ont pas eu le temps de se former du monde une vision figée. Tout est mouvement, tout est chance pour eux. Rien ne dépend de rien. Tout peut engendrer tout. Ces créatures neuves, ces « oiseaux » sont, d'instinct, ce que d'autres s'efforceront de devenir à travers des épreuves terribles. Ils vivent près de la nature, près de Dieu. Plus tard, ils croiront aux règles des hommes et seront perdus pour la liberté. Leurs parents, leurs maîtres en feront de petits vieux avant l'âge, des forts en science, des raisonneurs glacés, des bourgeois sensibles au confort, des monstres. Mais, pour l'instant, ils sont encore vacants, vulnérables. Et, puisqu'ils sont vacants, puisqu'ils sont vulnérables, ils sont les amis de Myschkine. Myschkine est, comme eux, un « petit » perdu dans la cour des « grands ».

« Les grandes personnes ne savent pas, dit-il, que, dans

l'affaire même la plus difficile, un enfant peut donner un conseil d'une extrême importance. Oh! Dieu! quand ce joli petit oiseau vous regarde avec tant de confiance et de bonheur, on aurait honte de le tromper. Je les appelle de petits oiseaux parce que les petits oiseaux sont ce qu'il y a de meilleur au monde... Quant à Thibaut [le maître d'école], sa haine était tout simplement de la jalousie; d'abord, il hochait la tête et s'étonnait en voyant que les enfants saisissaient parfaitement tout ce que je leur disais, tandis qu'il ne réussissait pas à se faire comprendre d'eux; ensuite, il se moqua de moi, quand je lui eus dit que nous ne leur apprenions rien, ni lui ni moi, mais que c'étaient eux, au contraire, qui nous instruisaient. »

Les intellectuels ont dressé, face au ciel, un rempart de vérités humaines qui les dérobe aux clartés supérieures. Leur propre orgueil s'interpose entre eux et la vérité. « Il a caché aux sages et aux intelligents ce qu'il a révélé aux enfants. »

Entre tous ces révoltés, entre tous ces insoumis, existe une sorte de fraternité mystérieuse. Perdus dans l'infini du sentiment, ils sont reliés les uns aux autres par des courants télépathiques. Ils se devinent avant l'acte. Ils ont l'intuition prophétique de l'avenir. Rien n'étonne, rien ne déçoit ces visionnaires extasiés. Ainsi, lorsqu'on demande à l'Idiot s'il croit possible un mariage entre Nastasia Philippovna et Rogojine, il répond simplement :

« Oui, je crois qu'il l'épouserait, et pas plus tard que demain, mais huit jours après il l'assassinerait. »

« J'ai peur, je ne comprends pas pourquoi, mais j'ai peur, dit un autre personnage du livre : on dirait qu'il y a quelque chose dans l'air, un malheur qui vole, comme une chauve-souris, et j'ai peur, j'ai peur... »

Nastasia Philippovna prévoir exactement sa mort. Elle écrit à propos de Rogojine : « Je le tuerais bien, tant j'ai peur de lui..., mais il me tuera d'abord... »

Et le prince Myschkine, apercevant un couteau sur la table de Rogojine, devine qu'il a sous les yeux l'arme même dont usera plus tard le criminel :

« Tu t'en sers pour couper les pages?
— Oui, pour couper les pages.
— Mais il... il est tout neuf. »

En sortant de chez son hôte, l'Idiot se demande : « Mais est-ce qu'il est décidé que Rogojine assassinera?... »

Plus tard, il se rendra chez Rogojine, sans avoir été convoqué, simplement parce qu'il « pressent » qu'il est arrivé un malheur. Et Rogojine l'attendra devant sa maison, simplement parce qu'il « pressent » une visite.

« Léon Nicolaïévitch, suis-moi, mon ami, il le faut », lui dit-il.

Cependant, ces êtres, qui ont de leur propre destin une conscience aussi hallucinante, ne savent pas échapper au danger qui les guette. Ils ne savent pas, ils ne peuvent pas, ils ne veulent pas, dirait-on, éviter l'abîme vers quoi ils s'avancent. Ils sont les esclaves de leur clairvoyance. Ils ne dominent pas leur vie, ils la sentent. Ce sont des affamés d'impressions fortes. Ils ne désirent ni le bonheur ni le désespoir. Ils ne désirent que la conscience d'exister. Et toute douleur est bonne pour éprouver les limites de cette existence. Je souffre, donc je suis. Je surmonte les tourments, donc je serai. Quiconque se laisse secouer par les événements est dirigé vers Dieu. Quiconque veut se protéger s'en écarte.

« Celui qui conservera sa vie la perdra, et celui qui perdra sa vie, à cause de moi, la retrouvera. »

Le roman n'est qu'une succession de catastrophes, dont chacune est prévue par les « personnages sensibles », et dont aucune n'est volontairement refusée. Les héros de Dostoïevski n'aspirent qu'à ce qui les perdra. Le prince Myschkine, « l'homme absolument bon », vient de débarquer chez le général Epantchine. A peine introduit dans la famille, il se mêle à toutes les intrigues. Il s'occupe de ce qui ne le regarde pas, de ce qui menace sa tranquillité, sa vie. Dès qu'il aperçoit, sur une photographie, la face douloureuse de Nastasia Philippovna, il décide de donner son nom à cette grande pécheresse. Cependant, il n'ignore pas que ce désir est absurde. Il dispute la jeune femme au sinistre et brutal Rogojine, et, lorsqu'il cède enfin, il sait bien qu'il envoie Nastasia Philippovna à la mort. Et Nastasia Philippovna suit Rogojine, parce que c'est la plus grande erreur qu'elle puisse commettre. Et Rogojine la tue, parce qu'il devine qu'il regrettera cet acte toute sa vie. Et l'assassin et l'homme absolument bon se réconcilient devant le cadavre, parce qu'ils éprouvent enfin la sensation d'avoir accompli l'inéluctable.

« Rogojine proférait à haute voix quelques mots incohérents... Alors le prince tendait vers lui sa main tremblante, lui touchait doucement la tête, lui caressait les cheveux et les joues... C'était tout ce qu'il pouvait faire. »

Ce livre de passion semble être le premier grand *roman*

d'amour qu'ait écrit Dostoïevski. Et cependant, l'amour, les amours qui forment la trame de *L'Idiot* n'ont pas de prix véritable. Ils sont des obstacles à franchir et non des haltes à espérer. Ils sont les étapes d'une marche à la vérité. Ils ne sont pas la vérité. Jamais l'amour ne marque chez Dostoïevski un repos de l'âme ou du corps. Jamais le désir n'est satisfait. Jamais l'acte charnel n'est véritablement consommé. La femme n'existe pour lui qu'en tant que réactif. Sa place entre l'homme et Dieu n'est pas inutile. Elle est là pour éveiller l'homme à la souffrance, pour le torturer, pour l'abattre, pour le relever, pour l'attirer hors des lois morales et le précipiter, tout pantelant, tout étonné, tout neuf, dans le monde ineffable de la liberté. Elle représente la tentation par quoi s'annonce le calme final.

On chercherait en vain dans les romans de Dostoïevski, seconde manière, une femme qui fût le motif central de l'œuvre, une réplique de l'Anna Karénine ou de la Natacha de Tolstoï, ou de la Tatiana de Pouckine, ou de la Bovary, ou d'Eugénie Grandet. Les grands romans de Dostoïevski sont des romans mâles. L'anthropologie de Dostoïevski, pour employer l'expression de Berdiaïev, est une anthropologie masculine. Les femmes, pour lui, n'ont pas de valeur propre. Elles sont des moyens. Elles ne sont pas une fin. Et, la plupart du temps, une femme *sert* à deux hommes à la fois. Chacun de ces hommes est attiré par cette même femme pour des raisons différentes. Comme chaque homme peut aimer deux femmes à la fois. La femme amorce le dédoublement de la personnalité masculine. Amour pitié, amour volupté. Myschkine aime Nastasia Philippovna et aussi la fille du général Epantchine, la jolie Aglaé. La beauté d'Aglaé le séduit, l'attire. Mais il éprouve une compassion infinie pour le visage douloureux de Nastasia Philippovna.

« Je n'ai pu supporter son visage, j'ai peur de son visage, dit-il. Je ne l'aime pas d'amour, mais de pitié. »

Et, mis en demeure de choisir entre Natasia Philippovna et Aglaé, il se tournera vers la première. « Il ne vit devant lui que la folle, la désespérée, dont il lui était toujours resté une impression navrante. – Elle est si malheureuse ! »

Quant à Nastasia Philippovna, elle hésite entre le prince malade, chaste et bon jusqu'à la bêtise, et le cruel et voluptueux Rogojine. Elle éveille la pitié chez Myschkine et une sensualité furieuse chez Rogojine. Son corps et son cœur ont chacun leur rôle dans le destin de ces deux êtres qui sont rivés à elle. Elle perdra l'un par son corps, l'autre par son cœur. Et, cependant, lorsqu'elle sera morte, ses deux amants réconciliés s'apercevront qu'ils ont avancé d'un pas vers la même délivrance.

Ainsi, pour Dostoïevski, tout amour dédié à une créature n'est pas volé à Dieu. L'amour terrestre, parce qu'il est imparfait, fugace, torturant, ridicule, secoue les âmes et les prépare au seul amour qui ne les décevra pas.

Il est à remarquer d'ailleurs que l'amour du prochain est le seul secours que les personnages de Dostoïevski puissent exiger les uns des autres. Myschkine, le saint, ne sait pas agir, il ne sait qu'aimer. S'il essaye d'agir, il se trompe. Non seulement il ne parvient à aider personne, mais encore il compromet les situations les plus heureuses. Le passage de cet « homme absolument bon » à travers le livre se solde par un assassinat et quelque trois ou quatre drames de famille. Quant à « l'homme absolument bon », il devient fou. Il n'a pas su vivre dans ce climat qui n'était pas le sien. Il n'a pas su s'adapter à la condition humaine. Il n'a pas su devenir un homme. Cependant, sa perte a sauvé ceux qui l'entouraient. Sa présence a enrichi des vies, éveillé des consciences aux questions principales.

« Je vous le dis, en vérité, si le grain de froment tombé en terre ne meurt pas dans la terre, il restera seul, et s'il meurt il portera beaucoup de fruits. »

Ainsi ce verset de l'Évangile semble être la conclusion secrète de *L'Idiot*.

Le personnage de l'Idiot est, peut-être, le moins humain de tous ceux qu'ait imaginés Dostoïevski. Aliocha Karamazov est un homme bon, mais qui n'ignore rien du mal, qui connaît les passions, les tentations du corps et de l'esprit, et qui les domine. Aliocha Karamazov est un être complet. Mais le prince Myschkine est une figure extra-terrestre. Il est affranchi de toute sensualité. « Je ne puis épouser aucune femme, je suis malade », dit-il lui-même.

Cet être surnaturel, il fallait néanmoins lui donner des attaches dans le monde sensible. Cette idée, il fallait la doter d'un corps, d'un visage, d'une voix, d'un passé. Pour enrichir ce héros sans poids et sans volume, Dostoïevski met sa propre personnalité à contribution.

Myschkine est un épileptique. Il éprouve, comme Dostoïevski, cette grande joie d'avant la crise. Comme lui, il attend, il espère la minute précieuse où lui est révélée, dans un éclair, la suprême harmonie du monde : « Dans ce moment, il me semble que je comprends le mot extraordinaire de l'apôtre : " Il n'y aura plus de temps ! " » Cette maladie le maintient continuellement dans une sorte d'hypnose radieuse. Le monde est transparent pour lui. Il voit au-delà des êtres. Il vit mystérieusement dans l'avenir. Les souvenirs du prince sont empruntés aux souvenirs mêmes de Dostoïevski. Le prince raconte, en effet, l'histoire d'un homme à qui on lit une sentence le condamnant à être fusillé comme criminel politique : « Vingt minutes après, arriva la grâce du malheureux : une commutation de peine lui était accordée. Mais, entre la lecture de l'arrêt de mort et celle de l'édit abaissant la peine d'un degré, il s'écoula vingt minutes, ou, tout au moins, un quart d'heure, durant lequel l'infortuné vécut persuadé qu'il allait mourir dans quelques instants. » Suit la description exacte de l'exécution des « pétrachevtsy ».

Autre détail personnel : Myschkine ne peut supporter la vue d'un tableau pendu chez Rogojine et qui est une copie de la *Descente de croix* de Hans Holbein : « ...En considérant ce tableau, un homme pourrait perdre la foi ! » s'écrie le prince. Or, on lit dans les *Souvenirs* d'Anna Grigorievna : « Sur la route de Genève, nous nous arrêtâmes un jour à Bâle pour visiter le musée où se trouve un tableau dont on avait parlé à mon mari. C'est une toile de Holbein, où on voit le Christ qui vient de supporter un martyre inhumain, déjà détaché de la croix et abandonné à la décomposition... Trop faible pour le regarder plus longtemps, je m'en allai dans une autre salle... Quand je revins, mon mari était encore là, à la même place, enchaîné. Son visage ému portait cette expression de frayeur que j'avais déjà remarquée très souvent au début de ses crises d'épilepsie. » Et il lui dit cette phrase : « Un pareil tableau pourrait faire perdre la foi... »

Quant à l'attitude même du prince vis-à-vis de son rival Rogojine, elle rappelle l'attitude qu'adopta Dostoïevski envers son rival Vergounov, en Sibérie.

« Je ne suis pas ton ennemi et ne veux te traverser en rien... Si, en effet, vous vous êtes maintenant remis ensemble, je ne me montrerai pas devant ses yeux et je ne te ferai plus aucune visite... »

Oui, tout au long du livre, on sent que Dostoïevski s'efforce d'accumuler les détails matériels, les précisions, les observations personnelles pour justifier aux yeux d'un public mal averti cette histoire d'un autre monde. Il insère dans l'univers du « deux fois deux font quatre » des personnages conçus sous le signe du « deux fois deux font trois ». Il s'applique à concilier les inconciliables. Et cependant, il n'est pas un comparse de ce roman dont les pieds posent vraiment sur le sol. Rogojine, Nastasia Philippovna, Hippolyte, Lébédev, Aglaé, Ivolguine, tous, tous participent d'un éclairage de cauchemar.

« Est-ce que Rogojine ne peut supporter la lumière ? » se demande le prince. Il voudrait connaître exactement l'âme de son rival. N'y a-t-il chez cet homme qu'une passion aveugle ? Est-il incapable de souffrir et de compatir à la souffrance ? « Rogojine est taciturne, il se tait effroyablement, dit Nastasia, seuls ses yeux parlent. » Il semble que cet homme ne s'appartienne pas. Dès le début du livre, on le sent accroché, happé, dirigé vers son crime. Il tue cette fille, si longtemps désirée, au moment même où elle s'abandonne à lui. Et cela parce qu'il a espéré la comprendre dans l'étreinte de leurs deux corps. Or, c'est leur étreinte même qui les a éloignés l'un de l'autre. Rogojine et Nastasia Philippovna sont enfermés chacun dans leur propre solitude. Les gestes humains ne suffisent pas à les rapprocher. Penché sur ce visage, sur cette haleine, Rogojine souffre de sentir aussi lointaine une créature qu'il presse contre lui. Elle n'est pas totalement à lui. Elle ne sera jamais totalement à lui. Un jour ou l'autre, elle le quittera encore. La mort seule peut la lui conserver. Il la frappe d'un coup de poignard au cœur. Ensuite, il attend la visite du prince.

« Un drap blanc couvrait la personne endormie, mais les membres se profilaient vaguement... L'alcôve était en désordre : sur le lit, sur les fauteuils, sur le plancher, partout traînaient des vêtements jetés pêle-mêle, une magnifique robe de soie blanche, des fleurs, des rubans. Le bout d'un pied nu apparaissait, sortant de dessous un fouillis de dentelle qui posait une tache blanche dans l'obscurité : ce pied semblait appartenir à une statue de marbre. Son immobilité était effrayante. Plus le prince regardait, plus sinistre était l'impression que lui causait le silence de la chambre. Tout à coup, une mouche s'éveilla, vola en bourdonnant au-dessus du lit et se posa sur le traversin. Le prince frissonna. »

Le prince n'est pas surpris par la confession de Rogojine. Et, quand l'autre lui dit : « Il ne faut pas la laisser emporter », il répond :

« Non, non, pour rien au monde ! Non, non, non ! »

Peu à peu, tous deux basculent dans l'inconscience.

Lorsqu'on vient arrêter Rogojine, on le trouve hurlant au pied du lit. Cependant le prince caresse doucement les cheveux et la figure du meurtrier.

Quant à Nastasia Philippovna, elle a prévu sa mort dès le début de l'aventure. « Je suis pâle comme une morte », dit-elle en souriant, avant de partir pour l'église. En fait, il n'y a pas d'autre issue que la mort aux déchirements de cette âme pécheresse. Nastasia Philippovna aime Rogojine, comme une bête se sent attirée vers une autre bête par son odeur. Elle aime Rogojine, et, cependant, elle reconnaît que ce rustre est indigne d'elle. Seul le prince peut la sauver de l'abaissement. Mais le sentiment du prince est trop proche de la compassion pour la satisfaire. Elle est orgueilleuse. Elle n'accepte pas l'aumône de la pitié. Et, par réaction, elle en vient à chérir son déshonneur qui l'empêche d'être aimée comme elle le souhaite. « Vous ne pouvez aimer que votre opprobre, lui dit Aglaé, l'incessante idée que vous êtes perdue et que quelqu'un a fait de vous une femme finie. Si vous étiez moins souillée, ou si vous ne l'étiez pas du tout, vous seriez plus malheureuse. » Cette soif de l'humilité se marie étrangement, chez Nastasia Philippovna, avec une vanité sans bornes. En fait, *elle veut bien s'humilier; elle ne veut pas être humiliée.* Et cette remarque est vraie pour toutes les créatures de Dostoïevski.

Autour de ces trois protagonistes, grouille une foule pittoresque de parasites, de cyniques, de déchus.

Lébédev, employé servile, proxénète huileux, usurier, faux témoin, mais qui excelle dans l'explication de l'Apocalypse et qui se désole en phrases bien perlées sur le sort de la du Barry. « Si tu me fouettes, dit-il à Rogojine, ce sera la preuve que tu ne me repousses pas ! Fouette-moi, les coups sont une prise de possession... »

Il y a aussi le général Ivolguine, « démissionnaire et malheureux », qui ment pour le plaisir de mentir et finit par ne plus discerner le mensonge de la réalité.

Il y a le général Epantchine, amoureux important et transi de Nastasia Philippovna. Il y a Gania, autre soupirant de Nastasia Philippovna, mais qui ne songe à l'épouser que pour se créer une carrière honorable. « Oui ou non, soixante-quinze mille roubles valent-ils qu'on s'impose un pareil tourment ? »

Il y a la jolie Aglaé qui se rit du prince et l'adore. Il y a enfin et surtout la curieuse figure d'Hippolyte, le jeune homme poitrinaire, dont les heures sont comptées et qui éprouve le besoin de lire sa confession en public.

Par l'intermédiaire de ce mourant, Dostoïevski pose le problème de la signification ultime de la vie.

Hippolyte, comme l'auteur lui-même, est déchiré par la lutte de la pensée et de la matière.

Y a-t-il quelque chose hors des murs ? Existe-t-il une force qui puisse transgresser les lois de la Nature ? Le miracle est-il possible ou bien tout est-il réglé comme « deux fois deux font quatre » ? Et Hippolyte se tourne vers le Christ, expression de la pensée triomphante. Il songe à ce tableau qu'il a entrevu dans l'antichambre de Rogojine : « Le visage du Christ est atrocement défiguré par les coups qu'il a reçus ; il est enflé avec d'affreuses plaies tuméfiées et ensanglantées ; les yeux sont grands ouverts ; ils louchent et brillent d'un éclat mort, vitreux. Mais, chose étrange : lorsqu'on regarde le cadavre de cet homme qui a tant souffert, une question curieuse, particulière, se pose à vous. Si tel était le corps (et il devait être identique à celui-ci) que virent ses disciples, ses apôtres, les femmes qui le suivaient et qui se tenaient au pied de la croix, tous ceux qui croyaient en lui et l'adoraient, comment ont-ils pu penser à la vue de tels restes que ce martyr ressusciterait ? Si la mort est si affreuse, se dit-on malgré soi, si les lois de la Nature sont si puissantes, comment en triompher ? Comment les vaincre quand celui-là même ne les a pas vaincues qui se faisait obéir de la Nature, lorsqu'il était en vie, auquel elle se soumettait, qui s'écriait " Talifa Koumi " et ressuscitait une jeune fille, qui dit à Lazare de sortir et Lazare sortit de son tombeau ? »

Et, de fait, les lois de la Nature, les règles du « deux fois deux font quatre » n'ont pas reculé devant le mystère du Christ. Elles se sont saisies de l'homme miraculeux comme d'un simple mortel, et toute la puissance de la pensée n'a pu empêcher les clous de déchirer ces paumes crispées, la lance d'ouvrir ce flanc essoufflé, les épines d'écorcher ce front qui portait le monde et les crachats de ruisseler sur cette Face adorable.

Ainsi, la Nature prend, pour Hippolyte, « l'aspect d'une machine moderne qui a stupidement broyé, avalé, déchiqueté, englouti l'être admirable, infiniment cher, qui, à lui seul, valait plus que toute la Nature et toutes ses lois, cette Nature qui ne fut créée peut-être que pour le produire. »

Les systèmes philosophiques, les religions ne sont rien en face de la matière et du nombre. Le Christ est ressuscité, dit-on. Mais sa fin ignominieuse est déjà un échec pour la foi. La mort règne sur l'univers.

Eh bien! puisqu'il en est ainsi, puisque seul existe un Premier Moteur insensible qui broie indistinctement les bons et les méchants, les enfants et les vieux, les bourgeois obtus et les purs génies, il ne reste qu'à s'incliner devant lui, comme le Christ lui-même en a donné l'exemple. Mais accepter le Premier Moteur ne veut pas dire l'adorer.

« Ne peut-on me dévorer sans exiger que je bénisse celui qui me dévore? » s'écrie Hippolyte.

Et s'il se trompe, et s'il blasphème en parlant de la sorte, en quoi est-il responsable de son erreur? « S'il est si difficile et même tout à fait impossible de comprendre cela, se peut-il que je sois coupable parce que je n'ai pu concevoir une chose qui dépasse l'entendement? Nous rabaissons trop la Providence quand, par dépit de la comprendre, nous lui prêtons nos idées. »

Cette dialectique désespérée est celle de l'homme souterrain : « Bouche close et grinçant des dents, s'engourdir dans l'inertie, en rêvant qu'on ne peut même pas se fâcher contre quelqu'un... »

Ce n'est pas en raisonnant qu'on peut répondre à cette attaque logique. La foi ne s'obtient pas de déduction en déduction, comme la solution d'un problème. On ne la gagne pas par l'intelligence, mais par le sentiment. Et, quelques jours plus tard, quand Hippolyte interroge le prince au sujet du sens de la vie, Myschkine lui répond par ces paroles : « Passez votre chemin et pardonnez-nous notre bonheur. » Que celui qui est incapable d'éprouver ce bonheur hors de toute raison, contre toute raison, passe son chemin et laisse en paix les autres. Puisque la croyance est ennemie du « deux fois deux font quatre », ce n'est pas en appliquant les principes du « deux fois deux font quatre » qu'on la révélera au cœur de l'incroyant. Telle est la leçon qui se dégage de l'épisode admirable d'Hippolyte.

Ce récit prolixe, mal équilibré, haletant, se poursuit dans une atmosphère de mauvais rêve. A chaque page, l'invraisemblance côtoie le « détail vécu ». A chaque page est sensible l'effort d'un auteur emporté par la pensée et qui s'efforce de ne pas perdre pied.

« Ce que la plupart des gens appellent fantastique et exceptionnel, c'est pour moi la réalité la plus profonde, écrit Dostoïevski à Strakhov. Ce n'est pas au roman que je tiens essentiellement, mais à l'idée. »

La critique fut déroutée par ce livre inexplicable et qui se dérobait à toute classification. Les uns ne le mentionnèrent même pas. D'autres s'indignèrent : « Mon Dieu! que n'a pas inventé M. Dostoïevski dans ce roman qui est en vérité le plus mauvais de tous ceux qu'il ait publiés... Je vois dans cet ouvrage une compilation littéraire, comprenant une foule de caractères et d'événements absurdes, et dénuée de tout souci artistique. Il y a dans l'œuvre de M. Dostoïevski des pages entières qui sont incompréhensibles! » Telle est l'opinion du critique Bourénine.

CHAPITRE XI

« L'Éternel Mari ». Élaboration des « Possédés ». La guerre

« Je sens que le public a été moins frappé par *L'Idiot* que par *Crime et Châtiment*, écrit Dostoïevski. Mon amour-propre est en jeu : je veux à nouveau attirer sur moi l'attention. »

Ainsi, à peine a-t-il achevé la rédaction de *L'Idiot*, qu'il s'attelle à un autre roman : *L'Éternel Mari*.

Le total des 7 000 roubles que Dostoïevski devait toucher pour *L'Idiot* fut considérablement réduit par suite des avances qu'il avait prises sur ses droits. Une partie du solde fut employée à payer des objets laissés en gage à Saint-Pétersbourg, et à venir en aide au beau-fils de Fédor Mikhaïlovitch et à la famille de son frère Michel. Le reste, une somme infime, servit à régler les frais de séjour des Dostoïevski à Florence.

Au début de l'année 1869, Anna Grigorievna constata qu'elle était, pour la seconde fois, enceinte. Malgré les nouvelles difficultés financières qui s'annoncent, Dostoïevski exulte. Il entoure Annette de soins excessifs qui la font sourire. Il décide que l'enfant sera une fille et qu'elle s'appellera Aimée. Il dérobe à sa femme un volume de *Guerre et Paix*, parce que Tolstoï y raconte l'agonie de la princesse Bolkonsky, morte en couches.

« J'attends cet enfant avec émotion, écrit-il à Strakhov, avec crainte, avec espoir et timidité. »

Enfin, redoutant que sa femme n'accouche dans un pays où elle ne connaît personne et où les médecins la comprennent mal, il se décide à quitter Florence pour Prague, ville slave par excellence, puisqu'elle a été le siège du Congrès slave de 1867.

Le voyage s'accomplit par Venise, où Dostoïevski visite la basilique Saint-Marc et le palais des Doges, par Bologne, où il admire la *Sainte Cécile* de Raphaël, par Trieste et par Vienne. Mais, à Prague, les Dostoïevski ne trouvent pas un appartement, pas une chambre de libre. Force leur est de retourner à Dresde, où ils seront du moins en pays de connaissance.

Ils arrivent à Dresde au mois d'août, et, au mois de septembre, Anna Grigorievna accouche d'une fillette.

« Il y a trois jours que notre fille Aimée est venue au monde. Tout s'est passé pour le mieux : le bébé est gros, bien portant et joli. »

Oui, mais le loyer n'est pas payé, le docteur, la sage-femme, les fournisseurs attendent qu'on les règle, et il reste, en tout et pour tout, dix thalers dans la caisse familiale.

Dostoïevski écrit au directeur de *L'Aube* pour solliciter une avance sur son prochain roman. Mais l'argent tarde à venir. Tous les jours, Dostoïevski se présente au guichet de la banque et, tous les jours, il est éconduit par les employés. Le personnel finit par se moquer de lui.

« Comment puis-je écrire en ce moment? Je déambule de long en large, je m'arrache les cheveux, et, la nuit, je ne peux pas dormir! Je réfléchis à ma détresse et j'enrage! Et j'attends! O Dieu! Je vous jure, je vous jure qu'il m'est impossible de vous décrire en détail ma misère actuelle. J'en ai honte... Et, après ça, on me demande des effets artistiques, de la limpidité, de la poésie sans efforts, sans emballements, et on me cite Tourgueniev et Gontcharov en exemple! Qu'ils regardent donc dans quelles conditions je travaille! »

Un envoi de 100 roubles arrive enfin. Mais il est dépensé aussitôt. Et, au mois de décembre, Dostoïevski ne dispose même pas de 5 thalers pour expédier son travail à *L'Aube*.

« Je n'ai pas et je ne peux pas me procurer d'argent pour envoyer mon manuscrit au rédacteur. Le manuscrit est épais et on demandera 5 thalers... Il faut 5 thalers pour le manuscrit, mais nous aussi nous avons besoin de vivre. Ah! que c'est dur!... »

Enfin *L'Aube* accorde une nouvelle avance, et *L'Éternel Mari*, bien empaqueté, bien ficelé, s'achemine de Dresde vers la Russie.

Ce roman semble être un pastiche de Dostoïevski par lui-même. Dans la vie de chaque écrivain, il arrive un moment où il tente son propre « à la manière de ».

Un jour, le « séducteur » Veltchaninov reçoit la visite d'un homme au chapeau entouré d'un crêpe et qui, depuis quelque temps, semble le suivre partout. Veltchaninov reconnaît Troussotsky, dont la femme a été sa maîtresse, neuf ans plus tôt.

« Je ne songeais pas à entrer, dit Troussotsky et, si les choses ont pris cette tournure, c'est un hasard.

– Comment un hasard ? Mais je vous ai vu de ma fenêtre, traversant la rue sur la pointe des pieds ! »

La femme de Troussotsky est décédée. Elle lui a laissé une fille, la petite Lisa, qui est née huit mois après le « départ » de Veltchaninov, et qui, au reste, mourra bientôt sans que Troussotsky en paraisse le moins du monde affecté.

Veltchaninov songe que Troussotsky est de l'essence des « éternels maris ».

« Un être pareil naît et grandit uniquement pour se marier et devenir le complément de sa femme. »

Entre les deux hommes s'établit une camaraderie bizarre, faite de haine et de pitié. Ce ne sont que scènes répugnantes de reproches, de remords, de pardons, accompagnées de larmes et d'embrassades, auxquelles Veltchaninov ne peut se soustraire parce qu'il se sent coupable. Troussotsky pousse la perversité jusqu'à emmener son compagnon à la campagne, dans la famille de sa nouvelle fiancée. En face de Nadia, la jeune lycéenne, Veltchaninov joue au séducteur patenté. Troussotsky, avec une sorte de délectation rageuse, reconnaît les débuts d'une trahison identique à celle qu'il a déjà subie. De retour à Saint-Pétersbourg, il soignera Veltchaninov qui est tombé malade entre-temps.

Il court à la cuisine, allume le feu, réveille le concierge. Et Veltchaninov, ému, balbutie :

« Vous... vous... vous êtes meilleur que moi..., je comprends tout, merci ! »

Mais à peine s'est-il endormi qu'un pressentiment le secoue. Il tend les bras et une arme le frappe à la main gauche. Troussotsky est devant lui qui tient un rasoir. Veltchaninov parvient à terrasser son rival.

Plus tard, il rencontrera, sur un quai de gare, une jeune femme passablement jolie, qui entraîne à sa suite un officier ivre et braillant. Les badauds s'esclaffent. Une algarade va éclater. Veltchaninov intervient et rétablit l'ordre. La jeune femme se confond en remerciements et déplore que son mari ait disparu « au moment où l'on avait besoin de lui ». Mais le mari surgit enfin. C'est Troussotsky.

Les deux rivaux échangent quelques paroles banales. Puis Veltchaninov tend la main à « l'éternel mari ». L'autre la refuse :

« " Et Lisa ! et la petite Lisa donc ! " bégaye-t-il.

« Ses lèvres, ses joues, son menton se mirent à trembler et les larmes jaillirent de ses yeux. »

Le convoi s'ébranle. Troussotsky saute dans le wagon. Veltchaninov reste seul et perplexe sur le quai de la gare.

Ce court récit, d'une facture vive et soignée, s'oppose à la manière confuse et géniale de *L'Idiot*. *L'Éternel Mari* offre en résumé tous les grands thèmes de Dostoïevski. Mais ils ne sont pas développés au cours de l'intrigue. Il s'agit plutôt d'une succession de remarques sans conclusions immédiates. Dans *L'Éternel Mari*, Dostoïevski n'a accompli que la moitié de son travail habituel. Il a indiqué les chemins de la réflexion. Il n'a pas accompagné le lecteur au long de ces voies mystérieuses. Tel quel, le livre demeure un admirable *condensé* de l'art dostoïevskien. Et la scène de l'assassinat manqué trouve sa place parmi les plus grandes scènes de l'auteur.

L'Éternel Mari achevé, corrigé, envoyé, Dostoïevski se tourne vers des projets plus vastes. Il songe à écrire *La Vie d'un grand pécheur*, sorte de large composition ordonnée en cinq romans et destinée à prouver « l'existence de Dieu ». Le héros principal devait être une réplique de saint Tikhone Zadonsky. Mais une partie de l'action se passait dans un monastère, et Fédor Mikhaïlovitch ne voulait rédiger cette œuvre spécifiquement russe qu'une fois réinstallé en Russie. Ses notes, il s'en servira plus tard pour camper le staretz Zosime des *Frères Karamazov* et certains personnages de *L'Adolescent*.

« Cette idée, c'est tout ce pour quoi j'ai vécu. Mais, d'un autre côté, pour écrire ce roman il faut que je retourne en Russie... Il me faut non seulement voir un monastère, mais y vivre quelque temps », écrit-il.

Et encore :

« Le problème principal, qui sera posé dans toutes les parties de l'ouvrage, est celui qui m'a torturé consciemment ou inconsciemment pendant toute ma vie : l'existence de Dieu. Le héros sera, au long de son existence, tantôt un athée, tantôt un croyant, tantôt un fanatique, un hérésiarque, tantôt de nouveau un athée... La figure centrale de la deuxième partie sera Tikhone Zadonsky, mais présenté sous un autre nom, bien sûr. »

En attendant, il élabore un nouveau sujet sur la révolution sociale. Le frère d'Anna Grigorievna était venu rejoindre les Dostoïevski à Dresde, pendant les vacances scolaires. Le jeune Snitkine, étudiant à l'Institut agronomique de Pétrovsk, était très exactement au courant des mouvements nihilistes dans les universités. Ses récits passionnaient et attristaient Dostoïevski. La figure de l'étudiant Ivanov, dont Snitkine parlait avec admiration, lui devenait secrètement sympathique. Ivanov était « un homme de grand esprit et de caractère solide qui avait renié d'une manière catégorique ses anciennes convictions ».

Ce traître à la cause de la révolution fut exécuté par le chef de « l'Association du règlement populaire », Netchaïev, aidé de quatre acolytes.

L'annonce de ce meurtre atterra Dostoïevski. Sa haine des idées nouvelles croissait de jour en jour. L'irresponsabilité et la prétention de la jeunesse universitaire lui soulevaient le cœur. Il résolut de frapper un grand coup. Se servant des documents que publiait la presse et des paroles mêmes de Snitkine, il entreprit de composer ce pamphlet terrible : *Les Possédés.*

« La chose que j'écris est tendancieuse. Je veux m'exprimer avec fougue. Ah! ils glapiront contre moi, les nihilistes et les occidentaux! Ils me traiteront de rétrograde! Mais, que le diable les emporte, je dirai toute ma pensée! » (Lettre du 6 avril 1870.)

« L'un des événements principaux de mon récit sera le meurtre, bien connu à Moscou, d'Ivanov par Netchaïev. » (Lettre du 20 octobre 1870.)

Je veux faire connaître mes opinions, sans ambages, à la jeunesse actuelle. » (Lettre du 14 décembre 1870.)

Cependant le travail se révèle pénible. Le plan de l'ouvrage se dégage mal. Les héros primitifs pâlissent devant des personnages secondaires.

« Le nouveau héros m'a tellement plu que j'ai recommencé tout ce que j'avais écrit. »

Une volée de notes s'abattent sur son carnet. Elles y voisinent avec des hiéroglyphes, des essais de plume et des calculs :

« Ensuite N-V (Netchaïev) part effectivement, mais revient et assassine Chatov... »

« Stavroguine, s'il croit, ne croit pas qu'il croit, et, s'il ne croit pas, ne croit pas qu'il ne croit pas... »

Parfois, l'indication d'une scène est précédée de ces mots :

« Ici », « Capital », « Important », « Précieux », « Variante remarquable »...

« Me croirez-vous, écrit Dostoïevski, je sais parfaitement que si j'avais deux ou trois ans d'assurés pour composer ce roman, comme c'est le cas de Tourgueniev, de Gontcharov ou de Tolstoï, j'écrirais, moi aussi, une œuvre dont on parlerait encore cent ans plus tard ! »

Il y tient, à ce pamphlet, plus qu'à aucun autre de ses romans. Il y tient, parce qu'il se compromet en l'écrivant, parce qu'il risque de perdre toute une partie de son public ou de gagner une audience mondiale. En expédiant les premiers feuillets au *Messager russe* qui doit publier son livre, il multiplie les recommandations.

« Je prie l'honorable rédacteur de bien vérifier les phrases écrites en français dans le roman. Je crois qu'il n'y a pas de fautes, mais je peux me tromper... »

Et aussi :

« A un endroit, j'emploie l'expression suivante : " Nous avons posé des couronnes de laurier sur des têtes pouilleuses. " Je vous en supplie, au nom de Dieu, ne supprimez pas le mot " pouilleuses ". »

A minuit passé, lorsque tout le monde repose dans la maison, assis en face de son papier et de sa tasse de thé froid, Dostoïevski se délivre de sa rage. Il écrit comme il frapperait, comme il mordrait. Il livre le grand combat de sa carrière. Mais aura-t-il la force de lutter jusqu'au bout?

Ses crises reprennent, après une longue période d'accalmie. « N'est-ce pas atroce? Je suis là dans mon fauteuil, la tête lourde, les membres brisés, incapable de tout effort sérieux... à côté de moi, la petite crie... et je n'ai pas d'argent pour envoyer chercher un remède à la pharmacie. »

Il tient un compte serré de ses accès d'épilepsie :

« Crise violente... » « Crise assez violente... » « Attaque à six heures du matin... Le soir, surtout, à la lueur des bougies, une tristesse maladive. Un reflet rouge (non pas une couleur) sur tous les objets... »

« A trois heures de la nuit, une attaque d'une violence terrible, dans l'entrée... Je suis tombé et me suis écorché le front. Sans me souvenir de rien et sans rien comprendre, j'ai apporté la bougie intacte et allumée dans la chambre, j'ai fermé la fenêtre, et, ensuite seulement, j'ai deviné que je venais de subir une crise. J'ai réveillé Annette et je le lui ai dit; elle a beaucoup pleuré en voyant mon visage... J'ai essayé de la calmer et, tout à coup, j'ai eu un nouvel accès... Quand je suis revenu à moi, la tête me faisait atrocement mal et je ne pouvais parler correctement. Annette a passé la nuit avec moi (effroi mystique intense). »

Pour se délasser, il file à Hombourg. Là, il perd tout l'argent qu'il avait sur lui, subit une crise violente à l'hôtel, tombe et se blesse à la nuque : « Au bout d'une semaine, on voyait encore la bosse. »

Il rentre à Dresde comme un chat échaudé.

Le 17 juillet 1870, Dostoïevski note dans son calepin : « Je lutte contre la première partie du roman, et je me désespère. La guerre est déclarée. Annette est très fatiguée. Aimée est nerveuse et insupportable... »

Les armées allemandes envahissent la France et toute la population de Dresde est en émoi. Les transports sont réquisitionnés par l'autorité militaire. Le service postal est suspendu. Les journaux n'arrivent plus de Berlin.

« La guerre! Pourvu qu'ils ne me gênent pas dans mon travail!... »

« Sur le Rhin, des deux côtés, près de trois cent mille hommes se sont massés... Les cours baissent. Tout augmente... Ni les uns ni les autres ne supporteront une longue guerre. Et, cependant, ils veulent se battre longtemps. Qu'adviendra-t-il? Demain ou après-demain, sans doute, aura lieu la rencontre décisive. »

Le 7 août, enfin, il inscrit ces phrases laconiques :

« Le roman est définitivement rejeté (c'est affreux!). Les Français ont été battus le 6, à présent ils se reforment devant Metz et, à ce que je crois, ne savent plus où aller, perdent du temps. »

Mais, c'est dans ses lettres qu'il faut chercher le témoignage de ses réactions francophiles au moment de la guerre :

« Elle est belle, cette école allemande, qui torture et pille comme une horde de Huns! Et les Prussiens se comportent plus mal encore que des barbares!... Ce sont les professeurs, les docteurs et les étudiants qui s'échauffent surtout et font les fanfarons, mais pas le peuple. Je vois ces gens tous les soirs, à la salle de lecture. Avant-hier, un savant très influent, aux cheveux tout blancs, a crié très haut : " Qu'on bombarde Paris, il le faut! " C'est là le résultat de leur bêtise, sinon de leur science. »

Un peu plus tard, il écrira : « Non, ce qui a été bâti par l'épée ne saurait subsister. Et après cela, ils crient : " La jeune Allemagne ! " Bien au contraire, c'est une nation qui a épuisé ses forces, parce qu'elle se confie à l'idée du glaive, du sang, de la violence ; elle n'a pas la moindre notion de ce que c'est que la victoire spirituelle et en rit avec une brutalité soldatesque. Non, c'est une nation morte. Une nation sans avenir !... »

L'institution de la Commune à Paris soulève son indignation contre les socialistes :

« ... Les hommes de ce mouvement ne font que prôner le paradis sur terre (à commencer par les phalanstères), et, à peine sont-ils au pouvoir, qu'ils se révèlent bassement incapables de dire quelque chose de positif... Ils tranchent des têtes. Pourquoi ? – Parce qu'il n'y a rien de plus facile à faire. Dire quelque chose est bien plus malaisé... L'incendie de Paris est une monstruosité. " Notre coup de main n'a pas réussi ? Eh bien ! que le monde périsse, car la Commune est au-dessus du bonheur du monde et de Paris. "

« L'Occident a perdu le Christ (par la faute du catholicisme), et c'est pour ça que l'Occident se meurt, uniquement pour ça. »

Ainsi, les événements politiques le ramènent à sa grande colère contre le socialisme français. L'étranger lui semble une prison d'où il ne s'évadera jamais. Cependant, rester une année de plus en Allemagne serait une torture intolérable. Il a l'impression qu'il ne se souvient plus de sa patrie, que son talent n'est plus chauffé par elle, nourri par elle, qu'il est un homme perdu, comme tous ceux qui se sont arrachés à leur sol.

De Florence déjà, il écrivait : « Tourgueniev, à l'étranger, se dessèche et perd son talent, comme l'a d'ailleurs constaté le journal *La Voix* ! Je n'ai pas peur de me germaniser, parce que je hais tous ces Allemands, mais j'ai besoin de la Russie. Sans la Russie, toutes mes forces, tout mon talent disparaîtront. Je le sens, je le sens de tout mon être. »

Et, à Dresde, la complainte se poursuit : « Si vous saviez combien je m'ennuie, et combien j'aspire à revenir en Russie... »

Ou : « Il est vrai que je vais m'écarter, non du siècle, non de la connaissance des événements russes..., mais du courant rapide de la vie... »

Ou encore : « Vite ! vite ! en Russie ! Il faut en finir avec l'étranger maudit et avec ces fantaisies ! »

Mais où trouver l'argent du voyage ? On essaye d'en exiger de Stellowsky, qui publie *Crime et Châtiment* en volume, mais le filou refuse de s'exécuter. Alors, Maïkov s'adresse au Fonds littéraire et sollicite un prêt de 100 roubles pour permettre le rapatriement des Dostoïevski. Le Comité refuse en termes catégoriques.

« Si un nihiliste les avait sollicités, on ne lui aurait pas répondu de la sorte », écrit Dostoïevski.

Pour comble de malheur, Anna Grigorievna est, de nouveau, enceinte.

Le 29 juin, Dostoïevski note dans son calepin : « Elle est faible, énervée, elle dort peu. Se peut-il qu'elle soit enceinte ? »

« J'ai peur ! j'ai peur, écrit-il aussi, je suis tout simplement désespéré, car je n'arriverai pas à finir ce livre... »

Pour le tranquilliser, Anna Grigorievna lui suggère d'aller tenter sa chance à la roulette de Wiesbaden. Il part. Et l'éternelle comédie recommence.

Dostoïevski entre dans la salle de la roulette, suit la partie, joue mentalement, puis risque une mise, gagne, gagne encore et veut se retirer avec 18 thalers de bénéfice. Mais, à ce moment, une fièvre absurde le pousse à forcer le hasard. Il revient au tapis vert. Et les pertes se succèdent implacablement. A neuf heures du soir, il a tout liquidé. Il regarde ce rectangle de drap vert, ces lustres, ces faces de cadavres et s'enfuit comme un fou. Il a honte, il souffre, il pense à sa femme, à sa petite fille qui l'attendent.

« Je souffrais tant que j'ai couru aussitôt chez le prêtre... En route, tandis que je me hâtais dans l'obscurité, à travers des rues inconnues, je pensais : " C'est un pasteur de Dieu, je lui parlerai non comme à un homme, mais comme à un confesseur. " »

Dans la ville endormie, il marche, il trotte, en sueur, décoiffé, cherchant son chemin à travers les ruelles obscures. Il arrive enfin devant un temple. Il lui semble que c'est une église russe. Il veut entrer. C'est une synagogue.

« Ce fut pour moi comme une douche froide. Je courus à mon hôtel. Maintenant, il est minuit, je t'écris... Envoie-moi trente thalers. Je m'arrangerai pour que cela suffise... Annette, je suis à tes pieds et je t'embrasse. Ne pense pas que je sois fou, Annette. Une grande œuvre s'accomplit en moi, une fantaisie stupide, méprisable, qui me tourmentait depuis dix ans, s'est évanouie... Maintenant, tout est terminé. C'est la toute dernière fois. Croiras-tu, Annette, que maintenant mes mains sont libres ? J'étais lié par le jeu. A présent, je ne penserai plus qu'à mon travail et je ne rêverai plus au jeu, des nuits entières, comme cela m'arrivait. Alors, mon œuvre se réalisera mieux et plus vite, et Dieu me bénira. »

Cette promesse, si souvent répétée, ne devait plus être un vain mot. Dostoïevski tint parole et ne retourna jamais à la roulette.

« Il n'est plus jamais retourné à la roulette, note Anna Grigorievna, quoiqu'il se trouvât plusieurs fois à Ems et qu'il eût assez d'argent pour aller jusqu'à Monaco. Mais il n'était plus attiré par le jeu. Non seulement il n'alla plus jouer, mais même il n'en parla plus jamais; il semble... que la passion du jeu ait été une sorte de maladie dont on ne retrouve plus trace dans les dix dernières années de sa vie. »

Comment justifier ce brusque revirement de Dostoïevski? Rien, ni dans ses lettres, ni dans le journal de sa femme, ni dans les notes de ses amis, ne permet de l'expliquer. Est-ce par la raison, est-ce par le cœur qu'il s'est laissé convaincre? Il me semble qu'on n'a pas accordé toute l'importance voulue à l'incident de la synagogue. Dostoïevski vient de subir une grosse perte. Dans son affolement, dans son abaissement, il ne voit qu'un refuge : l'église orthodoxe. Or, cette église même lui est refusée. Il croit aller vers le Sauveur, et trouve ceux qui l'ont crucifié. Nul doute que, chez un être aussi malade, nerveux, superstitieux que Dostoïevski, le souvenir de cette aventure suffit à chasser les plus subtiles tentations.

Fédor Mikhaïlovitch rentre à Dresde, apaisé par sa dernière épreuve, et se remet au travail. Il n'a plus qu'une pensée : retourner en Russie avant les couches de sa femme.

La direction du *Messager russe*, qui lui a déjà expédié une avance « pour les fêtes », a promis une nouvelle avance de 1 000 roubles pour le mois de juin.

Fédor Mikhaïlovitch écrit à Katkov et le supplie de hâter l'envoi de son secours. Il écrit aussi à Maïkov pour le prier de reprendre les pourparlers avec Stellowsky. Il se sauvera. Il sauvera toute sa famille grâce à son travail. Les Tourgueniev, les Tolstoï, les Gontcharov touchent des honoraires importants. Pourquoi serait-il moins payé qu'eux? Ont-ils donc tellement de talent?

« Savez-vous, c'est une littérature de propriétaires fonciers qu'ils nous offrent. Elle a dit tout ce qu'elle avait à dire (admirablement, je le reconnais, chez Léon Tolstoï). Mais, il n'en demeure pas moins que cette parole de propriétaire foncier a été la dernière... »

Il dira, lui, *la parole nouvelle*. Il étonnera le monde! Mais, pour l'amour du Ciel, qu'on le laisse travailler en paix dans son pays!

L'argent du *Messager russe* arrive dans les derniers jours du mois de juin 1871. Aussitôt, on rachète les vêtements engagés, on paye les dettes et on se prépare pour le grand voyage.

Deux jours avant le départ, Dostoïevski remet à sa femme quelques rouleaux de papier de grand format et lui demande de les brûler. Il sait qu'on le fouillera certainement à la frontière russe. Et il ne veut pas que ses brouillons tombent aux mains des autorités, comme lors de son arrestation, en 1849. Anna Grigorievna, désolée, allume la cheminée et se penche vers la flamme. Bientôt, les manuscrits de *L'Idiot*, de *L'Éternel Mari* et de la première version des *Possédés* ne sont plus qu'un tas de cendres noires, traversées d'étincelles rapides.

Le 17 juillet, au soir, Fédor Mikhaïlovitch et sa famille quittent Dresde pour Saint-Pétersbourg.

Leurs bagages sont effectivement fouillés à la frontière. L'employé les examine avec un soin hargneux. Dostoïevski et sa femme se lamentent devant leurs malles ouvertes. Quelques minutes encore, et ils manqueront le train.

« Maman, donne-moi un petit pain », gémit la fillette, Aimée.

L'employé hausse les épaules et autorise les exilés à remonter dans leur wagon. Le convoi s'ébranle.

Déjà, derrière les vitres poussiéreuses, défilent la terre russe, le ciel russe, avec ses maigres nuages étirés, usés par le vent.

Un petit sentier traverse le remblai, plonge dans l'herbe et aboutit, là-bas, à une bicoque au toit de chaume. Une paysanne, au bord de la voie, secoue un mouchoir rouge. Elle a un fichu sale sur la tête. Elle porte une besace d'écorce de bouleau. Et ses pieds sont chaussés de savates en corde tressée. Elle crie, elle rit et disparaît, happée par la vitesse et la fumée du train. La Russie s'avance. La vraie Russie. Pas celle des intellectuels aigris, des révolutionnaires, des « possédés », mais la Russie de la terre, du travail, de la foi. Celle qui sauvera l'autre.

Dostoïevski est ému. Il regarde sa femme, sa fille. Elles sont lasses. Elles somnolent, côte à côte.

Un village passe avec son église au toit vert. Il fait chaud. Le compartiment pue l'huile rance, la sueur, le charbon. Mais Fédor Mikhaïlovitch n'en a cure. Il a l'impression de quitter le bagne pour la seconde fois, de renaître pour la seconde fois à la vie. N'aura-t-il pas, comme à son retour de Sibérie, le sentiment d'avoir dormi pendant des années et de s'éveiller au cœur d'un monde qui lui est devenu étranger ? Non, non, il a suivi le courant. Il est demeuré russe. Ses livres le prouvent, le prouveront. *Les Possédés* sont-ils autre chose qu'une défense de la Russie contre les démons dont parle saint Luc ?

« Il y avait là, sur la montagne, un grand troupeau de pourceaux qui paissaient. Et les démons supplièrent Jésus de leur permettre d'entrer dans les pourceaux. Il le leur permit. Les démons sortirent de cet homme, entrèrent dans les pourceaux, et le troupeau se précipita des pentes escarpées dans le lac et se noya... »

CHAPITRE XII

« Les Possédés »

Si *Crime et Châtiment* est l'histoire d'un homme qui dépasse les règles de la morale personnelle et qui, cherchant la liberté, aboutit à l'arbitraire et au meurtre, *Les Possédés* (ou plus exactement *Les Démons* [1]) sont l'aventure d'un peuple qui méconnaît les principes de la morale sociale et se perd en espérant se sauver.

L'assassinat est, pour l'individu, ce que la révolution est pour la collectivité. Raskolnikov veut se prouver qu'il n'est pas une vermine, acheter par un acte répréhensible le droit à l'indépendance totale, et devenir, en quelque sorte, son propre Dieu. Les démagogues de l'insurrection veulent accorder à la foule une dignité surhumaine, mériter l'émancipation par le massacre, et instituer une religion de la masse au lieu de la croyance en Dieu. Et, comme Raskolnikov, le renégat, perd toute liberté dès le lendemain de sa faute et devient l'esclave d'une idée fixe, ainsi le peuple qui se soulève ne trouve au bout de son épreuve que la servitude humiliante et la désolation.

Oui, pour Dostoïevski, la tentation éternelle du « tout est permis » peut être personnelle ou collective. Les deux expériences sont parallèles dans leurs moindres détours, et toutes deux aboutissent à un même échec dans l'infini. Il n'y a pas de liberté sans Dieu. Quiconque cherche la liberté hors de Dieu se condamne à la négation de soi-même. Le socialisme est une question religieuse et doit être traité comme tel.

1. Le titre russe a été mal traduit dans les éditions françaises de l'ouvrage.

En effet le socialisme, *le socialisme russe*, ne prétend pas seulement organiser le bien-être de la classe ouvrière, il ne prétend pas seulement régler la vie terrestre de l'homme, il prétend limiter à cette félicité immédiate toute notre vie. Le socialisme n'est pas une étape dans le destin de l'humanité. Il est la religion de l'humanité. Il est la fin de l'humanité. Il ne double pas le christianisme, il le remplace. Pas de Dieu, pas d'immortalité de l'âme, pas de rédemption, pas de bonheur hors du bonheur matériel, tangible, accessible à chacun.

« Nous leur donnerons le bonheur des créatures débiles. »

Tout commence et tout finit ici-bas. Le monde se transforme en fourmilière. Les valeurs individuelles, la vie intime, les élans spirituels, les espoirs supérieurs s'anéantissent dans ce marais de la nullité. L'État se charge de pourvoir le troupeau lamentable en pitance, en tanières et en petites joies quotidiennes. Et l'homme se croit heureux.

Mais l'homme n'a pas seulement besoin d'être heureux. Le pain quotidien n'est pas l'unique nourriture à quoi il aspire. Il a faim de croire à chaque instant qu'il existe une haute allégresse, absolument inimaginable et délicieuse, dont il ne sera pas exclu. Il a faim de quelque chose qu'il ne pourrait se procurer ni par le travail ni par la ruse. Il a faim de l'incommensurable, de l'incompréhensible, de l'infini.

« Toute la loi de l'existence humaine, dit Stepan Trophimovitch, dans le dernier chapitre des *Possédés*, consiste en ce que l'homme peut toujours s'incliner devant quelque chose d'immensément grand. Si l'on venait à priver les humains de cet immensément grand, ils ne voudraient plus vivre, ils mourraient de désespoir. »

Certes, à l'époque où Dostoïevski écrivait *Les Possédés*, le mouvement nihiliste n'avait pas encore l'importance et la direction précise que l'auteur lui impose dans son livre. Les contemporains des années 70 ne connaissaient pas de révolutionnaires aussi complets que les Stavroguine, les Kirillov, les Chatov, les Chigalev, les Verkhovensky.

Tout le livre est dominé par la silhouette inquiétante de Verkhovensky. Dostoïevski l'a peint d'après les documents qu'il possédait sur Netchaïev et d'après les souvenirs personnels qu'il avait gardés du conspirateur Spechnev; celui-là même dont il disait autrefois : « Comprenez-vous à présent que j'ai un Méphistophélès à mes côtés? »

Et, de fait, Verkhovensky est un véritable Méphistophélès.

« D'abord, il enchante, écrit l'auteur ; ensuite il déplaît, à cause de la trop grande netteté de sa prononciation et de l'afféterie de ses paroles toujours préparées. » Il est obséquieux et insolent tour à tour, il ne s'abandonne jamais à un propos, à un geste ; non, il calcule, il suppute et jette ses filets avec une méchanceté tranquille. Dans la petite ville de province où il a créé un cercle nihiliste, il feint de s'effacer devant le beau Stavroguine, mais, en fait, c'est à lui, Verkhovensky, qu'obéissent les conspirateurs.

Dans le groupe révolutionnaire, chacun le déteste et le craint. Son idée de la révolution est terrible :

« Nos partisans ne sont pas seulement ceux qui égorgent et incendient, ceux qui tirent au pistolet suivant la méthode classique, ou bien qui mordent leurs officiers. Ceux-là nous gênent, tout au plus... Le maître d'école qui se rit avec ses élèves de leur Dieu et de leur berceau est des nôtres. L'avocat plaidant la cause du meurtrier instruit, parce que celui-ci est d'une culture supérieure à celle de sa victime et que, pour se procurer de l'argent, il ne pouvait pas ne pas tuer, celui-là est des nôtres. Les écoliers qui assassinent un moujik pour éprouver des sensations sont des nôtres. »

« Nous ferons une révolution telle que tout sera renversé sur ses bases. »

Et après ? Après, Verkhovensky, s'inspirant du système préconisé par l'un des membres du comité, Chigalev, organisera une égalité totale entre les hommes.

« Pour commencer, dit-il, le niveau de l'éducation, des sciences et des talents sera abaissé. Un niveau élevé, dans les sciences et les arts, n'est accessible qu'aux esprits supérieurs, et nous n'avons que faire des esprits supérieurs... Il faudra bannir ou condamner à mort. Arracher la langue à Cicéron, crever les yeux à Copernic, lapider Shakespeare, voilà le chigalévisme ! »

Grâce à cet étouffement organisé de la pensée, l'homme perdra toute dignité, tout esprit de recherche, et deviendra un pion parmi les autres.

« La force la plus importante, le ciment qui lie tout ensemble, c'est la honte d'avoir une opinion à soi. »

L'homme élémentaire a peur de ne pas ressembler à son voisin, d'avoir une idée en propre, d'être seul, d'être responsable. L'esclavage émiettera cette responsabilité sur une foule de têtes égales. Grâce à ce nivellement, il n'y aura plus d'identité. La morale même deviendra impersonnelle. Toute l'existence se déroulera par-delà le bien et le mal.

Cependant, pour que l'homme demeure ce monstre artificiel, il faut le préserver de tout ce qui pourrait éveiller en lui la soif de sa grâce perdue. Il faut le préserver de l'amour, de la famille :

« A peine apparaissent la famille et l'amour, que voilà déjà le désir de la propriété. Nous tuerons ce désir, nous laisserons libre cours à l'ivrognerie, aux calomnies, aux délations; nous autoriserons une débauche effrénée; nous étoufferons dès l'enfance tout génie. Que tout soit réduit au même dénominateur, égalité complète... »

De temps en temps, pour éviter que le troupeau ne s'ennuie, on organisera une petite émeute locale, vite réprimée. Sur ce peuple asservi, régnera une minorité tyrannique : « Il faut des chefs aux esclaves. »

Ainsi, la révolution contre l'autocratie aboutit à une nouvelle autocratie.

« Sortant de la liberté illimitée, je conclus au despotisme illimité. »

Le seul principe qui périra dans la bagarre sera le principe religieux. Le monde changera de maître terrestre et niera jusqu'à l'existence de Dieu. Mais qui sera le nouveau maître?

« La nuit descendra sur la Russie, dit Verkhovensky à Stavroguine, la terre pleurera les anciens dieux... C'est alors que nous ferons appel... à qui? Au tzarévitch Ivan. »

Le tzarévitch Ivan, c'est Ivan Stavroguine. C'est à Ivan Stavroguine que Verkhovensky fait offrande de l'univers. Il lui propose de créer une légende autour de sa personne, dont la beauté robuste séduira les foules.

« Toute la terre n'aura qu'un soupir : une loi juste vient d'être promulguée. La mer sera troublée jusque dans ses profondeurs, la vieille baraque de planches sera démolie, et c'est alors que nous songerons à bâtir une maison de pierre. »

« Folie ! » répond Stavroguine.

Mais toute l'Histoire russe n'est-elle pas un tissu de folies?

En fait, Verkhovensky a, pour Stavroguine, une sorte d'amour diabolique, de dévotion aplatie. Qu'on songe à la scène où il trotte derrière lui, où il le tire par la manche, et l'autre lui répond à peine :

« Vous êtes un promoteur, vous êtes le soleil, lui dit Verkhovensky, et je suis votre ver de terre... » Et il lui baise tout à coup la main. Il semble donc que cet apôtre du nivellement éprouve, malgré tout, le besoin de croire en quelqu'un de supérieur à lui. Ce révolté commence par se chercher un maître. Ce cynique veut adorer celui qui le méprise :

« Je suis un bouffon, je le sais, mais je ne veux pas que vous, la meilleure partie de moi-même, vous en soyez un. »

Et encore :

« J'irai partout avec vous. Je vous suivrai comme un chien. »

Rien de plus curieux que cet appétit d'humiliation et de prière chez un athée. L'amour est bien un besoin vital, puisque, chez Verkhovensky même, il subsiste. Peu importe que le sentiment qu'il éprouve pour Stavroguine soit ridicule, honteux, odieux dans son application ! Verkhovensky reconnaît la nécessité de s'incliner devant quelqu'un de plus grand que lui. Et cela suffit à condamner tout son système social.

Quant au dieu de Verkhovensky, quant à Ivan le tzarévitch, sa figure a d'abord paru inexplicable, parce que l'éditeur Katkov avait refusé de publier un chapitre capital des *Possédés*, intitulé *La Confession de Stavroguine*. Un demi-siècle devait s'écouler avant que ne fût révélé le véritable secret de ce personnage.

Comme Raskolnikov, Stavroguine est un « démolisseur de murailles ». Raskolnikov a secoué les préceptes de la vieille morale. Il a souffert pour conquérir une liberté illusoire. Il a lutté contre lui-même et contre Dieu, avec une ardeur fanatique. Il a été pardonné. Il a été retrouvé par le Christ, parce que, sans le savoir, il a cherché le Christ.

Mais Stavroguine ne cherche rien. Raskolnikov, quand il croit, croit qu'il croit. Et quand il ne croit pas, il croit qu'il ne croit pas. « Stavroguine quand il croit ne croit pas qu'il croit. Et quand il ne croit pas, ne croit pas qu'il ne croit pas. » Raskolnikov est un passionné de la négation. Stavroguine est un habitué de la négation. Il *n'aime* pas son opinion, parce qu'il ne l'a pas payée d'une suffisante torture. Elle s'est installée en lui par une mystérieuse osmose. Que Dieu n'existe pas, que la morale soit absurde, que « tout soit permis » et qu'il n'y ait pas de châtiment intérieur, cela lui paraît d'une évidence élémentaire.

Cependant, si le refus du principe spirituel ne nous émeut plus, s'il n'y a pas à se défendre contre les retours de la foi, comment peut-on aimer, haïr, espérer, subsister ? Si rien ne demeure que notre bon vouloir, au nom de quoi refuserions-nous d'accomplir notre bon vouloir ? Ce renégat paisible a laissé mourir en lui toutes les sources chaudes de l'existence. Il ne sait pas très bien pourquoi il est au monde. Et il ne cherche pas à le savoir. Il vit par lassitude. Il se traîne de jour en jour, et l'ennui le gagne insensiblement. L'ennui naît de l'incroyance. Que faire, que dire qui vaille la peine d'être fait, d'être dit, puisqu'on ne le fait, puisqu'on ne le dit que pour soi-même ? Stavroguine cherche à secouer sa mélancolie, et toutes les distractions lui sont bonnes, car il ne respecte rien. Tout ce qui peut ébranler son calme, il l'accueille avec une gratitude affreuse. Il reçoit un soufflet, mais ne songe pas à le rendre pour éprouver à fond la sensation nouvelle de la fureur et de l'humiliation : « Si avec cela on retient sa colère, le plaisir dépasse tout ce qu'on peut imaginer. » Il vole avec une effronterie qui lui paraît délicieuse. Il se bat en duel, pour connaître la rage et la honte à leur suprême degré. Il fait fouetter une petite fille, en l'accusant d'un larcin qu'elle n'a pas commis, puis il la viole, et ne tente rien pour l'empêcher de mettre fin à ses jours. Il la voit entrer dans un réduit. Il regarde sa montre, laisse passer vingt minutes, s'approche de la porte et jette un coup d'œil par une fente : « Finalement, je vis ce qu'il me fallait voir. » La petite s'était pendue.

« C'est alors, tout en prenant mon thé et en bavardant avec des compagnons, que, pour la première fois de ma vie, je me formulai à moi-même cette réflexion, que je ne savais pas, que je ne sentais pas ce que c'est que le bien et le mal, que non seulement je n'en avais pas la sensation, mais qu'il n'y avait ni bien ni mal... »

Et il ajoute : « J'étais ennuyé de vivre jusqu'à l'hébétude. »

Cet ennui l'étouffe, et Stavroguine se retourne, comme un malade qui, sur sa couche, essaye de trouver « la position la meilleure ».

Cette position, il la cherche d'abord dans le sacrifice répugnant de sa vie sentimentale. Il épouse une boiteuse idiote et hideuse. « La pensée du mariage d'un Stavroguine avec un être aussi déjeté chatouillait mes nerfs. » Et il ne l'épouse pas dans un élan de folie, ou à la suite d'un pari d'ivrogne. Non, il l'épouse froidement, cyniquement, pour voir... Mais le ridicule monstrueux de ces noces ne le satisfait pas. Il se lasse vite de sa nouvelle ignominie. Il cherche un autre forfait qui puisse le distraire de son calme. La bigamie ? Il y songe un moment, puis abandonne cette idée. Le spectre de la petite fille hante ses rêves. Toutefois l'angoisse que lui procurent ces visions quotidiennes ne le guérit pas de l'ennui. L'angoisse même devient un ennui.

Alors il se lance dans la lutte sociale. Hélas! parmi les révoltés non plus il n'est pas à l'aise, parce qu'*il ne croit pas*. « Oh! soyez plus bête, Stavroguine, soyez plus bête! » s'exclame Verkhovensky. Stavroguine n'a foi ni en la religion chrétienne ni en la religion socialiste russe. L'organisation du paradis sur terre, à la mode de Chigalev, ne le séduit nullement, et la promesse de devenir un jour le tzarévitch Ivan lui fait hausser les épaules. A quoi bon tout cela? Les massacres, l'établissement d'une ruche ouvrière sur les décombres de la civilisation, l'institution d'une nouvelle dictature sur un troupeau d'imbéciles ne le guériront pas de son ennui. Le repentir seul pourrait le soulager. Le repentir, c'est-à-dire aussi la pénitence, l'humiliation. Qu'il publie sa confession, qu'il affronte le rire, l'injure, qu'il souffre, et il trouvera la lumière. Raskolnikov a été sauvé lorsqu'il a reconnu sa faute et qu'il a désiré le pardon. Le désir du pardon est déjà une récompense céleste.

Mais, sur le point de céder au remords, Stavroguine retourne à son affreuse indifférence.

Autour de Stavroguine, Verkhovensky a groupé quelques révolutionnaires minables et exaltés. Les conspirateurs sont persuadés que leur cercle n'est qu'une unité parmi des centaines de sociétés analogues, disséminées par toute la Russie. Verkhovensky leur a laissé entendre qu'il est l'envoyé, auprès d'eux, du Comité central. Il ne parle que de rapports secrets, d'ordres supérieurs, de prises de contact. Il amène les membres du complot à se soupçonner les uns les autres. Il sème chez eux la crainte de la trahison. Il règne sur eux, parce que personne, autour de lui, n'a confiance en personne.

Après un scandale organisé par les soins de Verkhovensky, un incendie et un assassinat, les membres du groupe s'effrayent eux-mêmes de leur action. « Où cela nous mènera-t-il? » Pour les reprendre en main, Verkhovensky leur affirme qu'un des leurs, Chatov, songe à dénoncer toute la bande et qu'il importe de le tuer. En fait, Verkhovensky compte sur un meurtre collectif pour cimenter l'union de tous ces pleutres. Une fois le crime accompli, ils seront liés entre eux par la peur et la haine.

Chatov, la victime désignée par Verkhovensky, est « un de ces idéalistes russes qu'une forte idée quelconque frappe soudain, et qui sont terrassés sur le coup ». Il a été jadis un libéral convaincu, mais il a répudié les errements de sa jeunesse et se trouve en opposition flagrante avec Verkhovensky. Pourtant cette virevolte dans ses opinions l'a tellement déconcertancé lui-même, qu'il ne sait plus à quoi se fier, qui croire, comment employer sa vie. Il est épuisé, solitaire. Et c'est pourquoi il n'a pas le courage de quitter le cercle de Verkhovensky, tout en le maudissant.

« Qu'est-ce que j'ai rejeté? dit-il. Les ennemis de la *vie vivante*, les libérâtres arriérés qui craignent leur propre indépendance, les laquais de la pensée, les ennemis de toute liberté et de toute personnalité, les prédicateurs décrépits de la charogne et de la pourriture? Qu'y a-t-il donc chez eux? La sénilité, la médiocrité dorée, l'incapacité la plus bourgeoise et la plus plate, l'égalité envieuse, l'égalité sans dignité personnelle, une égalité comme l'entend un valet, ou comme la concevait un Français de 93... Mais le pire, c'est qu'il n'y a partout que des coquins, des coquins, des coquins!... »

Pour Chatov, comme pour Dostoïevski, le socialisme rejoint l'athéisme. Le socialisme est athée, parce qu'il veut bâtir son univers suivant les lois de la science. Or, les peuples se forment et vivent suivant d'autres lois mystérieuses. L'histoire d'un peuple se ramène à la recherche de Dieu, et plus exactement de *son* Dieu.

« Le but de tout mouvement populaire, dit Chatov, c'est uniquement la recherche de son Dieu, de son Dieu propre, de son Dieu à lui... Chaque peuple a toujours eu son Dieu propre. C'est le signe de la décadence pour les peuples quand ils commencent à avoir des dieux communs... Plus un peuple est fort, plus exclusivement personnel lui est son Dieu... Dès qu'un grand peuple cesse de croire qu'il est l'unique détenteur de la vérité, dès qu'il ne croit plus qu'il est le seul appelé, le seul capable de ressusciter et de sauver le monde par la vérité, il cesse immédiatement d'être un grand peuple et n'est plus qu'une matière ethnographique. »

Chaque peuple a *son* Dieu, selon Chatov. Or, il n'existe qu'un seul vrai Dieu. Donc, tous les peuples, sauf un, sont dans l'erreur. Mais quel est le peuple porteur de Dieu? Le peuple russe, répond Chatov. Le peuple russe, parce qu'il est le seul peuple chrétien qui n'ait pas été contaminé par la civilisation, parce qu'il est le seul peuple ingénu, le seul peuple-enfant de la terre.

Ainsi, Chatov-Dostoïevski charge le peuple russe d'un rôle véritablement messianique. De même que le peuple hébreu se considère comme le peuple élu, de même, pour Dostoïevski, le peuple russe doit être considéré comme le futur sauveur du monde. Alors que, suivant les dogmes chrétiens, l'apparition du Christ a rendu toute idée messianique impossible et a élevé l'humanité entière au rang de « race choisie », Dostoïevski s'obstine à réserver au seul peuple russe le privilège d'être aimé de Dieu. La conscience messianique chrétienne n'est plus universelle pour lui, mais nationale.

On a voulu voir dans cette attitude une « rejudaïsation du christianisme ». Cette critique n'est pas tout à fait justifiée. Dostoïevski ne nie pas que tous les peuples aient été initiés à la vérité de Dieu. Il n'admet pas cette révélation strictement ethnique que suppose la religion juive. Mais il prétend qu'au cours des siècles toutes les nations se sont affirmées, tour à tour, indignes de leur rôle messianique, et que seule la Russie est demeurée dans la voie de Dieu, parce qu'elle n'a pas été touchée par le progrès. *Ainsi, la Russie n'a pas été seule investie d'un rôle messianique, mais elle est la seule à l'avoir conservé.*

Quoi qu'il en soit, l'idée du peuple porteur de Dieu est dangereuse, car elle conduit à l'adoration du peuple pour le peuple. Et c'est dans cette erreur que tombe Chatov.

« Croyez-vous, vous-même, en Dieu, ou non ? » lui demande Stavroguine.

Et Chatov balbutie :

« Je crois en la Russie... Je crois en son orthodoxie...

– Mais en Dieu ? En Dieu ? insiste Stavroguine.

– Je... Je *croirai* en Dieu ! » (C'est moi qui souligne.)

Dostoïevski, comme Chatov, est allé à Dieu à travers le peuple. Mais, alors que, pour Dostoïevski, le peuple n'a été qu'une étape, pour Chatov, le peuple a été une fin.

Chez lui, les éléments populaires et religieux sont confondus au point qu'il ne sait plus les distinguer. Chatov incarne l'erreur des sectes religieuses russes, mêlant le paganisme paysan au culte évangélique du Christ. Il est le prototype de ces hérésiarques exaltés qui rétrécissent la croyance orthodoxe aux limites de la Russie, qui l'alourdissent de rites étranges, de mystères extra-bibliques, qui l'étouffent sous prétexte de la préserver. Et son angoisse naît justement de ce qu'il ne retrouve plus le Christ à travers cette affabulation barbare. La foi est tellement plus simple, tellement plus large qu'il ne l'imagine ! Le bonheur est si proche, qu'il cherche à tâtons, comme un aveugle.

Il s'en rendra compte lorsque sa femme, qui l'a jadis trompé avec Stavroguine, reviendra pour accoucher chez lui. Il la recevra dans une sorte d'extase timide. Il l'entourera de soins qui l'étonneront lui-même. Et, lorsque l'enfant naîtra, lorsqu'il verra devant lui cet être brusquement donné à la vie, une allégresse inconnue l'ébranlera de la tête aux pieds.

« Le mystère de l'apparition d'un nouvel être sur la terre est un grand, un inexplicable mystère, s'écrie-t-il.

— Qu'est-ce qu'il radote ? C'est tout simplement le développement ultérieur de l'organisme », déclare la sage-femme, gagnée aux idées socialistes.

Mais Chatov ne l'écoute plus : il a entrevu un miracle, il a cru, il croira toujours désormais. Et, pour la première fois depuis des années, il se reconnaît heureux.

La nuit même, il sera convoqué sur l'ordre du groupe révolutionnaire et assassiné par Verkhovensky et ses acolytes.

Entre-temps, Stavroguine a pris la fuite. Pour détourner les soupçons, Verkhovensky décide de faire endosser la responsabilité totale du crime par un des membres de la société, Kirillov.

Ce Kirillov est une sorte d'épileptique, de détraqué, qui a juré de se suicider *pour se prouver son indépendance*. Puisqu'il est décidé à mourir, il n'y aura qu'à lui faire signer une confession où il s'accusera du meurtre de Chatov. Kirillov accepte la supercherie.

Kirillov est, à coup sûr, l'une des figures les plus extravagantes du monde dostoïevskien. Il est un athée, comme Stavroguine, mais, au contraire de Stavroguine, il apporte dans la négation toute l'ardeur que certains apportent dans la foi. Sa logique insensée donne le vertige :

« Si Dieu existe, dit-il, tout dépend de lui, et je ne puis rien en dehors de sa volonté. S'il n'existe pas, tout dépend de moi, et je suis tenu d'affirmer mon indépendance... »

Or, quel est le plus haut degré de l'insubordination pour un homme ? C'est la négation de son existence. Si l'homme peut, de sa propre volonté, mettre fin à ses jours, c'est qu'il est libre, c'est qu'il est Dieu lui-même.

« Si Dieu n'existe pas, je suis Dieu. » Et Kirillov ajoute cette phrase surprenante :

« L'homme n'a inventé Dieu que pour pouvoir vivre sans se tuer. »

Ainsi nous revenons, par ce détour, à la dialectique de l'homme souterrain. L'homme ne s'est forgé une idole et n'a dressé les murs de la religion que pour se défendre contre la liberté qui l'effraye. Il s'est constitué prisonnier par crainte de l'indépendance. Il s'est humilié devant sa propre création. Mais lui, Kirillov, triomphera de l'habitude. Et Kirillov reprend le vieux thème de la crucifixion, traité par Hippolyte :

« Si les lois de la nature n'ont pas épargné celui-là..., alors la planète entière n'est qu'un mensonge, elle repose sur le mensonge et se révèle une stupide dérision. »

Puisque le principe divin, dans sa forme ancienne, est absurde, puisque l'homme lui-même est Dieu sans le vouloir, il faut apporter au monde la preuve de l'ordre véritable. Le suicide de Kirillov, qu'aucune raison extérieure n'aura motivé, sera la justification de cette liberté totale qui fait de l'homme le maître de l'univers.

« Celui qui est le premier doit absolument se tuer, sinon qui commencerait, qui prouverait? Je me tuerai absolument, pour commencer et pour prouver... »

« Je commencerai, j'ouvrirai la porte. »

Après son sacrifice, les hommes comprendront, renverseront les murs de la morale chrétienne et seront dieux à leur tour.

« Il y aura un homme heureux et fier auquel il sera indifférent de vivre ou de ne pas vivre. »

Et, dans son athéisme, il est curieux de noter combien Kirillov reste imprégné de la doctrine qu'il rejette. Il se tue pour sauver les hommes comme le Christ fut crucifié pour les sauver jadis. En fait Kirillov est obsédé par l'image du Christ. Il a soif de monter à son tour sur la croix, de souffrir pour les autres, de payer de son sang le bonheur des autres. Et cet amour extasié du prochain fait de cet athée une figure presque chrétienne. Je dis presque, car Kirillov reconnaît le Christ sans reconnaître Dieu. Et il faut nous souvenir ici d'une lettre étrange que Dostoïevski écrivait de Sibérie à Mme von Vizine :

« Si quelqu'un m'avait prouvé que le Christ est en dehors de la vérité, et s'il était réellement établi que la vérité est en dehors du Christ, j'eusse préféré rester avec le Christ plutôt qu'avec la vérité. »

Ainsi, Dostoïevski est déchiré entre l'orthodoxie messianique de Chatov et le christianisme athée de Kirillov. Mais, dans les deux cas, l'image du Christ demeure intangible. Le Christ avec Dieu, ou le Christ sans Dieu? Ce problème, qui a torturé Dostoïevski toute sa vie, torture également ses personnages. Kirillov, « pour en sortir », se loge une balle dans la tête.

Un autre suicide marque le terme d'une carrière de libertin. Stavroguine, après avoir frôlé la rédemption, se donne stupidement la mort. « J'ai voulu partout essayer ma force, écrit-il. J'ai regardé nos négateurs avec haine, parce que j'enviais leurs espérances... »

Les autres personnages du livre s'effacent auprès de ces quelques silhouettes inspirées. Il faut signaler cependant le père de Verkhovensky, Stephan Trophimovitch, sorte d'intellectuel raté, pleurnichard, idéaliste et grandiloquent, copié sur le professeur Granovsky, l'un des fondateurs du libéralisme russe. A côté de lui, s'épanouit le portrait du « grand écrivain » Karmasinov.

Avec Karmasinov, Dostoïevski a tracé la caricature hideuse de Tourgueniev. Karmasinov est, comme Tourgueniev, un « Russe-Européen », et Dostoïevski met dans sa bouche les paroles mêmes de Tourgueniev : « Je suis devenu Allemand, et je m'en fais honneur », dit-il. Ou bien : « Voilà sept ans que j'habite Karlsruhe. Et quand, l'année dernière, le Conseil municipal a décidé l'établissement d'une nouvelle conduite d'eau, j'ai senti, tout au fond de mon cœur, que cette question de la canalisation des eaux de Karlsruhe m'était encore plus chère que toutes les questions de ma chère patrie. » Dostoïevski, pour accuser la ressemblance entre Karmasinov et Tourgueniev, gratifie Karmasinov d'un visage « fleuri, aux épaisses boucles de cheveux blancs qui ruisselaient de sous son haut-de-forme et s'enroulaient autour de ses petites oreilles propres et roses ». Il lui donne une voix « mielleuse et quelque peu criarde ». Enfin, il lui fait lire en société sa dernière œuvre, intitulée *Merci*, dont le texte est inspiré par certaines pages que Tourgueniev destinait au journal même des frères Dostoïevski.

Tourgueniev se reconnaîtra dans cette charge et se plaindra par lettre à ses amis :

« Dostoïevski s'est permis quelque chose de plus vil que la caricature ; il m'a représenté sous les traits de K., secrètement favorable au parti de Netchaïev. Il est curieux, simplement, qu'il ait choisi pour le parodier le seul récit que j'aie donné au journal qu'il éditait autrefois, récit pour lequel d'ailleurs il m'a arrosé de protestations de gratitude et de lettres de félicitations... »

Il n'était pas besoin de ce sacrilège pour soulever contre Dostoïevski l'indignation des « occidentaux ». La publication des *Possédés* fut accueillie par une réaction violente de la presse et des lecteurs de gauche. Cette folle attaque contre les idées libérales leur paraît impie, barbare, contraire aux règles de l'esthétique. Il est déplorable qu'un ancien forçat passe aussi allégrement dans le camp adverse. Il est méprisable qu'un ex-conspirateur dénigre à ce point les conspirations.

« Le roman de M. Dostoïevski, *Les Possédés*, prouve d'une manière absolument indiscutable ce qui, au reste, était déjà évident dès la publication de son premier livre : *Les Pauvres Gens*, à savoir l'absence, chez l'auteur, de toute fantaisie créatrice », déclare M. Nikitine.

Et il ajoute : « Dans *Les Possédés* s'affirme la banqueroute littéraire de l'auteur des *Pauvres Gens*. »

Dans la revue *Le Rayonnement*, on relève ces quelques phrases :

« Si vous avez eu la patience de lire jusqu'au bout l'œuvre d'un de nos écrivains jadis fort populaire, vous éprouverez, mêlé à votre colère, un sentiment de pitié, peut-être même de tristesse. Vous souffrirez de voir la chute d'un auteur, sans doute bien doué, la chute d'un homme... Oui, qu'on le veuille ou non, il faut reconnaître qu'après *Crime et Châtiment* nous avons perdu l'ancien M. Dostoïevski... A présent, la critique ne peut plus le considérer qu'avec indifférence, mépris ou pitié... »

Le rédacteur du *Monde russe*, ayant publié que *Les Possédés* comptaient « parmi les plus belles et les plus talentueuses productions littéraires des dernières années », fut attaqué et ridiculisé par la presse libérale.

Quant à Strakhov, il écrivit à Dostoïevski, au sujet des *Possédés*, une lettre très belle qui vaut d'être citée :

« En ce qui concerne la richesse et la diversité des idées, vous êtes manifestement le premier écrivain de la Russie. Comparé à vous, Tolstoï même est monotone... Pourtant, vous compliquez par trop vos œuvres. Si la texture de vos romans était plus simple, leur effet serait doublé. *Le Joueur* et *L'Éternel Mari*, par exemple, ont produit les impressions les plus décisives, tandis que ce que vous avez mis dans *L'Idiot* n'a pas été totalement compris... Avec la dixième partie de votre mérite, un Français ou un Allemand habile se serait rendu célèbre dans les deux hémisphères et serait entré comme un astre de première grandeur dans l'histoire de la littérature universelle... »

Dostoïevski reconnaît ses défauts et s'en plaint avec humilité :

« Chez moi, écrit-il, plusieurs romans distincts se compriment en un seul, qui, de ce fait, manque d'harmonie et de mesure... »

« La force de l'inspiration est toujours plus intense que les moyens d'expression (chez Victor Hugo, par exemple, il en était ainsi ; on trouve aussi chez Pouchkine des traces de ce dualisme). Et c'est par là que je me perds... »

En fait, *Les Possédés* sont un fragment de cette *Vie d'un grand pécheur* dont il a été question plus haut, et qui ne fut jamais écrite.

Dans les carnets de notes de cette époque, on retrouve des noms de personnages vivants ayant joué un rôle parfois secondaire dans la vie de Dostoïevski, ou des titres de livres, ou le rappel d'événements de sa jeunesse. Cette préparation autobiographique à *La Vie d'un grand pécheur* a conduit certains exégètes à se demander si Dostoïevski n'avait pas commis lui-même un « grand péché ».

La tradition orale affirme que Dostoïevski vint un jour avouer à Tourgueniev un « acte infâme entre tous ».

« Pourquoi m'avez-vous dit cela ? demanda Tourgueniev.
– Pour vous prouver à quel point je vous méprise. »

Et Strakhov, en 1883, écrit à Tolstoï en parlant de son *ami* Dostoïevski, dont il s'est fait le biographe enthousiaste :

« Il était méchant, envieux, vicieux... Remarquez que sa sensualité bestiale ne supposait aucune idée de la beauté ou du charme féminin. Les personnages qui lui ressemblent le plus sont les héros des *Mémoires écrits dans un souterrain*, Svidrigaïlov de *Crime et Châtiment* et Stavroguine des *Possédés*. »

Strakhov répète à qui veut l'entendre que Dostoïevski a violé une petite fille. Ses accusations sont confirmées par Venguérov et Viskovatov.

« Viskovatov, écrit Tourgueniev, me raconta un jour que Dostoïevski s'était vanté d'avoir... dans un bain, avec une petite fille qu'une gouvernante lui avait amenée. »

Quant à Boulgakov, il se borne à dire que « ce n'est peut-être pas une calomnie ».

Les documents font défaut pour prendre parti dans cette querelle, mais l'obsession érotique de Dostoïevski autorise, certes, tous les soupçons.

Dès *Nétotchka Nézvanova*, il est hanté par l'idée de la sensualité enfantine.

« Eh bien, fais maintenant de moi ce que tu voudras. Tyrannise-moi, pince-moi, je t'en prie, pince, pince-moi une fois. Ma petite chérie, pince-moi... »

« Nous nous embrassions, nous pleurions, nous riions. Nos

lèvres s'étaient enflées sous les baisers. » (Il s'agit de deux fillettes à peine pubères.)

Et Lisa, dans *Les Frères Karamazov*, est aussi hystérique à seize ans que ces gamines : « Elle a seize ans et elle s'offre, dit Ivan...
– Comment, elle s'offre ? s'exclama Aliocha.
– Eh bien ! mais comme les femmes débauchées... »

Dans *Crime et Châtiment*, Svidrigaïlov a violé une fillette de quatorze ou quinze ans, sourde et muette. « Un jour, elle fut trouvée pendue dans le grenier. » La nuit même où il va se suicider, Svidrigaïlov rêve de cette enfant qu'il a outragée. Et c'est le même rêve que fera le Stravroguine des *Possédés*, car il a, lui aussi, abusé d'une gamine, et sa victime s'est pendue comme celle de Svidrigaïlov.

Ce thème qui revient d'un livre à l'autre, à cinq ans d'intervalle, n'est-il commandé par aucune préoccupation intime, par aucun souvenir ?

Dostoïevski est allé jusqu'à raconter cette histoire dans le salon collet monté de Mme Korvine-Kroukovski, et devant des jeunes filles encore !

La petite Sophie, âgée de quatorze ans, a noté l'événement dans ses *Souvenirs*. Le héros du roman se réveille d'un songe bienheureux, et le voici terrassé par l'impression d'une responsabilité mystérieuse, d'une faute lointaine et impardonnable. « Il se rappelle qu'une fois, écrit Sophie, après une nuit de débauche, poussé par ses compagnons ivres, il viola une petite fille de dix ans... »

Dostoïevski est-il un dépravé au même titre que Svidrigaïlov et Stavroguine, ou ne s'agit-il chez lui que d'une velléité réprimée ? « Ce n'est pas lui qu'il peint, note Gide dans son *Journal*, mais ce qu'il peint, il aurait pu le devenir s'il n'était devenu tout lui-même. » Pourquoi ne pas admettre que Dostoïevski a désiré une enfant, et que cette seule tentation a suffi à empoisonner sa vie ? Ce viol qu'il eût pu commettre, il l'évoque dans une hallucination douloureuse. Il s'en charge, il s'en accuse avec une sorte de plaisir morbide. Il savoure la joie de s'humilier devant un autre. Et quel autre ! Tourgueniev, l'être qu'il déteste et qu'il méprise le plus au monde.

« Je comprends très bien, écrit-il, qu'on puisse parfois, simplement par vanité, endosser la responsabilité d'un crime, et je devine même très bien de quelle sorte peut être cette vanité. »

QUATRIÈME PARTIE

CHAPITRE PREMIER

« L'Adolescent »

Ce fut le 8 juillet 1871 que les Dostoïevski arrivèrent enfin à Saint-Pétersbourg. En passant devant la cathédrale de la Sainte-Trinité où avait été célébré leur mariage, Fédor Mikhaïlovitch se tourna vers sa femme et dit :
« Eh bien! Annette, nous avons quand même vécu heureusement pendant ces quatre années!... Que nous réserve notre existence à Saint-Pétersbourg? Devant nous, tout est brouillard. »

Les dettes et le voyage payés, il ne restait à Dostoïevski que quelques roubles en poche. De plus, la vaisselle et les ustensiles de cuisine, confiés à une vieille demoiselle, avaient disparu après la mort de celle-ci. Les pelisses déposées chez un prêteur sur gages avaient été vendues à l'expiration du délai prévu pour le paiement des intérêts. Les livres de Dostoïevski avaient été dispersés par son beau-fils Paul, qui était à court d'argent.

Quelques jours après l'arrivée du ménage, les parents de Dostoïevski vinrent le voir en nombre. Le défilé se poursuivit, interminable : embrassades, questions, papotages. Le beau-fils Paul s'est marié, et sa femme est charmante. Le fils aîné d'Émilie Fédorovna, la veuve de Michel, est un pianiste réputé; son deuxième fils est employé de banque, sa fille est sténographe...

Ces visites continuelles épuisent Anna Grigorievna. « La veille, écrit-elle, comme je souffrais déjà, mon mari avait prié tout le jour et toute la nuit pour une heureuse issue. » Le 16 juillet enfin, elle met au monde un garçon qui s'appellera Fédor. « On l'emmaillote en ce moment et il hurle d'une voix vigoureuse et saine. »

A la fin du mois de juillet, Dostoïevski partit pour Moscou, afin de toucher ses droits auprès de la direction du *Messager russe*. A son retour, la famille s'installa dans un logement de la rue Serpoukhovskaïa. Dostoïevski espérait y trouver une paix relative pour continuer son travail. Hélas! dès le mois de septembre, un journal annonça que le romancier Dostoïevski venait de rentrer après un long séjour à l'étranger. Il n'en fallut pas plus pour réveiller l'ardeur des créanciers. Fédor Mikhaïlovitch se vit même menacé de prison pour dettes par un certain Hinterstein.

« Voyez-vous, lui disait celui-ci, vous êtes un écrivain russe de talent, et je ne suis qu'un petit marchand allemand; mais je veux vous prouver que je peux faire enfermer pour dettes un célèbre romancier russe; soyez assuré que je le ferai. »

Ce fut Anna Grigorievna qui prit la défense de son mari. Elle affirma au terrible Hinterstein que Fédor Mikhaïlovitch avait bien l'intention d'accepter la peine d'emprisonnement dont parlait le marchand, et qu'il continuerait à écrire tranquillement dans le cachot. « En outre, vous serez obligé, lui dit-elle, de pourvoir à son entretien. » L'Allemand prit peur et consentit à un arrangement.

Désormais, ce fut Anna Grigorievna qui reçut toujours les créanciers de Dostoïevski. « Quels types étonnants défilèrent chez moi, à cette époque! écrit-elle. Trafiquants professionnels de billets à ordre, veuves d'employés, tenanciers de chambres meublées, officiers en retraite, tous appartenaient à la dernière classe de la société. Ils avaient acheté ces reconnaissances pour une bouchée de pain et ils exigeaient le remboursement total. Tous me menaçaient de saisie ou de prison, mais je savais déjà comment il fallait leur parler. Mes arguments étaient ceux que j'avais employés avec Hinterstein. »

Cette jeune femme se révèle une commerçante de première force. A côté d'un mari rêveur, confiant, malade, Anna Grigorievna mène la lutte quotidienne avec l'ardeur d'un imprésario moderne. C'est sur elle que viennent se briser les menus tracas de l'existence. C'est elle qui vérifie les comptes. C'est elle qui règle les dépenses. Rien ne se fait sans elle. En 1873, elle décide de préparer une édition de *L'Idiot* et des *Possédés*. Elle achète elle-même le papier. Elle traite avec l'imprimeur. Elle corrige les épreuves. Elle reçoit les commis de librairie et leur tient tête lorsqu'ils exigent des remises supérieures à 20 %.

« " Le prix de dix exemplaires est de trente-cinq roubles ; mais, en tenant compte de la remise de 20 %, vous ne me devez que vingt-huit roubles.

« – Pourquoi si peu ? Ne pouvez-vous me faire 30 % ? demande l'employé.

« – Impossible.

« – Au moins 25 %.

« – Je vous assure que c'est impossible ", lui dis-je avec une grande inquiétude. Je songeais : " Il va s'en aller et je laisserai partir le premier acheteur ! " Mais lui :

« " Si c'est impossible, eh bien, voilà ! "

« Et il me remit l'argent.

« J'étais si contente, que je lui donnai trente kopecks pour sa voiture. »

L'opération se révèle excellente. A la fin de l'année, Anna Grigorievna avait vendu trois mille exemplaires. Les cinq cents qui restaient furent liquidés dans les années suivantes.

Cependant, dès la fin de 1872, le prince Meschersky, propriétaire du *Citoyen*, offrait à Dostoïevski la place de rédacteur en chef dans son journal, avec un traitement de 3 000 roubles par an. L'échec des *Possédés* avait réchauffé, chez Dostoïevski, le désir d'ouvrir une lutte à mort contre les idées libérales. Depuis quelque temps déjà, il songeait à publier une revue, qu'il eût intitulée *Le Journal d'un Écrivain* et où il eût donné son opinion sur les événements de l'époque. La proposition du prince Meschersky allait lui permettre de réaliser son rêve sous une autre forme. Au lieu d'une feuille autonome, il allait disposer d'une chronique importante dans un hebdomadaire honorablement coté. Il accepta. La censure ratifia la nomination de Fédor Mikhaïlovitch au poste de rédacteur en chef du *Citoyen*, mais « en faisant toutes réserves sur l'activité ultérieure de ce personnage... ».

L'équipe littéraire du *Citoyen* était composée d'écrivains d'extrême droite, tels que Maïkov, Philippov, Strakhov et Bielov... L'esprit du journal était nettement conservateur et antieuropéen. Il devait le devenir davantage encore sous l'égide de Dostoïevski.

Les premiers jours, Fédor Mikhaïlovitch put croire que la direction du *Citoyen* lui laisserait quelque répit pour écrire ses livres. Mais, très vite, il fut obligé de sacrifier totalement l'activité du romancier à l'activité du journaliste. Sa nouvelle fonction absorbait tout son temps. Il recevait les auteurs, lisait les articles, les corrigeait (principalement ceux du prince Meschersky), revoyait les épreuves, dictait des lettres, se tenait au courant de la politique et rédigeait encore sa rubrique : *Le Journal d'un Écrivain.*

Dans ses rapports avec le prince Meschersky, propriétaire du journal, Dostoïevski fit preuve d'une diplomatie qui surprend chez cet emporté. Le prince Meschersky se piquait d'écrire, mais Dostoïevski était obligé de remanier tous les articles que lui expédiait son patron. Il s'en excusait avec une astuce de courtisan :

« Cher prince, votre réponse aux *Nouvelles de Saint-Pétersbourg* est très joliment et très nettement rédigée, mais elle est un peu sèche, un peu provocante (elle appelle la querelle), et, peut-être, le ton n'est-il pas très heureux... Je vous envoie la réponse que j'ai écrite moi-même. J'y ai introduit quelques passages de la vôtre. Mais j'ai pu faire des fautes ; je vous serais très obligé si vous pouviez revoir mon texte... »

Cependant, Fédor Mikhaïlovitch eut un jour à payer de sa personne pour une erreur anodine commise par le noble publiciste du *Citoyen.*

Le prince Meschersky avait envoyé à Dostoïevski un article où se trouvaient citées les paroles de l'empereur aux députés kirghizes. Fédor Mikhaïlovitch ignorait qu'il était interdit de divulguer les discours de l'empereur et des membres de la famille impériale sans une autorisation préalable du ministre de la Cour. Il fit imprimer l'article en négligeant de remplir les formalités d'usage. Cette inadvertance lui valut 25 roubles d'amende et 48 heures de prison. Qu'était-ce auprès des quelques mois passés dans le ravelin Alexis, en 1849 ! Dostoïevski subit joyeusement sa peine dans la maison d'arrêt de la rue des Halles. Sa femme lui apporta du linge et de la nourriture. Ses amis vinrent lui rendre visite, le lendemain matin. Il profita même de son incarcération pour relire *Les Misérables* :

« C'est un bonheur pour moi qu'on m'ait mis aux arrêts, dit-il, sans cela je n'aurais jamais trouvé le temps de relire – et avec quel intérêt ! – cette œuvre magistrale... »

Avec *Le Journal d'un Écrivain*, qui devait devenir, trois ans plus tard, une publication indépendante, Dostoïevski inaugure un genre nouveau qui mêle la confidence intime aux débats sur la politique étrangère, les thèmes éternels aux petites préoccupations de l'instant, les faits divers aux fantaisies romancées. C'est une conversation à bâtons rompus avec le lecteur. Une conversation, car à chaque instant Dostoïevski fonce sur l'adversaire, arrache l'objection de ses lèvres, vole la pensée dans son cœur et répond avec une fougue terrible. Ses chroniques sont rédigées dans un style familier, lâche, diffus, mais qui s'élève parfois jusqu'à une éloquence biblique. Il est là, devant nous, embarrassé d'idées et de paroles, se débattant dans ses propres convictions, piétinant, prophétisant, se trompant, se fâchant et persistant dans son erreur par une sorte de bouderie enfantine.

Dostoïevski occupait son poste de rédacteur depuis un an, lorsqu'il reçut la visite de Nicolas Alexeïévitch Nékrassov. Nékrassov, le fastueux poète des humbles, le confortable ami des damnés de la terre, avait été le compagnon de jeunesse, puis l'ennemi littéraire de Dostoïevski. Il n'avait pas revu Fédor Mikhaïlovitch depuis plusieurs années. Or, il lui fallait, sur-le-champ, un roman signé d'un grand nom pour *Les Annales de la Patrie*. Il résolut donc d'oublier les vieilles querelles et de solliciter la collaboration de Dostoïevski. Nékrassov proposait 250 roubles par placard, alors que Katkov n'en payait que 150. Dostoïevski, très flatté de l'offre, consulta sa femme et, sur le conseil de celle-ci, accepta de livrer un roman pour l'année suivante.

Ce projet ne présentait qu'un inconvénient : *Les Annales de la Patrie* étaient une revue de gauche. Ses collaborateurs étaient, pour la plupart, des ennemis de Dostoïevski, et Fédor Mikhaïlovitch craignait qu'ils n'exigeassent de lui une soumission totale à leurs idées. « Maintenant, écrit-il à sa femme, Nékrassov peut m'ennuyer sérieusement si j'expose quelque chose contre leurs tendances... Mais, quand nous devrions mendier, je ne céderai pas d'un point. »

Pour se consacrer exclusivement à son nouveau livre, Dostoïevski décide de résilier ses fonctions de rédacteur en chef du *Citoyen*. Il loue même une maison de campagne à Staraïa Roussa, bourgade du gouvernement de Novgorod, où il avait déjà passé l'été de 1872.

« Tout était petit dans cette maison, écrit Aimée Dostoïevski ; les chambrettes, basses et étroites, étaient décorées de vieux meubles Empire ; des glaces vertes reflétaient de travers les visages qui avaient le courage de s'y regarder. Des rouleaux de papier collé sur toile, qui pendaient aux murs, en guise de tableaux, exhibaient à nos yeux ébahis d'enfants des Chinoises monstrueuses avec des ongles d'une aune et des pieds écrasés par des souliers de bébé. Une véranda couverte, aux vitres de différentes couleurs, faisait notre joie, et le petit billard chinois, avec ses boules de verre et ses petites clochettes, nous égayait pendant les longues journées de pluie habituelles à nos étés du Nord. Derrière la maison, se trouvait un jardin avec de ridicules petites plates-bandes, plantées de fleurs... »

Dostoïevski écrit la nuit, comme d'habitude, se couche à cinq heures, se lève à onze heures, et appelle les enfants qui se hâtent d'accourir pour lui raconter les menus incidents de la matinée. Après le repas de midi, il s'enferme dans son bureau avec Anna Grigorievna et lui dicte son travail nocturne.

« Eh bien ! qu'en penses-tu, Annette ?
– Je dirai que c'est beau ! »

Il arrive même que la jeune femme éclate en sanglots à quelque passage pathétique. Et Dostoïevski ne connaît pas de plus grande récompense que ces larmes. Cependant, il proteste :

« Est-il possible que cette lecture te produise une si forte impression ? Comme je le regrette ! Comme je le regrette ! »

Le livre que Dostoïevski écrit dans la solitude familiale de Staraïa Roussa est un gros ouvrage prolixe, composé avec des fonds de tiroirs et des résidus de carnets accommodés à la sauce romanesque. Cette histoire, mal équilibrée, comprend dix romans en un seul. On a la sensation que l'auteur a soudé bout à bout des nouvelles inédites, des fragments d'articles, des embryons d'essais sur d'autres sujets. L'ensemble est disparate, hâtif et, cependant, génial.

Comme tous les grands romans de Dostoïevski, *L'Adolescent* est l'histoire d'une lutte pour la liberté. Raskolnikov tue pour se prouver sa liberté, l'Idiot ne trouve la liberté que dans la folie, les Possédés poursuivent la liberté à travers la révolution. Le héros de *L'Adolescent* veut acheter la liberté avec son argent. La richesse d'un Rothschild est le gage le plus sûr de la force et de l'indépendance.

« Mon idée, c'est d'être Rothschild, d'être aussi riche que Rothschild ; pas simplement riche, mais précisément comme Rothschild !... »

Ainsi s'exprime le jeune Arkady Dolgorouky, fils illégitime du propriétaire Versilov et d'une serve. Il ne connaît ni son père ni sa mère. Et c'est une sorte d'orphelin qui entre en pension chez un Français ignorant et cruel, M. Touchard. Cette pension est un établissement aristocratique, réservé « aux princes et aux enfants de sénateurs », et Touchard exige un supplément d'honoraires pour y accepter un bâtard. Ce supplément lui ayant été refusé, il se venge de son échec sur son élève. « Ta place n'est pas ici, lui dit-il, mais là-bas », et il lui désigne une sorte de cabinet noir. « Tu n'as pas le droit d'être assis aux côtés des enfants nobles, tu es d'une extraction méprisable et rien de plus qu'un laquais. » Il le bat, il le désigne aux moqueries de ses camarades. Et le petit Arkady, au lieu de se révolter, s'efforce de désarmer Touchard par son humilité patiente. « Il m'a battu pendant près de deux mois. Je me souviens que je voulais tout le temps l'amadouer par je ne sais quel moyen ; je me jetais sur sa main pour la baiser et je la baisais en sanglotant. [Il chérit son abaissement.] " Vous m'avez humilié ; eh bien ! je vais m'humilier, moi-même, encore davantage ! Tenez, regardez, admirez ! " Touchard me battait et voulait prouver que j'étais un laquais et non un fils de sénateur, et moi j'entrais aussitôt dans la peau d'un laquais... " Vous avez voulu que je sois un laquais, eh bien ; voici, je suis un laquais, une canaille, et je suis une canaille... " »

Il y a une sorte d'orgueil dans l'humilité au dernier degré. En acceptant l'offense, on étonne l'offenseur lui-même. Le spectacle d'une lâcheté totale est exceptionnel comme le spectacle d'un beau courage. Les deux attitudes procèdent d'un égal souci de la mise en scène. On est rarement indigne ou fier pour soi-même.

« Dès l'éveil véritable de mon entendement, j'ai détesté les hommes, avoue Dolgorouky. Je ne peux jamais me confier totalement, même à quelqu'un de proche, ou plutôt je le peux, mais ne le veux pas ; je me l'interdis mystérieusement... Je suis méfiant, taciturne et renfermé... J'ai souvent envie de briser là avec la société... Je ne vois aucune raison de faire du bien aux hommes. Les hommes ne sont pas assez admirables pour qu'on s'occupe d'eux... »

Un jour, cédant à un élan d'enthousiasme, il a loué son ami Vassine. « Eh bien ! le même soir, dit-il, j'ai senti que je l'aimais déjà bien moins. Pourquoi ? Uniquement parce qu'en le louant je m'étais abaissé moi-même devant lui. » Et aussi : « Dès les plus petites classes du gymnase, à peine devinais-je qu'un de mes camarades allait me dépasser dans les études, ou par la rapidité de ses reparties, ou par sa force physique, aussitôt je cessais de le fréquenter et de lui parler... »

Ce larbin veut être le maître. Ou plutôt, il veut être à la fois un larbin et un maître, un maître sous l'apparence d'un larbin.

Plus il a souffert dans la journée, plus il lui semble voluptueux d'imaginer un avenir de joie et de vaillance. Il ne recherche pas la souffrance pour elle-même, mais parce qu'elle donne à son idée du bonheur futur un prix, un éclat nouveaux. La souffrance, pour lui, comme pour tous les personnages de Dostoïevski, n'est pas une fin, mais un moyen. Elle achète tout, elle paye tout. Au fond, c'est la seule monnaie que Dostoïevski admette dans ses romans et pour lui-même. Comme il sait bien marchander, se défendre, ruser, lorsqu'il s'agit d'acquérir pour lui ou pour ses héros la félicité supérieure par le tourment! Il est comme ces maquignons qui n'hésitent pas à quitter la boutique pour revenir aussitôt, qui pleurent, qui s'indignent et qui feignent de céder avec la conscience, pourtant, d'avoir conclu une bonne affaire. Lui, le « bourreau d'argent », lui l'éternel insouciant, le gaspilleur incorrigible, il se révèle un négociant de première ligne, sitôt qu'on ne règle plus avec de gros sous, mais avec des « livres de chair ».

Le petit Arkady sait déjà que la fortune n'a de valeur sentimentale qu'autant qu'elle a été durement acquise : « A peine couché pour la nuit et blotti sous les couvertures, confiné dans la solitude totale, loin du va-et-vient des étrangers, loin de leurs rumeurs, je commençais à réorganiser la vie sur une autre base. »

Il a son idée. Or, quelle peut être l'idée d'un humilié, d'un offensé ? Il veut dépasser tout le monde, briser les murailles, pulvériser les préjugés, être redouté, respecté, obéi, comme il redoute, comme il respecte, comme il obéit lui-même. Mais quel moyen lui permettra de réaliser son projet ? Il n'a qu'à regarder autour de lui pour mesurer le rôle immense de la richesse dans la société. Seul un homme riche peut faire tout ce qu'il désire. Seul un homme riche peut acheter les corps, les consciences, le pardon. La morale de chacun dépend de sa fortune. Au-delà d'un certain chiffre, la morale n'existe plus. Les préceptes moraux que Raskolnikov veut écraser sous le corps de sa victime, Arkady veut les écraser sous le poids de son or. Le crime pour l'un, l'argent pour l'autre, sont les moyens de s'évader hors du troupeau. La tentative de Raskolnikov est tragique. Celle de Dolgorouky est ridicule. Mais elles tendent vers un même but. Et le même échec les attend. Tous deux sont partis vers l'aventure du surhomme, et tous deux ont été arrêtés en route par le souvenir de leur personne humaine, par l'attention mystérieuse de Dieu.

Écoutons Dolgorouky : « Savez-vous à quoi j'emploierai ma richesse ? Quelle immoralité y a-t-il à ce que, d'une multitude de pattes juives, sales et malfaisantes, ces millions tombent entre les mains d'un solitaire ferme, raisonnable, dirigeant sur le monde un regard perçant ? »

Que lisait-on dans *Crime et Châtiment* ?

« De tous les poux de l'univers, j'ai choisi le plus nuisible, et, en le tuant, je me proposais de lui prendre juste ce dont j'avais besoin pour faire mes premiers pas... » Et encore : « Cent, mille bonnes œuvres ou initiatives excellentes avec cet argent de la vieille. Tuez-la, prenez son or, pour pouvoir ensuite vous consacrer au bien général de l'humanité. » N'est-ce pas exactement le même son de cloche ?

En fait, ni Raskolnikov ni Dolgorouky n'ont en vue le bien général de l'humanité. Et ce n'est pas, non plus, leur propre confort qu'ils désirent. Ce qu'ils espèrent, c'est la puissance, indépendamment de toutes les satisfactions matérielles qu'elle procure. La puissance pour la puissance.

« Ce n'est point pour venir en aide à ma mère que j'ai tué, non, dit Raskolnikov. Ce n'est pas, non plus, pour me poser en bienfaiteur de l'humanité, après en avoir acquis les moyens... il me fallait savoir alors, et le plus promptement possible, si j'étais une vermine comme les autres, ou un homme ! »

« Je n'ai pas besoin d'argent, ou plutôt, ce n'est pas de l'argent que j'ai besoin, dit l'Adolescent, ce n'est même pas de la puissance ; j'ai besoin seulement de ce qui s'acquiert par la puissance et ne peut s'acquérir sans elle : la conscience calme et solitaire de la force... »

Oui, le suprême degré de la jouissance est de demeurer humble sur un tas d'or. Volupté de s'effacer, alors qu'on a tous les droits à la magnificence, de poser au pauvre, alors que vos coffres-forts regorgent de billets ! C'est la satisfaction intime et un peu sale de l'homme souterrain que nous retrouvons là. « Si seulement j'avais la puissance, songe l'Adolescent, je n'en aurais plus besoin ; je suis sûr que, de moi-même, de mon plein gré, j'occuperais partout la dernière place. Si j'étais Rothschild, je me promènerais en pardessus râpé et un parapluie à la main. Qu'est-ce que cela me ferait d'être bousculé dans la rue, ou obligé de courir dans la boue, pour n'être pas écrasé par les fiacres ? La conscience que je suis Rothschild suffirait à faire ma joie dans ce moment. »

Et encore : « Oh ! libre à cet insolent général de m'offenser au relais, où nous attendons tous deux des chevaux; s'il savait qui je suis, il courrait les atteler en personne et m'aiderait à m'installer dans mon modeste équipage. »

Lorsqu'il sera las de sa puissance, l'Adolescent songe qu'il distribuera son argent, car, dit-il, « la seule conscience que j'ai eu entre mes mains des millions et que je les ai jetés dans la boue, me nourrirait dans mon désert... ».

Ainsi, comme Raskolnikov n'a pas besoin de l'argent volé, de même Dolgorouky n'a pas besoin de l'argent gagné. Tous deux luttent pour acquérir simplement la « conscience calme et solitaire de la force ».

Mais cette conscience calme et solitaire de la force, Raskolnikov la recherche en orgueilleux, et Dolgorouky en humble. Raskolnikov vole, tue, risque la Sibérie pour acheter le pouvoir. Dolgorouky choisit une méthode prudente et sans gloire : amasser de l'argent. « L'argent, pense l'Adolescent, est le seul moyen qui permette aux nullités les plus flagrantes d'accéder à la première place. » Mais comment s'enrichir? Il étudie son entourage. Tous espèrent la fortune, l'aisance. Tous feraient n'importe quoi pour l'acquérir. Faut-il se vendre? Et Anna Andréïevna se vendra de gaieté de cœur. Faut-il maquiller un chèque ou une action? Et Stebelkov les maquillera. Faut-il organiser un chantage? Et Lambert et Trichatov ne reculeront pas devant cette perspective. L'Adolescent n'est pas de cette race de proie. Il est humble. Son honnêteté n'est qu'une appréhension. Il ne gagnera pas son argent dangereusement; il l'économisera sou par sou. Il réduit son menu au pain et à l'eau. Au bout d'un mois, il se révèle que la tentative a pleinement réussi, bien que l'estomac ait été quelque peu dérangé par ce régime sévère. La seconde épreuve que s'impose le petit Arkady consiste à se priver de la moitié de son argent de poche. En deux ans, il amassera soixante-dix roubles. Cette opiniâtreté de fourmi fait bien augurer de l'avenir que se prépare le gamin.

Hélas! un homme n'est pas seulement une volonté dirigée.

De même que Raskolnikov, dans son ascension vers l'état de surhomme, reconnaît soudain qu'il est une « vermine comme les autres », de même ce sont des sentiments humblement terrestres qui feront trébucher Arkady. Ce n'est pas une autre *idée* qui triomphe de la *grande idée* de Raskolnikov et de l'Adolescent, c'est la vie. Ils ne cèdent pas devant la dialectique ennemie, mais devant ce qu'il y a de mortel en eux-mêmes, devant eux-mêmes.

Le premier échec de l'Adolescent est marqué par sa rencontre avec Rynotchka. On a découvert un enfant abandonné, devant la porte de Nicolas Semionovitch, chez qui Arkady habite, à Moscou. On va expédier le gosse aux Enfants Trouvés, lorsque Dolgorouky intervient, paye la nourrice et prend sur lui tous les frais. La moitié de son capital y passe. Mais Rynotchka meurt bientôt.

« L'aventure avec Rynotchka m'a prouvé qu'aucun principe ne pourrait m'entraîner au point que je ne m'arrête soudain devant quelque événement d'importance, et ne lui sacrifie d'un coup tout ce que j'aurais fait par des années de labeur pour l'idée. »

Cette première éclipse de « l'idée » est suivie d'autres éclipses moins honorables.

« Pourquoi ne pas m'amuser et me distraire? La vie est longue et l'idée me restera toujours; je ne puis l'abandonner; je n'ai donc qu'à ne pas m'en préoccuper pendant un quart d'heure. »

Et « l'idée » attend.

Quant à l'Adolescent, il dépense l'argent qu'il gagne dans la ville en distractions stupides, en paris, en jeux, en costumes, en équipages. Il se lance dans des intrigues, il se lie avec des canailles, il accepte enfin la faillite de ce rêve dont il s'enivrait, jadis, dans la solitude de son « souterrain ». Le futur Rothschild renonce à être un surhomme. Sa renonciation est moins pathétique que celle de Raskolnikov, parce qu'il ne l'a pas payée des mêmes souffrances, mais elle procède d'un combat moral analogue.

Aux côtés de cet être ratatiné, Dostoïevski a placé la large et terrible figure du père d'Arkady Dolgorouky, Versilov. Versilov est, en quelque sorte, un composé de tous les types dostoïevskiens. C'est un caractère aussi mystérieux pour l'écrivain que pour le lecteur.

Versilov, comme la plupart des héros de Dostoïevski, connaît le dédoublement de l'amour. Il aime Catherine Nicolaïevna de passion et la mère de l'Adolescent de pitié. Il est sensuel. Il est un « prophète pour femmes ». Mais son amour est sans espoir, parce qu'il est impossible à Versilov de s'évader vers un autre, de s'oublier pour un autre. Ni la sensualité ni la pitié ne rapprocheront jamais deux créatures. Ni la sensualité ni la pitié ne sont l'amour véritable, bien qu'elles aient toutes deux leur part dans ce sentiment. L'amour, c'est d'abord le don de soi; or, la pitié suppose une supériorité de l'un sur l'autre, et la sensualité suppose un égoïsme absolu. Pour le débauché, l'union n'est qu'un prétexte à plaisir. Il ne songe qu'à lui-même dans la volupté. La luxure est l'isolement le plus total où puisse tomber un être.

Dans cet isolement, l'homme se perd et se dédouble : « J'ai le cœur plein de paroles et je ne sais pas les dire, s'exclame Versilov. Il me semble que *je me partage en deux*... Oui, vraiment, je me partage en deux, et, de cela, j'ai véritablement peur. C'est comme si votre sosie se tenait à côté de vous. Vous-mêmes êtes intelligent et raisonnable, et l'autre veut absolument commettre quelque absurdité... »

L'arbitraire mène à la destruction de la personnalité, à l'apparition du double, du démon, du « Goliadkine » grimaçant qui annonce la folie.

Versilov, le phraseur inconstant, se dépense en discours sur le rôle de la Russie, sur le bien-être général de l'humanité, sur l'amour sans Dieu : « Les hommes abandonnés se serreront aussitôt les uns contre les autres plus étroitement et plus tendrement..., ils chériront la terre et la vie avec frénésie, dans la mesure où, graduellement, ils s'habitueront à y voir leur origine et leur fin. »

Il parle, il parle, mais, en fait, il ne croit en rien. « Versilov ne tendait vers aucun but défini. Une bourrasque de sentiments contraires désemparait sa raison. » Ainsi s'exprime l'Adolescent. Lui-même, cependant, ne parvient pas à atteindre le « but défini ». Il renonce à l'idée et rédige sa confession :

« L'ancienne vie est finie et la nouvelle ne fait que commencer », écrit-il.

Et on songe involontairement à la fin de *Crime et Châtiment* : « Déjà sur leurs visages consumés brillait l'aube d'un avenir nouveau, d'une complète résurrection à la vie. »

La critique accueillit favorablement la dernière œuvre de Dostoïevski.

« Ayant lu ce roman, écrit un chroniqueur, vous êtes placés dans cette obligation inéluctable : réfléchir, réfléchir, réfléchir... »

Nékrassov lui-même, raconte Dostoïevski, avait parcouru le livre en une nuit : « Ce que mon âge et ma santé n'auraient pas dû me permettre !... Et quelle fraîcheur que la vôtre ! Une telle fraîcheur, à votre âge, est très rare, et il n'y en a de semblable chez aucun écrivain. Dans son dernier roman, Tolstoï répète à peu près ce que j'ai lu de lui autrefois ; seulement, avant, c'était meilleur !... »

Quant à Tourgueniev, l'ennemi de toujours, il confie à Saltykov : « J'ai jeté un coup d'œil dans ce chaos ; Dieu, quel aigre bouillon, quelle puanteur maladive, quel bafouillement inutile, quelle complaisance psychologique à gratter ses croûtes ! »

Ce qui n'empêchera pas le même Tourgueniev de s'adresser, deux ans plus tard, à Dostoïevski en ces termes : « M. Émile Durand a été chargé par *La Revue des Deux Mondes* de rédiger une monographie des écrivains russes les plus importants... Vous êtes, bien sûr, au premier rang de vos confrères... »

Pendant ces années de travail, Fédor Mikhaïlovitch vit à Staraïa Roussa en compagnie de sa femme et de ses enfants. Il ne s'absente que pour se rendre chez ses éditeurs, à Saint-Pétersbourg, ou à Moscou, et pour se soigner d'un catarrhe de la gorge à Ems.

Il est heureux. C'est avec une véritable extase qu'il parle de son fils et de sa fille : « Ils se sont installés dans le salon, se sont emparés des chaises et jouent... Les enfants ont mangé du veau, des biscuits, bu du lait et sont allés se promener. Ensuite, ils sont partis ramasser de la neige. »

Et encore : « J'ai rêvé que Fédia montait sur une chaise, tombait et se faisait mal. Pour l'amour de Dieu, ne le laisse pas monter sur une chaise et dis à la nounou d'être plus attentive ! »

Il aime sa femme comme aux premiers jours. Il signe les lettres qu'il lui adresse : « Ton éternel mari », du titre même de son livre. Il lui écrit : « Au reste, mon amour, tu m'aurais été nécessaire en cette minute. Tu me comprends ? Est-il vrai que tu me voies en rêve ? Peut-être n'est-ce pas moi que tu vois ? J'embrasse tes petits pieds et *tout*. Je les embrasse terriblement... »

Ou bien : « Annette, mon idole, ma chérie... ne m'oublie pas. Il est exact que tu es mon idole, mon dieu. J'adore chaque atome de ton corps et de ton âme, et je t'embrasse *toute, toute* parce que tout est *à moi, à moi* ! »

Il s'occupe des robes d'Anna Grigorievna avec une tendresse émouvante : « A propos, les Shtakenschneider m'ont dit qu'à Paris la faille n'est plus à la mode et se porte peu. On prétend qu'elle se casse, fait des plis qui s'éliment, et que maintenant l'étoffe noire à la mode se nomme drap : tout le monde se jette dessus. Ils m'ont montré un drap qui ressemble beaucoup à de la faille, mais plus encore à l'ancien poult-de-soie glacé. »

En 1875, il se rend à Saint-Pétersbourg pour corriger ses épreuves. Il rencontre Nékrassov qui le complimente sur son dernier livre, et Strakhov, et Maïkov qui lui battent froid.

« Oui, Annette, c'est un mauvais séminariste, écrit-il à propos du premier, et rien de plus. Une fois déjà il m'a lâché après la chute de *L'Époque*, et il n'est revenu à moi qu'après le succès de *Crime et Châtiment*. »

Le voyage que Dostoïevski entreprend à Ems, « pour raisons de santé », lui est particulièrement pénible.

« Je voudrais tant de voir et t'embrasser! Ici, je m'ennuie à mourir. »

Il boit les eaux à doses réglementaires. Il écoute la musique dans le parc. Il lit : « Je lis le Livre de Job. Il me cause un enthousiasme maladif. J'abandonne la lecture et je me promène pendant une heure dans la chambre, en pleurant presque... »

A cette même époque, *Le Messager russe* publie l'information suivante : « Nous apprenons que notre célèbre écrivain Fédor Mikhaïlovitch Dostoïevski est sérieusement malade. » Anna Grigorievna, affolée, télégraphie à Ems. Dostoïevski la rassure aussitôt : « Ah! c'est un malheur d'être un grand homme », lui avoue-t-il. Et il hâte son retour à Staraïa Roussa. Il retrouve avec joie cette petite ville d'eaux, bâtie en bois, avec son grand jardin et son casino pour baigneurs désœuvrés. Il se mêle aux jeux des enfants. Il entreprend de longues promenades au bord de la rivière. Il entoure de soins maladroits Anna Grigorievna, qui est de nouveau enceinte.

Un mois plus tard, le 10 août 1875, la jeune femme met au monde un garçon qui sera baptisé Alexis.

« Il paraissait fort, bien portant, mais il avait un drôle de front ovale, presque anguleux », écrit sa sœur Aimée.

Après la naissance d'Alexis, les Dostoïevski décident de quitter Staraïa Roussa pour Saint-Pétersbourg. C'est que Fédor Mikhaïlovitch, ayant achevé *L'Adolescent*, songe à reprendre son idée du *Journal d'un Écrivain*.

Dès le début d'octobre, il prépare le premier numéro de ce périodique qu'il entend rédiger entièrement de sa main. Le 22 décembre, il sollicite de la « Direction supérieure de la Presse » l'autorisation de publier « un organe mensuel... où seraient relatées, écrit-il, toutes mes impressions d'écrivain russe en face de ce que je vois, de ce que j'entends, de ce que je lis... ». Cette autorisation lui est accordée « à condition que les articles ne soient pas publiés avant d'avoir été visés par la censure ».

Le premier numéro paraîtra au mois de janvier 1876. Et, avec lui, ce sera une nouvelle phase qui s'ouvrira dans la vie de Dostoïevski.

CHAPITRE II

« Le Journal d'un Écrivain »

Les articles du *Journal d'un Écrivain* prolongent exactement ceux que Dostoïevski publiait dans *Le Citoyen* du prince Meschersky. L'ensemble forme, suivant l'expression de Dostoïevski, « un journal intime, dans toute l'acception du mot, c'est-à-dire un compte rendu de ce qui m'a le plus intéressé personnellement ».

Mais le ton à adopter l'embarrasse. « Me croirez-vous ? écrit-il, après le troisième numéro, je n'ai pas encore trouvé la forme du Journal, et je ne sais si je la trouverai jamais... Ainsi, j'ai 10 ou 15 sujets (au moins), lorsque je m'assieds pour écrire. Toutefois, mes sujets préférés, je les écarte involontairement. Ils occuperaient trop de place, ils exigeraient trop d'ardeur de ma part... et, de la sorte, je n'écris pas ce qui me plaît. D'un autre côté, je me suis trop naïvement imaginé qu'il s'agirait d'un véritable " Journal ". Un véritable " Journal " est impossible ; on ne peut faire qu'un journal truqué, pour le public... »

Ce journal truqué, ce journal pour le public, contient tout de même l'essentiel de la pensée dostoïevskienne.

Fédor Mikhaïlovitch reprend, dans sa feuille, la doctrine des « territoriaux ». Il attaque les occidentalistes, parce qu'ils prétendent transformer la Russie en une succursale des pays européens. Il attaque les slavophiles, parce qu'ils restent hypnotisés par le tableau d'une Russie antépétrovienne, ornée de tous les mensonges de la légende.

Ne peut-il y avoir, pour la Russie, un progrès qui ne soit pas le « progrès européen » ? N'existe-t-il, pour elle, que ce choix absurde entre la servilité envers l'Occident et la servilité envers son propre passé? Ne se trouvera-t-il pas, pour elle, une voie propre où elle puisse, aujourd'hui même, s'engager?

Si. Et cette voie, c'est le peuple qui la lui désigne. Le peuple sauvera la Russie, parce que les moujiks ont gardé intactes leur simplicité, leur ignorance, leur croyance dans la vérité du Christ. Ils sont abrités de la contagion européenne par leur retardement.

« On prétend, écrit Dostoïevski, que le peuple russe ne connaît pas l'Évangile, qu'il ignore même les commandements qui sont la base de notre foi. Oui, vraiment, c'est ainsi, mais il connaît le Christ et le porte dans son cœur pour l'éternité. »

Il n'est pas besoin d'apprendre pour croire. La croyance n'est pas l'effet d'un raisonnement, mais d'une disposition « physique ». Elle n'a rien à voir avec les opérations de l'esprit. Elle vient du cœur. Elle vient du corps, pourrait-on dire. Il y a, chez le Russe, un appétit de la souffrance qui le rapproche du Christ, qui lui donne le Christ. « Le peuple russe goûte une sorte de volupté dans la douleur », écrit Dostoïevski. Et encore : « Je crois que le besoin spirituel le plus profondément enraciné chez le Russe est un besoin de souffrance inépuisable et de tous les instants, partout et en tout. »

Le Russe est toujours mécontent de lui-même. Il se déteste, il se méprise. Il n'y a pas trace, chez lui, de cette « naïve satisfaction qui fait les visages radieux ». Et parce qu'il renonce au confort moral, parce qu'il « oublie toute mesure en toute chose », parce qu'il est inquiet, vulnérable, perdu au centre de l'univers, l'homme russe, le moujik russe, est aimé de Dieu.

Et même l'ivrognerie, les vols, le cynisme, la misère, le déshonneur, le mensonge de l'homme russe ne sont pas à craindre. Ils procèdent de cette disposition au paroxysme qui le marque fondamentalement. Ils sont comme les soubresauts d'une bête blessée. Ils sont les signes de sa vocation. « Il se sauvera, écrit Dostoïevski, et nous avec lui, car, encore une fois, la lumière viendra d'en bas. »

Cette formule, cueillie au vol par les révolutionnaires, s'oppose justement à la révolution. Le peuple russe n'a de valeur véritable que dans l'orthodoxie et le tzarisme. Dostoïevski ne conçoit pas un autre équilibre pour la nation. Le tzar est l'émanation du peuple, la somme, le total de toutes les aspirations populaires. Et l'orthodoxie est tellement infuse dans l'esprit populaire que le Christ en devient une sorte de dieu national. « Qui méconnaît l'orthodoxie ne connaîtra jamais notre peuple. »

C'est le Christ russe de Chatov qui passe dans le *Journal*, après être passé dans *Les Possédés* : « Je crois en la Russie... Je crois en son orthodoxie. » On ne peut croire en l'un sans croire en l'autre.

Ce rôle messianique du peuple n'est, au reste, pas limité aux frontières de la Russie. Le peuple russe ne sauvera pas seulement la Russie, mais le monde. Et pourquoi ? Parce que seul le peuple russe possède ce don de sympathie universelle qui est indispensable à toute opération messianique. « L'esprit russe, le génie du peuple russe est peut-être le plus apte, parmi les autres, à abriter en lui l'idée de l'union universelle et de la fraternité. » Les Français, les Allemands, les Anglais ne sont pas capables de s'identifier à une nation voisine. Mais les Russes ont une souplesse d'âme qui leur permet des « réincarnations presque parfaites dans le génie des peuples étrangers ». « Pour le vrai Russe, l'Europe, en tant que fief de la grande tribu aryenne, est aussi chère que la Russie elle-même. » Le vrai Russe ne veut pas d'un bonheur ethnique, limité à son sol natal. Il aspire au bonheur de toute l'humanité. « La destination du Russe est indiscutablement paneuropéenne, panmondiale. » Et l'heure est proche où le paysan Mareï entrera pesamment dans l'histoire universelle.

Déjà, en face d'une Europe inerte, privée de Dieu, tuée spirituellement par le progrès, la Russie s'organise. On a supprimé le servage. On a institué le jury auprès des tribunaux criminels. Et ces deux mesures sont un témoignage d'estime envers la conscience populaire. Le mouvement féministe se développe, et cela aussi est un signe de rénovation. « L'un de nos grands espoirs, l'un des gages de notre résurrection, c'est la femme russe... Le caractère de ses revendications est net, franc et intrépide. »

La guerre d'Orient porte à son comble l'exaltation patriotique de Dostoïevski : « Oui, la Corne d'Or et Constantinople, tout cela sera nôtre. » Dans son enthousiasme, il en arrive à sanctifier les effusions de sang. « La guerre rafraîchit l'air que nous respirons et dans lequel nous étouffions, malades de décomposition et de marasmes spirituels. » Et, plus loin : « Quoi de plus saint et de plus pur que cette guerre qu'entreprend aujourd'hui la Russie ?... » « Demandez au peuple, demandez aux soldats pourquoi ils se lèvent, pourquoi ils partent et ce qu'ils attendent de la guerre actuelle. Tous vous répondront, comme un seul homme, qu'ils vont servir le Christ et délivrer leurs frères opprimés. »

En fait, il voit dans cette expédition une réponse à son idée messianique du peuple russe. Le peuple russe va combattre les ennemis du Christ. Et ceux qui lui résistent ignorent qu'il leur apporte la joie dans la vérité.

Mais la boucherie aveugle des batailles ? Dostoïevski n'en a cure. A-t-il oublié cette phrase qu'il écrivait au sujet de la guerre de 1870 : « Non, ce qui a été bâti par l'épée ne saurait subsister ? » Il pourrait, à l'instar de Raskolnikov, répondre qu'il n'a pas tué des « êtres humains », mais « des principes ». Pour lui, la grande idée de l'alliance universelle dans le Christ excuse le moyen qu'on emploie pour l'imposer.

Or, ce carnage au nom du christianisme est un sophisme redoutable. Le Christ a répandu son sang pour nous sauver. Mais nous appartient-il de répandre le sang des autres pour sauver le Christ ? « Maudite soit la civilisation si, pour la conserver, il faut écorcher des hommes », écrivait encore Dostoïevski. Que dire du christianisme, s'il faut en écorcher autant pour le ramener sur terre ? La réponse de Dostoïevski est évasive : « Peut-être est-ce révoltant, si l'on y réfléchit d'une façon abstraite, mais, en pratique, il en est ainsi. » Il est trop obsédé par sa vision de l'avenir russe pour s'arrêter à des discussions métaphysiques : « Puisse l'écho de notre victoire retentir par-dessus toute l'Asie, jusqu'aux Indes ! Puisse chez ces millions d'êtres humains s'établir la croyance en l'invincibilité du Tzar blanc ! »

Voilà pour l'Asie ! Et l'Europe ? Eh bien ! mais l'Europe, elle aussi, sera sauvée.

« L'Europe est minée et, peut-être, demain, s'effondrera-t-elle sans laisser de traces pour les siècles des siècles... »

L'Allemagne est une « nation morte et sans avenir »... « Les Français se perdent eux-mêmes »... Les Juifs sont « des orgueilleux puants »... Les Anglais sont « les boutiquiers du rationalisme »...

L'Europe entière n'est plus qu'un cimetière où reposent de « chers défunts ». C'est le Christ russe qui ressuscitera ces légions de Lazares. Or, l'Europe hait la Russie : « Tous les Slaves en général, l'Europe est prête à les ébouillanter comme un nid de punaises dans le bois de lit d'une vieille femme. » Il faudra donc user de la force pour imposer à l'Europe une félicité nouvelle.

Mais le catholicisme n'a-t-il pas réalisé déjà l'union dans le Christ? Non. Le catholicisme a perdu le Christ. La papauté romaine a proclamé d'abord la nécessité d'une possession temporelle des pays et des peuples. Cette attitude, non pas religieuse mais étatiste, a conduit « à l'établissement d'une monarchie romaine à la tête de laquelle devait se trouver le pape ». L'idéal orthodoxe, en revanche, suppose l'union religieuse de l'humanité dans le Christ, « ensuite l'union politique et sociale qui découle normalement de cette union spirituelle ». En somme, il y a eu inversion dans l'ordre des deux phases pour l'Église catholique. Et ce grief suffit, pour l'instant, à nourrir la vindicte de Dostoïevski.

Il ne remarque pas qu'en proclamant l'avènement du Christ russe il s'écarte plus encore de la doctrine chrétienne que ces catholiques mêmes qu'il condamne. Il ne comprend pas qu'il réduit le rôle du Christ en lui reconnaissant une puissance ethnique. Cette « folie » de Chatov, voici qu'il la fait sienne. Voici qu'il reprend les arguments spécieux de son personnage.

Certes, pour le Christ, l'humanité entière est le peuple élu. Mais l'humanité entière, sauf le peuple russe, a oublié la parole divine. Et il appartient au peuple russe de la rappeler. Pour la plus grande gloire de Dieu, le monde appartiendra spirituellement à la seule Russie. Et ce sera le troisième règne, le règne de l'harmonie dans le panslavisme total.

Ainsi, chez Dostoïevski, la politique et la religion se mêlent et se complètent. Son ardeur lui interdit de dissocier les deux faces du problème. Il court sus à l'Europe, à la nouvelle Babylone, à la science, aux démocraties, au pacifisme... Il est en transe. Il voit. Il prévoit. Et son éloquence l'emporte au-delà de sa propre pensée.

En fait, si *Les Possédés* sont un livre prophétique, Le *Journal d'un Écrivain* est un tissu d'anticipations dont bien peu se sont réalisées.

Le Journal d'un Écrivain n'est pas seulement un manifeste politique, social et religieux; il contient maints articles où Dostoïevski note rapidement ses impressions sur un procès criminel, ou sur une visite à l'hospice des Enfants Trouvés, ou sur un poème de Nékrassov.

Il rapporte ses souvenirs d'enfance. Il parle des écrivains qu'il a connus autrefois et qui s'en vont, l'un après l'autre, le laissant seul : la mort le réconcilie presque avec Biélinsky, avec Nékrassov...

Il lui arrive aussi de publier des fantaisies macabres, telles que ce *Bobok*, qui est un dialogue des morts dans un cimetière, ou des contes admirables, tels que *Le Songe d'un homme ridicule* et *La Douce*.

L'homme ridicule se voit, en rêve, transporté sur une planète mystérieuse, qui lui paraît être le paradis. La nature y est accueillante. Les êtres y sont bons, joyeux, simples et d'une sagesse parfaite. L'étranger se charge de les corrompre. Il leur apprend la tristesse, la honte, le crime, la science. Le paradis se transforme en enfer. Et, lorsque l'homme ridicule essaye de ramener les « enfants du soleil » à leur félicité ancienne, ils « se contentent de ricaner » et le prennent pour « un fou mystique ».

Quant à *La Douce*, c'est le monologue d'un prêteur sur gages, homme taciturne et méchant, qui épouse une fille de seize ans et la traite de haut pour lui prouver sa supériorité morale. Une nuit, la jeune femme, excédée par l'attitude de son mari, s'approche subrepticement du lit où il repose. Elle tient un revolver à la main. Il la voit, mais feint de dormir profondément. Elle appuie l'arme contre la tempe de l'homme. Il ne bouge pas. Il attend. Il sent qu'une lutte atroce déchire celle qui voulait d'abord le tuer.

« Mais, demandez-vous encore, pourquoi ne l'avoir pas empêchée de commettre un abominable forfait ?... J'étais perdu moi-même, en personne, qui donc aurais-je pu sauver ? »

Enfin, il rouvre les yeux. Elle n'est plus là. A présent, songe-t-il, elle sait que je ne suis pas un poltron, et elle ne peut manquer de revenir à moi, d'elle-même. Mais elle est à bout de forces, à bout d'idées. « Je pensais que nous resterions toujours ainsi », soupire-t-elle, c'est-à-dire toujours séparés, toujours étrangers l'un à l'autre. Lorsque son mari lui avoue enfin tout l'amour qu'il éprouve pour elle, la douce se dérobe, car elle ne peut plus lui répondre par le même sentiment. Désespérée, écœurée, elle se jette par la fenêtre en tenant une icône dans ses bras. « Fatalité ! O Nature ! conclut Dostoïevski, l'homme est seul sur la terre. Voilà le malheur ! Est-il, par ici, un seul homme vivant ? s'écrie le héros des légendes russes. Et moi je le crie, moi qui ne suis pas un héros, et personne ne me répond. »

Ces deux nouvelles relèvent d'une préoccupation identique. Dans les deux cas, un « homme de Saint-Pétersbourg », anxieux, aigri et fier, gâche le bonheur des autres et son propre bonheur, parce qu'il refuse d'accepter la vie telle qu'elle se présente à lui. Être simple d'abord. Être un enfant. Aimer. Tels sont les éternels préceptes que Dostoïevski a développés tout au long de son œuvre.

Et, peu à peu, ses lecteurs commencent à le comprendre. Le succès du *Journal d'un Écrivain* dépasse toutes ses espérances.

Dès la première année, la revue compte deux mille abonnés, et autant d'acheteurs au numéro. L'année suivante, le chiffre des abonnés monte à trois mille et celui des acheteurs au numéro à quatre. Certaines livraisons sont rééditées deux, trois, cinq fois, L'ascendant moral de Dostoïevski s'affirme de mois en mois. Fédor Mikhaïlovitch devient, pour toute une fraction de la jeunesse cultivée, une sorte de rebouteux de l'esprit, de prophète. Son courrier lui apporte une vague de secrets intimes, de dilemmes sentimentaux, de doutes religieux, de désespoirs impudiques.

« J'ai reçu des centaines de lettres de tous les coins de la Russie, et j'ai appris bien des choses que je ne savais pas. Je n'aurais jamais pu croire, jadis, qu'il existait dans notre société un tel nombre de gens qui partageaient mes idées. »

Bien qu'il eût peu de loisirs, Dostoïevski répondait à toutes les lettres, se chargeait même de toutes les commissions. Une jeune fille lui écrit-elle qu'elle n'aime pas son fiancé et qu'elle veut poursuivre ses études ? Aussitôt, il lui assure la protection d'une personne influente : « Étant donné vos aspirations, il vous est impossible de devenir la femme d'un commerçant... Il ne faut à aucun prix mutiler sa vie. Si vous ne l'aimez pas, ne l'épousez pas. Écrivez-moi encore, si vous voulez... »

A une autre correspondante, il répond : « Il ne faut pas se marier sans amour. Mais réfléchissez bien : peut-être est-il un de ces hommes qu'on peut aimer *après*. Voici mon conseil... Demandez le temps de la réflexion à votre mère (sans rien lui promettre encore), et étudiez bien cet homme, renseignez-vous exactement sur lui... »

Une étudiante se plaint à lui de son échec aux examens, et il n'hésite pas à la consoler : « Je regrette fort votre échec à l'examen de géographie, mais c'est une telle vétille qu'il ne faut pas en exagérer l'importance. Et vous m'avez écrit une lettre désespérée... »

A une jeune fille qui part comme sœur de charité pour la Sibérie, il envoie sa bénédiction émue. Et il se réjouit du bonheur d'une jeune mère : « Qu'il est heureux que vous ayez des enfants ! Comme ils humanisent notre existence, comme ils l'élèvent ! Les enfants sont un fardeau, mais un fardeau indispensable. »

A un correspondant juif, il déclare : « Je vous dirai, à présent, que je ne suis pas un ennemi des juifs et ne l'ai jamais été. Mais leurs quarante siècles d'existence, comme vous dites, prouvent que cette tribu a une vitalité prodigieuse, et qu'il lui a été impossible, au long de toute son histoire, de ne pas se réaliser en différents *status in statu*... »

Aux étudiants de Moscou, il expédie une longue missive de sympathie : « Vous me demandez, messieurs : "Jusqu'à quel point sommes-nous coupables, nous autres étudiants ?" Voici ma réponse. Vous n'êtes coupables en rien. Simplement, vous êtes les enfants de cette société que vous délaissez à présent, et qui est un tissu de mensonges. Toutefois, en s'arrachant de cette société, en l'abandonnant, notre étudiant ne se dirige pas vers le peuple, mais quelque part vers l'étranger, vers l'européanisme... Et, cependant, notre salut est dans le peuple... »

L'autorité nouvelle de Dostoïevski ne se traduit pas seulement par le volume de sa correspondance. Le cercle de ses relations mondaines s'élargit. On l'invite partout, et il accepte la plupart des invitations. Sa femme, épuisée par les travaux de comptabilité et d'expédition du périodique, ne l'accompagne presque jamais dans ses sorties. En quelques années, cette personne jeune encore a perdu toute coquetterie, toute ambition. Elle avoue elle-même n'espérer plaire à son mari que par son « âme ». Elle se néglige. Elle porte des vêtements reprisés, une lingerie de grosse toile. Maladroitement, il essaye de lui rendre le goût de la toilette :

« Sais-tu, Annette, une telle portait une robe splendide. La façon en était des plus simples : la robe relevée et rassemblée à droite, le derrière allongé jusqu'à terre, mais ne traînant pas ; à gauche, j'ai oublié, il me semble qu'elle était aussi relevée. Il *faut* te faire une robe pareille. Tu verras comme cela t'ira bien ! »

Et encore : « Tu ne sais pas quelles merveilles sont tes yeux, ton sourire et tes brusques élans inspirés dans la conversation. Toute l'erreur vient de ce que tu ne sors pas assez dans le monde... Pourtant si tu t'arranges un peu pour sortir, si tu t'habilles un peu soigneusement, tu seras toi-même étonnée de te voir si jeune et si extraordinairement belle. »

Mais elle ne le comprend pas. Il l'a si bien entraînée vers le monde désincarné de ses livres, qu'elle ne sait plus reprendre pied dans le monde réel. Elle n'a pas la souplesse de Dostoïevski, qui voyage entre l'univers des évidences et l'univers surnaturel, sans jamais abandonner tout à fait l'un pour l'autre.

Dans les salons, Dostoïevski se montre, comme jadis, tour à tour affable et rageur, paternel et haineux.

« J'ai toujours été surprise, note E. A. Shtakenschneider, par son excessive modestie ; on eût dit qu'il ignorait sa propre valeur. C'est ce qui expliquait, au reste, son extrême susceptibilité, ou, plus exactement, cette continuelle attente de l'offense. Fréquemment, il voyait une injure là où un être qui aurait eu véritablement une haute opinion de soi n'eût rien remarqué de semblable... Par moments, c'était comme une goutte de bile qui se formait dans sa poitrine et crevait tout à coup, et il devait se libérer de cette bile, contre sa propre volonté. Quant à moi, je savais toujours, à une certaine moue de ses lèvres, à une expression fautive de ses yeux, qu'il allait dire une méchanceté. Parfois, il arrivait à se dominer, à ravaler sa bile, mais alors il devenait sombre, silencieux et de mauvaise humeur. »

En fait, aux yeux du monde, le génie de Dostoïevski excuse son mauvais caractère. Ce mauvais caractère devient presque une sorte de trait caricatural indispensable à l'image du génie. Bien loin de lui nuire, il le sert, il le rapproche de ses lecteurs.

En 1878, l'ancien forçat recevra de l'Académie impériale des Sciences la note suivante : « L'Académie impériale des Sciences, désireuse de vous témoigner son respect pour vos travaux littéraires, vous a élu membre correspondant dans la section de langue et littérature russes. » Et le précepteur des grands-ducs Serge et Paul viendra lui demander, au nom de l'empereur, d'avoir quelques entretiens avec ses illustres élèves.

Dostoïevski goûte ainsi le plaisir d'une gloire définitivement admise. Il a réussi à payer la plupart de ses dettes. Il s'est assuré, grâce au frère de sa femme, la disposition d'une maison de campagne, à Staraïa Roussa. *Le Journal d'un Écrivain* se révèle d'un rapport honorable.

Que lui faut-il de plus?

Aimée Dostoïevski nous a laissé un tableau charmant de son père, à cette époque.

Fédor Mikhaïlovitch dormait dans son cabinet de travail, sur un sofa. Au-dessus de la couche était accrochée une reproduction photographique de *La Madone de Saint-Sixte*, de Raphaël. Et c'était à cette gracieuse effigie qu'allait son premier regard, au réveil. Il se levait, se lavait, « en dépensant beaucoup d'eau, de savon et d'eau de Cologne ». Puis, il s'habillait des pieds à la tête, car il condamnait la pratique de la robe de chambre et des pantoufles, pour un homme. « Dès le matin, il était correctement vêtu, chaussé, cravaté, portant une belle chemise blanche à col dur. » Il avait grand soin de ses vestons : « Les taches me gênent, disait-il. Je ne puis travailler tant qu'elles sont là... »

Sa toilette achevée, Fédor Mikhaïlovitch se rendait dans la salle à manger, pour prendre le thé. Il buvait deux verres de thé et emportait le troisième verre dans son bureau. Sur la table, régnait un ordre chirurgical : la boîte à cigarettes, les lettres, les livres, les journaux avaient leur place attitrée. Anna Grigorievna venait rejoindre son mari dans le cabinet de travail. Elle s'installait devant lui, préparait sur un guéridon son cahier, ses crayons, sa gomme, et Dostoïevski lui dictait les pages qu'il avait écrites la nuit. Anna Grigorievna les sténographiait et les copiait aussitôt. Fédor Mikhaïlovitch corrigeait les copies.

Plus tard, c'était le déjeuner, la promenade, les achats de friandises pour les enfants, le dîner, le thé, et, de nouveau, Dostoïevski s'enfermait dans le bureau pour travailler. Cette vie régulière et féconde l'enchantait. Rien ne pouvait, semblait-il, en épuiser la douceur. Mais il était écrit que, jusqu'à ses dernières années, le destin s'acharnerait contre Dostoïevski.

Le 16 mai 1878, son fils Aliocha, qui n'a pas trois ans, subit une violente crise d'épilepsie. L'accès dure trois heures dix minutes et l'enfant meurt sans avoir repris connaissance. Dostoïevski est terriblement frappé par cette mort, dont il se sent coupable, puisque l'enfant a succombé à une maladie héréditaire. Le nouveau deuil renforce en lui la notion de la responsabilité universelle. L'innocence est un vain mot. « Chacun de nous est coupable devant tous, pour tous et pour tout. »

Le jour de l'enterrement, la famille monte dans un landau et on place le petit cercueil entre les parents. « En route, on pleura beaucoup, écrit Aimée Dostoïevski, on caressa le petit cercueil blanc, couvert de fleurs, on se rappela tous les mots favoris de l'enfant. » Cependant, au cimetière, l'herbe a poussé entre les tombes. Les arbres sont en fleur. Les oiseaux chantent. Les larmes coulaient sur les joues de mon père. Il soutenait sa femme qui sanglotait. Elle ne pouvait détacher ses yeux de la petite boîte qui disparaissait peu à peu sous la terre. »

Cette dernière épreuve, Dostoïevski la surmontera comme les autres. Il guérira grâce au travail. Il se sauvera grâce à un livre : *Les Frères Karamazov*.

CHAPITRE III

Genèse des « Frères Karamazov »

Dans le numéro de décembre 1877 du *Journal d'un Écrivain*, Dostoïevski annonce à ses lecteurs qu'il a décidé d'interrompre, pour quelque temps, l'édition de son périodique, « afin de s'occuper d'un travail artistique, conçu insensiblement et involontairement pendant ces deux années de publication ». Le nouveau livre auquel il fait allusion sera, comme *L'Adolescent*, un fragment du vaste cycle inachevé qu'il intitule *La Vie d'un grand pécheur*. Il y traitera de l'existence de Dieu, « ce problème qui m'a torturé inconsciemment et consciemment durant toute ma vie ».

Fédor Mikhaïlovitch sait que son œuvre littéraire est encore *incomplète*. Une confession ultime s'impose et il est grand temps de l'entamer. Ce sera « son dernier mot ». Il se recueille. Il accumule les notes, les matériaux. Il lui faudra trois ans pour mener à bien son entreprise.

« J'ai imaginé et je commencerai bientôt un grand roman, où il y aura entre autres personnages beaucoup d'enfants... », écrit-il le 16 mars 1878.

Et il ouvre son carnet des *Frères Karamazov* par ces mots :

« Se renseigner pour savoir si on peut rester couché entre des rails, tandis qu'un train passe au-dessus de vous à toute vitesse. »

« Se renseigner au sujet du travail des enfants à l'usine, au sujet des écoles, se rendre dans une école. »

« Dans un hospice d'enfants trouvés. »

Entre-temps, Dostoïevski a fait la connaissance du jeune et

brillant professeur Vladimir Soloviov (le fils de l'historien). Il a entendu ses conférences à Saint-Pétersbourg. Il a découvert qu'une parenté spirituelle indéniable les unissait l'un à l'autre. Soloviov n'a-t-il pas choisi comme sujet de thèse : « La crise de la philosophie occidentale »? N'a-t-il pas attaqué à fond le vieux positivisme européen? N'a-t-il pas proclamé l'avènement d'une métaphysique nouvelle? Au reste, le visage du jeune homme seconde admirablement ses propos. Sa beauté inspirée séduit ses contradicteurs les plus solides. Dostoïevski affirme qu'il a « la tête du jeune Christ » d'Annibal Carracci.

Une amitié très haute lie bientôt le jeune philosophe et le vieil écrivain. Mais, dans cette association bizarre, c'est le vieil écrivain qui paraît être l'élève.

En fait, grâce à ses interminables discussions avec Soloviov, Dostoïevski formule, ordonne, éclaire sa propre idéologie. Son jeune compagnon l'aide à traduire en mots abstraits le chaos philosophique où il se débat depuis tant d'années.

Pour les problèmes de la doctrine orthodoxe, Dostoïevski se renseigne auprès du procureur du Saint-Synode, Constantin Pobiédonostzev. Mais il s'intéresse aussi à la théorie de l'action commune de Fédorov. Il lit les textes du bienheureux Tikhone Zadonsky, évêque au XVIIIe siècle : « Je veux faire de Tikhone Zadonsky la figure centrale de mon nouveau roman », écrivait-il déjà à Maïkov en 1870.

Après la mort du petit Alexis, Anna Grigorievna insiste auprès de son mari pour qu'il accompagne Soloviov dans son voyage à Optina Poustine. Elle espère que ce changement d'existence distraira Fédor Mikhaïlovitch de son chagrin. Et cela d'autant plus que Dostoïevski a toujour désiré visiter le monastère d'Optina Poustine. Gogol, Léontiev et Léon Tolstoï s'y sont réfugiés tour à tour.

Dostoïevski acquiesce au désir de sa femme et, après un court séjour à Moscou, les deux amis prennent le train jusqu'à Serguéiévo. Là, ils grimpent dans une voiture qui les trimballe pendant 120 verstes sur des sentiers caillouteux. Au bout de deux jours, ils atteignent Optina Poustine. Les moines de la localité les reçoivent cordialement et le staretz Ambroise, thaumaturge et directeur de conscience, accorde à Fédor Mikhaïlovitch deux entretiens particuliers. Cette visite précisera encore, dans l'esprit de Dostoïevski, la figure parfaitement vénérable du père Zosime dans *Les Frères Karamazov*.

Il est intéressant de noter que, dès 1877, un an avant le

voyage à Optina Poustine, Dostoïevski avait accompli un voyage à Darovoïé, le pays de son enfance. Il avait revu la futaie, le ravin, le hameau de Tchéremachny. Il avait bavardé avec de vieux paysans ridés, qui avaient été naguère ces gamins aux joues de feu, aux cheveux blond filasse, dont les rires se mêlaient aux siens. Il avait récapitulé ses souvenirs. Il avait rafraîchi son inspiration à la source même. Il était prêt.

Cependant, ce travail, qui durera trois ans, se révèle plus astreignant qu'aucun autre. Dostoïevski ne veut pas gâcher ce livre qui doit être le couronnement de toute son œuvre. Mais il a peur que l'âge n'ait endormi ses facultés créatrices. Il a peur que la maladie n'ait faussé sa mémoire. Il a peur de mourir avant d'avoir tout dit : « J'ai remarqué depuis longtemps que, plus je vais, plus mon travail me devient difficile. » Ou bien : « Je pense toujours à ma mort... et je me demande ce que je vous laisserai, aux enfants et à toi... » Et encore : « Maintenant, j'ai sur le dos les Karamazov qu'il faut bien terminer. Il importe d'en faire une œuvre d'art, et c'est une chose difficile et risquée, une chose fatale : elle doit placer mon nom très haut, l'affermir; autrement, plus d'espoir. »

CHAPITRE IV

« Les Frères Karamazov »

La famille Karamazov habite une petite ville de province. Le vieux Karamazov, sorte de pitre cynique et libidineux, a gâché sa vie en de mystérieuses débauches. D'une première femme, qui le rouait de coups, il a eu son fils Dmitri, brute effrénée, aux soudains appétits d'honnêteté et de distinction métaphysique. D'une seconde femme, hystérique et criarde, il a eu son fils Ivan, intellectuel irritable, esprit tourmenté et destructeur, héros et martyr de la négation. Son troisième fils, le jeune Alexis, semble avoir échappé à la malédiction héréditaire des Karamazov. Il est doué d'une bonté mâle qui s'oppose à la bonté « asexuée » de l'Idiot. Il est le principe positif du livre, le noyau lumineux autour duquel les autres personnages tournent et dansent comme des moucherons noirs. Mais, à ces trois frères, il faut adjoindre l'infâme Smerdiakov, le fils du vieux Karamazov et d'une fille idiote et muette qu'il a violée un soir, par bravade. Ce bâtard épileptique sert de laquais dans la maison de son père. Il est prétentieux, retors. Il admire Ivan. Et Ivan s'irrite de reconnaître en lui sa propre caricature.

Entre ce père et ces quatre fils, une femme : Grouschenka. Ils luttent les uns contre les autres pour l'obtenir. Cependant, Smerdiakov, croyant obéir au désir secret d'Ivan, tue le vieux Karamazov. Or, c'est Dmitri qui est accusé du meurtre. Condamné au bagne, il partira pour la Sibérie. Telle est l'histoire.

Elle est dominée par deux problèmes. Le problème de la séduction et le problème de Dieu. Grouschenka et le Christ.

C'est entre ces deux pôles qu'oscillent les personnages du livre. Les uns, comme le vieux Karamazov, sont placés sous le seul signe de la sensualité, d'autres, comme le staretz Zosime, sous le seul signe de la religion ; mais, entre ces deux extrêmes, un dégradé savant nous présente les âmes des autres protagonistes. Smerdiakov, Dmitri, Ivan, Aliocha sont, peut-on dire, les aspects, de plus en plus décantés, d'un même individu qui se dégage de la bête et se réalise dans l' « homme nouveau ». Ces quatre frères sont un même être transformé. Leur échelonnement dans l'espace n'est, en fait, qu'un échelonnement dans le temps. « L'échelle du vice est la même pour tous, dit Aliocha à Dmitri. Je suis sur le premier échelon, tu es plus haut, au treizième, mettons. J'estime que c'est absolument la même chose. »

A ce « treizième échelon », se trouve aussi une femme : Grouschenka. « Une fille publique avec laquelle je ne voudrais pas être apparenté », dit d'elle un de ses proches. « Une courtisane », déclare le vieux Karamazov. Mais il ajoute qu'elle est peut-être « plus sainte » que tous les moines du couvent. « Cette fille est un animal... » « Cette fille est un ange », répliquent d'autres personnages. Et Dmitri s'exclame : « Oui, voilà ce qu'elle est : un tigre. La reine de l'impudeur, la femme complètement infernale, la reine de toutes les femmes infernales déchaînées sur le monde. » Quant à Aliocha, ce qui le frappe surtout, c'est « l'expression naïve et bienveillante de cette figure ». Qui croire ? Tout le monde. Car Grouschenka mérite tous les jugements. Grouschenka, la jeune fille, la garce, l'animal, la sainte, réunit en elle les multiples contradictions de son sexe. Les femmes comme elle s'épuisent dans l'attente, se désolent dans la réalisation de leurs désirs, brûlent de se donner et vous reprochent de les avoir prises. Elles sont tantôt cruelles pour le plaisir d'être douces ensuite, tantôt douces pour le plaisir d'être cruelles plus tard. Elles ont des pudeurs perverses, des voluptés innocentes. Elles mentent aux hommes, à Dieu, à elles-mêmes. Elles ne sont pas engagées dans la vie. Elles jouent avec la vie. Elles posent devant la vie, comme devant un miroir. Et elles font des mines. Et elles changent d'expression, d'attitude, pour se donner la sensation d'être. La permanence est, pour l'homme, la preuve de sa propre réalité. Et c'est par le changement que la femme affirme son existence. L'homme veut être un. La femme veut être multiple. L'homme ne se sent fort que dans la pleine conscience de ses qualités et de ses défauts. La femme ne se sent forte que dans l'inconscience totale d'elle-même. L'homme, c'est le monde organisé. La femme, c'est l'univers informe. Tout est possible avec elle. Rien n'est sûr avec elle. Il faut la fuir ou renoncer à la dominer.

La beauté de Grouschenka a ensorcelé le vieux Karamazov. Ce vieillard ivrogne, ladre, menteur et vicieux semble être un portrait poussé au bitume du père de Dostoïevski. « Il était sentimental. Oui, il était sentimental et méchant », écrit Dostoïevski de son personnage. « J'ai toujours cru, note Aimée Dostoïevski, que Fédor Mikhaïlovitch Dostoïevski pensait à son propre père en campant la figure du vieux Karamazov. »

Devant la belle Grouschenka, le vieux Karamazov n'est plus qu'un bouffon balbutiant et bavant. Il lui abandonne la part d'héritage qui revient à Dmitri. Chaque jour, il espère sa visite. Il rôde de pièce en pièce, obsédé par le désir. Mais Grouschenka ne lui cède pas, non plus qu'à Dmitri, qui est tombé amoureux d'elle. Elle se moque du père et du fils. Et, à mesure que les jours passent, la haine monte entre les deux hommes : « Ils s'examinaient l'un l'autre, avec des couteaux tout prêts dans leurs gaines », écrit Dostoïevski.

Une idée avait séduit Raskolnikov jusqu'à le priver de toute indépendance; c'est une créature qui séduit Dmitri et son père jusqu'à les rendre esclaves de leurs appétits. « La beauté est une chose terrible et horrible! » déclare Dmitri. Oui, parce que son pouvoir sur les hommes égale et dépasse parfois le pouvoir de la pensée. La folie érotique des Karamazov rejoint la folie politique des *Possédés*. Dans les deux cas, le désir d'une satisfaction terrestre ramène des êtres à l'état de bêtes. Dans les deux cas, la prétention à franchir toutes les limites morales conduit à la dépravation et au meurtre.

« Quant à Dmitri, s'exclame le père, je l'écraserai comme un cafard! »

Et Dmitri dit de son père : « Je ne sais pas, peut-être le tuerai-je, peut-être ne le tuerai-je pas. Je crains de ne pouvoir supporter *son visage à ce moment-là*. Je hais sa pomme d'Adam, son nez, ses yeux, son sourire impudent. Il me dégoûte. Voilà ce qui m'effraie... »

Cependant, il continue d'espionner son père, dans la crainte que Grouschenka, séduite par des promesses d'argent, ne vienne rejoindre le vieillard. Une nuit, le serviteur Grigory surprend Dmitri dans le jardin. Dmitri lui assène un coup de pilon sur le crâne et prend la fuite. Il retrouve Grouschenka dans une hôtellerie : « Alors commença une orgie, une fête à tout casser. » Vins, chants, danses... Grouschenka, complètement ivre, avoue à Dmitri qu'elle l'aime et qu'elle veut l'épouser :

« Bien que tu sois sauvage, je sais que tu es noble. Il faut que nous vivions honnêtement désormais... Soyons honnêtes et bons, ne ressemblons pas aux bêtes... Emmène-moi bien loin, tu entends?... Je ne veux pas rester ici, je veux aller loin, loin... »

Il semble que ce soit l'approche de la catastrophe qui hausse au paroxysme les sentiments de ces voluptueux. La prescience d'un destin terrible les pousse à exalter leur allégresse de l'instant. Ils sont gais, parce qu'ils devinent qu'ils n'ont plus le droit de l'être. Et c'est un fait que, chez Dostoïevski, toutes les joies qui ne sont pas des joies strictement spirituelles, des joies de « fin de nuit », des joies de fin de livre, nous paraissent étrangement fragiles. Au moment même où nous assistons à la brusque félicité des héros, nous souffrons de cette félicité, car nous la savons condamnée. Avec un raffinement de tortionnaire, Dostoïevski cultive le bonheur de ses victimes avant de les châtier. Il ne frappe pas une chair fatiguée, malade. Il choisit le jour de la pleine forme, du plein épanouissement des espoirs, pour asséner le coup de grâce. C'est au cœur du délire amoureux qu'on vient arrêter Dmitri. On l'accuse du meurtre de son père. Et il a beau protester auprès de la commission d'enquête, toutes les preuves sont contre lui.

En fait, c'est le laquais, le bâtard Smerdiakov qui a tué le père de Dmitri. Ce pitre joue dans le roman le rôle du double infernal cher à Dostoïevski. Quel supplice pour un honnête homme que de croiser sur son chemin l'incarnation de tout ce qui dort en lui de sale, d'inavoué, d'oublié, de bête, de peureux... Vous êtes tranquille. Vous vous acceptez. Et, brusquement, surgit devant vous un individu dont l'âme est formée par tout ce que vous avez rejeté de vous-même. Un individu qui est le résidu de vous-même, le dépotoir de vous-même, qui est vous-même dans ce que vous avez de plus vicieux. Dans sa bouche, vos plus belles paroles sonnent comme des stupidités; dans sa tête, vos plus belles idées se retournent contre vous.

Ainsi, Ivan Karamazov promène son propre singe en laisse. Il le hait. Et l'autre admire cette haine. Il l'humilie. Et l'autre aime cette humiliation. Pour rendre service à Ivan, que le mariage de son père priverait de la part d'héritage qui lui revient, Smerdiakov assassine le vieux. Il l'assassine sans qu'Ivan le lui ait expressément demandé. Il l'assassine parce qu'il croit obéir à un désir secret de son maître.

Ce qui n'était qu'un vague espoir dans le cœur d'Ivan Karamazov devient, tout à coup, cet acte monstrueux qui l'épouvante. Grâce à Smerdiakov, qui a réalisé l'intention criminelle de son patron, Ivan Karamazov n'est plus coupable d'un rêve, mais d'une réalité. Smerdiakov, c'est le contact établi entre l'idée et le fait. Smerdiakov, c'est la négation de l'irresponsabilité spirituelle. Smerdiakov, c'est le châtiment du libre penseur.

« Vous-même, dit-il à Ivan, désiriez vivement la mort de votre père... Vous étiez incapable de tuer vous-même, mais vous souhaitiez qu'un autre le fît. » Ivan s'interroge, se raisonne, se trouble : « Oui, j'attendais cela, alors, c'est vrai ? j'ai voulu l'assassiner... » Et, plus loin : « Désirais-je à ce point la mort de mon père ? » Cette seule attente, cette seule pensée établissent la culpabilité d'Ivan. « Vous avez tué, c'est vous le principal assasin, je n'ai été que votre auxiliaire... », lui répète Smerdiakov. Et le valet révèle au maître la genèse de sa décision.

S'il a tué, c'est parce que rien ne s'opposait à ce qu'il tuât. Grâce aux discours d'Ivan, l'intellectuel, Smerdiakov a compris que « tout est permis » en ce monde. Il n'y a pas de Dieu. Il n'y a pas d'enfer. « Si Dieu n'existe pas, il n'y a pas de vertu, et elle est inutile. Voilà le raisonnement que je me suis fait. »

Après avoir renié les règles de la morale commune, après avoir franchi le mur, Smerdiakov confond la liberté avec l'arbitraire. Il tue. Et, par son acte, il lie dans le mal Ivan Karamazov, qui affirmait que « tout est permis », et Dmitri Karamazov, qui s'exclamait : « Pourquoi un tel homme existe-t-il ? »

Ivan n'est pas coupable aux yeux de la loi humaine. Mais rien ne le justifiera vis-à-vis de lui-même. Ayant renié Dieu, il se trouve en face de Smerdiakov. Au lieu du surhomme, il découvre le singe. Au lieu de l'échelle lumineuse, l'abîme. Au lieu de la raison supérieure, la folie. Cet homme intelligent, instruit, inspiré souffre d'hallucinations. Il se dédouble. Il voit le diable. Et ce diable, c'est lui-même : « Toi, c'est moi-même, mais sous un autre museau... Tu exprimes mes propres pensées... Seulement, tu choisis mes pensées les plus sottes ; tu es bête et banal ! »

Ivan Karamazov, c'est Dostoïevski que « Dieu a torturé toute sa vie ». La négation blasphématoire d'Ivan Karamazov, c'est celle de Dostoïevski aux heures de doute. « Ces imbéciles n'ont même pas rêvé de la puissance de négation que j'ai surmontée », note-t-il. Et lorsque Ivan Karamazov déclare : « Peut-on admettre l'harmonie universelle au prix des larmes d'un seul petit enfant martyrisé ? » n'est-ce pas Dostoïevski lui-même qui prend la parole ?

En fait, il semble bien qu'Ivan Karamazov joue aux yeux de Dostoïevski le même rôle que Smerdiakov aux yeux d'Ivan Karamazov. Ivan est pour Fédor Mikhaïlovitch l'incarnation de cette part de lui-même qui lui est odieuse. Ivan, c'est ce que son auteur voudrait refuser de lui-même. Ivan, c'est la punition de son auteur.

Au-dessus de ces êtres maudits, deux claires figures s'imposent aux lecteurs : Aliocha et le staretz Zosime. Aliocha est le cadet des frères Karamazov. Il est novice dans un monastère paisible, aux grands murs blancs. Cependant, il n'est pas un mystique dans toute l'acception du mot.

« Aliocha, écrit Dostoïevski, n'était nullement fanatique ni même, à ce que je crois, mystique. A mon sens, c'était simplement un philanthrope en avance sur son temps. »

Ce garçon est donc parfaitement équilibré, parfaitement planté dans le réel. Il a en Dieu une confiance tranquille, honnête et saine. Il croit aux miracles certes, mais ces miracles ne le troublent pas. Les miracles sont le couronnement de sa foi, ils n'en sont pas le fondement. « Chez le réaliste, ce n'est pas la foi qui naît du miracle, c'est le miracle qui naît de la foi. »

Ainsi, Aliocha est un « réaliste », un homme complet. Sa bonté n'est pas de nature séraphique. Elle ne suppose pas, comme chez Myschkine, une ignorance exceptionnelle du mal. Aliocha a connu le mal, il n'est pas incapable de comprendre les vices de ses frères, de son père, il n'est pas étranger aux pécheurs qui l'entourent. Il est de ce monde. Et il n'en a que plus de mérite à déjouer toutes les tentations.

Au reste, le père Zosime, le staretz du couvent, ne lui dit-il pas lui-même : « Voici mon idée à ton sujet : tu quitteras ces murs, tu séjourneras dans le monde comme un religieux. Tu auras de nombreux adversaires, mais tes ennemis eux-mêmes t'aimeront. La vie t'apportera beaucoup de malheurs, mais dans l'infortune tu trouveras la félicité ; tu béniras la vie, et tu obligeras les autres à la bénir, ce qui est l'essentiel. »

N'est-ce pas Chidlovsky, l'ami d'enfance de Fédor Mikhaïlovitch, qui a posé pour la belle figure d'Aliocha, ou Soloviov, le philosophe à tête de Christ ? Les deux sans doute.

De même, le bienheureux Tikhone Zadonsky et le père Ambroise d'Optina Poustine ont fourni les traits principaux du staretz Zosime.

« Le staretz, écrit Dostoïevski, c'est celui qui absorbe votre âme et votre volonté dans les siennes. » C'est un directeur de conscience tout-puissant, à qui vous abandonnez vos intérêts les plus intimes. Il règne sur le couvent par la confession que lui doivent les moines et les novices. Il règne sur le peuple par son extrême clairvoyance et par l'habileté paisible de ses conseils.

« A propos du staretz Zosime, beaucoup racontaient qu'à force d'accueillir, depuis de nombreuses années, tous ceux qui venaient épancher leur cœur, avides de ses conseils et de ses consolations, il avait, vers la fin, acquis une grande perspicacité. Au premier coup d'œil jeté sur un inconnu, il devinait pourquoi il était venu, ce qu'il lui fallait, et même ce qui tourmentait sa conscience. » Pourtant, le staretz Zosime, comme son jeune protégé Aliocha, a été un homme avant d'être un saint. Il a vécu parmi ses semblables. Il a servi dans l'armée. Et, s'il s'est décidé à entrer dans les ordres, ce n'est pas par désespoir, ou par raisonnement, mais par *amour*. La doctrine de Zosime est une doctrine d'amour et de joie.

« Ce qui surprenait aussi, écrit Dostoïevski, c'est que le staretz, loin d'être sévère, paraissait enjoué. »

Le staretz a fait siennes les paroles du novice : « La vie est un paradis où nous sommes tous, mais nous ne voulons pas le savoir... » Et aussi : « Chacun de nous est coupable devant tous, pour tous, et pour tout... »

Une sympathie universelle unit les hommes et la vilenie de chacun retentit dans les autres. Le mal n'est pas limité au criminel et à sa victime immédiate. Il s'élargit comme une tache d'huile. Ceux qui l'ont désiré sans le commettre en sont atteints. Et ceux qui ont deviné ces désirs sans les condamner en souffrent aussi. Et ceux-là mêmes qui ne savent rien de l'événement en sont mystérieusement les complices.

Nous sommes tous responsables, souillés, malheureux. Nous avons volé avec ce cambrioleur dont nous ignorons le visage, tué avec ce parricide que nous révèlent les journaux, violé avec ce voluptueux, maudit avec ce blasphémateur... Chacun de nous fléchit sous le péché séculaire du monde. Et, cependant, tous nous serons sauvés. « L'homme ne peut pas commettre de péché capable d'épuiser l'amour infini de Dieu, déclare Zosime... Crois que Dieu t'aime comme tu ne peux te le figurer, qu'il t'aime dans ton péché et avec ton péché... Or, si tu aimes, tu es déjà à Dieu. L'amour rachète tout, sauve tout... »

Ce n'est pas à une règle de vie rigoureuse, à un renoncement monacal, à une contrition pleurarde que le père Zosime convie les croyants. Il leur demande peu de chose : reconnaître leur faute, aimer. Ce qui compte, ce n'est pas le résultat obtenu, mais l'effort. Quand le fier baisse la tête, il est plus près de Dieu que le laquais qui s'effondre à genoux. Et cela parce que le fier a dû lutter avec lui-même pour offrir à Dieu ce témoignage de modestie, alors que l'autre s'est prosterné par habitude, et sans même songer au geste qu'il accomplissait. « Faites ce que vous pouvez et on vous en tiendra compte... Ce qui vous semble mauvais en vous est purifié dès lors que vous l'avez remarqué... Au moment où vous verrez avec effroi que, malgré vos efforts, non seulement vous ne vous êtes pas rapprochés du but, mais que vous vous en êtes même éloignés, à ce moment, je vous le prédis, vous atteindrez le but et verrez au-dessus de vous la force mystérieuse du Seigneur qui, à votre insu, vous aura guidés avec amour... »

Zosime et Aliocha baignent dans le même éclairage bienheureux. Ils aiment, et cela suffit à leur gagner la sympathie des gens simples et des enfants. (Tout le livre X est consacré à l'amitié d'Aliocha pour les enfants du pays.)

Cependant, les intellectuels attaquent cette philosophie sereine. Ivan Karamazov oppose à la foi tranquille de son frère l'argumentation diabolique du « grand inquisiteur ». « La légende du grand inquisiteur », telle qu'Ivan la raconte à Aliocha, est le point culminant des *Frères Karamazov*, et, probablement, de toute l'œuvre de Dostoïevski. Elle résume tout. Elle éclaire tout. Elle est bien le dernier mot de l'auteur.

A Séville, pendant l'Inquisition, le Christ apparaît dans la foule. Il est immédiatement reconnu. On s'empresse autour de lui, on mendie ses miracles. Et Jésus accomplit les miracles demandés. Alors, le grand inquisiteur, vieillard de quatre-vingt-dix ans, au visage desséché, aux yeux caves, fait arrêter le Sauveur.

La nuit, le grand inquisiteur entre dans le cachot où le Christ a été jeté sur son ordre. « Pourquoi es-tu venu nous déranger? Car tu nous déranges », lui dit-il.

Et le vieillard dresse contre Jésus un réquisitoire terrible. En fait, le grand inquisiteur ne croit ni en Dieu ni en l'homme. Il ne croit pas en Dieu, puisqu'il refuse d'écouter le Dieu-Homme : « Tu n'as pas le droit d'ajouter un mot à ce que tu as déjà dit... »

Il ne croit pas en l'homme, puisqu'il affirme que la doctrine chrétienne dépasse les forces spirituelles de l'humanité.

Il repousse l'union des principes humain et divin au sein de la liberté. « Je veux vous rendre libres », a dit le Christ. Mais, en proclamant cette liberté de choisir entre le bien et le mal, Jésus a établi la responsabilité de l'homme. Il a condamné l'homme aux tourments de la conscience. Il lui a réservé tout un appareil de souffrances, où les remords, les tentations, les espoirs s'enchevêtrent inextricablement. La liberté est inconcevable sans la douleur. La liberté ne s'achète que par la douleur. Le christianisme est d'abord la religion de la douleur.

Ainsi, l'homme se trouve placé en face du dilemme : d'un côté, l'indépendance dans les tortures morales, de l'autre, le bien-être dans la soumission. Que choisira-t-il ?

Le grand inquisiteur a choisi pour lui. Le Christ, affirme-t-il, a surestimé le courage de sa créature en lui imposant l'épreuve de la liberté. L'homme est trop faible pour la pleine conscience. « Avais-tu oublié que l'homme préfère le repos, la mort même, à la liberté de distinguer le bien et le mal ? » La grande fin de l'homme est d'être heureux. Et c'est à l'Église d'organiser son bonheur sur terre. L'Église aime l'homme mieux que ne l'a fait le Christ qui l'a chargé d'un fardeau trop lourd pour ses épaules.

« Parce que tu l'estimais [l'homme] trop haut, tu as agi sans pitié pour lui, tu as exigé trop de lui. » Cette pensée, telle qu'elle a passé dans les Évangiles, ne pouvait être réalisée que par quelques élus. Elle était aristocratique. Or, une religion aristocratique est impossible. Une religion s'adresse à la masse. Il faut donc qu'elle propose un mode de vie susceptible de s'appliquer à la masse. Il faut qu'elle apporte le réconfort aux imbéciles, aux lâches, aux vicieux, aux malades. Il faut qu'elle soit à la portée des derniers échantillons humains... Il faut qu'elle soit « vulgaire ». A la place de la liberté, de l'incertitude, de la souffrance spirituelle, le grand inquisiteur offre à l'homme une organisation euclidienne de l'univers. Et le grand inquisiteur rejoint ici la théorie de Chigalev. Il prend soin des foules. Il défend les affamés, les débiles. Il leur promet non plus le pain céleste, mais le pain terrestre. « Tu leur as promis le pain céleste, mais peut-il se comparer au pain de la terre, aux yeux de cette faible race humaine, éternellement vicieuse et éternellement ingrate ?... Nous, ce sont les faibles qui nous sont chers. »

Cette religion du pain terrestre, c'est le socialisme athée des Possédés.

Le grand inquisiteur proclame le règne des bonheurs médiocres contre les grandes aspirations de l'esprit : « Nous leur donnerons un bonheur silencieux, humble, le bonheur qui convient aux créatures faibles qu'ils sont... Certes, nous les ferons travailler, mais, durant leurs heures de loisir, nous organiserons leur vie à la manière d'un jeu d'enfant, avec des chansons puériles, des chœurs, des danses innocentes. Oh! nous leur permettrons même le péché, sachant qu'ils sont faibles et désarmés... »

C'est au nom de la liberté de l'esprit humain que le Christ, dans le désert, a repoussé la première tentation : celle du « pain terrestre ». Et ce fut, selon l'inquisiteur, sa première faute.

La deuxième faute fut d'avoir voulu être librement aimé. Mais les hommes ne peuvent croire selon leur cœur. Ils ont besoin d'une certitude. Or, la promesse divine est incompréhensible pour eux. Elle s'enveloppe de trop de ténèbres, de trop de réticences, de trop d'allusions : « Tu choisis tout ce qu'il y a d'insolite, d'énigmatique, d'indéterminé, tout ce qui dépasse les forces de l'homme. » L'homme veut qu'on le terrifie, qu'on l'asservisse, qu'on lui prouve à chaque instant la *nécessité* d'adorer. Et le Christ se laisse crucifier comme un voleur, saigne sur le bois de la potence, meurt veillé par des femmes en larmes. Ayant voulu que l'amour de l'homme ne soit pas inspiré par les miracles, il l'a éloigné de lui, il l'a perdu. « Il te fallait un libre amour et non les serviles transports d'un esclave terrifié. Là encore, tu te faisais une trop haute idée des hommes... »

Ainsi, la deuxième tentation, celle de l'autorité, est complétée par la tentation du miracle.

Ces trois tentations que le Christ a repoussées, le grand inquisiteur les accepte. Il corrige l'œuvre du Christ. Il la fonde sur le pain terrestre, l'autorité et le miracle. « Et les hommes se sont réjouis d'être de nouveau menés comme un troupeau et délivrés de ce don funeste qui leur causait tant de tourments. »

Au lieu d'être la religion d'une élite, le christianisme devient la religion de tous. L'Église trahit Dieu pour l'amour de l'homme. Elle se sert du Christ pour couvrir un ordre non plus moral mais social. Elle établit le « communisme chrétien ». Elle formule des devoirs précis, des explications bourgeoises, des promesses d'absolution, de pardon, de vie éternelle pour rassurer ses ouailles. Elle propose aux foules par ses rites, par ses fêtes, par ses confessions, les signes officiels de la présence divine. Elle transforme un mystère surnaturel en imagerie pour communiantes. Elle y va des cloches, de l'encens, de la peinture et de la sculpture. Elle bat le rappel de tous les arts, de tous les sens, pour ensorceler la masse. Elle diminue Dieu. Elle l'offre, elle le débite comme une marchandise. Et son triple mensonge, son triple blasphème est si heureusement conçu que personne ne songe à le dénoncer. L'Église renie le Christ, tout en prônant son œuvre. Elle est le dernier refuge de l'athéisme. Et les hommes brûleraient le Christ, plutôt que de renoncer aux dogmes faciles que le grand inquisiteur a forgés pour eux. « Ils se serreront contre nous avec effroi, comme une tendre couvée sous l'aile de sa mère... » « Si quelqu'un a mérité plus que tous le bûcher, c'est toi, dit l'inquisiteur en s'adressant au Christ; demain, je te brûlerai. »

Pour toute réponse, le Christ s'approche de l'inquisiteur et baise ses lèvres exsangues. L'autre tressaille sous ce baiser. Puis, il ouvre la porte et dit : « Va-t'en, et ne reviens plus... plus jamais. »

Le prisonnier s'en va.

Ce divorce entre la religion et l'Église, il est curieux de noter que c'est Ivan, l'athée, qui le présente en son nom. Ainsi, ce n'est pas le Christ qu'il attaque, mais l'Église, ce n'est pas l'athéisme qu'il défend, mais, involontairement, la foi véritable. Mieux que quiconque, il appelle l'attention sur la suprême beauté morale du Christ : ce désir d'être aimé pour lui-même.

C'est la théocratie catholique seule qui, selon Dostoïevski, était coupable d'avoir volé la parole du Christ à des fins impérialistes. Mais l'orthodoxie byzantine peut être taxée du même crime. Et toute organisation ecclésiastique mérite, en fait, le reproche de césarisme. Au long de son histoire, l'Église a lutté contre la tentation de renier la liberté de l'esprit. Car rien n'est moins conforme à la nature de l'homme que cette liberté. Et, cependant, le véritable mystère du Christ est le mystère de la liberté. Le calvaire n'est là que pour éclairer l'homme sur la parfaite indépendance de son choix. La vérité divine triomphante eût exigé l'adhésion des âmes hors de l'amour. La vérité divine crucifiée, humiliée, déchirée, couverte de pus, de crachats, ne s'impose pas à l'homme. L'homme ne croit pas à cause de « cela », mais malgré « cela ». L'acte de foi devant ce mort semblable aux autres morts est parfaitement libre. Et c'est à cette foi libre, incompréhensible, inadmissible logiquement, que Dostoïevski nous convie.

Mais, en face du problème de Dieu, quelle est l'attitude

exacte d'Ivan Karamazov ? Ivan refuse une explication déiste du monde. Il appelle à lui le souvenir de toutes les souffrances humaines. L'expiation dans la vie éternelle ne justifie pas, à ses yeux, la *nécessité* des tortures présentes : « A quoi me servent toutes les souffrances infernales des damnés, si l'enfant a déjà été supplicié jusqu'à la mort ? » « Et où demeure donc l'harmonie s'il y a encore un enfer ? Je veux pardonner et me réconcilier. Je ne veux plus qu'il y ait encore des souffrances. » L'explication de l'Église est simpliste. Il faudrait quelque chose d'autre que ce principe du « donnant, donnant ». Mais quoi ?

« Comment pourrais-je concevoir quelque chose de Dieu qui est beaucoup trop haut pour moi ? »

Ainsi cet athée ne nie pas Dieu, mais il nie la possibilité de le concevoir. Désirer Dieu, c'est déjà n'être plus athée. Injurier Dieu, c'est déjà croire en Dieu. Cette négation passionnée d'Ivan est dirigée contre le Dieu de l'Église, contre le Dieu administratif, familier, factice de l'inquisiteur. Ivan n'admet pas qu'on lui impose un Dieu intelligible à l'esprit humain. « Dieu n'est rien de ce monde. » Il ne peut être qu'une énigme, une attente, un espoir. L'Église gâche cet espoir en le précisant.

Mais, étant parvenu, de la sorte, au seuil de la foi véritable, Ivan Karamazov se rétracte. Il admire que la pensée de Dieu ait pu germer dans l'esprit obtus de l'homme. Est-ce Dieu qui a créé l'homme, ou l'homme qui a créé Dieu ? Ivan ne veut pas le savoir. En face de ce monde raté, en face de ce Dieu qui ne songe même pas à éclairer son œuvre, Ivan « rend sa carte d'entrée ». « Je ne l'accepte pas, je ne veux pas l'accepter. » Et il renonce à Dieu par amour de l'humanité, comme le grand inquisiteur de la légende.

Ayant refusé Dieu, Ivan aboutit au satanisme. Ivan Karamazov, c'est le diable. Il voit le diable au cours d'un délire, et ce diable, c'est lui-même. Le diable connaît Dieu, et cependant le repousse.

« J'étais là, dit-il à Ivan, lorsque le Verbe expirant sur la Croix remonta au Ciel, emportant contre son sein l'âme du bon larron crucifié... J'aurais voulu, à ce moment, me joindre à ces chœurs et crier avec eux mon hosanna... Mais, en considération de mes devoirs... j'ai dû réprimer un beau geste et rester dans mon ignominie. »

Grâce au diable, Ivan découvre enfin les raisons de son propre athéisme. C'est par désir de se mesurer à Dieu, de se passer de Dieu, de *remplacer* Dieu qu'il refuse la foi qui le talonne. Et nous retrouvons là le thème du surhomme, cher à Dostoïevski : « L'esprit humain grandira, s'élèvera jusqu'à l'orgueil satanique et ce seront les temps du Dieu humanité. » Cependant, au cœur même de cet athéisme, Ivan n'est pas à l'aise. Il jette une tasse de thé à la tête du diable, « comme une femme ». Il le chasse. Il se chasse lui-même. C'est qu'il est difficile de nier une présence dont on perçoit en soi la secrète nécessité.

« Levez vos yeux vers Dieu, disent les uns, écrivait Pascal ; voyez celui auquel vous ressemblez, et qui vous a fait pour l'adorer. Vous pouvez vous rendre semblable à lui ; la sagesse vous y égalera, si vous voulez la suivre... » Que deviendra donc l'homme ? Sera-t-il égal à Dieu ou aux bêtes ? »

« Il y a en enfer, dit le père Zosime au cours du roman, des gens qui ont vécu orgueilleusement et affreusement, malgré toute leur connaissance de la vérité. » Ivan est un de ceux qui s'acheminent volontairement vers l'enfer. Ivan est malade de Dieu. Mourra-t-il de ce mal ?

Aliocha considère son frère avec épouvante et pitié. Il finit par lui baiser doucement les lèvres, comme le Christ le fit au grand inquisiteur.

Cette réponse est la seule que le chrétien puisse offrir à l'athée. Car, à la logique, il ne sait opposer que l'amour. La foi ne s'explique pas, ne se commande pas. « Passez devant nous, et pardonnez-nous notre bonheur », disait l'Idiot à Hippolyte, l'incroyant.

« Dieu vaincra, pense Aliocha. Ou bien Ivan ressuscitera dans la lumière de la vérité, ou bien il succombera dans la haine. »

Et il prie pour son frère, parce qu'il n'est pas d'autre moyen au monde pour le sauver.

Ce livre immense ne résume pas seulement la pensée de Dostoïevski, mais aussi très exactement sa *manière*. Nulle part le tiraillement de l'auteur entre le fantastique et le réel n'apparaît plus nettement que dans *Les Frères Karamazov*. Le décor ? On y songe à peine. Les personnages ? Il est dit quelque part que le vieux Karamazov a « des pochettes qui pendent sous ses petits yeux méfiants, malicieux... » et une pomme d'Adam charnue qui lui donne un air « hideusement sensuel ». Quant à Aliocha, « il a la taille élancée, les cheveux châtains, le visage régulier quoiqu'un peu allongé, les joues vermeilles, les yeux gris foncé, brillants, grands ouverts, l'air pensif et fort calme ». C'est tout. Au bout de dix pages, on aura oublié ces portraits rapides ; on aura sacrifié ces visages, ces corps à une pensée. La passion des héros aura consumé leur chair. Nous sommes en face d'un conflit d'idées. Nous vivons dans un monde où on ne mange plus, où on ne boit plus, où on ne dort plus, où des événements multiples s'entassent en quelques heures, où des presciences terribles visitent les cœurs humains, où le jour et la nuit se confondent, et où chacun parle pour se convaincre lui-même plus que pour convaincre les autres.

Le désordre est partout. Et partout aussi l'inquiétude. Ce qui torture ces êtres, ce ne sont pas les maladies, ou la crainte du lendemain : c'est Dieu. Par l'obligeance de leur auteur, ils sont débarrassés des menus tracas quotidiens pour être placés nus en face du Mystère. Leur vie active correspond à notre vie profonde. Ils sont nous-mêmes observés de l'intérieur. Grâce à cette méthode de « prise de vues », ce qui est le plus proche de l'opérateur, c'est le tourment le plus inconscient, ce qui est le plus éloigné de lui, c'est la chair, les vêtements, la lumière du jour. La mise au point de la photographie se fait sur notre monde intime, et le monde extérieur demeure flou comme un rêve. Et, lorsqu'on nous montre cette épreuve de nous-même, nous ne nous reconnaissons pas plus que sur une radiographie.

Cette optique de « l'homme souterrain » s'explique par la sympathie fiévreuse de l'auteur envers ses créatures. Il semble que ce soit une crise, un accès d'épilepsie presque, qui le précipite au cœur même du monde qu'il nous dépeint. Il pénètre d'un coup dans la pénombre viscérale de l'univers intérieur. Et ses yeux s'habituent aussitôt à la nuit. Il voit, il comprend. Et, de même qu'une vie entière peut défiler dans les quelques secondes d'un rêve, de même c'est toute une aventure spirituelle, avec ses recherches, ses échecs, ses espoirs, qui se présente à lui dans un éclair. Mais, lorsqu'il revient à la surface, avec son butin d'idées, lorsqu'il essaye d'ordonner, suivant les lois de l'art, une histoire qu'il a vécue hors du temps, hors de l'espace, hors des principes de causalité et de contradiction, les affres de l'artiste commencent. Il s'agit de rendre intelligible un drame de la vie seconde à des lecteurs qui ne possèdent pas la pensée seconde. Il s'agit de faire admettre l'inconscient par la conscience commune, de rendre conscient l'inconscient. Il s'agit d'intéresser les gens à ce qui est véritablement eux-mêmes.

Pris entre le fantastique et le réel, Dostoïevski s'efforce de sertir dans le cadre solide de la logique la matière fuyante de son observation. Mais la tâche est ardue.

Les invraisemblances fourmillent dans le roman. L'énorme masse d'événements qui composent *Les Frères Karamazov* est comprimée en quelques jours. Les personnages tiennent des discours de dix pages et se rencontrent pour parler de Dieu « à la manière russe ». Smerdiakov, le laquais, a des répliques élégantes. Le rustre Dmitri s'exclame : « Non, l'homme est large, trop large. Je l'aurais rétréci. » Les héros ont, comme toujours, l'un de l'autre une connaissance prophétique : Zosime déclare à Aliocha que Dmitri est promis à un destin tragique. Aliocha baise l'épaule de son père en prenant congé de lui, car il a la sensation d'une catastrophe imminente. Ivan part pour Tchéremachny, parce qu'il devine le meurtre qui se prépare...

L'hallucination, le rêve, le crime sont monnaie courante. Pour excuser les actes de ses héros, Dostoïevski invoque naïvement l'hérédité ou la maladie. « Mais non, ce ne sont pas des êtres comme vous et moi... Mais oui, ce sont des déséquilibrés !... » Il trompe le lecteur sur l'identité de ses créatures. Et, dans le désir de « faire vrai », il accumule les détails matériels. Le crime du vieux Karamazov est raconté avec un soin de spécialiste. L'interrogatoire, la plaidoirie sont d'un habitué du prétoire. « Je ne pense pas avoir fait d'erreurs techniques dans mon récit. Je me suis renseigné d'abord auprès de deux procureurs, à Saint-Pétersbourg. »

De même que Dostoïevski n'a pas voulu choisir entre la révolution et le tsarisme, de même il ne veut pas choisir entre le fantastique et le réel. Il navigue de l'un à l'autre. Il est de l'un et de l'autre bord. Il concilie les inconciliables. Ft, cet art hybride, il a fallu près de quarante années de labeur pour l'imposer au public. Qu'importe ! Avec *Les Frères Karamazov*, Dostoïevski a gagné la partie.

CHAPITRE V

Les fêtes en l'honneur de Pouchkine

Les Frères Karamazov portent la gloire de Dostoïevski à son apogée. On l'admire à l'égal de Tourgueniev et de Tolstoï. On croit en lui plus encore qu'en Tourgueniev ou qu'en Tolstoï.

Une jeunesse sans joie, une condamnation injuste, le bagne, la maladie, le jeu, les dettes, les privations, le travail sur commande, il a traversé toutes ces épreuves comme une fondrière. Et il surgit tout à coup dans la plaine, fourbu, saignant, sauvé. Mais il est vieux. Il est désabusé. Ce calme soudain lui annonce la mort. Depuis près de sept ans, il souffrait d'un emphysème pulmonaire, suite d'un catarrhe des voies respiratoires que les cures d'Ems n'avaient pu guérir. Le mal, qui lui paraissait d'abord anodin, l'inquiète à présent, et il en parle dans ses lettres avec une complaisance nerveuse :

« Une certaine partie de mon poumon s'est déplacée, ainsi que le cœur qui occupe une autre position, tout cela à cause de mon emphysème... »

« Je songe toujours à préparer l'avenir, et surtout au moyen d'acheter une propriété. Croiras-tu que je suis devenu fou à ce sujet? Je tremble pour l'avenir des petits. »

« Tout le monde est persuadé que nous avons de l'argent et nous n'avons rien! »

Sa tâche immense n'a servi qu'à payer une horde de créanciers. Il lui faut de l'argent, vite, vite. Sa femme ouvre une librairie, dont le rapport se révèle, dès le début, honorable. Quant à lui, il songe à reprendre son *Journal d'un Écrivain* et à composer la seconde partie des *Frères Karamazov*, qui sera l'histoire d'Aliocha, personnifiant la nouvelle Russie.

Aliocha, le jeune Russe, s'opposera ainsi à Dmitri, qui est le vieux Russe, et à Ivan, qui est l'Européen. Et le jeune Russe fera son salut dans le monde, ainsi que le lui a conseillé le staretz Zosime. Au vicomte Melchior de Vogüé, Dostoïevski déclare, au cours d'une discussion chaleureuse, que le peuple russe possède à la fois le génie de tous les peuples et son propre génie. C'est pourquoi le peuple russe peut comprendre tout le monde sans que personne le comprenne.

Cet orgueil national est fort apprécié en haut lieu. Bientôt, sur la demande de Dostoïevski, le ministre de l'Intérieur suspend la surveillance secrète qui avait été instituée autour de l'écrivain depuis sa libération du bagne.

A la date du 24 décembre 1877, Dostoïevski note dans son carnet :

« I. Écrire le Candide russe.
II. Écrire un livre sur Jésus-Christ.
III. Écrire mes Mémoires.
IV. Écrire un poème...

N.B. Tout cela représente dix années d'activité et j'ai maintenant cinquante-six ans ! »

Au mois de mai 1880, la Société des Amis de la Littérature Russe envoya une invitation à Fédor Mikhaïlovitch pour le prier de prononcer un discours à l'occasion de l'inauguration du monument à Pouchkine. Les solennités devaient avoir lieu à Moscou.

Pouchkine avait été, de tout temps, avec Gogol, le maître avoué de Dostoïevski. N'était-ce pas Hermann, de *La Dame de Pique*, qui avait inspiré le personnage de Raskolnikov ? N'étaient-ce pas *Les Démons* de Pouchkine qui avaient fourni le titre, l'épigraphe des *Possédés* de Dostoïevski[1] ? N'était-ce pas le monologue du *Chevalier avare* qui avait éveillé, chez le Dolgorouky de *L'Adolescent*, cet amour de l'argent et de la puissance illimitée ?

Dostoïevski nourrissait pour Pouchkine une sorte de tendresse jalouse. Il redoutait pour son idole la perfidie ou la lâcheté des autres orateurs. Les occidentalistes célébraient en

---

1. La traduction exacte de *Biessy* est, en effet, « les démons », et non « les possédés ».

Pouchkine un grand Européen. Les slavophiles n'osaient pas reconnaître en lui un grand Russe. On attendait sur le poète une parole décisive qui réconciliât les deux parties. Et Dostoïevski se sentait prophétiquement appelé à la prononcer.

Mais le voyage de Staraïa Roussa à Moscou inquiétait sa femme. Fédor Mikhaïlovitch était fatigué. L'emphysème, au dire des médecins, avait fait des progrès terribles et menaçait l'existence même de Fédor Mikhaïlovitch. « Mon cousin Snitkine m'expliqua, écrit Anna Grigorievna, que les petits vaisseaux étaient devenus si minces et si cassants qu'ils pouvaient à chaque instant se rompre, à la suite d'un effort physique. »

Dostoïevski eût aimé que sa femme l'accompagnât à Moscou. Or la dépense du déplacement et du séjour eût dépassé les modestes moyens du ménage. Anna Grigorievna se sépara donc de son mari, sur la promesse qu'il lui enverrait tous les jours des nouvelles de sa santé.

Dès son arrivée à Moscou, Dostoïevski fut accueilli et fêté par les slavophiles. Le monde intellectuel attendait avec une impatience fiévreuse l'ouverture de ces États Généraux des Lettres, qui était fixée au 26 mai, jour de naissance de Pouchkine. Mais l'impératrice mourut peu avant la date des solennités, et un deuil officiel fut ordonné pour deux semaines. Dostoïevski, que son travail et ses inquiétudes familiales rappelaient à Staraïa Roussa, voulut d'abord quitter la capitale. Ses amis lui expliquèrent que son départ serait considéré comme une démission méprisable : « On dirait que je n'ai pas le courage civique de négliger mes affaires pour un événement d'une aussi haute portée », écrit-il à sa femme.

Sa présence à Moscou est d'autant plus nécessaire qu'elle lui offrira l'occasion de défendre en public cette idée de la « Russie européenne » pour laquelle il lutte depuis trente ans : « Le parti adverse, écrit-il encore [Tourgueniev, Kovalewsky et presque toute l'Université], désire résolument diminuer l'importance de Pouckine comme personnification de la nation russe en niant la nationalité elle-même. Et, de notre côté, nous n'avons à leur opposer que I. S. Aksakov... Mais Ivan Aksakov est vieux, et Moscou en a assez de lui. Moi, Moscou ne m'a jamais entendu, ni vu, et il ne s'intéresse qu'à moi. »

Il restera donc. Mais aura-t-il assez d'argent pour payer son hôtel ? On le rassure : la municipalité prend tous les frais de séjour à sa charge.

Dostoïevski est épouvanté : « Et moi qui, deux fois déjà, étant mécontent du café, l'ai renvoyé pour l'avoir plus fort! On a dû dire, au restaurant : " Il en fait des manières pour ce que ça lui coûte!... " »

Aux dernières nouvelles venues de Saint-Pétersbourg, l'inauguration du monument à Pouchkine est remise au début de juin. En attendant cette date, les délégués se dépensent en visites amicales, en dîners et en discours préparatoires. Dostoïevski est reçu et fêté partout. Lui-même s'étonne de sa popularité.

« On a parlé de ma grande importance comme artiste, comme esprit universel, comme publiciste et comme Russe », écrit-il.

Il admire naïvement le luxe des salons où on l'invite et l'abondance des menus qu'on lui offre :

« Le dîner était très luxueux; il était servi dans un salon à part (ce qui a dû coûter pas mal d'argent), et avec un tel raffinement qu'après le repas, en même temps que le café et les liqueurs, on a apporté deux cents excellents cigares, très chers. Oui, c'est autrement organisé qu'à Saint-Pétersbourg... On a prononcé en mon honneur six discours, quelques-uns très longs. »

Cependant, à mesure que la date de l'inauguration approche, l'animation des groupes littéraires va croissant. L'antagonisme des slavophiles et des occidentalistes s'accuse de jour en jour. Katkov, chef du mouvement de droite, coupable de n'avoir pas annoncé la cérémonie dans son journal *Les Nouvelles moscovites*, est exclu des réjouissances. Les partisans de Tourgueniev préparent le triomphe de leur chef, recrutent une claque importante, distribuent savamment les invitations. « Je crains que, du fait des divergences d'opinion pendant toutes ces journées, écrit Dostoïevski, on ne finisse par se battre. »

Le 5 juin, les fêtes en l'honneur de Pouchkine s'ouvrent par une messe solennelle. Après la messe, Dostoïevski s'approche de Mme Souvorine et lui demande : « Quand je mourrai, assisterez-vous à mon enterrement et prierez-vous pour moi comme vous avez prié pour Pouchkine ? »

Le jour suivant, les délégués des écrivains russes déposent des couronnes au pied du monument au poète. Puis, c'est la séance académique à la Faculté, où le recteur annonce que Tourgueniev est nommé membre honoraire de l'Université de Moscou. Les étudiants acclament le vieux romancier, en qui ils reconnaissent « un digne et direct successeur de Pouchkine ».

« Comme Tourgueniev était, à cette fête, le représentant le

plus important de l'Occidentalisme, écrit Strakhov, on pouvait penser que ce mouvement littéraire jouerait le plus grand rôle et remporterait la victoire dans le tournoi d'esprit qui allait commencer bientôt. »

Après la séance à l'Université, les délégués se rendent au banquet organisé par la municipalité au Cercle de la Noblesse. Les toasts et les discours font tous allusion à Pouchkine, mais personne n'ose préciser ce que le poète représente pour la nation russe. Le soir, Dostoïevski lit, en séance publique, la scène du moine Pimène et les applaudissements couvrent sa voix. « Mais Tourgueniev, écrit-il, qui a lu très mal, a été rappelé davantage. »

Pendant l'entracte, des dames se ruent vers Fédor Mikhaïlovitch : « Vous êtes notre prophète, s'exclament-elles. Nous sommes devenues meilleures après avoir lu *Les Karamazov*! »

Le lendemain, 7 juin, a lieu la séance solennelle de la Société des Amis de la Littérature Russe », toujours au Cercle de la Noblesse.

Tourgueniev prend la parole devant un auditoire décidé, coûte que coûte, à l'enthousiasme. Comment ne pas aimer ce lourd géant à la barbe blanche, et au visage doux et las? Il a des gestes élégants. Sa parole est belle, étudiée, musicale. Mais l'auteur élude les questions embarrassantes. Pouchkine est-il un poète national résumant le génie particulier de sa race? « Je ne l'affirme pas, déclare Tourgueniev, mais je ne me permettrais pas de le nier. » Il termine par un panégyrique de Nékrassov, poète des révoltés.

Cette manœuvre habile exaspère Dostoïevski. Il enrage d'entendre les ovations démentes qui accueillent les paroles de son rival. Car Tourgueniev est bien son rival aujourd'hui, comme jadis. Il semble que ces fêtes de Pouchkine se ramènent à un duel entre deux idées, entre deux hommes. Pouchkine, c'est le prétexte et l'enjeu de la bataille. « Tourgueniev abaissait Pouchkine en lui refusant le titre de poète national », écrit Dostoïevski. Et il ajoute, en parlant des admirateurs de son ennemi : « Ce ne sont pas des claqueurs, les miens sont de véritables enthousiastes. »

Il se console, le soir, en prononçant quelques mots fort applaudis sur sa propre conception de Pouchkine. Mais c'est le jour suivant qu'il compte prendre sa véritable revanche.

La seconde séance était fixée au 8 juin.

Aksakov devait prononcer son discours avant Fédor Mikhaïlovitch, mais, par suite d'un brusque changement de programme, ce fut Dostoïevski qui prit la parole d'abord.

La salle est comble. Il fait chaud. Le premier emballement passé, la plupart des auditeurs de la veille ont reconnu que Tourgueniev s'est montré quelque peu réticent vis-à-vis du poète. Que dira Dostoïevski? Saura-t-il expliquer la signification exacte de Pouchkine?

Les minutes s'écoulent. La scène est vide. Mais voici que Dostoïevski paraît soudain. Il est là, sur cette grande estrade, face à la foule qui l'acclame. Son visage gris, épuisé, ridé, se penche sous les applaudissements qui déferlent. Son petit corps maigre semble soutenu par l'armure de son habit. Il tient les feuillets de sa conférence dans ses grandes mains aux phalanges noueuses. Il attend. Comme l'ovation continue, il esquisse un geste maladroit pour demander le silence, il salue, il passe un doigt dans sa barbe roussâtre.

« Que sont mes succès de Saint-Pétersbourg? Rien! zéro, en comparaison de celui-ci », écrira-t-il à sa femme.

Le public se tait enfin. Et Dostoïevski commence son discours d'une voix essoufflée, mais qui s'enfle, peu à peu, jusqu'à dominer toute la salle. Cet homme malade, ce vieillard fatigué, où trouve-t-il l'énergie de vociférer ainsi du haut de la tribune? Quelle puissance étonnante galvanise ce corps, allume ce regard, inspire ce propos? Il n'esquive pas comme Tourgueniev le problème essentiel de Pouchkine.

Qu'est-ce que Pouchkine? Pouchkine est l'incarnation de l'esprit national, avec son extraordinaire aptitude à saisir le génie des autres peuples. Pouchkine, c'est la Russie dans ce qu'elle a de plus universel. Les Italiens de Shakespeare parlent comme des Anglais. Mais Pouchkine, lui, n'est-il pas espagnol dans son *Don Juan*, anglais dans son *Festin pendant la peste*, allemand dans son *Fragment de Faust*, arabe dans l'*Imitation du Coran*, russe dans *Boris Godounov*? Oui, il est tout cela. Et c'est parce qu'il est tout cela, parce qu'il sait être tout cela qu'il est russe.

Pour la dixième fois, Dostoïevski reprend le vieux thème développé dans ses romans et dans *Le Journal d'un Écrivain :* « La signification de l'homme russe est manifestement européenne et mondiale. Être un vrai Russe, être pleinement russe, cela veut dire uniquement (retenez bien ceci) être le frère de tous les hommes, un panhumain, si vous voulez! »

Tous les vieux peuples de l'Occident sont chers au jeune peuple russe. Et le jeune peuple russe les sauvera, parce que, grâce à son admirable naïveté, il demeure l'ultime refuge du Christ. « Pourquoi ne serait-ce pas nous qui renfermerions le dernier mot du Christ ? »

Ce discours vaut moins par les arguments qu'il propose que par l'émotion qu'il révèle chez son auteur. Il est écrit pour être dit plus que pour être lu. Et Dostoïevski le dit à merveille. Chaque période oratoire s'achève dans le grondement des acclamations. Qu'il parle de la Tatiana de Pouchkine, qui est la jeune fille russe par excellence, et les femmes hurlent de joie. Qu'il commande avec Pouchkine :

> « Humilie-toi, homme fier,
> Et avant tout brise ton orgueil !
> Humilie-toi, homme de rien,
> Et avant tout peine sur la glèbe ! »

et les hommes baissent la tête, comme aux paroles d'un sermon.

Dostoïevski éprouve l'ivresse d'être compris, admiré, choisi par tous ces inconnus aux visages anxieux. Il règne sur eux. « Tout cela à cause des *Karamazov* », écrira-t-il à sa femme.

Il en arrive enfin aux dernières phrases : « Pouchkine est mort dans tout l'épanouissement de ses forces et, à n'en pas douter, il a emporté avec lui, dans la tombe, un grand secret. Et voici que nous devons nous efforcer de le pénétrer sans lui. »

Il s'arrête. Son visage est blafard. La sueur coule dans ses rides. Ses yeux sont brûlés par la fatigue. Et, vers ce corps vaincu, monte soudain un glapissement enragé. Les femmes, les hommes, dressés dans la salle, battent des mains, crient, sanglotent. Des ennemis s'embrassent et se jurent d'être meilleurs et d'oublier leurs vieilles rancunes. Des jeunes gens clament : « Le prophète, le prophète ! » En dépit du service d'ordre, les auditeurs grimpent sur l'estrade. Dostoïevski, bousculé, ahuri, voit déferler sur lui une vague d'habits, de visages, de bras. On tombe à ses pieds. On baise ses mains. « Vous êtes un génie ! Vous êtes plus qu'un génie !... » Les rappels se succèdent pendant une demi-heure.

Enfin, le comité se décide à suspendre la séance. Mais le public a forcé l'entrée des coulisses. Des étudiants accourent en vociférant. L'un d'eux, secoué de sanglots, tombe aux pieds de Fédor Mikhaïlovitch et perd connaissance. Tourgueniev, les larmes aux yeux, étreint son rival. Aksakov bafouille de joie. Iouriev annonce, d'une voix claironnante, que la Société des

Amis de la Littérature Russe a élu Dostoïevski membre d'honneur, à l'unanimité.

Dostoïevski, brisé par l'émotion, sourit, pleure, serre les mains qui se tendent vers lui. Ses jambes tremblent. La tête lui tourne un peu dans cette odeur, dans cette chaleur de foule. Mais une allégresse nerveuse le soutient.

La séance reprend, après une interruption d'une heure. Aksakov paraît sur la scène et déclare qu'il ne lira pas son discours. « Je ne peux plus parler après le discours de Fédor Mikhaïlovitch Dostoïevski, dit-il. Tout ce que j'ai écrit n'est qu'une faible variante sur quelques thèmes de cette géniale allocution. »

Un tonnerre d'applaudissements couvre sa voix. Il poursuit :

« J'estime que le discours de Fédor Mikhaïlovitch Dostoïevski est un événement dans notre littérature... La véritable signification de Pouchkine est enfin démontrée, et il n'y a plus à discuter... »

Aksakov veut quitter l'estrade, mais le public proteste et oblige l'orateur à lire son allocution.

Pendant ce temps, les dames se cotisent, en grand mystère, et une délégation se rend chez le fleuriste le plus proche. A la fin de la séance, la foule rappelle Dostoïevski. Lorsqu'il paraît sur l'estrade, une centaine de femmes s'élancent vers lui, et dressent derrière sa tête une immense couronne de lauriers à banderoles. « Au nom de la femme russe dont vous avez dit tant de bien. » Les spectateurs, debout, applaudissent comme des forcenés. Des gens se mouchent. Des chapeaux s'agitent. Les larmes montent aux yeux de Dostoïevski.

Ainsi, grâce à lui, il n'y a plus ni slavophiles ni occidentalistes, rien que des Russes. Tout un peuple, jadis divisé, fraternise dans l'amour. Tout un peuple est sauvé par sa parole, par sa foi.

« Avoue, Annette, que cela valait la peine de rester. C'est le gage de l'avenir, c'est le gage de tout, si même je venais à mourir. »

A la séance du soir, Dostoïevski, à bout de forces, lit cependant *Le Prophète* de Pouchkine. Le voici de nouveau sur l'estrade, maigrichon, la poitrine creuse, le corps tassé. Mais, une seconde fois, le miracle de l'inspiration le visite. Sa voix sourde s'affermit, monte, grinçante, tranchante, vivace. « Sa main droite, écrit un spectateur, était tendue vers le bas, comme s'il eût voulu s'interdire le geste qui le sollicitait, et le ton était forcé jusqu'au cri. » Lorsqu'il prononce le dernier quatrain :

> « Lève-toi, prophète ! Vois. Écoute.
> Pénètre-toi de ma volonté,
> Et, parcourant les terres et les mers,
> Brûle de ton verbe le cœur des hommes ! »

une ovation formidable secoue l'assemblée. Pour ces inconnus qui l'écoutent, Dostoïevski est véritablement le prophète.

Il rentre chez lui exténué, la tête lourde, les yeux douloureux. Il s'étend, cherche le sommeil. Mais la sensation presque physique de son bonheur l'empêche de dormir.

Il se lève, s'habille, prend la couronne de lauriers qu'on lui a remise dans la journée, et se fait conduire au monument de Pouchkine.

La nuit est chaude, bleue, sans un souffle. Les rues sont désertes. Arrivé à destination, Dostoïevski descend de voiture et s'avance vers la statue. Elle se dresse, haute et noire, sur son socle de granit. Fédor Mikhaïlovitch contemple ce visage d'airain, ces yeux morts qui regardent la terre. Puis, il soulève péniblement la couronne et la dépose contre le piédestal.

Un instant, il se recueille auprès de son maître. Il mesure en esprit le chemin parcouru depuis ce jour où, tout enfant, il apprit la mort du poète, jusqu'à la minute présente où le voici devant le monument de Pouchkine, mais si vieux – à cinquante-neuf ans –, si fatigué, si proche lui-même de la fin !

Il revoit les petites chambres de l'hôpital Marie, les tilleuls de Darovoïé, les longs couloirs de l'École du Génie, la tanière de Pétrachevsky, les casemates obscures et ces trois poteaux fichés dans la neige, devant le front des troupes. Le vent. Le froid. La nuit. La Sibérie... Sémipalatinsk... La fuite vers Zmiev, dans la voiture de Vrangel. Le rire altier de Pauline. La roulette qui tourne, qui tourne. Anna Grigorievna qui pleure. Une petite tombe dans un cimetière inconnu. Des villes, des voix, des yeux, la lampe sur le bureau, le visage hargneux d'un prêteur sur gages, le fracas d'un train, le ciel pâle de la Russie qui s'avance, qui l'aspire, qui le prend. Une rumeur de marée monte des foules invisibles : « Vous êtes un génie, vous êtes plus qu'un génie ! » Il a tellement lutté ! Il a tellement souffert ! Et cette grande joie d'être compris, il la connaît si tard ! Aura-t-il le temps d'en jouir à sa guise ?

Il se redresse. La lune éclaire doucement le toit des maisons, le pavé des rues. Dostoïevski tourne le dos au monument et revient vers la voiture qui l'attend au coin de la place.

CHAPITRE VI

La fin

Le 10 juin 1880, Fédor Mikhaïlovitch quitte Moscou en triomphateur. Ce bref séjour l'a usé plus qu'une année de travail, mais il est confiant, détendu, heureux. Il ne se méprend pas, toutefois, sur la valeur exacte du miracle. Dès son retour à Staraïa Roussa, il écrit à son amie, la comtesse Tolstoï, tante de l'écrivain : « Soyez tranquille, bientôt vous entendrez les risées de la foule. On ne me le pardonnera pas dans les diverses chapelles et impasses littéraires. »

Et, de fait, la première exaltation passée, les ennemis se ressaisissent. On dirait qu'ils en veulent à l'orateur de les avoir enchantés.

Saltykov écrit à Ostrowsky : « Il est évident que l'habile Tourgueniev et Dostoïevski, le fou, ont su détourner la fête de Pouchkine à leur profit. »

Des articles réticents paraissent sur le compte de Fédor Mikhaïlovitch : « Le discours de M. Dostoïevski... agit plus sur les nerfs que sur l'intelligence », écrit le chroniqueur de *L'Affaire*. Et aussi : « Le héros et le finaliste de cette absurdité fut M. Dostoïevski. Ce n'est pas la première fois qu'il se fourvoie en s'imaginant être un publiciste. Pour être un publiciste il lui manque l'instruction, le développement intellectuel, la connaissance politique, et, enfin, les plus élémentaires notions de tact social. »

« Quelle absurdité que cette tirade ! » lit-on dans *Le Messager de l'Europe*. Et encore : « Il serait souhaitable que, dans ses futures divagations, M. Dostoïevski n'oubliât pas les faits historiques élémentaires et les préceptes du bon sens. »

Dostoïevski est tellement bouleversé par ce brusque revirement de l'opinion, qu'il subit, coup sur coup, deux crises d'épilepsie et demeure immobilisé pendant deux semaines. Le 26 août, il écrit à O. F. Miller : « En ce qui concerne mon discours de Moscou, vous voyez comment m'a arrangé presque toute la presse : on croirait que j'ai commis un vol, une escroquerie, ou un faux dans une banque... »

Il décide de répondre à son plus grand détracteur, le professeur Gradowky, dont l'article *Le Rêve et la réalité* a été publié dans *La Voix*. La réponse de Dostoïevski et son discours sur Pouchkine paraissent dans le seul numéro du *Journal d'un Écrivain* pour l'année 1880.

Cet exemplaire unique a un succès de vente sans précédent. Six mille livraisons partent en quelques jours. Une seconde édition est en route. Elle sera entièrement liquidée dans le courant de l'automne.

L'engouement manifeste des lecteurs pour son œuvre rassérène quelque peu Dostoïevski. Il entreprend d'achever *Les Frères Karamazov,* dont la quatrième partie n'a pas encore été rédigée.

« Du 15 juin au 1er octobre, j'ai rédigé vingt feuilles imprimées de mon roman, et j'ai édité *Le Journal d'un Écrivain,* d'une valeur de trois feuillets », écrit-il.

Et, au mois de novembre, il envoie l'épilogue des *Frères Karamazov* à la rédaction du *Messager russe* avec ce mot : « Le voici donc terminé, ce roman. J'y ai travaillé pendant trois ans : je l'ai publié en deux ans. C'est une minute solennelle pour moi. »

Installé à Saint-Pétersbourg dès le début de l'hiver, il revoit ses amis et participe à quelques lectures.

« *Le Fonds littéraire* donnait aujourd'hui une matinée dans une salle où il est difficile de lire, et où les lecteurs ne sont pas entendus de partout, écrit Shtakenschneider. Eh bien! Dostoïevski, malade, avec sa gorge fatiguée et son emphysème a été de nouveau entendu mieux que les autres. Quel miracle! Il semble qu'il n'y ait plus d'âme dans ce corps; il est maigrichon, il a une poitrine cave, une voix chuchotante, mais, à peine commence-t-il à parler, qu'il semble grandir en taille et en vigueur. D'où lui viennent cette force, cette puissance?... »

En vérité, l'affection du public paraît être pour Dostoïevski la meilleure médecine. Il renonce à sa cure d'Ems pour travailler. Plusieurs projets le préoccupent. Il compte éditer pendant deux ans son *Journal d'un Écrivain* et commencer ensuite la seconde partie des *Frères Karamazov*.

« Permettez-moi de ne pas vous faire mes adieux, écrit-il au secrétaire de rédaction du *Messager russe*. Vous savez bien que j'ai l'intention de vivre et d'écrire encore pendant vingt ans. »

Au mois de janvier 1881, Dostoïevski entreprend de rédiger le premier numéro du *Journal d'un Écrivain* pour l'année. Il se porte bien. Il fréquente quelques amis. Il consent même à jouer, au cours d'une réunion artistique prévue pour le mois de février, le rôle de l'ascète dans *La Mort d'Ivan le Terrible,* de A. K. Tolstoï. Il accepte aussi de lire un texte à l'occasion de l'anniversaire de la mort de Pouchkine, le 29 janvier. Toutefois, quatre jours avant cette réunion, un léger accident éveille son inquiétude.

Dans la nuit du 25 au 26 janvier, alors qu'il travaille à son bureau, son porte-plume tombe sur le parquet et roule sous une étagère. Dostoïevski se lève et tente de déplacer le meuble. Mais, au premier effort, il sent une bouillie chaude qui lui monte à la bouche. Il essuie ses lèvres : du sang. Cependant, l'hémorragie est si faible qu'il n'y attache pas d'importance et renonce même à réveiller sa femme.

Le lendemain, il est tout à fait gaillard et attend à dîner sa sœur Véra, qui est arrivée depuis peu à Saint-Pétersbourg. Il se promet d'évoquer avec elle leurs souvenirs d'enfance à Moscou et à Darovoïé. Et, de fait, le dîner commence gaiement. Dostoïevski raconte les jeux des enfants à l'hôpital Marie, les préparatifs fiévreux pour le départ en vacances, les discussions littéraires avec Michel. Il est joyeux. Il rit de ses propres plaisanteries.

Cependant, la « tante Véra » semble gênée par ces propos. Ses sœurs l'ont dépêchée à Moscou pour discuter une affaire d'héritage avec son frère. Il s'agit de la succession Koumanine, dont la liquidation divise les membres de la famille. Véra n'a qu'une hâte, c'est d'aborder ce sujet. Et elle interrompt Dostoïevski pour prendre la parole à son tour. Toute pleine de son souci, elle s'échauffe, réclame ce qui lui est dû, accuse Dostoïevski de « cruauté » envers ses sœurs, et finit par éclater en sanglots.

Dostoïevski, à bout de patience, quitte la salle à manger et se réfugie dans son bureau, tandis qu'Anna Grigorievna reconduit Véra jusqu'à la porte.

Dostoïevski s'est assis à sa table de travail, la tête dans les paumes. Il entend encore le chuchotement des deux femmes dans le vestibule. Un immense dégoût, une lassitude infinie s'emparent de lui : cette soirée gâchée, ces larmes, ces reproches pour une question de gros sous !...

Tout à coup, un liquide chaud coule sur ses mains. Il les regarde. Elles sont couvertes de sang. Il porte un doigt à sa bouche, à ses moustaches, et les sent humides, poisseuses. Il pousse un cri. Anna Grigorievna accourt. Elle le voit debout, la face blafarde, la barbe souillée.

« Un docteur, vite ! »

Mais, avant même l'arrivée du médecin, l'hémorragie s'est arrêtée. Dostoïevski lave ses mains, son visage et appelle les enfants pour leur montrer les dessins d'un journal humoristique.

Quand le docteur se présente, il trouve un homme calme, souriant, qui le prie simplement de l'ausculter avec le plus grand soin. Mais, pendant l'auscultation, une nouvelle hémorragie se produit et Dostoïevski perd connaissance. Lorsqu'il reprend ses esprits, il murmure :

« Anna, je t'en prie, fais venir immédiatement un prêtre. Je veux me confesser et communier. »

Après la confession et la communion, l'état du malade paraît s'améliorer. Il bénit ses enfants et sa femme ; puis, il se laisse coucher docilement sur le divan du bureau et s'endort, veillé par Anna Grigorievna et par le docteur von Bretzel.

Entre-temps, on a envoyé chercher le professeur Kochlakov et le docteur Pfeiffer. La faible quantité de sang perdu par Fédor Mikhaïlovtich les rassure. « Il guérira », disent-ils. La journée du lendemain se passe pour le mieux. Dostoïevski se réveille dispos, réclame les épreuves du *Journal d'un Écrivain* et en discute la mise en pages avec sa femme.

La nouvelle de sa maladie s'étant répandue dans la ville, ses amis lui rendent visite et on est obligé d'attacher la sonnette, dont le bruit agace Fédor Mikhaïlovtich.

Anna Grigorievna demande aux locataires de l'étage supérieur de ne pas marcher en souliers dans leur appartement.

Dostoïevski mange un peu de caviar et boit un verre de lait.

« Je pense aux enfants lorsqu'ils seront grands », murmure-t-il.

Pendant la nuit du 27 au 28, il réveille sa femme. Seule une lampe de chevet éclaire la chambre.

« Eh bien? comment te sens-tu, mon chéri?

— Tu sais, Annette, prononce-t-il à voix basse, il y a déjà trois heures que je ne dors pas et que je ne cesse de réfléchir; mais il est clair pour moi, maintenant, que je mourrai aujourd'hui.

— Mon chéri, pourquoi penses-tu cela? A présent tu vas mieux, tu n'as plus d'écoulements de sang, un " bouchon " s'est probablement formé, comme dit Kochlakov. Pour l'amour de Dieu, ne te torture plus de doutes; tu vivras encore, je t'assure!

— Non, je le sais, je dois mourir aujourd'hui. Allume un cierge, Annette, et donne-moi l'Évangile. »

Souvent, lorsque Dostoïevski n'arrivait pas à prendre une décision, il ouvrait au hasard sa vieille Bible du bagne et lisait les premières lignes qui lui tombaient sous les yeux. Cette fois encore, il s'empare du gros livre relié en cuir noir, l'ouvre et le tend à sa femme :

« Lis.

— C'est l'Évangile selon saint Matthieu, chapitre III, verset 14 », annonce Anna Grigorievna.

Et elle lit :

« C'est moi qui dois être baptisé par vous, et vous venez à moi. Et Jésus lui répondit : " Ne me retenez pas pour cette heure, car c'est ainsi que nous devons accomplir toute justice. " »

Fédor Mikhaïlovitch sourit :

« Tu entends, dit-il. " Ne me retenez pas. " Cela veut dire que je mourrai. »

Anna Grigorievna fond en larmes. Et il la console paisiblement. Puis il s'endort, en tenant la main de sa femme dans la sienne.

Il se réveille à onze heures du matin, se soulève sur son oreiller, et une brève hémorragie se déclare.

« Pauvre chérie, avec quels soucis je te laisse... Comme il te sera difficile de vivre!... »

Il appelle ses enfants pour leur faire ses dernières recommandations :

« Ayez une absolue confiance en Dieu et ne désespérez jamais de son pardon. Je vous aime bien, mais mon amour n'est rien à côté de l'immense amour de Dieu pour les hommes, ses créatures. »

Il les embrasse, leur donne sa bénédiction et remet sa Bible à son fils Fédia.

Les forces de Dostoïevski déclinent rapidement. Vers le soir, il se soulève sur son divan, mais, de nouveau, il étouffe et un filet de sang coule de ses lèvres sur sa chemise. Anna Grigorievna lui donne de petits morceaux de glace à manger. L'hémorragie ne s'arrête pas. On envoie chercher le docteur. Dostoïevski marmonne des phrases incohérentes, que sa femme note sur un bout de papier :

« Je vous ruine avec ma maladie... Barre ce que tu trouveras inutile... Que dit-on de moi?... La fin, la fin, je vais être submergé... »

Il est retombé sans connaissance sur son oreiller. Sa femme, ses enfants sont à genoux autour de lui et sanglotent. Des amis, des parents attendent dans le salon les dernières nouvelles du malade. Des télégrammes de sympathie arrivent déjà de toutes parts.

A sept heures du soir, on laisse entrer les visiteurs dans la chambre. La pièce est obscure. Une veilleuse éclaire le fond de cette caverne d'ombre et de silence. Dostoïevski est étendu tout habillé sur le divan, la tête renversée sur les coussins. On ne voit que son visage blanc et sec, comme un masque en papier. Sur la barbe, s'étale une tache rougeâtre. Les paupières serrées épousent exactement la courbe du globe oculaire.

Un gargouillis étrange sort de ses lèvres. Sa respiration s'arrête. Puis elle reprend, sifflante, oppressée. Il essaye de parler. Mais personne ne comprend plus ses paroles.

Le médecin arrive à huit heures du soir. Il ne peut recueillir que les derniers battements de cœur du mourant. Fédor Mikhaïlovitch expire à 8 h 36, sans avoir repris connaissance.

Le corps, lavé, habillé de frais, est étendu sur la table, en attendant que soit livré le cercueil. On recouvre le défunt, jusqu'à la ceinture, d'un drap d'or apporté de l'église voisine.

Les mains croisées sur la poitrine soutiennent une icône. L'air sent l'encens, la cire, l'eau de Cologne. Un peintre s'est installé à côté du mort et le dessine.

Cependant, les services religieux se succèdent. Des délégations arrivent, accompagnées de leur aumônier et de leur chœur, et demandent, l'une après l'autre, l'autorisation de célébrer un office funèbre. Ce sont les représentants des étudiants, les représentants des cadets de la Marine... Le prêtre dit les prières et les assistants chantent les répons.

Il fait chaud. L'air est si lourd que la flamme de la veilleuse s'éteint par moments. Les couronnes mortuaires, les bouquets, les gerbes ornées de banderoles s'amoncellent dans la pièce.

Des admirateurs baisent les mains du cadavre et supplient les enfants de leur donner une fleur en mémoire de leur père.

Anna Grigorievna erre de chambre en chambre comme une folle. Elle souffre de ce continuel défilé d'étrangers dans sa demeure, devant son mari. Il en arrive par l'escalier principal et par l'escalier de service. Les flux de visiteurs se croisent et se divisent devant la couche funèbre. Qui sont-ils, ces inconnus? Pourquoi ne les chasse-t-on pas? Il semble à Anna Grigorievna que tous ces gens s'interposent entre elle et Fédor Mikhaïlovitch. Il n'est plus cet homme qu'elle chérissait, qui était emporté, sentimental, ridicule, malade, affectueux. Il ne lui appartient plus. On le lui a pris. Il est à la foule.

Dans l'étroit logement des Dostoïevski surgissent tour à tour un envoyé du ministre de l'Intérieur, le grand-duc Dmitri Constantinovitch, des savants, des collégiens, des dames éplorées...

Le Hofmeister N. S. Abasa présente à Anna Grigorievna une lettre du ministère des Finances, où il est spécifié que l'empereur assigne à la veuve et aux enfants du grand écrivain une pension de deux mille roubles. Cette nouvelle réjouit si fort Anna Grigorievna, qu'elle se précipite dans le bureau pour l'apprendre à son mari : « Ce n'est qu'en rentrant dans la chambre où reposait son corps que je me rappelai qu'il n'était plus de ce monde, et je me suis mise à pleurer amèrement », écrit-elle.

Entre-temps, les moines de la laure d'Alexandre Newsky proposent à Anna Grigorievna d'enterrer Dostoïevski dans leur propre cimetière. Ils affirment également leur désir de payer les frais de la messe funèbre en l'honneur « du gardien jaloux de la véritable religion orthodoxe ».

Anna Grigorievna se souvient d'un jour lointain où elle a plaisanté avec Dostoïevski au sujet du lieu de sa sépulture : « Je préfère t'enterrer au couvent d'Alexandre Newsky, disait-elle. – Je croyais qu'on n'y enterrait que des généraux d'infanterie et de cavalerie! répondait l'autre en riant. – Eh bien, n'es-tu pas un général de la littérature? »

La levée du corps a lieu le samedi 31 janvier. Dès les premières heures de la matinée, une foule énorme emplit la rue, en face de la maison. Un char funèbre a été préparé, mais les admirateurs de Dostoïevski s'emparent du cercueil et le portent sur leurs épaules jusqu'au couvent.

Trente mille personnes accompagnent la dépouille mortelle. Soixante-douze délégations défilent avec leurs couronnes. Quinze chorales suivent, en chantant des cantiques. Et une double guirlande de soixante mètres de long, où le laurier se mêle aux fleurs fraîches, isole la procession du reste de la foule.

Après deux heures de marche, la tête de la colonne parvient à destination. Le cercueil est placé au centre de la chapelle du Saint-Esprit.

Le lendemain, 1er février 1881, une masse d'amis et de curieux envahit le couvent d'Alexandre Newsky. La police doit fermer les portes. Et c'est à peine si Anna Grigorievna elle-même réussit à pénétrer dans l'église : « Je répondis que j'étais la veuve et que ma fille m'accompagnait. On ne me cacha pas qu'un certain nombre de veuves de Dostoïevski s'étaient déjà présentées, les unes seules, les autres avec des enfants. »

Anna Grigorievna gagne enfin sa place, et le service religieux commence. Le cercueil, exhaussé au milieu de la nef, disparaît sous les couronnes de fleurs. Un archevêque dirige la liturgie. Le recteur de l'Académie ecclésiastique et le représentant de l'archimandrite Siméon assistent à la bénédiction finale. Avant l'absoute, l'évêque Ianichev prononce un sermon exaltant les mérites chrétiens de Dostoïevski.

Après la cérémonie funèbre, le cercueil de Fédor Mikhaïlovitch est de nouveau soulevé et porté hors de l'église par ses admirateurs.

Le cimetière est enseveli sous la neige. Les branches des arbres ploient sous leur charge blanche. Tous les bruits paraissent épurés par le froid.

Des curieux se sont juchés sur les monuments et ôtent leur chapeau à l'approche du cortège.

Le caveau destiné à Dostoïevski est situé à côté du caveau de Joukowsky. Devant la tombe ouverte, les écrivains Palm, Miller, Gaïdebourov, Soloviov prononcent leurs discours :

« Il avait cru en la force infinie et divine de l'âme humaine qui triomphe de toute violence extérieure et de toute déchéance intérieure, dit Soloviov... Réunis pour l'amour de lui, tâchons qu'un amour pareil nous lie les uns aux autres. Car c'est seulement alors que nous nous serons acquittés – pour ses grands travaux et ses grandes souffrances – *envers le guide spirituel de la Russie.* »

Des inconnus jettent des fleurs sur le cercueil. Le caveau est trop exigu pour contenir cette forêt de feuillages et de pétales.

Un admirateur furtif arrache des branches de laurier et les enfouit sous son paletot. Il fait froid. Le soir descend. A quatre heures de l'après-midi, Anna Grigorievna, épuisée par la fatigue et par la faim, quitte le cimetière. Mais, entre les croix, rôdent encore d'étranges silhouettes noires, au col relevé, à la face gelée, semblables à ces personnages falots que Dostoïevski a décrits dans ses livres.

Eux aussi partiront bientôt. On fermera les grilles. Et, là-bas, au bout de l'allée, s'allumeront les fenêtres du gardien.

Alors commencera la véritable vie de Fédor Mikhaïlovitch Dostoïevski, hors du temps, hors de l'espace, mais dans le cœur de ceux qui l'ont aimé.

POST MORTEM

Depuis la mort de Dostoïevski, Anna Grigorievna se rendait chaque jour, avec ses enfants, au cimetière, et, lorsqu'elle rentrait à la maison, transie de froid, elle trouvait dans le salon des visiteurs bizarres, dont elle ne savait comment se débarrasser. Il y avait là un diacre bavard qui célébrait, d'un air pénétré, les mérites chrétiens de Fédor Mikhaïlovitch et qui ne se retirait que lorsqu'on lui mettait une pièce d'or dans la main. Il y avait là une vieille folle qui offrait de laisser un million aux enfants de l'illustre écrivain, si Anna Grigorievna voulait bien l'aider à débrouiller les affaires d'un héritage. Il y avait là une modeste personne au visage doux et aux manières arrondies qui poussait la jeune veuve à un second mariage, car, disait-elle, « vous avez fait une grande impression sur un jeune homme présentant bien ». Il y avait là des éditeurs qui recherchaient le droit de publier les œuvres complètes de Dostoïevski. Il y avait là le professeur Wagner, de l'Université de Saint-Pétersbourg, qui était un spirite connu et qui sollicitait d'Anna Grigorievna l'autorisation d'évoquer l'âme de son mari. Elle le lui défendit expressément, mais, la nuit même, elle rêva de Fédor Mikhaïlovitch. « Mon Dieu! que s'est-il passé? s'écria-t-elle au réveil. Qu'ai-je vu tout de suite? Je l'ai vu, lui... » A ce moment, sa fille, qui dormait auprès d'elle, se dressa dans son lit et murmura: « Maman, j'ai vu à l'instant papa en rêve; il avait l'air de se lever de quelque part, et tellement pâle... »

Les visites des importuns, les discussions d'affaires, les prières quotidiennes, tout cela maintenait Anna Grigorievna dans un état d'extrême tension nerveuse. Elle se sentait devenir folle, par moments. Elle s'imaginait que son mari n'était pas mort et qu'on la conduisait chaque jour à la tombe d'un autre, uniquement pour la promener. Fédor Mikhaïlovitch était dans son cabinet de travail. Elle l'entendait qui remuait des papiers, qui marchait, de son grand pas lourd, de la table à l'étagère. Quant aux personnes qui lui présentaient leurs condoléances, ce n'étaient que des médecins aliénistes chargés de la faire enfermer pour quelque temps.

Le 1er mars 1881, à son retour du cimetière, Anna Grigorievna trouva chez elle un vieux général qui avait connu Dostoïevski. Il venait à peine d'engager la conversation que la bonne accourut dans la pièce et cria : « On a tué l'empereur! » La nouvelle était exacte : des terroristes avaient, le jour même, assassiné Alexandre II. Anna Grigorievna eut une crise de désespoir. Et le vieux général s'évanouit dans son fauteuil.

« Il est possible que mon mari ait pu se rétablir, mais son rétablissement n'eût pas été de longue durée, écrit Anna Grigorievna. La nouvelle de l'attentat du 1er mars aurait eu sur lui un effet désastreux, car il adorait le tzar, libérateur des paysans. »

La mort de Dostoïevski avait éveillé l'engouement du public pour l'auteur des *Karamazov*. En quelques jours, les dépôts de la librairie furent épuisés. Les éditeurs de Saint-Pétersbourg et de province demandèrent à Anna Grigorievna l'autorisation de réimprimer les *Souvenirs de la Maison des Morts* et *Le Journal d'un Écrivain*. Mais elle refusa, et, sur le conseil du tuteur des enfants, le procureur du Saint-Synode Pobiédonostzev, entreprit de publier elle-même les œuvres complètes de son mari. Cette collection devait être précédée d'une biographie et d'un recueil de souvenirs, dont la rédaction fut confiée à Miller et à Strakhov. Le succès du livre fut immense et se chiffra par un bénéfice net de 75 000 roubles. La deuxième édition (en six volumes), à bon marché, parut en 1886. Enfin, en 1893, le directeur du journal *Niva* acquit, pour 75 000 roubles, le droit de publier les romans de Dostoïevski, sous forme de suppléments gratuits à la livraison. Le nombre des abonnés de *Niva* passa très rapidement de 70 000 à 190 000, mais, pendant quelques années, il fut impossible de songer à une nouvelle présentation des œuvres de Dostoïevski.

En 1883, une souscription avait été ouverte auprès des admirateurs de Dostoïevski pour élever un monument au grand homme. Le monument, choisi au concours, s'ornait d'un buste de Dostoïevski, que sa femme trouvait mal réussi et trop grand, mais qui avait reçu l'approbation du Comité.

Les 2 000 roubles qui restèrent en caisse après l'exécution du monument furent convertis en titres, et le revenu de ces titres fut affecté à l'entretien d'une école qui devait porter le nom de Dostoïevski. C'est à Staraïa Roussa que fut construit le nouvel établissement scolaire, et le père Jean Roumiantzev, qui avait été un ami de Fédor Mikhaïlovitch, accepta d'en assumer la direction. Enfin, en 1887, le grand-duc Vladimir Alexandrovitch prit l'école sous sa protection.

Anna Grigorievna profitait des rares instants de loisir que lui laissaient les affaires de l'édition, de l'école et les manifestations littéraires pour classer les documents relatifs à la vie de Fédor Mikhaïlovitch. Les lettres d'amis et les épreuves d'imprimerie voisinaient dans ses dossiers avec les rubans des couronnes mortuaires offertes à la mémoire de son mari. Un soir, chez une vieille amie de gymnase, elle rencontra Sisov, conservateur du Musée historique de Moscou, et lui demanda un local pour installer sa collection de souvenirs. Au bout d'une semaine, la jeune veuve apprit qu'elle pourrait disposer d'une tour dans le bâtiment du musée. Anna Grigorievna fit exécuter à Saint-Pétersbourg un mobilier spécial en chêne sombre, dont le seul transport jusqu'à Moscou revint à 1 300 roubles. Et, dès l'année 1886, elle expédia au musée des caisses de livres, de portraits et de manuscrits.

Désormais, elle ne devait plus vivre que pour organiser la gloire posthume de Fédor Mikhaïlovitch. « Je ne vis pas au XXe siècle, déclarait-elle à Grossmann, en 1916, mais au XIXe, dans les années 70. Mes amis sont les amis de Fédor Mikhaïlovitch ; mon monde, c'est le monde des contemporains disparus de Dostoïevski. Je vis avec eux... »

« Et, poursuit Grossmann, cette femme aux cheveux gris, coiffés d'un bonnet, au visage las mais charmant, aux yeux clairs, gris, intelligents et au sourire jeune, me montrait, comme elle l'eût fait à n'importe quel admirateur de l'œuvre de Dostoïevski, les manuscrits de ses *Mémoires*, les reliques précieuses de ses archives et les nombreuses lettres que son mari lui avait adressées. »

Oui, Anna Grigorievna renonça délibérément à toute existence personnelle pour se consacrer au culte dostoïevskien. Elle voulut protéger Fédor Mikhaïlovitch dans la mort comme elle l'avait protégé au cours de ses dernières années. Elle voulut combattre pour lui, triompher pour lui, préparer pour lui une immortalité paisible. Comme jadis en face des créanciers, elle fit front en face des détracteurs et des biographes indélicats.

En 1898, une Autrichienne, Mme Hoffmann, auteur de plusieurs études en allemand sur Dostoïevski, obtint, par l'intermédiaire de son ambassade, la permission de consulter les archives du procès de Pétrachevsky, conservées à la chancellerie de la IIIe Section. Mais elle ne fut autorisée à examiner ces documents qu'en présence d'Anna Grigorievna, seule admise à en prendre copie. Anna Grigorievna dut revenir cinq fois pour transcrire entièrement le texte des dépositions de Dostoïevski. Le dernier jour, elle était accompagnée de Mme Hoffmann. En sortant, Anna Grigorievna confia les manuscrits à la visiteuse autrichienne, le temps d'enfiler son manteau. Lorsqu'elle redemanda le paquet, Mme Hoffmann refusa de le lui rendre et déclara qu'elle enverrait le soir même tous les papiers à Vienne, chez son éditeur. Anna Grigorievna lui répliqua qu'il était inadmissible que ces documents parussent en traduction avant d'avoir été publiés en Russie. Mais « l'Autrichienne » serrait son butin contre le ventre, à deux pattes, et donnait de la voix. Cette dispute grotesque des deux femmes autour d'un mort ne prit fin qu'au moment où Anna Grigorievna menaça Mme Hoffmann d'appeler un agent et de la faire arrêter pour vol. Mme Hoffmann, effrayée, rendit le manuscrit. Anna Grigorievna passa la journée à le recopier, et en remit le soir même un exemplaire à sa « rivale ». Cependant, grâce à la célérité de Mme Hoffmann, la traduction allemande des documents fut éditée avant que les journaux russes ne se décidassent à publier le texte original.

Mme Dostoïevski n'aimait pas les biographes et les fabricants de « Mémoires ». La nuée de *Souvenirs* publiés après la mort de Dostoïevski par tous ceux qui l'avaient plus ou moins approché irritait celle qui prétendait seule le connaître. Les typographes, les camarades de classe, les amis littéraires, les compagnons de Sibérie ne restituaient pas dans leurs livres la véritable figure de Dostoïevski.

« Chaque fois que je lisais dans un journal que telle personne parlait de mon mari dans ses *Souvenirs*, écrit Anna Grigorievna, mon cœur se serrait et je pensais : " Encore certainement une exagération, une invention quelconque ou de simples racontars. " Et je me trompais rarement... J'étais presque toujours stupéfaite par le ton devenu courant des *Souvenirs* sur Dostoïevski. Tous les narrateurs le représentaient, par un commun accord (et ceci probablement en le jugeant d'après ses œuvres), sous l'aspect d'un homme lugubre, lourd en société... excessivement orgueilleux et sujet à la folie des grandeurs. »

Soucieuse de laisser à la postérité une image honnête de son époux, Anna Grigorievna s'élève contre cette conception tourmentée de Dostoïevski. Parlait-il peu en public ? C'est qu'il venait de monter un escalier et que sa respiration était coupée. Avait-il l'air taciturne ? C'est qu'il était malade...

Mais qu'étaient ces remarques anodines sur le défunt, auprès de l'accusation terrible dont devait le charger son premier biographe, Strakhov ?

En 1883, Strakhov avait accepté de rédiger ses Mémoires sur Fédor Mikhaïlovitch moyennant un salaire très élevé. Le 26 novembre de la même année, il adressait à Tolstoï une lettre de haine envers l'illustre disparu. Cette lettre fut publiée en 1913 dans le numéro d'octobre du *Monde contemporain*. Mais Anna Grigorievna n'en prit connaissance qu'un an plus tard, en rangeant des coupures de presse.

Voici l'essentiel du texte : « Je vous écrirai, inestimable Lev Nicolaïevitch, une petite lettre quoique le sujet soit très riche... Vous avez certainement déjà reçu la Biographie de Dostoïevski (pour laquelle je demande votre attention et votre bienveillance). Dites-moi ce que vous en pensez. C'est à cette occasion que je tiens à me confesser à vous. Pendant tout le temps que j'écrivais, j'ai eu à lutter contre le dégoût qui montait en moi, et j'ai essayé d'écraser ce mauvais sentiment. Aidez-moi à trouver une issue ! Je ne puis considérer Dostoïevski comme un homme bon, ni comme un homme heureux (ce qui, en réalité, se confond). Il était méchant, envieux, vicieux, et il passa toute sa vie dans des émotions et des irritations qui l'eussent rendu pitoyable et même ridicule, s'il n'avait été aussi méchant et aussi intelligent... Il était attiré par les actions basses et il s'en vantait. Viskovatov me raconta, un jour, qu'il s'était vanté d'avoir... dans un bain avec une petite fille qu'une gouvernante lui avait amenée... Les personnages qui lui ressemblent le plus sont le héros de *Mémoires écrits dans un souterrain*, Svidrigaïlov de *Crime et Châtiment*, et Stavroguine des *Possédés*... J'aurais pu enregistrer et décrire ce côté du caractère de Dostoïevski ; plusieurs cas se présentent à moi plus vivement que celui que je vous ai raconté, et le récit aurait été beaucoup plus exact. Mais que cette vérité périsse ! »

Voici la réaction de Tolstoï : « Vous me dites que vous vous êtes réconcilié avec Tourgueniev. Et moi je l'aime beaucoup maintenant. C'est drôle, c'est parce qu'il n'a pas de défauts et qu'il vous mène dans le bon chemin ; ce n'est pas comme certains trotteurs qui ne vous mènent nulle part, si ce n'est dans un fossé. Tourgueniev survivra donc à Dostoïevski, et ce ne sera pas à cause de son art, mais parce qu'il n'a pas de défauts. »

Le 12 décembre 1883, Strakhov répond à Tolstoï : « Votre conception de Dostoïevski m'a certes éclairé le personnage, mais je la trouve trop bienveillante pour lui. Quel bouleversement peut-on espérer chez un individu, alors que rien ne peut franchir une certaine ligne de son âme? Je dis rien, au sens exact du mot ; c'est ainsi que j'ai compris son âme. »

Un an plus tôt (le 6 octobre 1882), Tourgueniev écrivait à Saltykov, au sujet de Dostoïevski :

« Mikhaïlovitch a très bien observé le trait essentiel de son œuvre. Il aurait pu se rappeler qu'il y a eu dans la littérature française une figure qui lui ressemble beaucoup, à savoir le trop fameux marquis de Sade... Et si l'on pense que tous les évêques russes ont célébré des messes pour notre Sade à nous et ont même prononcé des homélies sur l'amour universel de cet ami du genre humain!... Où allons-nous? »

Cette montée de fureur envieuse autour de Dostoïevski révoltait Anna Grigorievna. La lettre de Strakhov surtout nourrissait son indignation. « J'en fus comme aveuglée d'horreur et de rage, déclarait-elle à Grossmann. Quelle calomnie insensée!... Si Nicolas Nicolaïévitch avait été en vie, je serais allée le trouver immédiatement, malgré mon âge, et je l'aurais giflé pour le punir de sa bassesse. »

Strakhov n'a-t-il pas été pendant plus de dix ans le collaborateur de Dostoïevski, son homme de confiance, son protégé, son ami? Pourquoi n'a-t-il pas refusé d'écrire cette biographie, puisqu'il éprouvait du « dégoût » à poursuivre son travail? Comment a-t-il pu accuser Fédor Mikhaïlovitch d'égoïsme, alors que Dostoïevski, toute sa vie durant, s'était privé pour envoyer quelque secours à la famille de son frère Michel? Comment a-t-il pu parler de la méchanceté de l'écrivain, alors que celui-ci venait en aide à tous ses correspondants, et sollicitait pour eux l'appui de personnalités aussi importantes que Pobiédonostzev ou Vichnégradsky? Quant à la scène dans une salle de bains, il s'agit d'un fait divers qui a été raconté à Dostoïevski, et dont il a voulu tirer parti dans *Les Possédés*. Mais ses amis le lui ont déconseillé, parce qu'on n'eût pas pardonné au « féministe » Dostoïevski de présenter une gouvernante servant de rabatteuse d'enfants à quelque débauché. En vérité, Strakhov n'était qu'un écrivain de seconde zone, envieux, mesquin, retors, un pique-assiette, un intrigant. Fédor Mikhaïlovitch avait bien deviné le personnage, puisqu'il avait écrit de lui, en 1875 : « Oui, Annette, c'est un mauvais séminariste, et rien de plus... Une fois déjà, il m'a lâché après la chute de *L'Époque* et il n'est revenu à moi qu'après le succès de *Crime et Châtiment*. »

Toutefois, dans la défense de son mari, Anna Grigorievna passe la mesure [1]. Elle simplifie Dostoïevski à l'extrême. Nous avons vu plus haut ce qu'il fallait penser de la « moralité » dostoïevskienne. Dostoïevski était à la fois capable de grandes bontés et de petites méchancetés, de grands dévouements et de petits égoïsmes, de grands sentiments et de petits vices. C'était le mal dominé. Les crimes sadiques de ses héros, il ne les a pas commis, mais il les a rêvés. Ils l'ont obsédé. Ils l'ont tenté. Et il s'en est délivré dans ses romans. S'il a pu montrer autant de génie, c'est qu'il abritait en lui toutes les faiblesses et toutes les beautés de l'homme. Il était l'homme universel, non par l'intelligence, mais par le cœur. Il n'a pas pu se réaliser en Stavroguine, le « démon », ni en Myschkine, « le saint », parce qu'il a été l'un et l'autre à la fois, avec une égale conscience. Et cette dualité se retrouve à travers toute son œuvre. Il oscille entre le monde charnel de la luxure et le monde spirituel du renoncement. Il hésite entre l'ordre établi et l'ordre nouveau inconcevable. Il est la négation même du « choix ». Dès lors, il ne faut pas s'étonner que ce pacifiste chrétien prône la guerre d'Orient, que ce visionnaire épileptique gonfle ses livres de détails réalistes. Dostoïevski se dédouble comme ses héros. Et, sitôt qu'il propose une solution au « problème de la vie », nous pouvons être assurés qu'elle n'est pas sienne. L'œuvre de Dostoïevski n'est pas une réponse, mais une question. Nous ne sommes plus les mêmes après l'avoir lue. Nous croyions jadis être solidement plantés dans un monde vieux de plusieurs milliers d'années, dont les lois scientifiques, les préceptes moraux, les habitudes sociales étaient immuables et sacrés. Et, tout à coup, voici que le décor chancelle, voici que le sol se dérobe sous nos pieds.

---

1. Après avoir réussi le lancement commercial des œuvres de son mari, Anna Grigorievna fut ruinée par la révolution de 1917. Fuyant devant la progression des troupes bolcheviques, elle se réfugia en Crimée. Désespérée, démunie, affamée, elle mourut le 9 juin 1918. Son fils Fédor s'éteignit à Moscou en 1921 et sa fille Aimée à Gies, en Italie, en 1926.

Nous sommes environnés d'abîmes. Dostoïevski nous tire de notre sommeil commode et nous nous réveillons au bord du néant. Où sont nos mensonges patentés, nos vieilles armes sûres? Où sommes-nous nous-mêmes? Que sommes-nous nous-mêmes? On nous a dépouillés de toutes les convictions que la philosophie nous prodiguait depuis les premiers âges de la terre. Et que nous a-t-on donné en échange? Rien, presque rien, diront certains. Tout, répondront les autres. Dostoïevski a introduit la notion de l'insoluble dans la métaphysique romanesque. Il nous a enrichis non d'une certitude, mais d'une inquiétude infinie. Il ne nous a pas imposé un dogme nouveau, mais il nous a conviés à une grande patience. Il ne nous a pas donné un sujet d'attente, mais il nous a enseigné le goût de l'attente. « Crois que Dieu t'aime *d'une façon que tu ne peux absolument pas imaginer.* »

A l'appui de cette vérité, c'est tout un troupeau de créatures étranges, aux visages illuminés et aux vêtements de brume, qui monte et s'avance vers nous. Raskolnikov, Myschkine, Rogojine, Stavroguine, Versilov, les frères Karamazov. Ces criminels, ces innocents, ces débauchés, ils sont à nos côtés, attentifs et graves. Et nous nous reconnaissons en eux. Et nous savons que, désormais, ils nous accompagneront tout au long de notre existence, haletant de notre propre soif, gémissant de notre propre faim, et nous poussant par les épaules lorsque nous croyons être arrivés au but. « Ne pas aboutir fait ta grandeur », écrivait Goethe. Dostoïevski est grand parce qu'il n'a pas abouti.

BIBLIOGRAPHIE
des principaux ouvrages consultés

1. *Œuvres de Dostoïevski*

Œuvres complètes, 12 volumes, Saint-Pétersbourg, 1894. – 13 volumes, Moscou, 1923-1930. – Traductions françaises (Plon, N.R.F., etc.).
Correspondance, Moscou, 4 vol., 1928-1959; trad. française de Dominique Arban (2 vol.) et N. Gourfinkel (2 vol.), Calmann-Lévy, 1949-1962 (concernant des volumes de l'édition soviétique).
Lettres à sa femme, Moscou, 1926; trad. de J. W. Bienstock, 2 vol., Plon, 1927.

2. *Mémoires et souvenirs des contemporains de Dostoïevski*

ANNENKOV, *La remarquable décade.*
DOSTOÏEVSKI (André), *Souvenirs,* Leningrad, 1930.
DOSTOÏEVSKI (Anna Grigorievna), *Journal.* Moscou, 1923;
 – *Souvenirs,* Moscou, 1925; trad. d'A. Beucler, N.R.F. 1930.
GRIGOROVITCH, *Souvenirs.* Saint-Pétersbourg, 1896.
KOMAROVITCH (A.), *Jeunesse de Dostoïevski.* Munich, 1928.
KONI (A. F.), *Rencontres avec Dostoïevski;*
 – *Dostoïevski d'après des souvenirs personnels,* Petrograd, 1921.
MILIOUKOV, MAMONTOV, VÉRONINE, etc., *Souvenirs.*
PANAÏEV, *Mémoires.*
PANAÏEV (Madame), *Souvenirs.* Leningrad, 1927.
RIESENKAMPF, *Souvenirs.*
SAVELIEV, *Souvenirs.*
SHTAKENSCHNEIDER (E. A.), *Journal et Notes.*
SOLLOGOUB, *Souvenirs.*
SOUSSLOVA (Pauline), *Années d'intimité avec Dostoïevski,* Moscou, 1928.
VRANGEL (baron A. E.), *Souvenirs,* Saint-Pétersbourg, 1912.
YANOVSKY, *Souvenirs.*

3. *Biographies, études et documents*

AÏKHENWALD, *Deux femmes.*
ANTSIFEROV, *Le Pétersbourg de Dostoïevski*, Petrograd, 1923.
ARBAN (D.), *Dostoïevski par lui-même*, Le Seuil, Paris, 1962.
ARBAN (D.), *Les années d'apprentissage de Fiodor Dostoïevski.* Payot, Paris, 1968.
BEM (A. L.), *Dostoïevski*, Berlin, 1938;
– *Articles* (sur Dostoïevski), 2 vol.;
– *Évolution du type de Stavroguine;*
– *Faust dans l'œuvre de Dostoïevski.*
BERDIAIEV (Nicolas), *L'esprit de Dostoïevski*, trad. de L. Julien Cain, éd. Saint-Michel, Paris, 1929.
BOUTCHIK (Vladimir), *Bibliographie des œuvres littéraires russes traduites en français*, J. Flory édit., Paris, 1934.
CHEGOLOV, *Les pétrachevtsy.*
CHESTOV (Léon), *Les révélations de la mort*, trad. de B. de Schloezer, Plon, 1923.
DOLININE (A. S.), *Articles et matériaux*, 2 vol., Petrograd, 1922-1924;
– *Carnets de notes de Dostoïevski pour les Démons.*
DOSTOÏEVSKI (D. Arban, Étiemble, J. Madaule, P. Pascal, M. Robert, C. Roy, H. Troyat), coll. Génies et réalités, Hachette, Paris, 1971.
DOSTOÏEVSKI VIVANT, témoignages de D. B. Grigorovitch, F. M. Dostoïevski, S. D. Yanovski, A. P. Milioukov, P. P. Semionov-Tianchanski, D. D. Akcharoumov, P. K. Martyanov, A. E. Vrangel, N. N. Strakhov, S. V. Kovalevskaïa, V. V. Timoféeva-Potchinskovskaïa, V. S. Soloviov, M. A. Alexandrov, C. D. Altchevskaïa, A. G. Dostoïevskaïa, E. A. Shtakenschneider, A. S. Souvorine, I. I. Popov (traduit du russe), Gallimard, Paris, 1972.
DOSTOÏEVSKI, Cahiers de l'Herne sous la direction de Jacques Catteau : P. Pascal, L. Martinez, A. I. Saveliev, R. Johannet, V. S. Belinski, B. Souvarine, S. Luneau, B. I. Boursov; J. Gracq, G. Marcel, I. Tynianov, J. Verret, D. Arban, A. M. Remizov, J. Perrot, N. Gourfinkel, V. I. Ivanov, P. Boutang, J. M. Delcour, G. Matzneff, R. G. Nazirov, G. M. Fridlender, M. Evdokimov, T. Alaiouanine, J. van der Eng, G. Nivat, A. Biély, J. Weisgerber, J. L. Packes, Paris, 1973.
DOSTOÏEVSKI (Anna Grigorievna), *Le Musée à la mémoire de Dostoïevski*, Saint-Pétersbourg, 1906.
EVGUENIEV-MAXIMOV, *Nékrassov.*
FAURE (Élie), *Les constructeurs*, Gonthier, Paris, 1964.
FULLOP MULLER (R.) et ECKSTEIN (F.), *Dostoïevski à la roulette*, Munich, 1925; trad. par H. Legros, N.R.F., 1926.
GIDE (André), *Dostoïevski*, coll. Idées, Paris, 1964.
GLIVENKO (I.), *Documents inédits de « Crime et Châtiment »*, Moscou, 1932; (trad. française).
GROSSMANN (L.), *Dostoïevski. – Années de jeunesse* (études et matériaux);
– *Dostoïevski sur le chemin de la vie;*
– *Éléments de recherche au sujet de Dostoïevski*, Moscou, 1922;
– *La vie et les travaux de Dostoïevski*, Moscou-Leningrad, 1935;
– *La bibliothèque de Dostoïevski;*

— *Le chemin de Dostoïevski*, Leningrad, 1928.
GROSSMANN (L.) et POLONSKY, *Discussion au sujet de Bakounine et de Dostoïevski*.
— *Dostoïevski* (traduit du russe), édition française, Moscou, 1970.
KACHYNA EVREÏNOVMA, *Les bas-fonds de l'œuvre de Dostoïevski*.
KONI (A. F.), *Dostoïevski criminaliste;* trad. in « Revue Internationale de Sociologie », 1898.
— *Sur le chemin de la vie*.
LEVINSON (A.), *La vie pathétique de Dostoïevski*, Plon, 1931.
LIASKOVSKY, *Dostoïevski au bagne*.
MADAULE (Jacques), *Le christianisme de Dostoïevski*, Bloud et Gay, Paris, 1939.
MEREJKOVSKI (Dmitri), *Dostoïevski, le prophète de la révolution russe;* trad. Jean Chuzeville, N.R.F.
MILLER et STRAKHOV, *Biographie de Dostoïevski*, Moscou, 1888 (étude ratifiée par la veuve de Dostoïevski et, pour cette raison, sujette à caution).
MOTCHOULSKI (C.), *Dostoïevski, l'homme et l'œuvre* (éd. française traduite du russe). Moscou, 1970.
NIKOLSKY, *Dostoïevski et Tourgueniev*, Sofia, 1921.
OXMANN, *Les feuilletons des années quarante*.
PASCAL (P.), *Dostoïevski, l'homme et l'œuvre*, L'Age d'homme, Lausanne, 1970.
PERSKY (Serge), *Trois épouses*. Payot, 1929.
PIKSANOV, *Lettres des contemporains de Dostoïevski*.
PLATONOV, *Histoire russe;* édit. fr., Payot édit., 1929.
PYPINE, *Biélinsky*.
ROSANOV, *La légende du Grand Inquisiteur* (étude).
SAKOULINE, *Matériaux non publiés de « L'Idiot »*, Moscou, 1931.
SEMEVSKY, *Petrachevsky et les petrachevtsy*.
SUARÈS (ANDRÉ), *Trois hommes*, N.R.F., 1913.
TCHIJ (Docteur), *Études médicales*.
TCHOULKOV, *Comment travaillait Dostoïevski*, Moscou, 1939.
THURNEYSEN, *Dostoïevski ou les confins de l'homme*, trad. de l'allemand par P. Maury. éd. « Je Sers », Paris, 1934.
VERESSAÏEV, *La vie active*.
VOGÜÉ (Cte Melchior de), *Le roman russe*, L'Age d'homme, Lausanne, 1971.
VOLOTSKY (M.V.), *Chronique de la famille Dostoïevski*, Leningrad, 1933.
ZIÉLINSKY, *Études critiques sur Dostoïevski*, rassemblées par Ziélinsky, 3 volumes.
ZWEIG (Stefan), *Dostoïevski*, trad. de l'allemand par H. Bloch, Rieder, 1928.

Table des matières

PREMIÈRE PARTIE

I.	La famille	11
II.	Darovoïé	22
III.	Premières leçons, premier deuil	27
IV.	Le Château des Ingénieurs	34
V.	La mort du Père	44
VI.	La vocation	49
VII.	« Les Pauvres Gens »	58
VIII.	Les salons	69
IX.	Du « Double » à « La Logeuse »	77
X.	La débâcle	87

DEUXIÈME PARTIE

I.	Le complot	95
II.	La prison	107
III.	L'échafaud	115
IV.	Le bagne	127
V.	La triple révélation	143
VI.	Sémipalatinsk	150
VII.	Marie Dmitrievna Issaïev	157
VIII.	L'écrivain-soldat	172
IX.	Tver	180

TROISIÈME PARTIE

I.	Du Journal aux « Souvenirs de la Maison des Morts »...........................	189
II.	Premier voyage en Europe. – L'affaire polonaise.............................	201
III.	Deuxième voyage en Europe. – Pauline Souslova............................	206
IV.	« Mémoires écrits dans un souterrain ». – Les deux morts.........................	217
V.	Le veuf.................................	224
VI.	« Crime et Châtiment »...................	232
VII.	Anna Grigorievna.......................	244
VIII.	Dostoïevski à la roulette.................	253
IX.	L'Exilé................................	263
X.	« L'Idiot ».............................	272
XI.	« L'Éternel Mari. » – Élaboration des « Possédés ». – La guerre......................	285
XII.	« Les Possédés »........................	297

QUATRIÈME PARTIE

I.	« L'Adolescent ».........................	315
II.	« Le Journal d'un Écrivain »..............	330
III.	Genèse des « Frères Karamazov »...........	340
IV.	« Les Frères Karamazov ».................	343
V.	Les fêtes en l'honneur de Pouchkine........	358
VI.	La fin.................................	368

Post Mortem.................................. 377

Bibliographie................................. 387

DU MÊME AUTEUR

Romans isolés

FAUX JOUR (Plon)
LE VIVIER (Plon)
GRANDEUR NATURE (Plon)
L'ARAIGNE (Plon) *Prix Goncourt 1938*
LE MORT SAISIT LE VIF (Plon)
LE SIGNE DU TAUREAU (Plon)
LA TÊTE SUR LES ÉPAULES (Plon)
UNE EXTRÊME AMITIÉ (La Table Ronde)
LA NEIGE EN DEUIL (Flammarion)
LA PIERRE, LA FEUILLE ET LES CISEAUX (Flammarion)
ANNE PRÉDAILLE (Flammarion)
GRIMBOSQ (Flammarion)
LE FRONT DANS LES NUAGES (Flammarion)
LE PRISONNIER N° 1 (Flammarion)
LE PAIN DE L'ÉTRANGER (Flammarion)
LA DÉRISION (Flammarion)
MARIE KARPOVNA (Flammarion)
LE BRUIT SOLITAIRE DU CŒUR (Flammarion)
TOUTE MA VIE SERA MENSONGE (Flammarion)
LA GOUVERNANTE FRANÇAISE (Flammarion)
LA FEMME DE DAVID (Flammarion)
ALIOCHA (Flammarion)
YOURI (Flammarion)
LE CHANT DES INSENSÉS (Flammarion)
LE MARCHAND DE MASQUES (Flammarion)
LE DÉFI D'OLGA (Flammarion)
VOTRE TRÈS HUMBLE ET TRÈS OBÉISSANT SERVITEUR (Flammarion)

Cycles romanesques

LES SEMAILLES ET LES MOISSONS (Plon)
  I – Les Semailles et les Moissons
  II – Amélie
  III – La Grive
  IV – Tendre et Violente Élisabeth
  V – La Rencontre

LES EYGLETIÈRE (Flammarion)
  I – Les Eygletière
  II – La Faim des lionceaux
  III – La Malandre

LA LUMIÈRE DES JUSTES (Flammarion)
  I – Les Compagnons du Coquelicot
  II – La Barynia
  III – La Gloire des vaincus
  IV – Les Dames de Sibérie
  V – Sophie ou la Fin des combats

LES HÉRITIERS DE L'AVENIR (Flammarion)
  I – Le Cahier
  II – Cent Un Coups de canon
  III – L'Éléphant blanc

TANT QUE LA TERRE DURERA... (La Table Ronde)
  I – Tant que la terre durera...
  II – Le Sac et la Cendre
  III – Étrangers sur la terre

LE MOSCOVITE (Flammarion)
  I – Le Moscovite
  II – Les Désordres secrets
  III – Les Feux du matin

VIOU (Flammarion)
  I – Viou
  II – À demain, Sylvie
  III – Le Troisième Bonheur

Nouvelles

LA CLEF DE VOÛTE (Plon)
LA FOSSE COMMUNE (Plon)
LE JUGEMENT DE DIEU (Plon)
DU PHILANTHROPE À LA ROUQUINE (Flammarion)
LE GESTE D'ÈVE (Flammarion)
LES AILES DU DIABLE (Flammarion)

Biographies

DOSTOÏEVSKI (Fayard)
POUCHKINE (Perrin)
L'ÉTRANGE DESTIN DE LERMONTOV (Perrin)
TOLSTOÏ (Fayard)
GOGOL (Flammarion)
CATHERINE LA GRANDE (Flammarion)
PIERRE LE GRAND (Flammarion)
ALEXANDRE Ier (Flammarion)
IVAN LE TERRIBLE (Flammarion)
TCHEKHOV (Flammarion)
TOURGUENIEV (Flammarion)
GORKI (Flammarion)
FLAUBERT (Flammarion)
MAUPASSANT (Flammarion)
ALEXANDRE II (Flammarion)
NICOLAS II (Flammarion)
ZOLA (Flammarion)
VERLAINE (Flammarion)
BAUDELAIRE (Flammarion)
BALZAC (Flammarion)
RASPOUTINE (Flammarion)

Essais, voyages, divers

LA CASE DE L'ONCLE SAM (La Table Ronde)
DE GRATTE-CIEL EN COCOTIER (Plon)
SAINTE-RUSSIE, *réflexions et souvenirs* (Grasset)
LES PONTS DE PARIS, *illustré d'aquarelles* (Flammarion)
NAISSANCE D'UNE DAUPHINE (Gallimard)
LA VIE QUOTIDIENNE EN RUSSIE AU TEMPS DU DERNIER TSAR (Hachette)
LES VIVANTS, *théâtre* (André Bonne)
UN SI LONG CHEMIN (Stock)

Cet ouvrage a été réalisé par la
SOCIÉTÉ NOUVELLE FIRMIN-DIDOT
Mesnil-sur-l'Estrée
pour le compte des Éditions Fayard
en août 1996

Imprimé en France
Dépôt légal : juillet 1996
N° d'édition : 6788 – N° d'impression : 35471
35-68-8307-02-7
ISBN 2-213-02535-5